Brasilien

Brasilien

Entwicklungsland oder tropische Großmacht
des 21. Jahrhunderts?

Herausgegeben von
Gerd Kohlhepp

Mit Beiträgen von
Elmar Altvater · Andreas Boeckh · Martin Coy · Wolf Engels ·
Wolfgang J. Junk · Gerd Kohlhepp ·
Jörg Meyer-Stamer · Martina Neuburger · Eckhart Ribbeck

Attempto
VERLAG

Titelbilder: City von São Paulo (l.o.), Favela in Rio de Janeiro (r.o.),
Herrenhaus in einer Zuckerrohrplantage, Staat Pernambuco (l.u.),
ländliche Armut im Nordosten Brasiliens (r.u.)
© Gerd Kohlhepp

Bibliografische Information der Deutschen Bibliothek

Die Deutsche Bibliothek verzeichnet diese Publikation in der Deutschen Nationalbibliografie; detaillierte bibliografische Daten sind im Internet über <http://dnb.ddb.de> abrufbar.

Gedruckt mit freundlicher Unterstützung der Landesgirokasse Stuttgart.

© 2003 · Attempto Verlag Tübingen GmbH
Dischingerweg 5 · D-72070 Tübingen

Das Werk einschließlich aller seiner Teile ist urheberrechtlich geschützt. Jede Verwertung außerhalb der engen Grenzen des Urheberrechtsgesetzes ist ohne Zustimmung des Verlages unzulässig und strafbar. Das gilt insbesondere für Vervielfältigungen, Übersetzungen, Mikroverfilmungen und die Einspeicherung und Verarbeitung in elektronischen Systemen.
Gedruckt auf chlorfrei gebleichtem und säurefreiem Werkdruckpapier.

Internet: www.attempto-verlag.de
E-Mail: info@attempto-verlag.de

Druck und Bindung: Hubert & Co., Göttingen
Printed in Germany

ISBN 3-89308-304-9

Inhalt

Gerd Kohlhepp
Einleitung 7

Gerd Kohlhepp
Brasilien – Schwellenland und wirtschaftliche Führungsmacht in Lateinamerika
Entwicklung – Strukturprobleme – Perspektiven 13

Andreas Boeckh
**Der gefesselte Gigant:
Politik und Reform(un)fähigkeit in Brasilien** 57

Andreas Boeckh
**Brasiliens Außenpolitik und die deutsch-
brasilianischen Beziehungen** 81

Elmar Altvater
Die Globalisierung Brasiliens 105

Jörg Meyer-Stamer
**Die Herausforderung der wissensbasierten Entwicklung:
Perspektiven von Strukturwandel und Wettbewerbsfähigkeit
in Brasilien** 127

Eckhart Ribbeck
Städtebau und Stadtplanung in Rio de Janeiro 153

Martina Neuburger
**Ländliche Armutsgruppen in Brasilien zwischen Ausgrenzung
und neuer sozialer Bewegung** 171

Wolfgang J. Junk
**Ökologische Grundlagen zur Bewertung der
Nutzungsmöglichkeiten zentralamazonischer Ökosysteme –
eine Bestandsaufnahme** 187

Martin Coy
Regionalentwicklung im südwestlichen Amazonien
Sozial- und wirtschaftsräumlicher Wandel an der
brasilianischen Peripherie zwischen Globalisierung
und Nachhaltigkeit 215

Wolf Engels
Araukarienwald
Forschungskooperation in der Mata Atlântica
von Rio Grande do Sul 239

Zu den Autorinnen und Autoren 263

Gerd Kohlhepp

Einleitung

Im Titel des vorliegenden Bandes "Brasilien – Entwicklungsland oder tropische Großmacht des 21. Jahrhunderts?" wird die gesamte Bandbreite der komplexen Zuordnungsproblematik Brasiliens deutlich. "Entwicklungsland" mit allen typischen Kennzeichen oder "Schwellenland" mit geopolitischer und ökonomischer Führungsrolle in Lateinamerika, auf dem Wege zu einer "Großmacht des Südens"? Auf dem Wege zum Industrieland der Kategorie "Newly Industrialized Country", wie die südost- und ostasiatischen "Aufsteiger", z.B. Singapur, Südkorea oder Taiwan?

Ist Brasilien "Land der Zukunft", wie es Stefan Zweig bereits 1941 formulierte, oder ist es – wie in Brasilien oft ironisch ergänzt wird – "ein Land der Zukunft – und wird dies immer bleiben"?

Brasilien zeigt einerseits nahezu in allen Bereichen des städtischen und ländlichen Lebens- und Wirtschaftsraums Merkmale eines sogenannten Entwicklungslandes mit extremer sozialer Ungleichheit sowie räumlichen Disparitäten und dadurch auftretenden konfliktbeladenen Spannungen zwischen steuernden sozialen Akteuren und der Masse der ausgegrenzten Betroffenen, der überlebensorientierten marginalen städtischen und ländlichen Bevölkerung. Andererseits haben Modernisierung und Globalisierung die vorhandenen "Inseln des Wohlstands" auf der Grundlage des weltmarktorientierten Agrobusiness sowie industrieller Entwicklungspole und dynamischer städtischer Sektoren verstärkt. Brasilien gehört zu den zehn größten Volkswirtschaften der Erde. Das Bruttoinlandsprodukt war in der zweiten Hälfte der 90er Jahre größer als das Russlands und Indiens zusammen. Dem quantitativen Rang des fast kontinentgroßen "Riesen" Brasilien steht die durch die Globalisierung immer stärker hervortretende Kluft in der Lebensqualität zwischen den sozialen Schichten diametral entgegen. Die Fragmentierung von Gesellschaft und Wirtschaftsformen hat sich in allen Regionen des Landes vertieft.

Bei den in Kürze beginnenden, weltwirtschaftlich durchaus richtungweisenden Verhandlungen zur Einrichtung einer Gesamtamerikanischen Freihandelszone ALCA wird sich zeigen, ob Brasilien als Verhandlungsführer zusammen mit den USA und als Sprecher der MERCOSUR-Staaten eine angemessene Positionierung Südamerikas ohne Aufgabe der regionalen Identität erreichen wird. Oder wird die Alternative mit der EU aufgrund der historischen Bindung eine neue Dynamik erfahren?

Die Autorinnen und Autoren dieses Bandes kommen aus den Bereichen der Sozial- und Wirtschaftswissenschaften, der Geographie sowie der Naturwissenschaften und setzen sich in einem multidisziplinären Ansatz mit dem Thema auseinander. Sie haben sich in langjähriger und z.T. jahrzehntelanger Beschäftigung und in zahlreichen Forschungskooperationen mit brasilianischen Counterparts mit Brasilien befasst. Über ihre wissenschaftlichen Erkenntnisse haben sie im Rahmen von Vorträgen und in einer Ringvorlesung an der Universität Tübingen berichtet und legen hier aktualisierte Ergebnisse ihrer Forschungen vor.

Die Tübinger Kolleginnen und Kollegen verschiedener Fakultäten, die sich in Forschung und Lehre mit Brasilien beschäftigen, haben dazu beigetragen, den Standort Tübingen zu einem der Schwerpunkte der universitären Brasilien- und Lateinamerika-Forschung in Deutschland zu machen. Die Beiträge des Sammelbands versuchen, strukturelle und regionale Probleme und Entwicklungsprozesse in Brasilien zu analysieren und sowohl Defizite, als auch zukunftsfähige Lösungsansätze aufzuzeigen. Dabei können naturgemäß nur einige der existierenden Problembereiche berücksichtigt werden.

Der einführende Beitrag von GERD KOHLHEPP analysiert den Aufstieg Brasiliens zur wirtschaftlichen Führungsmacht in Lateinamerika sowie den Strukturwandel und die Fragmentierung im städtischen und ländlichen Lebensraum mit konfliktträchtigen sozioökonomischen Problemen, die im Rahmen von Modernisierung und Globalisierung in lokal, intra- und interregional disparitärer Weise auftreten. Brasilien spiegelt einerseits die Verwundbarkeit einer Peripherie-Ökonomie, die unter dem *"capitalismo selvagem"* der globalisierten Welt leidet, aber auch durch "hausgemachte" extreme soziale Ungleichheit auffällt, die das endogene Entwicklungspotenzial blockiert. Andererseits wird versucht, die Rolle eines *"global player"* zu spielen, der aufgrund seiner natürlichen Ressourcen den Status eines führenden Schwellenlandes mit bedeutender Industrialisierung mit der regionalen Führungsposition im Gemeinsamen Markt MERCOSUR und dem Anspruch einer überregionalen Großmacht-Rolle für den "Süden" verbindet.

ANDREAS BOECKH untersucht Reformbedarf und Reform(un)fähigkeit in Brasilien. Als Ausgangssituation wird dabei der gesellschaftliche Pluralismus hervorgehoben, der in den verschiedenen Regionen des Landes keine identischen Verhaltensnormen, sondern eine Vielfalt von Politikstilen und politischen Kulturen aufweist. Erschwerend für die Beseitigung der Reformdefizite ist die Tatsache, dass fast alle Strukturreformen Verfassungsänderungen verlangen. Ob Verwaltungsreform oder Finanzreform, die mit Steuerreform und der Reform des Sozialversicherungswesens verbunden ist: Die Blockaden, die das nur schleppende Vorankommen des Reformprozesses bewirkten, müssen überwunden werden. Die Hoffnung ist die Beschleunigung dieses Prozesses durch verantwortliche Politiker, die nicht mehr dem traditionellen Bild des Politikers in Brasilien entsprechen.

Einleitung 9

Die Ausführungen des zweiten Beitrags von ANDREAS BOECKH zur Außenpolitik Brasiliens und den deutsch-brasilianischen Beziehungen widmen sich besonders der Technologiepolitik, zumal kein anderes Land Lateinamerikas seine Außenpolitik so direkt in den Dienst der technologischen Entwicklung stellte. Die von Brasilien in den 80er Jahren festgelegten Prioritäten in der technologisch-wissenschaftlichen Entwicklung von der Energie bis zur Biotechnologie und Umweltforschung spiegeln sich in der guten Kooperation mit Deutschland wider, wenn auch das 1969 abgeschlossene überdimensionierte und nicht realisierte Abkommen mit Deutschland zur Entwicklung der Kernenergie einen negativen Schatten wirft. Deutschland und einige andere europäische Länder waren außenwirtschaftlich immer wichtige Alternativen zu den USA und deren Hegemonialansprüchen. Seit Mitte der 90er Jahre hat Brasilien seine Außenpolitik im Dienst der Technologieentwicklung stärker als früher in ein kohärentes Modell der Modernisierung integriert, das längerfristige Perspektiven zugrundelegt, bei Spitzentechnologie auf Kooperationsgewinne und bei der Außenhandelspolitik auf regionale Vernetzung setzt.

Der Beitrag von ELMAR ALTVATER beschäftigt sich mit dem Verständnis des Begriffs Globalisierung im Hinblick auf Brasilien. Dabei stehen die ökonomische und politische Dimension der Globalisierung im Mittelpunkt. Die finanzielle Globalisierung zeigt, dass die Finanztransaktionen nur noch sehr wenig mit den realwirtschaftlichen Transaktionen des Welthandels und mit den Direktinvestitionen zu tun haben. Die sozialen Auswirkungen der global verursachten Finanz- und Schuldenkrisen waren u.a. auch in Brasilien 1998/99 katastrophal. Dies gilt vor allem für den Arbeitsmarkt, da der Wohlfahrtsstaat viel zu schwach ist, um die Arbeitsplatzverluste zu kompensieren. Der informelle Sektor ist aus den Standards des Weltmarkts "exkludiert". Noch ist offen, ob die von der neuen Regierung Lula geförderte "solidarische Ökonomie" trotz des Potenzials Brasiliens angesichts der makroökonomischen Rahmenbedingungen erfolgreich sein wird.

JÖRG MEYER-STAMER widmet sich den Anforderungen einer wissensbasierten Entwicklung im Rahmen der aktuellen Diskussion um industrielle Wettbewerbsfähigkeit und Standortpolitik. In Brasilien lag der Schwerpunkt der Industriepolitik lange Zeit auf kapitalintensiven Branchen, während die traditionellen Industriezweige, wie Bekleidungs- und Möbelindustrie, Produzenten aus anderen Entwicklungsländern überlassen wurden. Steuern und Abgaben, defizitäre Infrastruktur und Bürokratie schufen Exporthemmnisse und vor allem für kleine und mittlere Betriebe ein ungünstiges Umfeld. Auch die Clusterförderung seit den 90er Jahren ließ – wie Beispiele aus Santa Catarina zeigen – nicht zwingend eine kooperative Eigendynamik entstehen. Lokale Ansätze zur Verbesserung der Wettbewerbsfähigkeit können nur dann erfolgreich sein, wenn sie durch staatliche Maßnahmen auf der regionalen und nationalen Ebene ergänzt werden.

Am Beispiel der Megastadt Rio de Janeiro zeigt ECKHART RIBBECK die Vielfalt und Komplexität der metropolitanen Struktur- und Entwicklungsprobleme auf, aber auch die Möglichkeiten für eine effizientere Stadtplanung trotz schwieriger Rahmenbedingungen. Innerstädtischen Verlagerungen der Wachstumsdynamik und Verdichtungsprozessen der Metropole, Problemen der urbanen Mobilität und der Degradierung des öffentlichen Raums stehen städtebauliche Projekte gegenüber, die erfolgreich und zukunftsfähig sind. Dies trifft auf die Erhaltung und Renovierung der historischen Altstadt *(Corredor Cultural)*, auf das Projekt *Rio Cidade* zur Aufwertung der städtischen Straßen und Plätze sowie auf *Favela Bairro* zu, ein Projekt bei dem aus Favelas wieder normale Stadtquartiere mit Präsenz der öffentlichen Verwaltung werden sollen.

In Brasilien können – wie der Beitrag von MARTINA NEUBURGER zeigt – in den letzten Jahrzehnten vor allem im ländlichen Raum neue Armutsphänomene beobachtet werden, die einerseits auf den immer weitreichenderen Rückzug des Staates aus wirtschaftlichen und sozialen Prozessen und andererseits auf wachsende Globalisierungseffekte zurückzuführen sind. Dies äußert sich in der zunehmenden Ausgrenzung von Armutsgruppen, die dadurch den Zugang zu wirtschaftlichen, sozialen und politischen Ressourcen verlieren. Gleichzeitig nutzen neue soziale Bewegungen, *grassroot*-Organisationen und NGO die neuen Chancen der Globalisierung für ihre Zwecke. Dabei zeichnet sich vor allem die "Bewegung der Landlosen" (MST) durch eine geschickte Öffentlichkeitsarbeit, durch ausgeklügelte Strategien und – daraus erwachsende – politische Schlagkraft aus.

Angesichts der häufig in der öffentlichen Diskussion auftretenden begrifflichen Verwirrung um ökonomisch, sozial, politisch und ökologisch nachhaltige Nutzungsformen und Nutzungsmöglichkeiten der zahlreichen und heterogenen tropischen Ökosysteme setzt sich der Beitrag von WOLFGANG J. JUNK zum Ziel, vor dem Hintergrund sozioökonomischer und kultureller Unterschiede der sozialen Akteure den Kenntnisstand über diese Ökosysteme aufzuzeigen. An Beispielen aus dem zentral-amazonischen Tiefland werden land- und forstwirtschaftliche Betriebssysteme analysiert und bewertet sowie Lösungsansätze zur ökologisch verträglichen Nutzung vorgestellt. Dabei wird auf die adäquate Nutzung von produktionsbiologischen Gunsträumen mit hohem natürlichem Potenzial hingewiesen, z.B. der alluvialen Überschwemmungsaue *(Várzea)*.

Die Ausführungen von MARTIN COY beschäftigen sich mit dem Strukturwandel bei der Regionalentwicklung im südwestlichen Amazonien. Periphere Räume sind oft Rückzugsgebiete ausgegrenzter sozialer Gruppen und gleichzeitig auch Ergänzungsräume einer modernisierten und globalisierten Wirtschaft. Im Wechselspiel von Globalisierung und Regionalisierung entsteht eine wirtschafts- und sozialräumliche Fragmentierung zwischen Gewinnern und Verlierern. Deregulierung mit dem Abbau staatlicher Sozial- und Regionalpolitik hat zur Verstärkung von Disparitäten beigetragen. Den Entwicklungsprozessen in Mato Grosso im ländlichen Raum und bei der Stadtentwicklung werden Anforderungen einer nachhaltigen Entwicklung in einem Raummodell gegenübergestellt, das auf einer Stärkung der regionalen Vernetzungen basiert und den ländlichen und städtischen Marginalgruppen eine alternative Überlebensperspektive bietet.

Als Beispiel für die an der Universität Tübingen in verschiedenen Fachdisziplinen laufenden Kooperationsprogamme und Forschungsprojekte mit Brasilien stellt WOLF ENGELS das Araukarienwald-Projekt in der Mata Atlântica von Rio Grande do Sul vor. Ab 1992 hat die Universität Tübingen – nach früheren zoologischen Untersuchungen über die Rolle der Wildbienen – gemeinsam mit der Partneruniversität PUC in Porto Alegre als Träger ein Waldschutzprojekt begonnen. Ziel des Projekts, das im Hochland von Rio Grande do Sul über ein Schutzgebiet (Pró-Mata) und eine Forschungsstation im Gelände verfügt, ist eine Analyse grundlegender Funktionen und interorganismischer Vernetzungen im Ökosystem Araukarienwald sowie die Untersuchung von Möglichkeiten einer naturnahen Wiederaufforstung und nachhaltigen agroforstlichen Nutzung im Biosphären-Reservat "Südliche Mata Atlântica". Unter der Bezeichnung "Pró-Araucária" sind die seit 1993 laufenden bilateralen, multi- und interdisziplinären Forschungsvorhaben zusammengefasst, die von Arbeitsgruppen Tübinger Wissenschaftler aus fünf Fakultäten – einige der zoologischen Teilprojekte werden hier vorgestellt – und der benachbarten Fachhochschule für Forstwirtschaft in Rottenburg durchgeführt und hoffentlich auch in Zukunft weitergeführt werden können.

Die Vorlage der in diesem Band vorgestellten Forschungsergebnisse zum jetzigen Zeitpunkt ist von besonderem Interesse, da sich seit Anfang 2003 in Brasilien eine Regierung unter Führung der Arbeiterpartei im Amt befindet, die für einen neuen Politikstil angetreten ist, über großen Rückhalt in weiten Teilen der Bevölkerung verfügt und mit ihren programmatischen Ankündigungen bezüglich eines Aufbruchs in eine neue, qualitative Entwicklungsphase hohe Erwartungen auf nationaler und internationaler Ebene ausgelöst hat.

Vor diesem Hintergrund kann eine Analyse der Ausgangssituation hilfreich sein. In Brasilien als einem der größten und bevölkerungsreichsten Länder der Erde steht die Frage auf dem Prüfstand, ob es gelingen wird, die Reformblockaden und damit die sozialen Disparitäten und eskalierenden Interessenkonflikte im städtischen und ländlichen Lebensraum entscheidend abzubauen und einen – notwendigerweise auf Kompromissen beruhenden – gesamtgesellschaftlichen Konsens zu einer sozial nachhaltigen Entwicklung unter Einbeziehung ethischer Kriterien auf allen Maßstabsebenen und in allen Sektoren zu finden. Dies wird nur durch "*good governance*" auf den unterschiedlichen Entscheidungsniveaus und durch Überwindung der Konstellation Illegalität – Klientelismus – Gewalt möglich sein.

Nur der Abbau sozialer Disparitäten und die langfristige Sicherung der Grundbedürfnisse der Bevölkerung, bei gleichzeitiger Erhaltung des natürlichen Potenzials sowie der agraren Tragfähigkeit, stellen adäquate endogene Rahmenbedingungen für eine nachhaltige Entwicklung dar. Auf dieser Grundlage aufbauend, könnte die neue brasilianische Regierung das Land innenpolitisch sozial, ökonomisch und ökologisch effizienter und außen- und wirtschaftspolitisch selbstbewusster auf die Herausforderungen des 21. Jahrhunderts einstellen. Nur dadurch würde Brasilien auf breiterer und bescheidener Basis auch an den Vorteilen der Globalisierung partizipieren, seine Stellung als Hoffnungsträger der Entwicklung Lateinamerikas ausfüllen und damit seinen Anspruch auf eine Führungsrolle als regionale Großmacht in den Tropen umsetzen können.

Gerd Kohlhepp

Brasilien – Schwellenland und wirtschaftliche Führungsmacht in Lateinamerika
Entwicklung – Strukturprobleme – Perspektiven

1. Einleitung

Der Aufstieg Brasiliens zu einer Regionalmacht mit einer wirtschaftlichen Führungsrolle in Lateinamerika hat sich in der zweiten Hälfte des 20. Jahrhunderts in sehr differenzierter und widersprüchlicher Art und Weise vollzogen. Das "Entwicklungsland" Brasilien (PFEIFER 1962) stieg zwischen 1968 und 1975 zum Musterbeispiel einer Wachstumsökonomie im modernisierungstheoretischen Sinne auf, mit einem kurzfristigen "Wirtschaftswunder" durch die Erfolge bei der Industrialisierung und geopolitischen Großmachtträumen der regierenden Militärs. Diesem Status als "Schwellenland" oder "Newly Industrializing Country" (NIC) stand die strukturelle Abhängigkeit und sozioökonomische Verwundbarkeit einer Peripherie-Ökonomie gegenüber. Die lateinamerikanische Verschuldungskrise der 1980er Jahre brachte auch Brasilien Stagnation und im Prozess der Weltmarktintegration das Zurückbleiben hinter dem schnellen Aufstieg der ost- und südostasiatischen "Tigerstaaten".

Die Modernisierung der Wirtschaft auf der Basis des territorialen Potenzials und der günstigen Ausstattung mit natürlichen Ressourcen hat in Teilsektoren Wachstumsschübe verursacht und Brasilien zumindest in Teilregionen zu einem "hochentwickelten Entwicklungsland" (WÖHLCKE 2000, S. 139) bzw. zu einem der führenden Schwellenländer gemacht. Diese Kategorie wirtschaftlich fortgeschrittener Entwicklungsländer, die als Motor der regionalen Entwicklung und Integration weltwirtschaftlich bereits von Bedeutung sind (MESSNER 2003), ist in sich allerdings sehr heterogen (ESSER 1999) und in ihrer Typologie umstritten.

Die Positionierung Brasiliens unter den zehn größten Volkswirtschaften der Erde, mit einem Bruttoinlandsprodukt, das in der zweiten Hälfte der 1990er Jahre höher war als das Indiens und Russlands zusammen, wird durch die Tatsache relativiert, dass die konfliktträchtigen extremen sozialen Disparitäten mit einer Fragmentierung der städtischen und ländlichen Lebenswelt das reale Entwicklungspotenzial blockieren. Brasilien, das durch die Globalisierung vor neuen Herausforderungen steht (KOHLHEPP 2001a), versucht, seinen Führungsanspruch in Südamerika durch politische Initiativen unter einer neuen Regierung zu stützen.

Die folgenden Ausführungen haben zum Ziel, Brasiliens Aufstieg zur regionalen Führungsmacht, Strukturwandel und Strukturprobleme sowie die Perspektiven in einer globalisierten Welt zu analysieren. Dies, um zu klären, ob das Schwellenland Brasilien, dessen Entwicklung sich in jüngerer Zeit etwas im Schatten der ost- und südostasiatischen "Aufsteiger" abspielte, die Kriterien erfüllt, die Südkorea, Taiwan und Singapur den "take off" vom Schwellenland zum Industrieland ("Newly Industrialized Countries"; MESSNER 2003) ermöglichten, den WÖHLCKE (1994) Anfang der 90er Jahre für Brasilien noch nicht konstatieren konnte.

2. Aufbau und Expansion der territorialen und wirtschaftlichen Machtposition Brasiliens

Die Kolonialmacht Portugal begann bereits kurz nach der Inbesitznahme des heutigen Brasilien im Jahre 1500, ihren Machtbereich gegenüber der spanischen Einflusssphäre weit über die vom Papst 1494 im Vertrag von Tordesillas festgelegte Grenzlinie nach Westen auszudehnen und gegen spanische, aber auch englische, französische und holländische Vorstöße zu verteidigen. Die räumliche Expansion der portugiesischen Kolonie Brasilien wurde 1750 im Vertrag von Madrid und 1777 im Vertrag von San Ildefonso abgesichert (HANDELMANN 1987). Nach der Unabhängigkeit im Jahre 1822 verfügte das junge Kaiserreich Brasilien über ein riesiges Territorium, das nicht wie im spanischen Amerika in selbständige Nationen zerfiel, sondern trotz aller innerer Konflikte und starker regionaler Disparitäten als staatliche Einheit zusammenblieb, geprägt von portugiesischer Sprache und Kultur in den Tropen Lateinamerikas (*"Lusotropicalismo"* im Sinne von Gilberto Freyre).

Die Zuckerrohr-Plantagenwirtschaft an der Küste Nordost-Brasiliens wurde nach der anfänglichen Farb- und Edelholzgewinnung zum bedeutendsten Wirtschaftszyklus der Kolonialzeit. Im 17. Jahrhundert wurde Brasilien auf der Grundlage der Arbeitskraft afrikanischer Sklaven zum größten Zuckerproduzenten der Welt (PRADO JR. 1962). Die portugiesischen Plantagenbesitzer bildeten eine feudale Oberschicht (FREYRE 1965), die die Politik Brasiliens auch nach der Kolonialzeit entscheidend beeinflusste und deren Nachkommen bis heute politische Macht besitzen.

Der Nordosten mit der damaligen Hauptstadt Brasiliens, Salvador, behielt seine wirtschaftliche Führungsstellung, die auch auf Tabak und Baumwolle basierte, bis Mitte des 18. Jahrhunderts. Die Goldgewinnung brachte in der zweiten Hälfte des 18. Jahrhunderts einen ersten Aufschwung im Landesinnern in Minas Gerais. Auf der Suche nach Bodenschätzen wurden von den *Bandeirantes* von São Paulo aus Expeditionen organisiert, die auch die Versklavung von Indianern zum Ziel hatten. Als sich der wirtschaftliche Schwerpunkt in der Kolonie Brasilien in den Südosten um Rio de

Janeiro und São Paulo verlagerte, wurde 1763 auch die Hauptstadt von Salvador nach Rio de Janeiro verlegt. In der ersten Hälfte des 19. Jahrhunderts wurde Brasilien von den internationalen Auseinandersetzungen um die Abschaffung der Sklaverei erschüttert. Großbritannien hatte 1822 dem gerade unabhängig gewordenen Brasilien die sofortige politische Anerkennung gegen die umgehende Abschaffung der Sklaverei angeboten. Dies vor dem ökonomischen Hintergrund des auf der Sklavenarbeit basierenden brasilianischen Zuckerexports, der mit einem Anteil von 14 % am Zucker-Welthandel und aus Kostengründen die britische Zuckerproduktion auf den Antillen bedrohte (BERNECKER/PIETSCHMANN/ZOLLER 2000).

Brasilien erließ 1831 ein Gesetz zur Abschaffung des Sklavenhandels. Dies wurde jedoch kaum befolgt, so dass bis Mitte des 19. Jahrhunderts noch etwa 0,5 Millionen Sklaven nach Brasilien verbracht wurden. Der Druck der Großmacht Großbritannien auf Brasilien erhöhte sich ständig. Hohen Importzöllen auf brasilianischen Zucker folgten das Aufbringen von Schiffen im Südatlantik und die *"Bill Aberdeen"*, die englischen Gerichten die Jurisdiktion über alle brasilianischen Schiffe übertrug, die Sklaven transportierten (PRADO JR. 1967). Als schließlich die Verfolgung der Sklavenschiffe selbst in den eigenen Hoheitsgewässern aufgenommen wurde, kam der transatlantische Sklavenhandel zum Erliegen, da Brasilien der britischen Seemacht keine militärischen Mittel entgegensetzen konnte. Das 1850 gesetzlich verfügte Importverbot für Sklaven erfolgte bereits zur Zeit des Rückgangs des Zuckerexports, da kubanischer Rohrzucker und europäischer Rübenzucker inzwischen den Weltmarkt dominierten.

In Brasilien, wo Mitte des 19. Jahrhunderts noch 2,5 Millionen Sklaven arbeiteten (PRADO JR. 1962), kam es nach 1850 zu einem starken internen Sklavenhandel vom Nordosten in die boomende Kaffeeregion São Paulos. In den 1830er Jahren hatte mit dem Kaffeeanbau ein neuer Wirtschaftszyklus begonnen, der Brasilien großen Reichtum brachte. In den 1840er Jahren war das Land bereits der führende Kaffee-Exporteur mit über 40 % des Kaffee-Welthandels. Die schnelle Expansion der Kaffeeplantagen im Staat São Paulo erhöhte den Anteil von Kaffee am Export Brasiliens bis Ende des 19. Jahrhunderts auf 65 %, während Zucker mit nur noch 6 % vertreten war. Die durch die endgültige Abschaffung der Sklaverei 1888 entstandene Arbeitskraftproblematik auf den Kaffeeplantagen wurde durch eine Verstärkung der europäischen, vor allem der italienischen, Einwanderung gelöst.

Kaffee wurde zum Motor des brasilianischen Modernisierungsprozesses (FURTADO 1975; VALVERDE 1985). Der mit dem Kaffee*boom* und politischer Stabilität verbundene wirtschaftliche Aufstieg Brasiliens kam aber nur einer kleinen Elite in São Paulo und Rio de Janeiro zugute, während die soziale Ungleichheit und die regionalen Disparitäten sich schnell verstärkten. Im Staat São Paulo bezog die sich entwickelnde Industrialisierung die wesentlichsten Kapitalgrundlagen aus dem Kaffee-Export.

Nachdem die kaiserliche Regierung Brasiliens im Krieg der Tripelallianz 1865–70 zusammen mit Argentinien und Uruguay gegen Paraguay offene

Grenzfragen zu ihren Gunsten entschieden hatte, gelang es der Republik Brasilien und deren Außenminister Barão de Rio Branco, die Territorialansprüche seiner Nachbarn im Norden Anfang des 20. Jahrhunderts abzuweisen. Die Grenzkonflikte mit Frankreich (1900: Französisch-Guayana – Amapá), Bolivien (1903: Acre), Großbritannien (1904: Britisch-Guayana – Roraima/Territorium Rio Branco), Venezuela (1905), Peru (1905) und Kolumbien (1907) wurden auf diplomatischem Wege zugunsten von Brasilien entschieden. Dank der geschickten Außenpolitik gelang Brasilien mit dem im Vertrag von Petrópolis (1903) besiegelten Erwerb von Acre, das dem "Bolivian Syndicate", einer Interessenvertretung nordamerikanischer und britischer Handelsinteressen, entwunden wurde, nicht nur ein äußerst wichtiger Schritt zur Arrondierung der nördlichen Landesteile im Amazonasgebiet, sondern damit auch die Festigung des Monopols der Kautschuk-Gewinnung, mit Acre als wichtigster Region.

In den letzten Jahrzehnten des 19. Jahrhunderts war das Amazonasgebiet mit der Kautschuk-Wirtschaft erstmals ökonomisch interessant geworden, als durch die Entwicklung des Vulkanisier-Verfahrens und des Gummireifens der milchig-weiße, harzähnliche Saft des in den tropischen Regenwäldern heimischen Kautschukbaums (*Hevea brasiliensis*) weltwirtschaftliche Bedeutung erlangte. Brasilien hatte auf dem Weltmarkt das Kautschuk-Monopol inne, bis kurz vor dem 1. Weltkrieg Hevea-Samen aus dem Land geschmuggelt wurden und in den britischen Kolonien in Malaya die Kautschuk-Produktion in Plantagen und damit der Niedergang der amazonischen Kautschuk-Sammelwirtschaft begann (KOHLHEPP 1987a).

Während bis zur Ausrufung der Republik 1889 insbesondere englisches Kapital ins Land floss, wurden anschließend die USA der wichtigste Investor und Handelspartner Brasiliens. In Anerkennung der Hegemonialmacht USA suchte die brasilianische Regierung ihre Führungsrolle in Südamerika zu festigen.

Nach dem Ende des Kautschuk*booms* wurde Kaffee wieder zum alleinigen Träger des brasilianischen Exports, mit durch Überproduktion geprägten Krisen. Die Erholung des Weltmarkts nach dem 2. Weltkrieg brachte durch die enorme Steigerung der Kaffeeproduktion in den 1950er und 1960er Jahren, insbesondere aufgrund der Expansion des Kaffeeanbaus in Nord-Paraná (KOHLHEPP 1975), hohe Deviseneinnahmen, die zusammen mit umfangreichen ausländischen Direktinvestitionen eine schnelle Industrieentwicklung begünstigten.

Von 1964 bis 1985 machte das Militärregime mit einer gezielten Strategie wirtschaftlichen Wachstums um jeden Preis das rohstoffreiche Brasilien mittels eines "brasilianischen Wirtschaftswunders" zum "Schwellenland" (WÖHLCKE 1994; MESSNER 2003), das eine Verringerung des ökonomischen Abstands zu den Industrieländern zum Ziel hatte (KOHLHEPP 1978). Brasilien hatte zwar eine wirtschaftliche Führungsposition in Lateinamerika erreicht, aber durch Überschuldung, Inflationsprobleme, Entwicklungs-Diktatur und ausgeprägte Defizite im sozialen Bereich diese Position nicht nur unzureichend absichern können, sondern auch gegenüber den Industrieländern nicht aufgeholt. Die fünf Großregionen des Landes – der außertropische Süden und die tropischen Regionen Südosten, Nordosten, Mittelwesten und Norden (siehe Abb. 1) – weisen nicht nur starke naturräumliche Unterschiede, sondern insbesondere auch enorme regionale sozioökonomische Disparitäten auf.

Abb. 1: Verwaltungsgliederung Brasiliens

Entwurf: G. Kohlhepp

3. Bevölkerungsentwicklung und Bevölkerungsstruktur

Brasilien nimmt heute mit einer Bevölkerung von etwa 175 Millionen nach China, Indien, USA und Indonesien den fünften Platz unter den bevölkerungsreichsten Ländern der Erde ein. Brasilien stellt – mit weitem Abstand vor Mexiko und Kolumbien (siehe Abb. 2) – ein Drittel der gesamten Bevölkerung Lateinamerikas. Seit 1900 (17 Millionen) hat sich die Bevölkerungszahl Brasiliens verzehnfacht.

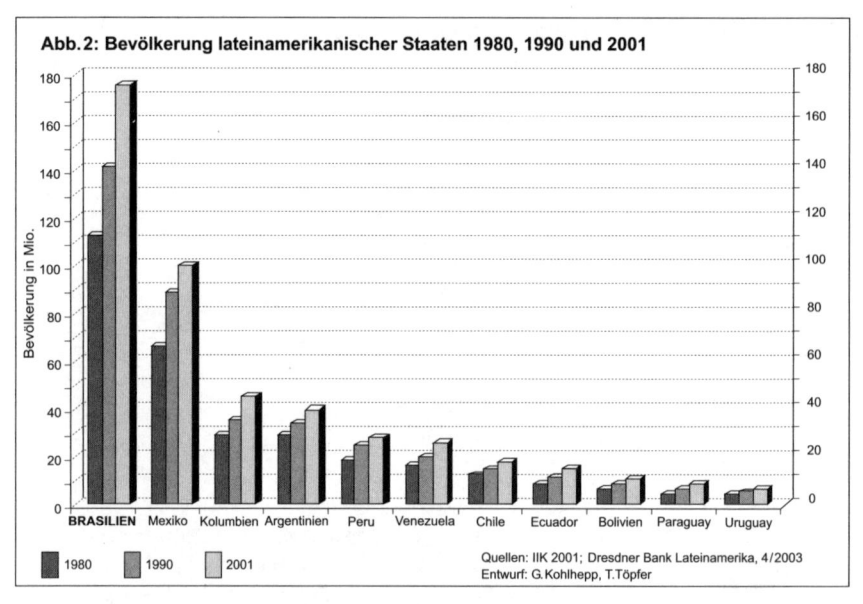

Abb. 2: Bevölkerung lateinamerikanischer Staaten 1980, 1990 und 2001

Quellen: IIK 2001; Dresdner Bank Lateinamerika, 4/2003
Entwurf: G. Kohlhepp, T. Töpfer

Nachdem die durchschnittliche jährliche Zuwachsrate der Bevölkerung in den 1950er und 1960er Jahren noch fast 3 % erreichte, ist sie im letzten Jahrzehnt aufgrund von Verstädterung, Berufstätigkeit der Frauen und ländlichem Strukturwandel auf 1,6 % gefallen und beträgt heute ca. 1,4 %. Damit nähert sich Brasilien den geringen Zuwachsraten in Argentinien, Chile und Uruguay (siehe Abb. 3). Die Entwicklung der Altersstruktur der brasilianischen Bevölkerung zeigt aufgrund der stark gesunkenen Geburtenraten grundlegende Veränderungen (siehe Abb. 4) und stellt Arbeitsmarkt und Sozialversicherung vor zunehmende Probleme.

In der Bevölkerungsentwicklung können 3 Phasen unterschieden werden:
1. Während der Kolonialzeit und bis zur Mitte des 19. Jahrhunderts war die Sklaveneinfuhr ganz wesentlich an der Zunahme beteiligt. Zwischen 1550 und 1850 wurden 5 bis 6 Millionen Sklaven aus Afrika als Arbeitskräfte auf den Plantagen nach Brasilien verschleppt.
2. Die freie Einwanderung brachte seit 1824 5,8 Millionen Menschen aus Mittel-, Süd- und Osteuropa, ab 1908 auch aus Japan, nach Brasilien.
3. Seit Mitte der 1950er Jahre beruht der Bevölkerungsanstieg fast ausschließlich auf der natürlichen Zuwachsrate.

Brasilien – Schwellenland und wirtschaftliche Führungsmacht

Abb. 3: Natürliches Bevölkerungswachstum in ausgewählten Staaten Lateinamerikas um 2000

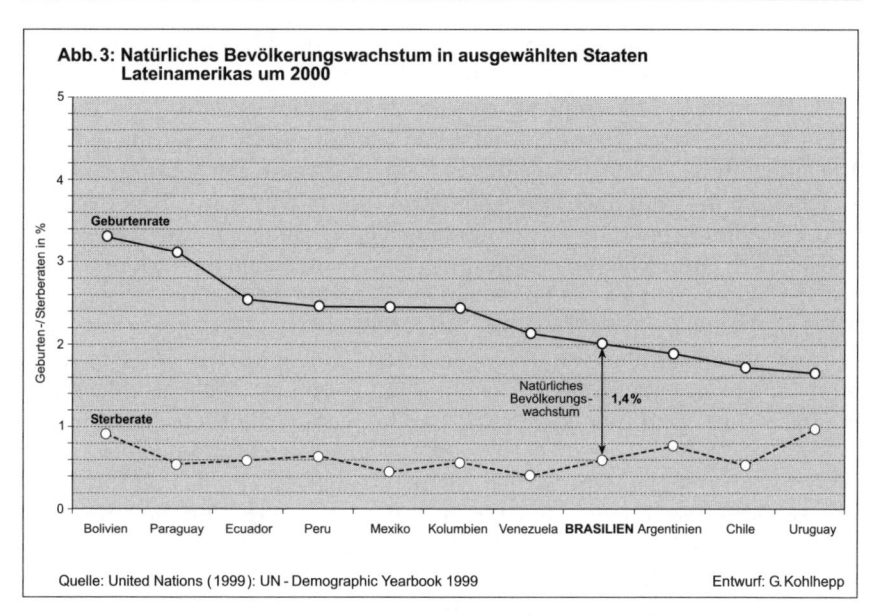

Quelle: United Nations (1999): UN - Demographic Yearbook 1999 Entwurf: G. Kohlhepp

Abb. 4: Altersstruktur der brasilianischen Bevölkerung 1960, 1996 und 2020

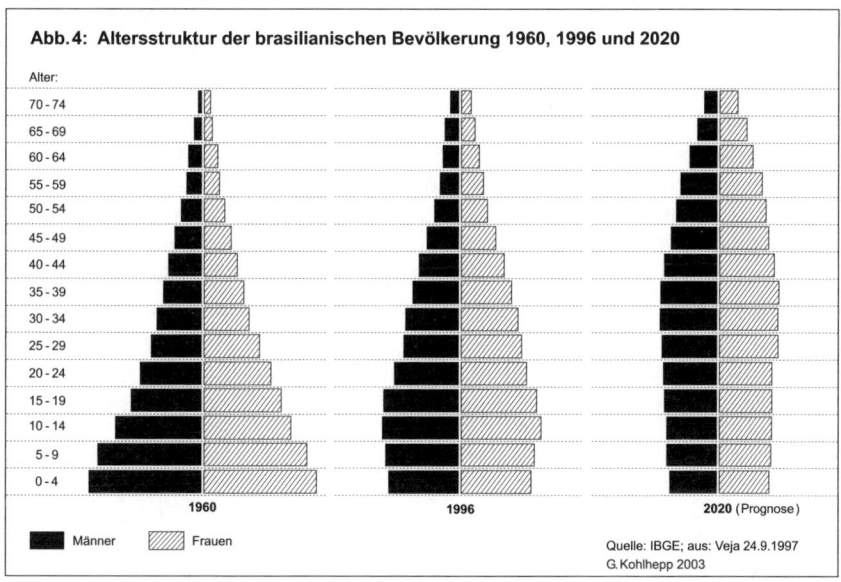

Quelle: IBGE; aus: Veja 24.9.1997
G. Kohlhepp 2003

Von der Gesamtzahl der freien Einwanderer waren 32 % Portugiesen, 30 % Italiener (ab 1875), 18 % Spanier, 5,4 % Deutsche (ab 1824) und 4,5 % Japaner (ab 1908) (KOHLHEPP 1994). Die deutschen Einwanderer, vor allem aus Hunsrück, Eifel, Mecklenburg und Pommern, die seit 1824 nach Brasilien kamen und sich insbesondere in den außertropischen Staaten Südbrasiliens und in Espírito Santo ansiedelten, nehmen sich mit etwa 310.000 bescheiden aus angesichts einer deutschen Auswanderung nach USA von über 5 Millionen seit Beginn des 18. Jahrhunderts. Trotzdem dürften heute mehr als 4 Millionen Brasilianer deutscher Herkunft sein.

Indianische Bevölkerung, Sklaveneinfuhr und Einwanderung aus Europa und Ostasien haben zu einer ethnischen Vielfalt der Bevölkerung geführt. Die indianische Bevölkerung, deren Zahl zu Beginn der portugiesischen Kolonialzeit 4–6 Millionen betragen haben dürfte, wurde durch Verfolgung und Vertreibung im Rahmen der modernen Landnahme im Amazonasgebiet sowie durch eingeschleppte Zivilisationskrankheiten äußerst stark reduziert, hat sich aber in den letzten Jahren auf ca. 350.000 in Indianerreservaten und 100.000–190.000 in Städten wieder etwas erhöht (Pasca 2002).

Ausgedehnte Binnenwanderungen haben zu einer Verwischung der einst ethnisch sehr klar abgegrenzten Siedlungsräume geführt. Millionen Menschen sind aus dem Nordosten seit den 1940er Jahren auf die Kaffeepflanzungen der Staaten São Paulo und – etwas später – Paraná sowie ab Mitte der 1950er Jahre verstärkt in die industriellen Ballungszentren São Paulo und Rio de Janeiro abgewandert. Landflucht ist in allen Regionen verbreitet. Im Jahre 1960 begann mit der Verlegung der Hauptstadt von Rio de Janeiro nach Brasília die Erschließung Zentralbrasiliens und ein Jahrzehnt später des Amazonasgebiets. Die Migration nach Amazonien wurde durch spezielle Umsiedlungs- und Entwicklungsprogramme der Regierung gefördert (Kohlhepp 2001b).

Die regionale Verteilung der Bevölkerung ist sehr ungleich. Drei Viertel der Gesamtbevölkerung konzentrieren sich auf etwa 10 % der Fläche, einen bis 400–500 km breiten Saum, der vom Nordosten bis zum Süden entlang der Küste verläuft. Der Südosten dominiert mit 43 % der Bevölkerung (s. Tab. 1). Allein die Staaten São Paulo und Rio de Janeiro stellen bei etwas mehr als 3 % der Landesfläche 30 % der Bevölkerung. Mit 328 Ew./km² besitzt der Staat Rio de Janeiro die höchste Bevölkerungsdichte, während einige Staaten im Amazonasgebiet einen Durchschnitt von weniger als 2 Ew./km² aufweisen, wobei diese Bevölkerung großenteils in städtischen Siedlungen lebt.

Tab. 1: Bevölkerung Brasiliens nach Regionen

Region	Anteil an Gesamtfläche in %	Anteil an Gesamtbevölkerung 2000 in %	Bevölkerung 2000 in Mio	Bevölkerungsdichte 2000 Ew/km²	Jährliche Zuwachsraten 1980-91 in %	Jährliche Zuwachsraten 1991-2000 in %
Norden	45,2	7,6	12,9	3,4	3,9	2,9
Nordosten	18,3	28,1	47,7	30,7	1,8	1,3
Südosten	10,8	42,6	72,3	78,2	1,8	1,6
Süden	6,8	14,8	25,1	43,5	1,4	1,4
Mittelwesten	18,9	6,9	11,6	7,2	3,0	2,4
Brasilien	**100,0**	**100,0**	**169,9**	**19,9**	**1,9**	**1,6**

Quelle: IBGE: Anuário Estatístico do Brasil 2000

Die städtische Bevölkerung Brasiliens ist seit 1940 rasant angewachsen. Lebten 1940 erst knapp 13 Millionen Menschen in Städten (= 31 %), so sind dies heute etwa 140 Millionen, d.h. 81 % der Gesamtbevölkerung (siehe Abb. 5). In der zweiten Hälfte der 1960er Jahre überstieg die Zahl der Stadtbewohner erstmals die Bevölkerung des ländlichen Raums. Seit 1970 nimmt die ländliche Bevölkerung nicht nur relativ, sondern auch absolut ab. Die regional sehr verschiedenen Gründe liegen zum einen im fehlenden Zugang zu eigenem Land für die Mehrheit der Bevölkerung, im Strukturwandel der Landwirtschaft mit der Aufgabe arbeitsintensiver Kulturen, der Mechanisierung, in der Verdrängung von Kleinbauern durch Großgrundbesitzer, Erbteilung, in erschöpfter Bodenfruchtbarkeit, aber – z.B. bei den Dürren im semi-ariden Nordosten – auch in klimatischer Ungunst. Zum andern übt das Image der Metropolen und zunehmend auch der Mittelstädte trotz aller bekannten Probleme der Überlebenssicherung für die Zuwanderer durch das Prinzip Hoffnung eine sehr starke Sogwirkung aus.

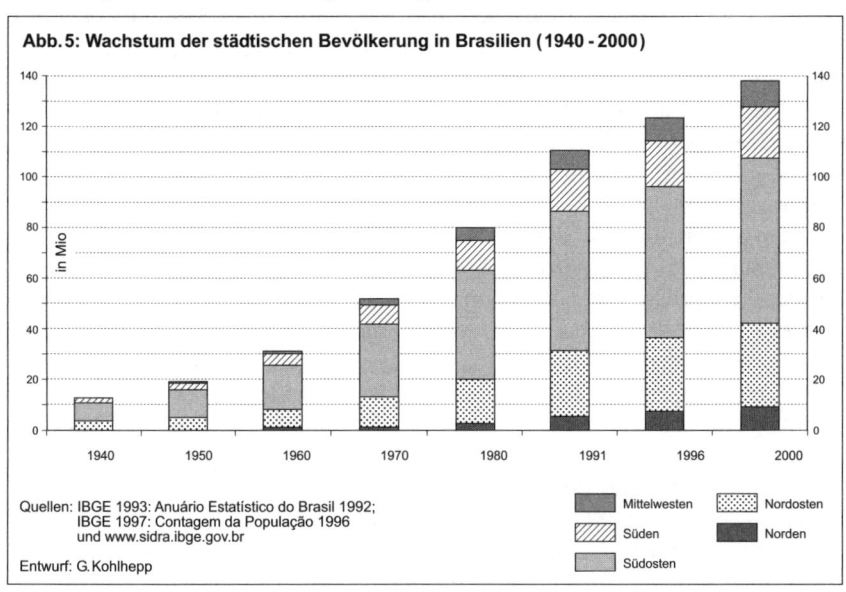

Abb. 5: Wachstum der städtischen Bevölkerung in Brasilien (1940 - 2000)

Quellen: IBGE 1993: Anuário Estatístico do Brasil 1992;
IBGE 1997: Contagem da População 1996
und www.sidra.ibge.gov.br

Entwurf: G. Kohlhepp

Mittelwesten, Nordosten, Süden, Norden, Südosten

4. Strukturwandel von Landwirtschaft und ländlichem Raum

In den letzten drei Jahrzehnten haben Landwirtschaft und ländlicher Raum in Brasilien einen tiefgreifenden Strukturwandel erlebt. Die Modernisierung der Landwirtschaft als Teil des brasilianischen Entwicklungsmodells sah nicht nur die Steigerung der Agrarproduktion vor, sondern brachte auch eine verstärkte Exportausrichtung einer breiten Palette landwirtschaftlicher Produkte mit sich. Mechanisierung, Hochertragssorten, Intensivierung der

Düngung, zunehmende Anwendung von Pflanzenschutzmitteln und moderne Vermarktungseinrichtungen im Rahmen der "Grünen Revolution" verstärkten die Diskrepanz zwischen Großgrundbesitz (Latifundien) mit Monokulturen und Verkaufsprodukten (*cash crops*) sowie den subsistenzorientierten Klein- und Kleinstbetrieben (Minifundien) mit dem Anbau von Grundnahrungsmitteln (KOHLHEPP 1983, 1994).

Das neue Leitbild ist der kapitalstarke Agrarunternehmer, der in das internationale Netzwerk des Agrobusiness eingebunden ist. Diese moderne Betriebsform zeichnet sich durch Besitzkonzentration in natürlichen Gunsträumen mit den besten Bodenbedingungen aus. Außerdem sind dies die Betriebe, die die Neulanderschließung, vor allem im Bereich der Feuchtsavannen (*campos cerrados*) Zentralbrasiliens, vorantreiben. Der Produktionssteigerung und der Erwirtschaftung von Devisen durch den Export landwirtschaftlicher Produkte stehen negative Konsequenzen der Modernisierung im sozialen und ökologischen Bereich gegenüber. Die Expansion der großen Mittel- und Großbetriebe führte zu einer räumlichen Verdrängung und zur Existenzvernichtung zahlreicher Minifundien. Die Folgen waren zum einen die Ansiedlung von kleinbäuerlichen Betrieben in Regionen natürlicher Ungunst, fern der Märkte, auch die Ausweichbewegung an neue Pionierfronten, die als Auffangbecken für verdrängte Gruppen mit hoher Verwundbarkeit – Kleinbauern, Kleinpächter und Landarbeiter – dienten (NEUBURGER 2000).

Zum andern brachte die starke Mechanisierung den Verlust zahlreicher Arbeitsplätze in der Landwirtschaft mit sich. Die Kündigung traditioneller Arbeitsverhältnisse, die Auflösung sozialer Bedingungen im Pachtwesen und die Ausweitung des sozial völlig ungesicherten Tagelöhner-Systems (*bóia-fria*) erhöhten die sozialen Spannungen im ländlichen Raum (KOHLHEPP 1994; COY/NEUBURGER 2002). Folgen waren entweder die Landflucht in die Elendsgürtel der bereits überfüllten Städte oder die Einreihung in das Heer der landlosen ländlichen Bevölkerung. Letzteres führte zur Entstehung einer "Bewegung der Landlosen" (*Movimento dos Trabalhadores Rurais Sem Terra* = MST), die bei der zunehmenden Landnutzungskonkurrenz und fehlender Systematik einer Landreform gewaltsamen Konflikten nicht auswich und zu Invasionen ungenutzter Ländereien oder von Spekulationsland schritt. Allseitige Gewaltbereitschaft hat in weiten Teilen des ländlichen Raums zu einer sehr angespannten Situation geführt.

Dies umso mehr, als MST immer stärker die Anwerbung neuer Mitglieder unter der heute in städtischen Elendsvierteln hausenden ehemaligen ländlichen Bevölkerung forciert. Während Ende 2002 etwa 60.000 Familien in *acampamentos* lebten, hat sich diese Zahl Anfang des zweiten Halbjahres 2003 auf 200.000 erhöht (FOLHA DE SÃO PAULO, 26.9.2003). Von der aktuellen Regierung von Luiz Inácio Lula da Silva unter Führung der Arbeiterpartei wird mehr Entgegenkommen erwartet. Während im ersten Halbjahr 2002 unter der Regierung Cardoso 136 Projekte (*assentamentos*) zur Ansiedlung von 7.800 Familien führten, hat die seit Anfang 2003 amtierende Regierung im gleichen Zeitraum nur 80 Projekte für 2.500 Familien realisiert. Damit dürfte das selbstgesteckte Ziel der Landvergabe an 60.000 Familien bis Ende 2003 nicht erreicht werden (VEJA, 2.7.2003). Während es bereits früher zur Besetzung öffentlicher Gebäude, zu Straßensperren und zur Plünderung von Lagerhäusern kam, sind in jüngster Zeit auch gewaltsame Landbesetzungen produktiver Betriebe zu beobachten. Dies ist eine neue Qualität der Auseinandersetzungen, da Brasilien auf die Agrarexporte der Großbetriebe angewiesen ist und die Regierung zu Gegenreaktionen – so die Absetzung des MST-nahen Präsidenten des Nationalen Instituts für Kolonisation und Agrarreform (INCRA) im September 2003 – sowie zu unausgewogenen schnellen Alternativlösungen bei der Ansiedlung Landloser gezwungen wird.

Die extrem ungleiche Landverteilung und der fehlende geordnete Zugang zu Grundbesitz belasten die ländliche Entwicklung. Während etwa zwei Drittel der landwirtschaftlichen Betriebe nur 5 % der gesamten Betriebsfläche besitzen, konzentrieren nur knapp 10 % der Betriebe fast 80 % der Agrarfläche. Wenn auch die Faktoren Bodenqualität, klimatische Verhältnisse, Lage, Wirtschafts- und Betriebsform sowie die starken regionalen Unterschiede zur Gesamtbewertung dieser statistischen Aussage herangezogen werden müssen, zeigt dies doch die Grundproblematik. Die seit Jahrzehnten überfällige Agrarreform und die nur unzureichende und unsystematische Landverteilung der Flächen aufgegebener Betriebe seit den 1990er Jahren stellen die neue Regierung vor große Herausforderungen.

Zu den Umweltbelastungen und Umweltschäden der Modernisierung der Landwirtschaft gehören die Kompaktierung der Böden durch den Maschineneinsatz, ausgedehnte Erosionsschäden durch Tiefpflügen und die Expansion der Anbauflächen in ungeeigneten Teilräumen, die starke Zunahme schädlingsanfälliger Monokulturen – auch durch Sonderprogramme wie das seit Ende der 80er Jahre beendete Proálcool-Programm zur Biotreibstoffgewinnung – sowie die Belastung von Böden und Grundwasser durch Agrochemikalien. Auch die Zerstörung der Biodiversität tropischer Regenwälder durch die Einbeziehung dieser Ökosysteme in die Erweiterung der landwirtschaftlichen Betriebsflächen und unverantwortliche staatliche Ansiedlungspraktiken von Kleinbauern verursachen umfangreiche ökologische Folgeschäden (KOHLHEPP 1998b, 2003).

Der Anteil der in der Landwirtschaft Tätigen an der Gesamtzahl der Erwerbspersonen betrug in den 1960er Jahren noch über 50 %. Heute sind nur noch etwa 17 % in der Landwirtschaft tätig, die zu knapp 8 % zum Bruttoinlandsprodukt beiträgt. Der brasilianische Außenhandel hing bis Anfang der 1960er Jahre zu 90 % vom Kaffee-Export ab. Obwohl die Kaffee-Ausfuhr Brasiliens auch heute noch weltweit an erster Stelle steht, erreicht Kaffee auch in guten Ertragsjahren nur noch etwa 5 % des Exportwerts. Dies zeigt die gelungene Exportdiversifizierung.

Heute nimmt Soja die größte Anbaufläche aller landwirtschaftlichen Produkte in Brasilien ein und ist vor allem in Form von Sojaklei und Sojakuchen als Viehfutter das weitaus bedeutendste Agrarexport-Produkt. Der Sojaanbau, der sich seit den 1960er Jahren in Kleinbetrieben noch auf Südbrasilien konzentrierte (LÜCKER 1986), hat sich sehr schnell ausgedehnt, vor allem nach dem Mittelwesten. Dort wurden die Feuchtsavannen des zentralbrasilianischen Hochlands durch den Sojaanbau für großflächige Monokulturen erschlossen, während die traditionelle extensive Rinderweidewirtschaft an Bedeutung verlor (COY/LÜCKER 1993). Mato Grosso wurde mit der Ansiedlung südbrasilianischer Farmer zum neuen "El Dorado" und damit zur führenden Sojaanbauregion des Landes (KOHLHEPP/BLUMENSCHEIN 1999) (siehe Abb. 6).

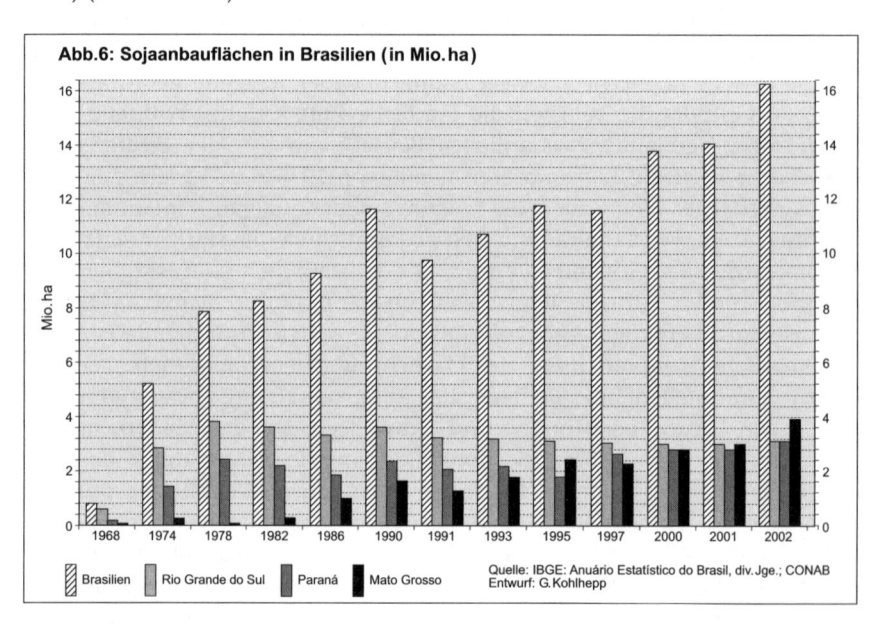

Abb.6: Sojaanbauflächen in Brasilien (in Mio. ha)

Quelle: IBGE: Anuário Estatístico do Brasil, div. Jge.; CONAB
Entwurf: G. Kohlhepp

Die Weltmarktintegration der Peripherie auf der Basis der Soja-Monokultur im Rahmen der Politik einer konservativen Modernisierung führte zur Entstehung globalisierter agrarindustrieller Komplexe mit Zunahme sozialer Konflikte im ländlichen Raum aufgrund der Freisetzung von Arbeitskräften durch hohen Mechanisierungsgrad der Produktionsweise. Netzwerke in Agrarberatung und -finanzierung, Betriebsmittelversorgung und Marktbeziehungen schufen ein neues techno-ökonomisches Paradigma. In Teilen Zentralbrasiliens sind aber starke Tendenzen zu mehr diversifizierten Landnutzungsmustern im Gange, die u.a. durch instabile Sojapreise auf dem Weltmarkt, eine Deregulierung der nationalen Agrarpolitik und ökologische Degradierung bedingt sind. Neue Netzwerke des Wissensaustauschs unter direkter Mitwirkung der Farmer, mit Kreditkooperativen, Agrarinnovationen (u.a. Direktsaat) und – vor allem in Marktnähe – der Einbeziehung des Anbaus von Früchten, Gemüse sowie der Geflügelzucht haben – in regional unterschiedlicher Intensität – zu einem innovativen Milieu geführt (BLUMENSCHEIN 2001).

Allerdings ist in jüngster Zeit auch eine weitere Ausdehnung des Sojaanbaus aus den Feuchtsavannen Zentralbrasiliens in die südlichen Randgebiete der amazonischen Regenwälder zu beobachten (FEARNSIDE 2001). Damit verbunden ist im Rahmen des umfangreichen Entwicklungsprogramms "Avança Brasil" ("Vorwärts Brasilien") der infrastrukturelle Ausbau der Straßen und Wasserwege (u.a. Rio Madeira) und dadurch die ökonomisch günstigere Verlagerung des Transports der Sojaernte nach Europa über die "Nordschiene" mit Umschlag im Flusshafen Itacoatiara am Rio Amazonas (KOHLHEPP 2001b, 2003). Da der europäische Futtermittelmarkt nach der BSE-Krise verstärkt proteinreiches pflanzliches Tierfutter zum Ersatz von Tiermehl benötigt, könnte der Export gentechnisch nicht veränderter Sojabohnen aus Brasilien in Übereinstimmung mit den Import-Richtlinien der EU einen neuen *Boom* erleben. Dies, zumal in USA und Argentinien nahezu ausschließlich Anbau transgener Soja erfolgt, während dies in Brasilien, wo der Anbau gentechnisch modifizierter Soja bisher offiziell nicht erlaubt war, bisher nur in Mato Grosso, Mato Grosso do Sul, Paraná und Rio Grande do Sul auf illegale Weise und in relativ geringem Umfang betrieben wurde. Bei der letzten Sojaernte wurde der Anteil transgener Soja auf 8 % der nationalen Produktion geschätzt. Die Vermarktung dieser mit aus Argentinien eingeschmuggeltem Saatgut illegal gepflanzten Soja wurde bis Anfang 2004 legalisiert.

Nun hat allerdings die neue Regierung in einer höchst umstrittenen vorläufigen Maßnahme (*Medida provisória*) – unter dem Protest der Umweltministerin und zahlreicher NGO – die Erlaubnis zur Aussaat transgener Soja für die Anbauperiode 2003/04 (ab 1.10.2003) gegeben, sofern bereits entsprechendes Saatgut vorhanden ist. Dies zunächst als einmalige Ausnahme, unter dem Druck Riograndenser Farmer und der agroindustriellen Lobby, mit der Begründung, dass nicht genügend konventionelles Saatgut vorhanden sei (FOLHA DE SÃO PAULO, 20./25.9.2003). Da dieser Anbau aber ohne die gesetzlich vorgeschriebene Umweltverträglichkeitsprüfung erfolgt, hat der Generalstaatsanwalt das Oberste Bundesgericht um Aufhebung der Freigabe des Anbaus transgener Soja ersucht (O ESTADO DE SÃO PAULO, 4.10.2003). In dieser verfahrenen Situation wird es Brasilien in Zukunft sehr schwer haben, die Importeure in Europa und Asien von der Qualität des "reinen" Großteils der Sojaproduktion zu überzeugen. In der heimischen Landwirtschaft wird diese "Öffnung" für gentechnisch veränderte Soja kaum rückgängig zu machen sein und die Kontrolle wird erhebliche Kosten verursachen.

Brasilien steht heute an zweiter Stelle der Soja-Weltproduktion und nimmt im Sojaexport in diesem Jahr vor den USA den ersten Platz ein (siehe Tab. 2), wobei vor allem die Europäische Union Absatzmarkt ist.

Tab.2: Produktion ausgewählter pflanzlicher Rohstoffe: Globales Ranking im Jahr 2000
(Produktion in 1000 t)

Sojabohnen		Zuckerrohr		Mais		Kaffee		Orangen		Bananen	
1. USA	75.378	1. BRASILIEN	344.282	1. USA	253.208	1. BRASILIEN	1.824	1. BRASILIEN	22.745	1. Indien	13.900
2. BRASILIEN	37.881	2. Indien	315.100	2. China	105.231	2. Vietnam	803	2. USA	11.896	2. Ecuador	6.816
3. Argentinien	20.200	3. China	70.205	3. BRASILIEN	32.321	3. Kolumbien	630	3. China	3.508	3. BRASILIEN	6.339
4. China	15.400	4. Thailand	51.210	4. Mexiko	18.761	4. Indonesien	430	4. Mexiko	3.390	4. China	4.813
5. Indien	5.400	5. Mexiko	49.275	5. Frankreich	16.395	5. Elfenbeinküste	365	5. Indien	3.000	5. Philippinen	4.156
		6. Pakistan	46.333	6. Argentinien	16.200	6. Mexiko	354	6. Spanien	2.706	6. Indonesien	3.377
		7. Australien	38.343	7. Indien	11.500			7. Italien	2.269	7. Costa Rica	2.700
		8. Kolumbien	37.000	8. Südafrika	10.584						
		9. Kuba	36.000								

Quelle: FAO Yearbook Production 2000

Export ausgewählter pflanzlicher Rohstoffe: Globales Ranking im Jahr 1999
(Exportwerte in Mio. US-$)

Sojabohnen		Zuckerrohr		Mais		Kaffee	
1. USA	4.557	1. BRASILIEN	1.911	1. USA	5.127	1. BRASILIEN	2.233
2. BRASILIEN	1.593	2. Frankreich	1.255	2. Frankreich	1.401	2. Kolumbien	1.325
3. Argentinien	510	3. Thailand	552	3. Argentinien	812	3. Vietnam	655
4. Paraguay	307	4. Deutschland	508	4. China	450	4. Mexiko	638
5. Kanada	184	5. Kuba	475	5. Ungarn	177	5. Guatemala	587

Sojabohnen (2003)
1. BRASILIEN 7.500
2. USA 7.000

Quelle: Wochenbericht Brasilien AHK 22/2003   Quelle: FAO Yearbook Production 1999

Abb.7: Produktion pflanzlicher Rohstoffe in Brasilien

Index 1980 = 100

■ 1980
■ 1990
□ 2001

Quelle: http://www.ibge.gov.br; IBGE: Anuário Estatístico do Brasil 1982, 1993;
Entwurf: G. Kohlhepp 2003

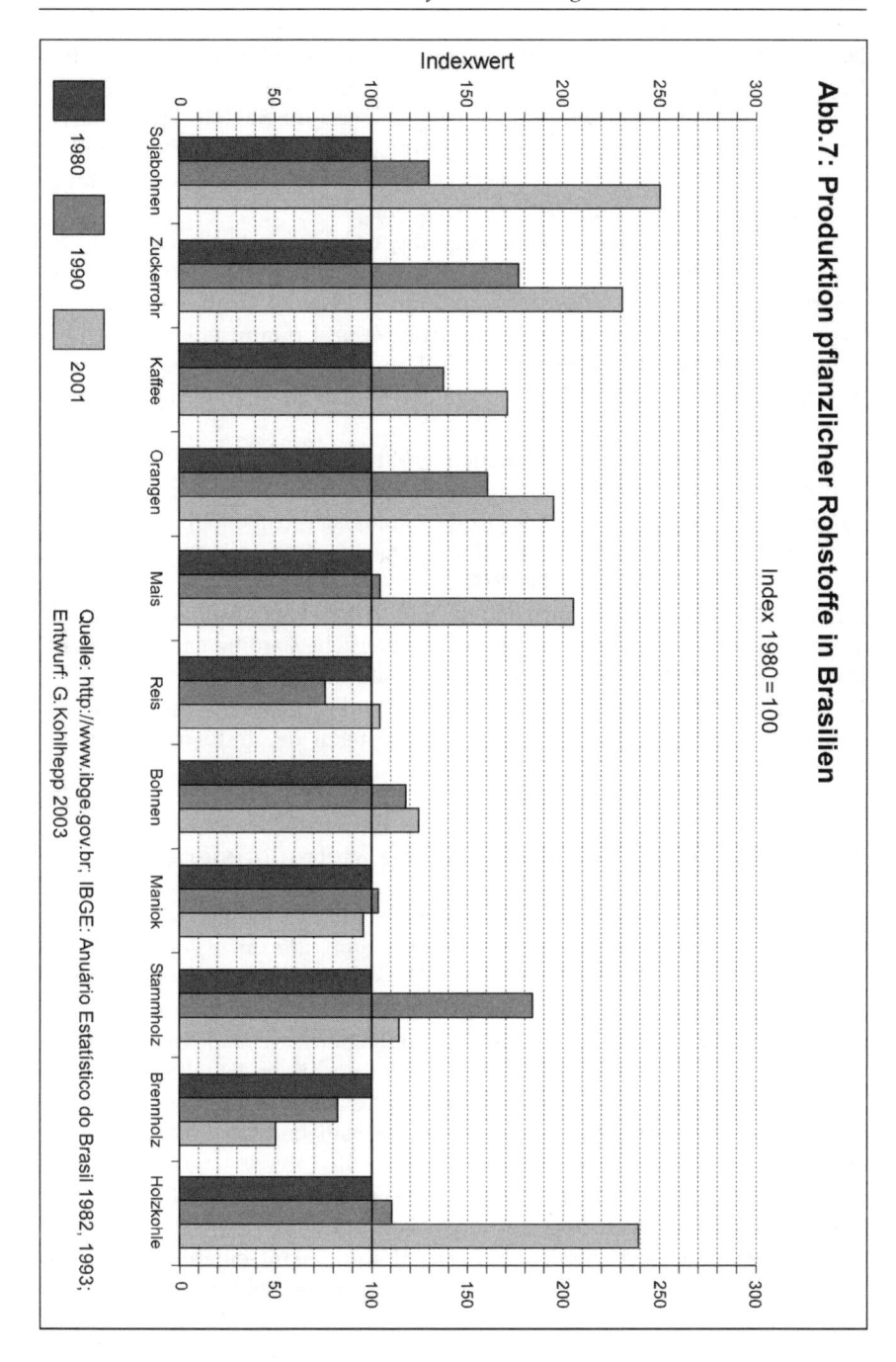

Die Modernisierung der Landwirtschaft wurde mit erheblichen staatlichen Krediten gefördert, die vor allem den Mittel- und Großbetrieben zugute kamen. Dies gilt auch für den Bewässerungsfeldbau im Rio São Francisco-Tal im Nordosten, der heute für die Versorgung des deutschen Marktes mit tropischen Früchten (Mango, Papaya etc.) von zunehmender Bedeutung ist und einen großen Aufschwung erlebt (VOTH 2002).

Brasilien hat trotz teilweise noch geringer Hektarerträge bei verschiedenen landwirtschaftlichen Erzeugnissen aufgrund der enormen Expansion der Anbauflächen seine Agrarproduktion – außer bei Grundnahrungsmitteln – z.T. erheblich gesteigert (siehe Abb. 7) und nimmt einen führenden Rang in der Weltproduktion ein: Den 1. Rang bei Kaffee, Zuckerrohr, Orangen, Maniok, Sisal, den 2. Rang bei Soja und Kakao, die 3. Stelle bei Bananen, Tabak, Mais und Rindfleisch (Tab. 2).

Der Rinderbestand gehört zu den größten weltweit. Das Land unternimmt bedeutende Anstrengungen zur Steigerung des Fleischexportes. Dazu gehörten auch die ökonomisch und ökologisch großenteils fehlgeschlagenen Aktivitäten der Anlage von Rodungsweiden für riesige Rinderfarmen im Amazonasgebiet (KOHLHEPP 1987a).

Wesentlichstes Strukturproblem der Landwirtschaft sind bisher fehlende gezielte Fördermaßnahmen für die kleinbäuerliche Familienlandwirtschaft. Damit wurde dem ländlichen Raum die soziale Grundlage entzogen und der Weltmarktorientierung einiger weniger Produkte geopfert, die nicht den immer noch bestehenden Einfuhrbeschränkungen der Industrieländer unterliegen.

5. Verstädterung und Probleme der Metropolisierung

Wie in vielen Ländern der Dritten Welt gehört die Verstädterung in Brasilien zu den umwälzendsten Strukturveränderungen, die sich seit Mitte des 20. Jahrhunderts vollzogen haben (vgl. Abb. 5). Mit einem Verstädterungsgrad von 81 % ist Brasilien nach Venezuela, Uruguay, Argentinien und Chile das am stärksten verstädterte Land in Lateinamerika. Dabei sind die regionalen Unterschiede markant und der Begriff "städtische Bevölkerung" folgt administrativen Kriterien. Während im Bundesstaat São Paulo der Verstädterungsgrad 93 % erreicht, beträgt er im nordöstlichen Staat Maranhão nur 60 %.

Städtische Lebensformen nehmen trotz aller sozialen Konflikte in den Großstädten in der Wertskala der ländlichen und kleinstädtischen Bevölkerung einen sehr hohen Stellenwert ein. Hoffnung auf einen Arbeitsplatz, wenn auch häufig nur im informellen Sektor, bessere Bildungschancen und damit günstigere berufliche Aussichten für die Kinder, medizinische Grundversorgung und soziale Hilfsprogramme üben eine starke Anziehungskraft aus.

Die Großstädte und vor allem die Metropolen sind am stärksten an diesem Verstädterungsprozess beteiligt. Mit Metropolisierung wird die hypertrophe Bevölkerungszunahme und die hohe Konzentration von Wirtschaftskraft, politischen, administrativen und ökonomischen Entscheidungsfunktionen sowie von Bildungs- und kulturellen Einrichtungen bezeichnet. Der Metropolitanregion wird als Siedlungsraum mit geschlossener Überbauung und infrastruktureller Verflechtung eine Bevölkerungsdichte von mindestens 1000 Ew./km² zugrunde gelegt. In jüngster Zeit werden aber die Mittelstädte im Rahmen der Dezentralisierung und aufgrund geringerer sozialer Konflikte immer mehr in diesen Vorgang der Verstädterung einbezogen.

Brasilien unterscheidet sich – wie Ecuador – von anderen Ländern Lateinamerikas dadurch, dass nicht die Hauptstadt das größte Ballungszentrum ist. In Brasília lebt nur knapp 1 % der brasilianischen Bevölkerung (zum Vergleich: in Buenos Aires 36 % der Gesamtbevölkerung Argentiniens). Mit São Paulo und Rio de Janeiro hat Brasilien zwei nur 400 km voneinander entfernte Metropolen, die als Megastädte (über 8 Mio. Ew.) zu den größten städtischen Agglomerationen der Erde gehören. Die Metropolitanregion São Paulo nimmt mit etwa 18 Millionen Einwohnern nach Tokio und Mexiko-Stadt weltweit den dritten Rang ein.

Tab. 3: Bevölkerungsentwicklung der Metropolitanregionen Brasiliens 1960–2000

Metropolitan-region	Einwohner (in Mio)					Jährliche Zuwachsrate (in %)			
	1960	1970	1980	1991	2000	1960-70	1970-80	1980-91	1991-2000
São Paulo	4,79	8,14	12,59	15,44	17,83	5,4	4,5	1,7	1,6
Rio de Janeiro	4,99	7,08	9,01	9,81	10,87	3,5	2,5	0,6	1,2
Belo Horizonte	0,89	1,61	2,61	3,52	4,34	6,1	5,0	2,6	2,4
Porto Alegre	1,11	1,53	2,23	3,15	3,66	3,3	3,5	2,8	1,7
Recife	1,24	1,79	2,35	2,92	3,34	3,7	2,7	1,8	1,5
Salvador	0,73	1,15	1,77	2,50	3,02	4,6	4,4	3,1	2,2
Fortaleza	0,66	1,04	1,58	2,40	2,98	4,7	4,3	3,5	2,4
Curitiba	0,51	0,82	1,44	2,06	2,73	4,8	5,8	2,9	3,2
Belém	0,42	0,66	1,00	1,40	1,79	4,5	4,3	2,7	2,8

Quellen: IBGE: Censos Demográficos 1950-1991;
IBGE: Anuário Estatístico do Brasil, div. Jahrgänge

Aufgrund der Größe Brasiliens konnten sich auch außerhalb der enormen Bevölkerungskonzentration im Städtedreieck São Paulo – Rio de Janeiro – Belo Horizonte bedeutende Regionalmetropolen entwickeln, die eine relativ eigenständige Position erreichen konnten (siehe Tab. 3). Belo Horizonte, vor etwas mehr als 100 Jahren gegründet, ist heute das Zentrum der rohstoffreichen Schwerindustrieregion in Minas Gerais und mit 4,3 Millionen Einwohnern das größte und wichtigste industrielle Ballungszentrum des Binnenlandes. Im Nordosten haben mit Recife und Salvador traditionsreiche städtische Zentren wie auch Fortaleza die Funktion als Auffangbecken für die Abwanderung aus dem "*Sertão*" des Landesinneren durch neue Ansätze zur Industrieentwicklung nur unvollständig ersetzt. Eine bedeutende Rolle bei der wirtschaftlichen Entwicklung Südbrasiliens spielen Porto Alegre und Curitiba. Die Hauptstadt des Staates Paraná, die 1950 erst 180.000 Einwohner zählte, erlebte mit dem Kaffee*boom* im Norden des Staates einen wirtschaftlichen Aufschwung, der später als industrieller Entlastungspol zum überfüllten São Paulo, verbunden mit der Landflucht durch den Strukturwandel der Landwirtschaft in Paraná, hohe Zuwachsraten der Bevölkerung erlebte, die bis heute anhalten (siehe Tab. 3).

In den 18 Millionenstädten Brasiliens, davon Belém und Manaus im Amazonasgebiet, konzentrieren sich fast 50 % der städtischen Bevölkerung des Landes. Die vertikale Expansion brasilianischer Großstädte hat sich beschleunigt. Nicht nur hohe Bodenpreise und Platzmangel, sondern auch Prestigesucht bei Verwaltungsbauten großer Unternehmen und der Trend zu Wohntürmen auch in gehobenen Wohnvierteln haben die flächenhafte Ausdehnung der Hochhäuser nicht nur in der City gefördert.

Die sich in den letzten Jahrzehnten verstärkenden sozialen Spannungen und zunehmend gewaltsamen Konflikte im städtischen Lebensraum haben zu einer starken sozialräumlichen Segregation geführt (SOUZA 1993). Diese spielte sich zunächst in der Differenzierung von Stadtvierteln der Ober- und oberen Mittelschicht sowie der unteren sozialen Schichten ab. Dann wurden die weitläufigen und oft parkähnlichen Villenviertel aus Sicherheitsgründen zugunsten von Hochhaus-Appartements aufgegeben. Dieser Trend von der Villa zum luxuriösen und durch private Sicherheitsdienste bewachten Hochhaus hat einen *Boom* der Immobilienspekulation ausgelöst (KOHLHEPP 1994). Die zunehmende räumliche und soziale Fragmentierung der Metropolen führte schließlich zu Inseln der Wohlhabenden im Meer der Armut (SCHOLZ 2000a, b). Diese "Inseln", in Brasilien *condomínios fechados* genannt (PÖHLER 1998), sind abgeschottete, stark gesicherte Wohnviertel mit Luxus-Wohntürmen und Villen, die befestigten Forts gleichen, mit Freizeit- und Serviceeinrichtungen versehen sind und in deren Nähe oft hochrangige Shopping Centers entstanden sind (COY 2001, 2002). Dieses Phänomen ist aufgrund der zunehmenden Verunsicherung der privilegierten Bevölkerungsschichten durch hohe Kriminalitätsraten auch bereits in Mittelstädten und in strandnahen Wochenend-Siedlungen zu beobachten.

Immer größere Stadtgebiete an der Peripherie der Metropolen, aber auch in degradierten zentrumnahen Vierteln, werden von der Armut der untersten sozialen Schichten geprägt. In vielen Metropolen leben mehr als ein Drittel der Bevölkerung in Elendsquartieren, die in Brasilien *Favelas* genannt werden. Die Abwanderung von einem Wohnviertel mit höherem Status in eines mit niedrigerem sozialem Rang und oft auch in eine *Favela* ist häufig anzutreffen ("Favelisierung"). Die riesigen ghetto-artigen Überlebensräume der Armen mit armseligen Hütten aus Baumaterialresten, Wellblech und

Plastikfolien sowie hygienischen und infrastrukturellen Defiziten jeglicher Art sind oft illegal entstanden, werden aber von den Stadtverwaltungen aus Mangel an Alternativen und zur Vermeidung gewaltsamer Reaktionen der Betroffenen geduldet. Es kann zuweilen auch zu einer Konsolidierung der Bausubstanz kommen, wie dies in den letzten Jahren in der Favela Roçinha in Rio de Janeiro erfolgte. Auch in Elendsvierteln gibt es Beispiele relativ stabiler sozialer Strukturen, in denen Nachbarschafts- und Selbsthilfe große Bedeutung haben (KOHLHEPP 1994).

In einigen Metropolen gibt es innerhalb der Marginalviertel aber auch inselartige Quartiere, aus denen die staatlichen Organe sich völlig zurückgezogen haben. Dort herrscht dann – wie z. B. in Rio de Janeiro – die Drogenmafia, die sich der örtlichen Bevölkerung für ihre Aktivitäten und als Schutzwall vor polizeilichem Zugriff bedient und dafür auch zur Überlebenssicherung der Favela-Bewohner beiträgt (SOUZA 1995). Bandenkriege in von der Polizei gemiedenen Kampfzonen, Gewalt und Mord machen diese Stadtteile zu "*no-go-areas*".

Das Wachstum der Metropolen hat zu gravierenden Überlastungserscheinungen der Infrastruktur, zu unerträglicher Luft- und Wasserverschmutzung (WEHRHAHN 1994) und zu einem enormen sozialen Konfliktpotenzial geführt. Gewaltsame Aktivitäten von Kriminellen führen zu Repressionsmechanismen der staatlichen Gewalt. Privat finanzierte "Todesschwadronen" üben Selbstjustiz an Kriminellen. "Strafaktionen" gegen Straßenkinder und gewaltsame Vertreibung ambulanter Händler zeigen die Eskalation im Kampf zwischen Überlebenssicherung und Verteidigung des eigenen städtischen Lebensraums. Trotz großer Anstrengungen im sozialen Wohnungsbau konnten die Wohnraumprobleme bisher nur ansatzweise gelöst werden, da die unterste soziale Schicht auch kleinste Beträge nicht aufbringen kann. Angesichts von 20,2 Millionen Menschen, die faktisch als Obdachlose einzustufen sind, kommt dem *Movimento dos Sem-Teto* („ohne Dach") als soziale Bewegung, die in der „Landlosen-Bewegung" ihr Vorbild hat, immer größere Bedeutung zu (JORNAL DO BRASIL, 21.9.2003). Von nachhaltiger Stadtentwicklung kann in den Metropolen Brasiliens bisher nur in Ansätzen gesprochen werden (verschiedene Beiträge in KOHLHEPP/COY 1998). Allerdings zeigen Curitiba und in geringerem Maße Porto Alegre neue Leitbilder der Stadtentwicklung, die es auch in anderen Stadtregionen umzusetzen gilt (COY/ZIRKL 2001).

São Paulo gehört als Motor der wirtschaftlichen Entwicklung Brasiliens mit seiner Konzentration von in- und ausländischen Industrie- und Handelsunternehmen, als Dienstleistungs- und Bankenzentrum heute zu den *global cities* (SASSEN 1997). Die Stadt, die 1890 nur 65.000 Einwohner zählte und sich durch Kaffee*boom*, starke Einwanderung und Industrialisierung schnell entwickelte, erreichte 1940 die Millionengrenze, die Metropolitanregion 1975 bereits 10 Millionen Einwohner. Der Ballungsraum São Paulo ist flächenmäßig etwa 60 % größer als die Stadtregion Rhein-Ruhr, übertrifft heute mit ca. 18 Millionen Einwohnern deren Bevölkerungszahl aber um mehr als das Dreifache. Die Metropolitanregion São Paulo wächst bereits mit der Millionenstadt Campinas und der Industriestadt Sorocaba zusammen, so dass heute schon von einer erweiterten Metropolitanregion gesprochen wird. Durch diese Expansion wird der Effekt der industriellen Dezentralisierung, die bereits in den 1980er Jahren begann und in einer intraregionalen Phase eines *polarization reversal* (RICHARDSON 1980) Entlastungspole im Umland von São Paulo aufwertete, relativiert (KOHLHEPP 1997a), was eine interregionale Dekonzentration einleitete (WEHRHAHN/BÄHR 2001).

In São Paulo sind nahezu alle wichtigen *"global players"* der transnationalen Wirtschaft präsent und agieren als lokale bzw. nationale Firmen selbst wieder im Netzwerk globaler Aktivitäten. Neben traditionellen Prachtstraßen, wie z.B. der Avenida Paulista, sind neue Business Districts (z.B. Berrini) außerhalb der Kernstadt entstanden, die mit modernster Infrastruktur ausgestattet sind und sich in das internationale Kommunikationsnetz einklinken. Die hohe Konzentration der industriellen Produktion, insbesondere der Auto-, Maschinen- und metallverarbeitenden Industrie, ist im ABCD-Distrikt im Süden der Metropolitanregion in den Städten Santo André, São Bernardo do Campo, São Caetano do Sul und Diadema lokalisiert (siehe Kap. 6).

Während São Paulo als Schaltzentrale der nationalen Wirtschaft eine herausragende Stellung hat, ist die Stadtregion aus der Sicht einer globalisierten Wirtschaft doch mehr eine *"affected"* als eine *"acting" global city* (SCHOLZ 2000b).

6. Industrielle Struktur und Entwicklungsperspektiven

Brasilien besitzt aufgrund seines Reichtums an mineralischen und pflanzlichen Rohstoffen sehr gute natürliche Voraussetzungen für eine auf dieser Basis erfolgende industrielle Entwicklung. Die brasilianische Industrialisierung kann in drei Hauptphasen eingeteilt werden: 1. Eine auf die Verarbeitung pflanzlicher Rohstoffe konzentrierte Industrialisierung mit der Entwicklung der Textil- und Zuckerindustrie bis Ende der 1920er Jahre; 2. Die importsubstituierende Industrialisierung zwischen 1930 und 1990 mit der Produktion vor allem für den Binnenmarkt; 3. Die weltmarktorientierte Industrialisierung, insbesondere seit 1990 (MEYER-STAMER 1994).

Mitte der 1950er Jahre wurde unter der Regierung des Präsidenten Kubitschek, dem Brasilien auch die Gründung von Brasília (1960) verdankt, ein Industrialisierungsprogramm entwickelt, das mit starkem Zufluss ausländischer Investitionen "50 Jahre Fortschritt in 5 Jahren" verkündete. Dieser Versuch nachholender Entwicklung war der Eintritt Brasiliens in die Gruppe der sog. Schwellenländer, der von der Militärregierung ab 1964 fortgesetzt wurde. Eine dynamische Wirtschaftsentwicklung mit Schwerpunkt auf der Industrialisierung sollte eine marktwirtschaftliche Alternative zum – von Kuba vorgegebenen – sozialistischen Weg für Länder der Dritten Welt aufzeigen.

Grundlage war der Wunsch, den wirtschaftlichen Rückstand zu den Industrieländern unter allen Umständen zu verringern oder gar aufzuholen. Unter Entwicklung wurde industriewirtschaftliches Wachstum verstanden, die sozialen Belange wurden nachgeordnet. Eckpfeiler dieser Entwicklung sind niedrige Löhne, die Mobilisierung ausländischen Kapitals, hohe Gewinnmöglichkeiten, die Freizügigkeit des Kapitalverkehrs und politische Stabilität, die durch eine Entwicklungs-Diktatur des Militärs gesichert wurde. Brasilien wurde zum attraktivsten Investitionsziel (KOHLHEPP 1978).

Hunderte von ausländischen Industriefirmen, darunter viele deutsche Unternehmen fast aller Branchen, gründeten in Brasilien Tochterbetriebe. Während dieser Phase des "brasilianischen Wirtschaftswunders" zwischen 1965 und 1974 erreichten die industriellen Wachstumsraten weit über 10 % pro Jahr. Nach der ersten Ölkrise 1973/74 gingen die Zuwachsraten zwar deutlich zurück, hielten sich aber immer noch auf einem in Lateinamerika sonst nicht erreichten Niveau.

Brasiliens Industrie – 2001 mit einem Anteil von 36 % am BIP – nimmt in ihrem Produktionsumfang und der Bandbreite der vertretenen Branchen in Lateinamerika bis heute den ersten Platz ein. Die verarbeitende Industrie liefert einfache Konsumgüter, langlebige Verbrauchsgüter, maschinelle Ausrüstungen, Schwermaschinen, Fahrzeuge aller Art, Rüstungsgüter, Produkte der chemischen Industrie sowie des Schiffs- und Flugzeugbaus. In einigen Branchen (z.B. Eisen- und Stahlindustrie) hat Brasilien wie im Fahrzeugbau beträchtliche Steigerungsraten erzielt und einige europäische Konkurrenten bereits überholt (siehe Abb. 8).

Bei insgesamt 4,8 Millionen Industriebeschäftigten (ohne Bauwirtschaft) nimmt die Nahrungs- und Genussmittelindustrie mit 19,4 % den ersten Rang ein, Bekleidung (7,3 %), Maschinenbau (6,3 %) und Metallverarbeitung (6,0 %) sowie weitere sieben Branchen mit jeweils 5–6 % folgen. Dies zeigt eine relativ ausgeglichene Branchenverteilung der Industriebeschäftigten.

Brasilien zählt zu den zehn größten Automobilproduzenten der Welt. Die Unternehmen sind transnationale Konzerne, die wie VW, Fiat, General Motors und Ford schon lange in der PKW-Produktion in Brasilien tätig sind und ein Netz an Zulieferfirmen aufgebaut haben. In der zweiten Hälfte der 1990er Jahre kamen noch Honda, Toyota, Renault und Mercedes Benz dazu. Im Bereich der Nutzfahrzeuge (LKW, Busse) sind Mercedes Benz (bzw. Daimler Chrysler), Volvo und VW führend. Seit 1995 haben internationale Automobilhersteller etwa 30 Milliarden US-$ in Brasilien – vor allem auch zur Entwicklung eigener Produkte – investiert (AHK 26/2003). Bei der in den letzten Jahren schwachen Konjunktur und einer in der ersten Jahreshälfte 2003 sogar zurückgehenden Nachfrage auf dem Binnenmarkt sind einige Betriebe an neuen Standorten verstärkt auf den Export ausgerichtet. Bei einer Produktionskapazität von 3,2 Millionen PKW wird für 2003 aber nur mit 1,8 Millionen produzierten Fahrzeugen gerechnet (VEJA, 16.7.2003).

In der regionalen Verteilung der Industrie nimmt der im Südosten gelegene Staat São Paulo traditionell eine Führungsrolle ein. Aufgrund der Kapitalakkumulation während der Kaffeeplantagenwirtschaft seit Mitte des 19. Jahrhunderts wurden in São Paulo die ersten finanziellen Voraussetzungen für die industrielle Entwicklung geschaffen. Dazu kamen sehr gute infrastrukturelle Voraussetzungen, ein in Brasilien einmaliges Eisenbahnnetz und in Santos auch ein funktionsfähiger Überseehafen. Schnelle Bevölkerungszunahme durch große Einwanderungswellen Ende des 19. Jahrhunderts, vor allem aus Italien, sowie zunehmende Binnenwanderung schufen ein umfangreiches Angebot an Arbeitskräften und einen bedeutenden Markt für industrielle Erzeugnisse.

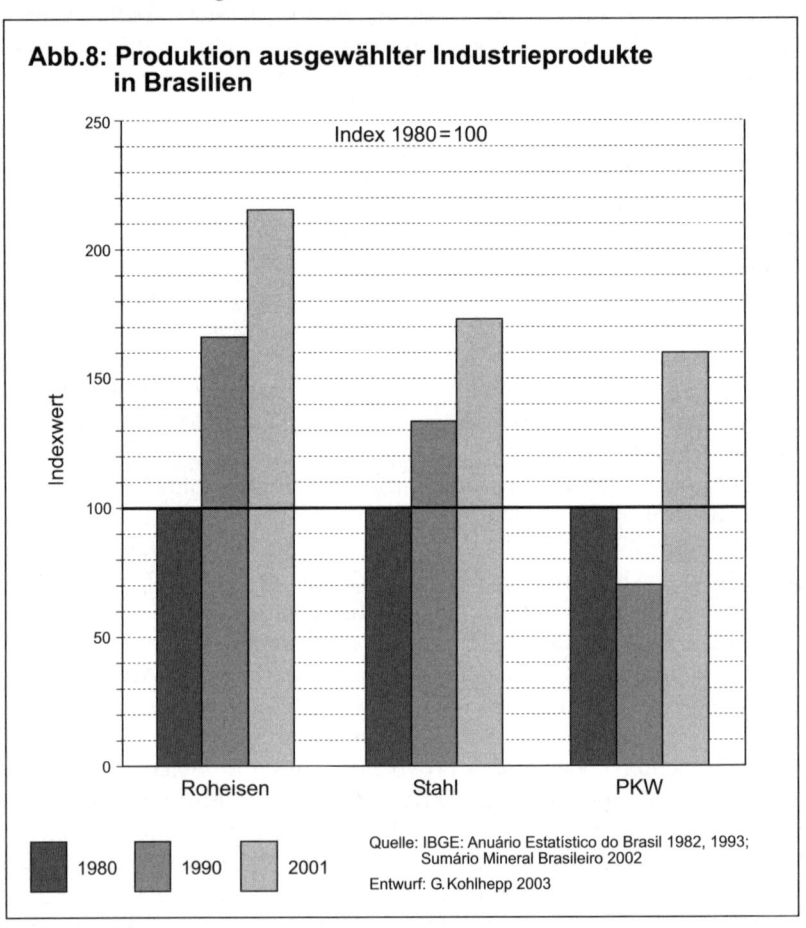

Abb.8: Produktion ausgewählter Industrieprodukte in Brasilien

Quelle: IBGE: Anuário Estatístico do Brasil 1982, 1993; Sumário Mineral Brasileiro 2002
Entwurf: G. Kohlhepp 2003

Der Staat São Paulo stellt heute 40 % der Industriebeschäftigten und 48 % des industriellen Produktionswerts Brasiliens und hat damit aufgrund der Dezentralisierung etwas von seiner Dominanz eingebüßt (1975: 51 % bzw. 57 %, vgl. KOHLHEPP 1978). Mit weitem Abstand folgt der rohstoffreiche Staat Minas Gerais mit jeweils 10 %. Trotz aller Dezentralisierungsversuche konzentrieren sich die Industriebeschäftigten zu knapp 60 % auf den Südosten und zu 24 % auf die drei Südstaaten. Der Südosten erwirtschaftet zwei Drittel des industriellen Produktionswerts des Landes und 59 % des BIP (siehe Abb. 11).

Die Metropolitanregion São Paulo ist nicht nur das führende Wirtschaftszentrum Brasiliens, sondern auch der größte industrielle Ballungsraum Lateinamerikas und der Dritten Welt. Dort werden heute etwa 17 % des brasilianischen BIP erwirtschaftet. Bis zum Ende der Militärdiktatur 1985 war die Zahl der Industriebeschäftigten auf 1,74 Millionen gestiegen. Die Wirtschaftskrise Anfang der 1990er Jahre, die verschlechterte internationale Wettbewerbsposition der brasilianischen Industrie, konjunkturelle Schwankungen in einzelnen Industriebranchen, insbesondere aber die industrielle Dezentralisierung innerhalb des Staates São Paulo und die gezielte Entwicklung anderer Industriestandorte im Südosten und Süden Brasiliens haben zu einem starken Rückgang der Zahl der Industriebeschäftigten im Großraum São Paulo geführt, die heute aber immer noch mehr als 1 Million Menschen beträgt. Nachdem industrielle Standortkonzentrationen stark umweltbelastender Branchen in Cubatão bei Santos im Randgebiet der Metropolitanregion durch Gesundheitsschädigung und Umweltzerstörung weit über Brasilien hinaus Aufsehen erregten (GUTBERLET 1991), wurden im Staat São Paulo technische Auflagen für die Produktion und ein strenges Immissions-Monitoring eingeführt.

In der Metropolitanregion São Paulo ist eine Vielzahl von multinationalen Großunternehmen vertreten. Nahezu alle bedeutenden deutschen Firmen haben dort eine Niederlassung. In den vielen hundert deutschen Tochter- und Beteiligungsunternehmen der verarbeitenden Industrie sind fast 400.000 Menschen tätig. Nach der Beschäftigtenzahl dieser Betriebe und der ihrer Zulieferfirmen wird São Paulo von deutschen Investoren gern als "die größte deutsche Industriestadt" bezeichnet. In keinem anderen Industrie- oder Schwellenland gibt es eine auch nur annähernd so große Konzentration deutscher Firmen an einem Standort (KOHLHEPP 1997a).

Die Automobilindustrie ist ein gutes Beispiel für die moderne Standortpolitik. Seit den 1960er Jahren konzentrierte die Metropolitanregion São Paulo über 80 % des Fahrzeugbaus in Brasilien. Die 1990er Jahre brachten dann eine forcierte Dekonzentration (WEHRHAHN 2002). Im Rahmen der 1994 begonnenen wirtschaftlichen Stabilisierung (Plano Real) schöpften ausländische Investoren wieder Vertrauen in die brasilianische Wirtschaft. Gründe für die neuen Produktionsstandorte der Neugründungen, aber auch für betriebliche Expansion außerhalb der Stadt und des Staates São Paulo waren die geringe Verfügbarkeit von Industrieflächen, hohe Bodenpreise, erhöhte Besteuerung, Umweltauflagen, gravierende innerstädtische Verkehrsprobleme, Mangel an Facharbeitern, ein für Brasilien hohes Lohnniveau sowie Sicherheitsprobleme und das hohe soziale Konfliktpotenzial. Von entscheidender Bedeutung dürften allerdings attraktive finanzielle Zusagen einzelner Bundesstaaten gewesen sein, die neue, gut ausgestattete Standorte für PKW-Produktion und Zulieferindustrien anboten.

Im Innern des Staates São Paulo sowie vor allem in Paraná (Metropolitanregion Curitiba), aber auch in Rio Grande do Sul, im südlichen Minas Gerais und – als Ausnahme im Nordosten – Bahia entstanden neue Werke und Werksteile der PKW-Industrie. Im Paraíba-Tal zwischen São Paulo und Rio de Janeiro ist eine Industrieachse entstanden, an der sich Cluster high-tech-orientierter wissensbasierter Betriebe entwickeln (u.a. São José dos Campos).

Brasilien liegt an fünfter Stelle bei den deutschen Auslandsinvestitionen und unter den Entwicklungsländern auf Rang 1. Von den etwa 10 Mrd. US-$ deutscher Direktinvestitionen flossen fast 90 % in die verarbeitende Industrie, vor allem in die Auto- und Kfz-Zubehörindustrie, den Maschinenbau und die chemisch-pharmazeutische Industrie. Nach USA und Japan ist Deutschland der wichtigste Investor im industriellen Bereich.

Die große Bedeutung der Industrie zeigt sich in der Tatsache, dass der ehemalige Rohstofflieferant Brasilien heute zu einem wichtigen Exporteur industrieller Fertigwaren geworden ist, deren Anteil am gesamten Exportwert bereits über 50 % beträgt (Abb. 13). Dabei nimmt der Export von Flugzeugen für den Regionalverkehr wertmäßig den ersten Rang ein.

Bei der Infrastruktur im Verkehrs- und Energiebereich hat der Staat außerordentliche Vorleistungen für die Industrialisierung erbracht. Dies gilt insbesondere für die Straßenverkehrserschließung und den Ausbau der Häfen und Flughäfen. Leider ist der Eisenbahnverkehr stark vernachlässigt worden und spielt nur beim Nahverkehr sowie beim Eisenerztransport eine Rolle. Die Privatisierung von Fernstraßen und Bahnlinien ist in vollem Gange und könnte die notwendigen Investitionen zur Verbesserung der Verkehrsinfrastruktur aufbringen. Im Energiesektor ist die Wasserkraftnutzung sehr gut entwickelt. Das brasilianisch-paraguayische Gemeinschaftsprojekt Itaipu am Rio Paraná ist mit 12.600 MW Leistung immer noch das größte Wasserkraftwerk der Erde (KOHLHEPP 1987b). In der Elektrizitätserzeugung durch Wasserkraft, die 94 % der Stromproduktion des Landes umfasst, nimmt Brasilien nach USA und Kanada den dritten Platz ein. Zunehmende Energieknappheit führte zur Anlage von Wasserkraftwerken in ökologisch sensiblen Regionen, so z.B. im Amazonasgebiet (KOHLHEPP 1998a), zwingt aber auch zu intensiveren Überlegungen der Anlage umweltfreundlicherer Kleinkraftwerke und der Nutzung von regenerierbaren Energien sowie zur Fertigstellung des 3. Blocks des Kernkraftwerks in Angra dos Reis an der Küste zwischen Rio de Janeiro und São Paulo.

In der Erdölproduktion, die zu 30 % vom Festlandbereich und zu 70 % aus dem Schelfbereich (*off-shore*-Bohrungen) stammt, wurden beachtliche Steigerungen erzielt (siehe Abb. 9). Brasilien, das noch in den 70er und 80er Jahren nur ca. 20 % seines Erdöl-Bedarfs aus nationaler Produktion decken konnte, hat heute einen Selbstversorgungsgrad von fast 80 %.

Brasilien besitzt bedeutende Erzvorkommen. Bei der Förderung von Eisenerzen nimmt das Land weltweit einen Spitzenplatz ein, seit die großen Lagerstätten im südöstlichen Amazonasgebiet (Serra dos Carajás) entdeckt wurden (KOHLHEPP 1987a). Außer Eisenerz hat Brasilien reiche Vorkommen an Mangan-, Kupfer-, Blei-, Nickel-, Zink- und Zinnerzen. Seit den 80er Jahren entwickelte sich Brasilien auch zu einem der wichtigsten Bauxit-Förderländer und steigerte dadurch seine Aluminium-Produktion ganz erheblich (siehe Abb. 9). Gold- und Diamantenvorkommen ergänzen die reichen Rohstoffvorkommen.

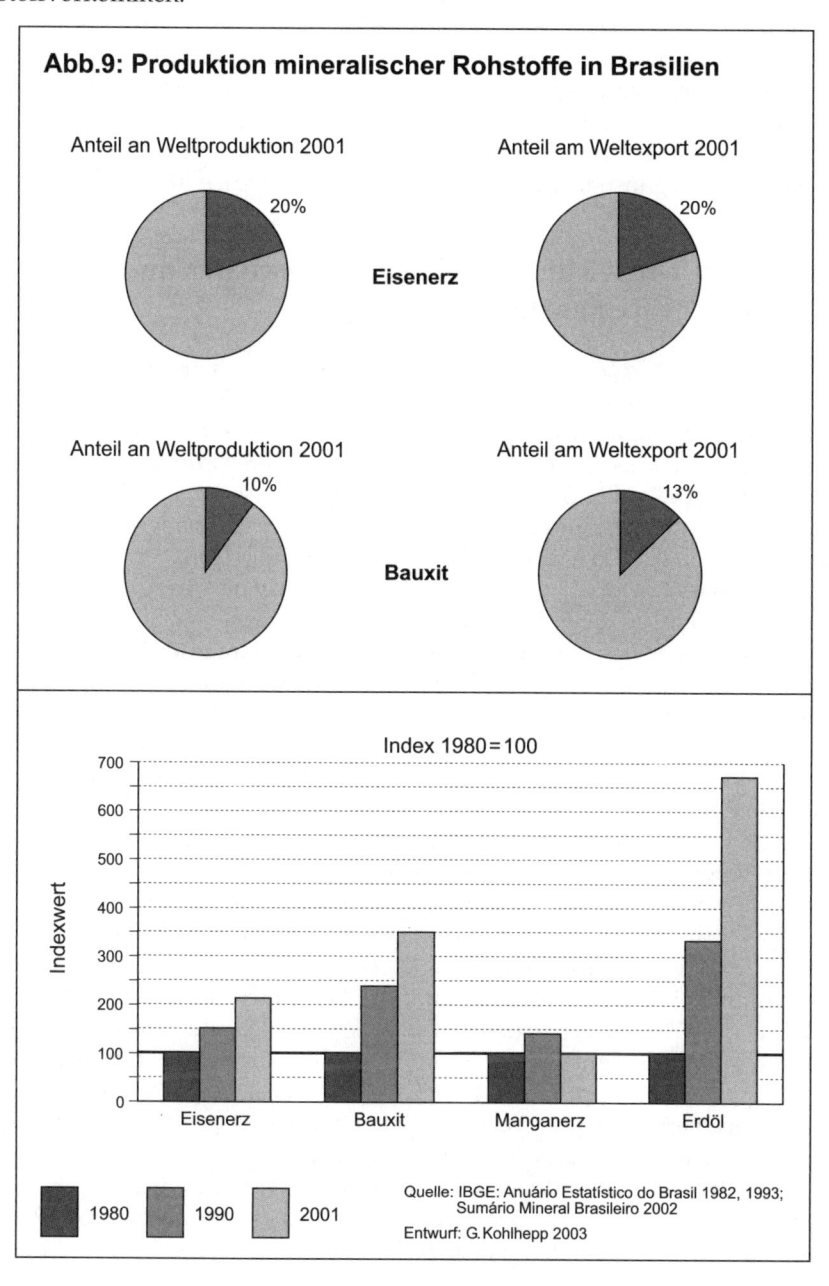

Abb.9: Produktion mineralischer Rohstoffe in Brasilien

Anteil an Weltproduktion 2001 — Eisenerz: 20%
Anteil am Weltexport 2001 — Eisenerz: 20%
Anteil an Weltproduktion 2001 — Bauxit: 10%
Anteil am Weltexport 2001 — Bauxit: 13%

Index 1980=100 (Indexwert für Eisenerz, Bauxit, Manganerz, Erdöl in den Jahren 1980, 1990, 2001)

Quelle: IBGE: Anuário Estatístico do Brasil 1982, 1993; Sumário Mineral Brasileiro 2002
Entwurf: G. Kohlhepp 2003

Trotz vieler günstiger Voraussetzungen des natürlichen Potenzials ist die brasilianische Industrie in weiten Bereichen stark verwundbar. Im Gegensatz zu den ost- und südostasiatischen Industrie- und Schwellenländern, die seit den 1980er Jahren neue zukunftsorientierte Technologien und Produktionskonzepte entwickelten und sich für die Herausforderungen der Globalisierung rüsteten, haben viele brasilianische Firmen im Schutze des durch Zollschranken gesicherten nationalen Markts zu lange abgewartet und nur punktuelle Exportstrategien entwickelt. Zur Steigerung der internationalen Wettbewerbsfähigkeit ist eine fundierte Technologie- und Innovationspolitik dringend erforderlich, um die brasilianische Industrie in der globalisierten Weltwirtschaft günstiger zu positionieren (MEYER-STAMER 2003).

7. Soziale Ungleichheit, regionale Disparitäten und staatliche Regionalpolitik

Grundlegendes Problem in Brasilien ist die soziale Ungleichheit, die das Land daran hindert, eine nachhaltige Gesamtentwicklung zu erreichen. Nach jüngsten Pressemitteilungen der Regierung gehören 34,1 % der Bevölkerung zu den Armen, die nicht in der Lage sind, ihre Grundbedürfnisse zu befriedigen. Die völlig mittellose Bevölkerung umfasst 14,5 %. Diese Werte haben sich zwar aufgrund des Stabilisierungskurses der Regierung Cardoso im Plano Real ab 1994 – im Verhältnis zu den 1980er Jahren – verbessert, zeigen aber, dass fast 60 Millionen Menschen unterhalb der Armutsgrenze und davon 25 Millionen unter dem Existenzminimum leben.

Brasilien ist eines der Länder mit dem größten Grad der Einkommensungleichheit weltweit. 20 % der Bevölkerung konzentrieren 74 % des nationalen Einkommens, die ärmsten 20 % erreichen nur 2,3 %. Dabei ist das durchschnittliche Pro-Kopf-Einkommen in zwei Dritteln aller Länder geringer als in Brasilien. Wachstumsorientierte Entwicklungsstrategien führten nicht zum erhofften "*trickle down*"-Effekt, dem Durchsickern der Gewinne in die unteren sozialen Schichten, die letztlich nicht am wirtschaftlichen Fortschritt partizipierten. Die soziale Ungleichheit ist im städtischen und im ländlichen Bereich alarmierend und provoziert gewaltsame Konflikte.

Sowohl innerhalb als auch vor allem zwischen den Großregionen des Landes existieren enorme regionale Disparitäten. Während im Nordosten die Armut 50,1 % der Bevölkerung umfasst, betrifft dies im Süden 19,8 %, im Südosten nur 16,8 % der regionalen Bevölkerung. Das BIP pro Kopf ist im Südosten nahezu viermal höher als im Nordosten, beträgt das Dreifache der Nordregion, das Doppelte des Mittelwestens und übertrifft auch die Südstaaten noch um 34 %. Das Pro-Kopf-Einkommen im Staat São Paulo erreicht fast das 10fache des Staates Tocantins (siehe Tab. 4).

Die extremen Entwicklungsdiskrepanzen zwischen den einzelnen Regionen sind nicht nur aufgrund ihrer unterschiedlichen naturräumlichen Ausstattung vorhanden, sondern haben insbesondere auch historische und postkoloniale Ursachen. Defizite in den ordnungspolitischen Rahmenbedingungen, in der staatlichen Steuerung regionalpolitischer Maßnahmen und in der Umsetzung des endogenen regionalen Entwicklungspotenzials verstärkten die Entstehung von Passivräumen. So sind die regionalen Disparitäten bei vielen Indikatoren offensichtlich. Tab. 4 gibt einen Eindruck von dieser Situation.

Tab. 4: Regionale Disparitäten der Bundesstaaten Brasiliens

Indikatoren	Höchster Wert	Niedrigster Wert
Bevölkerungsdichte (Ew./km^2)	Rio de Janeiro 328,0 (SO)	Roraima 1,5 (N)
Städtische Bevölkerung (in %)	São Paulo 93,4 (SO)	Maranhão 59,5 (NO)
Kindersterblichkeit (pro 1000 Lebendgeburten)	Alagoas 71,9 (NO)	Rio Grande do Sul 19,4 (S)
Ärzte (pro 10.000 Ew.)	São Paulo 66,4 (SO)	Maranhão 3,8 (NO)
Analphabetismus (%) (Personen ab 15 Jahre)	Alagoas 32,8 (NO)	Bundesdistrikt 5,1 (MW)
Funktionaler Analphabetismus *) (%) (Personen ab 15 Jahre)	Piauí 53,1 (NO)	Bundesdistrikt 14,9 (MW)
Anteil am BIP (%)	São Paulo 36,9 (SO)	Roraima 0,1 (N)
Pro-Kopf-Einkommen (US-$)	São Paulo 9.650 (SO)	Tocantins 1.010 (N)
HDI (Human Development Index)	Rio Grande do Sul 0,869 (S)	Piauí 0,534 (NO)

Zugehörigkeit zur Großregion: N: Norden; NO: Nordosten; MW: Mittelwesten; SO: Südosten; S: Süden
*) weniger als 4 Jahre Schule
Quellen: IBGE 1998, 1999, 2000 ; Almanaque Abril 2000

So kommt es, dass in Brasilien zur Erläuterung der regionalen Disparitäten der Begriff "*Belindia*" kursiert. Dies bedeutet, dass Bundesstaaten wie São Paulo oder Rio Grande do Sul zumindest bei einigen Entwicklungsindikatoren mit einem europäischen Industriestaat wie Belgien verglichen werden können, während große Teile des Innern des Nordostens eher den Entwicklungsstand ländlicher Regionen in Indien aufweisen.

Seit Jahrzehnten hat die staatliche Regionalpolitik mit hohem finanziellem Aufwand Maßnahmen durchgeführt, die zur Verringerung der sozioökonomischen Unterschiede zwischen einzelnen Regionen führen sollten (KOHLHEPP 1995). Vor allem in zwei Großregionen lassen sich die Misserfolge der angewandten Strategien aufzeigen: Im Norden, d.h. den immerfeuchten tropischen Regenwaldgebieten Amazoniens, sowie im Nordosten, dem oft zitierten "Armenhaus" Brasiliens, mit seinen ausgedehnten semiariden Binnenräumen.

Der konzentrierte "Angriff" von Regionalplanung und wirtschaftlicher "Inwertsetzung" des begrenzten natürlichen Potenzials Amazoniens hat zur schnellen Regenwaldzerstörung – heute bereits 15 % der Waldfläche – und zur regionalen Degradierung durch Strategien mit einem aus ökologischer und sozialer Sicht destruktiven "Entwicklungs"stil geführt. Der Kampf zwischen dem traditionellen Modell der Regionalentwicklung mit der Zerstörung des Lebensraums der indianischen, aber auch eines Teils der neobrasilianischen Bevölkerung sowie der Vernichtung der Biodiversität des artenreichsten Ökosystems der Erde und den neuen Zielsetzungen eines mit internationaler Finanzhilfe angelaufenen Programms zur nachhaltigen Nutzung der Waldressourcen ("Pilotprogramm") zum Wohl der regionalen Bevölkerung hält an (KOHLHEPP 2003). Korruption und Betrug in großem Stil führten zur Schließung und – im August 2003 – schließlich zur Wiedereröffnung der Regionalentwicklungsbehörde SUDAM. Die Konzeptionslosigkeit und die Ereignisse der letzten Jahre erschwerten nachhaltige Entwicklungsansätze (HALL 2000).

Die großangelegten Entwicklungsprogramme für den Nordosten sind in ihren sozialen Komponenten großenteils gescheitert. Dies gilt für die kleinbäuerlichen Projekte ebenso wie für Industrialisierungsprogramme mit geplanter arbeitsintensiver Breitenwirkung. Während einige rohstofforientierte industrielle Entwicklungspole wie der petrochemische Komplex Camaçarí bei Salvador in Bahia florieren, misslang die Ansiedlung von mittelständischen Betrieben aus Südost- und Südbrasilien aufgrund fehlender Ausbildungsprogramme für Industriearbeiter.

Die Herrschaft lokaler und regionaler Eliten mit Clan-Bewusstsein im Nordosten ist geblieben. Aus der Nahrungsmittelverteilung und den Fördermitteln für die durch Trockenheit geschädigte Bevölkerung entstand häufig eine sog. "Dürre-Industrie" der lokalen politischen Führer, die an der Notsituation verdienten. Ein Großteil der Finanzmittel für die Landwirtschaft floss in den großbetrieblichen Bewässerungsfeldbau mit *cash-crop*-Exportproduktion von Früchten im Rio São Francisco-Tal. So leben weiterhin fast zwei Drittel der Bevölkerung des Nordostens von weniger als einem monatlichen Mindestlohn pro Familie (240 Reais = ca. 80 US-$).

Im Gegensatz dazu haben eigenständige, d.h. auf dem endogenen regionalen Potenzial beruhende sozial- und umweltverträgliche Entwicklungsansätze in den Südstaaten in manchen Munizipien fast zu "Inseln der Glücklichen" mit wirtschaftlicher Dynamik und hoher Lebensqualität geführt. Leider sind dies nur Einzelfälle.

Umfangreiche binationale Forschungsprogramme zwischen Brasilien und Deutschland (KOHLHEPP 1997b) haben einen wichtigen Beitrag zur tropenökologischen Grundlagen- und angewandten Forschung in Amazonien (SHIFT-Programm: LIEBEREI ET AL. 1998) und im Nordosten (WAVES-Programm: GAISER ET AL. 2003) geleistet und damit u.a. auch wesentliche Ansätze für staatliche regionalpolitische Maßnahmen geliefert.

8. Brasiliens wirtschaftliche Stellung in Lateinamerika und in der Weltwirtschaft

Brasilien hatte bis 1999 das bei weitem größte Bruttoinlandsprodukt aller lateinamerikanischen Staaten. Aufgrund der Abwertung der brasilianischen Währung Real 1999 und dem Wechselkursverlust vor den Wahlen 2002 hat Mexiko im vergangenen Jahr Brasilien beim BIP "überholt" (siehe Abb. 10). Die argentinische Wirtschaft stand im Jahr 2002 vor dem Zusammenbruch, was die anfängliche Dynamik des gemeinsamen Markts mit den südamerikanischen Partnern Brasilien, Uruguay und Paraguay, des MERCOSUR (*Mercado Común del Sur*; in portugiesischer Sprache MERCOSUL), in größte Schwierigkeiten brachte.

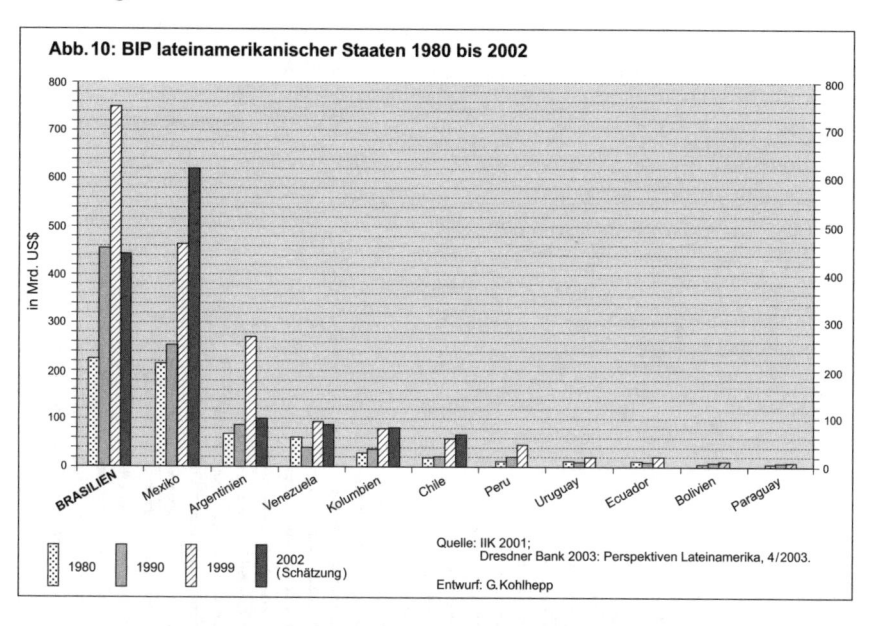

Abb. 10: BIP lateinamerikanischer Staaten 1980 bis 2002

Quelle: IIK 2001; Dresdner Bank 2003: Perspektiven Lateinamerika, 4/2003.
Entwurf: G. Kohlhepp

In den letzten drei Jahrzehnten hat Brasilien seinen Außenhandel systematisch erweitert (siehe Abb. 12) und insbesondere die Struktur seiner Exporte verändert und in starkem Maße diversifiziert. Von der Abwertung des Real profitierten die Exportunternehmen. War die Produktgruppe Nahrungsmittel (Kaffee, Zucker, Früchte) im Jahre 1970 noch mit 58 % vertreten, so war sie im Jahre 2000 nur noch mit 17 % (Soja, Kaffee, Zucker) beteiligt. Heute sind Maschinen und Transportmittel die führenden Export- und Importprodukte (siehe Abb. 13 und 14). Beim Export nehmen Grundstoffe (Eisen und Stahl, Metalle, Papier) den zweiten Rang ein. Am gesamten Exportwert haben Erzeugnisse der verarbeitenden Industrie heute bereits einen Anteil von 59 %, Halbfertigwaren von 15 %. Dies zeigen auch die Exporte Brasiliens in die EU (siehe Abb. 17). Brasilien ist also längst nicht mehr der traditionelle Exporteur pflanzlicher und mineralischer Rohstoffe. Aller-

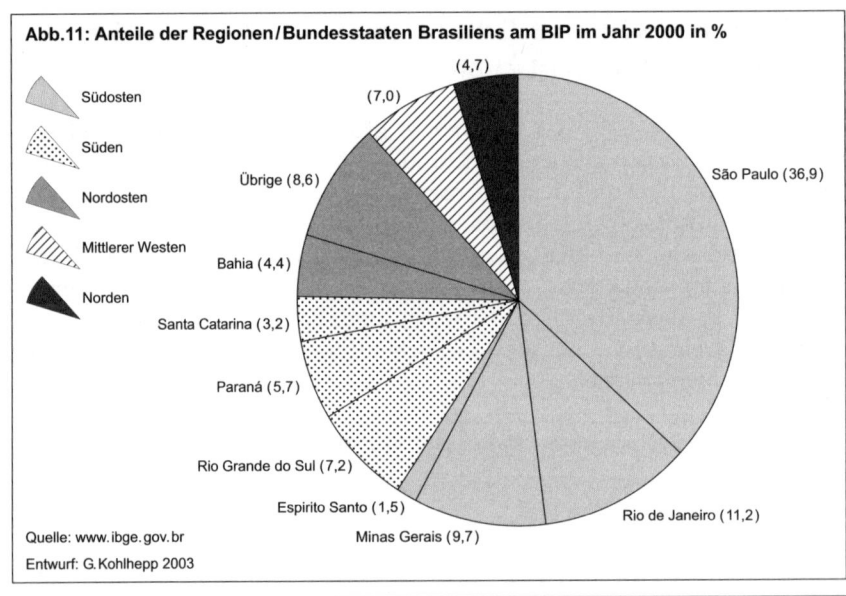

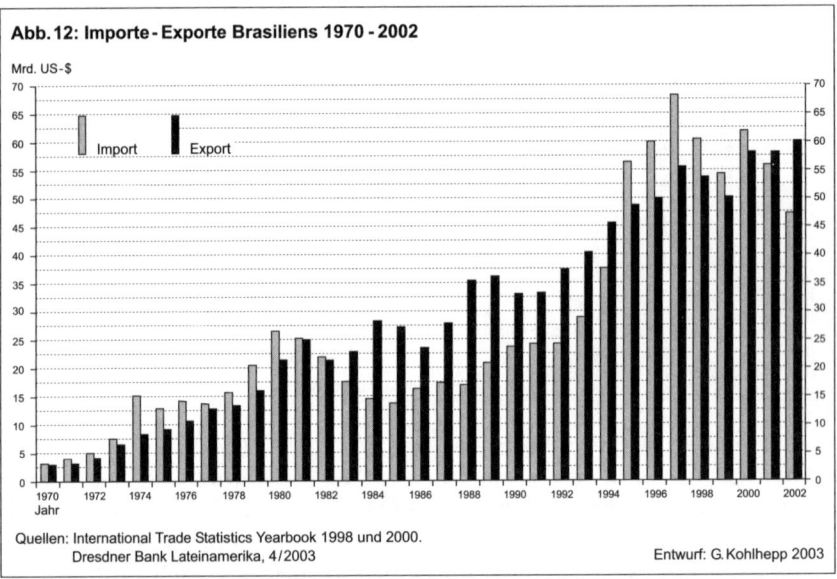

Abb. 11: Anteile der Regionen/Bundesstaaten Brasiliens am BIP im Jahr 2000 in %

- Südosten
- Süden
- Nordosten
- Mittlerer Westen
- Norden

São Paulo (36,9)
Rio de Janeiro (11,2)
Minas Gerais (9,7)
Espirito Santo (1,5)
Rio Grande do Sul (7,2)
Paraná (5,7)
Santa Catarina (3,2)
Bahia (4,4)
Übrige (8,6)
(7,0)
(4,7)

Quelle: www.ibge.gov.br
Entwurf: G. Kohlhepp 2003

Abb. 12: Importe - Exporte Brasiliens 1970 - 2002

Mrd. US-$

Import / Export

Quellen: International Trade Statistics Yearbook 1998 und 2000.
Dresdner Bank Lateinamerika, 4/2003
Entwurf: G. Kohlhepp 2003

dings zeigt sich beim Anteil der Hochtechnologie-Exporte an den gesamten Fertigungsexporten mit 19 % (2000) gegenüber Malaysia (59 %), Taiwan (39 %) und Süd-Korea (35 %) noch Nachholbedarf (WELTBANK 2003). Auch hat der gesamte Export in Brasilien erst einen Anteil von 14 % am BIP (zum Vergleich: Chile 34 %). Beim Import (Abb. 14) fällt der Rückgang der mineralischen Brennstoffe auf, eine Folge der starken Steigerung der heimischen Erdölförderung. Die Handelsbilanz Brasiliens zeigte 2001 erstmals nach 1994 wieder einen Überschuss, der sich 2002 auf 13 Mrd. US-$ steigerte.

Brasilien – Schwellenland und wirtschaftliche Führungsmacht 43

Abb. 13: Exportprodukte Brasiliens 1970, 1985 und 2000

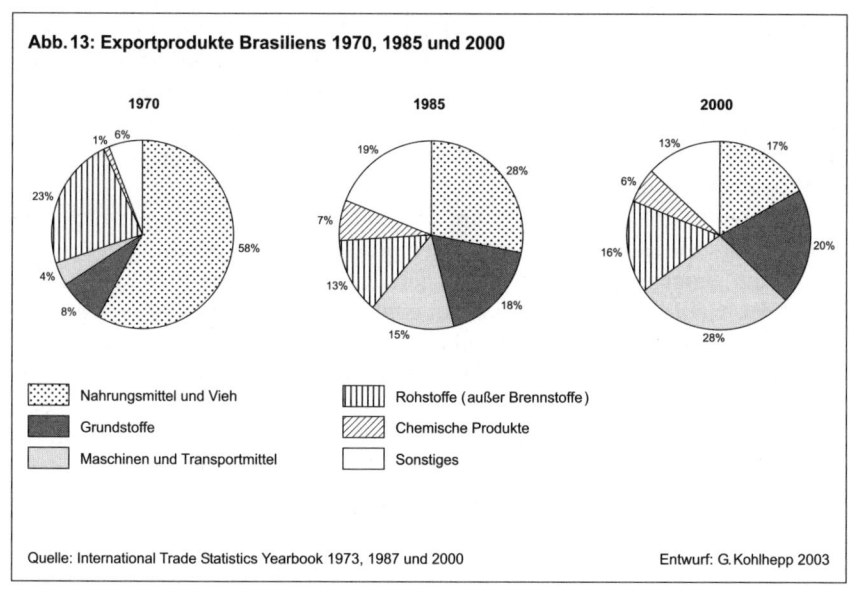

1970: 1%, 6%, 23%, 58%, 4%, 8%
1985: 19%, 28%, 7%, 13%, 15%, 18%
2000: 13%, 17%, 6%, 20%, 16%, 28%

- Nahrungsmittel und Vieh
- Grundstoffe
- Maschinen und Transportmittel
- Rohstoffe (außer Brennstoffe)
- Chemische Produkte
- Sonstiges

Quelle: International Trade Statistics Yearbook 1973, 1987 und 2000   Entwurf: G. Kohlhepp 2003

Abb. 14: Importprodukte Brasiliens 1970, 1985 und 2000

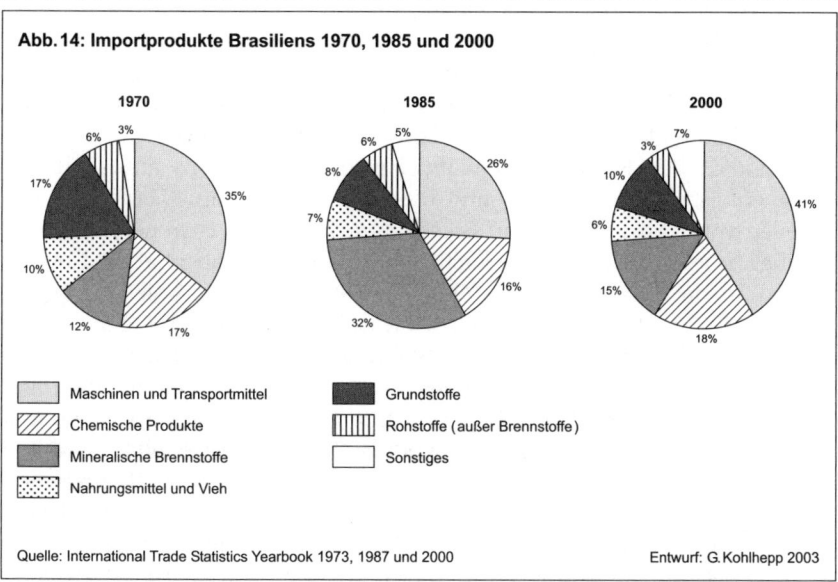

1970: 6%, 3%, 17%, 35%, 10%, 12%, 17%
1985: 6%, 5%, 8%, 26%, 7%, 16%, 32%
2000: 3%, 7%, 10%, 41%, 6%, 15%, 18%

- Maschinen und Transportmittel
- Chemische Produkte
- Mineralische Brennstoffe
- Nahrungsmittel und Vieh
- Grundstoffe
- Rohstoffe (außer Brennstoffe)
- Sonstiges

Quelle: International Trade Statistics Yearbook 1973, 1987 und 2000   Entwurf: G. Kohlhepp 2003

Vor der Gründung des auf der Annäherung von Brasilien und Argentinien basierenden MERCOSUL (SCHIRM 1997, 2001), der im Laufe der 1990er Jahre zum drittgrößten Handelsverbund der Welt wurde (SANGMEISTER 2001), besaß der intraregionale Handel für Brasilien mit nur 7 % eine geringe Bedeutung. Die – trotz vieler noch ungelöster Probleme – zumindest temporäre Erfolgsgeschichte der regionalen Integration der vier höchst ungleichen Partner (Index BIP 2001: Brasilien 100, Argentinien 53,4 (2002: 23), Uruguay 3,8, Paraguay 1,5) (DRESDNER BANK 2003) brachte eine Verdopplung der brasilianischen Exporte in MERCOSUL-Länder. Argentinien war im Jahr 2000 mit 11,3 % nach USA (24,3 %) das zweitwichtigste Exportland für Brasilien und lieferte gar 30 % seiner Exporte nach Brasilien. Der Intra-MERCOSUL-Handel erreichte aber nie mehr als 25 % (1998) der Gesamtexporte der Mitgliedsländer und blieb damit weit unter dem Anteil des Intra-Handels anderer Wirtschaftsblöcke.

Der "Einbruch" Argentiniens im BIP 2002 (siehe Abb. 10) schwächt die Position des MERCOSUL bei den bevorstehenden Verhandlungen um die Errichtung einer Gesamtamerikanischen Freihandelszone ALCA (*Area de Libre Comercio de las Américas*) oder in englischer Sprache FTAA (*Free Trade Area of the Americas*). Die Verwirklichung von ALCA könnte faktisch das ökonomische Ende des MERCOSUL bedeuten, der dann wohl nur noch als "kulturelles Projekt" fungieren würde (SANGMEISTER 2002, S. 57). Bei den ALCA-Verhandlungen kommt auf Brasilien, das die Kopräsidentschaft zusammen mit den USA hat, als MERCOSUL-Sprecher eine große Verantwortung zu. Chile, MERCOSUL-assoziiert, hat allerdings mit den USA Mitte 2003 bereits ein bilaterales Freihandelsabkommen geschlossen, wie übrigens auch mit der EU sowie mit Südkorea. Die Ausweitung des MERCOSUL nach Norden ist mit der Andengemeinschaft – Bolivien ist bereits assoziiertes MERCOSUL-Mitglied und Peru schloss jüngst ein Kooperationsabkommen ab – aufgrund der politisch-ökonomischen Situation in Ecuador, Kolumbien und Venezuela nicht sehr erfolgversprechend. Bis Ende 2003 soll aber ein Freihandelsabkommen mit dem MERCOSUL erfolgen.

Grundsätzlich ist die Außenhandelssituation Brasiliens außerhalb Lateinamerikas günstig. Die EU und die USA sind bei annähernd gleichen Anteilen am Export und Import Brasiliens jeweils mit zusammen über 50 % beteiligt (LOHBAUER 2002; siehe auch Abb. 15 und 16). Dabei hat die NAFTA (USA, Kanada, Mexiko) in den 1990er Jahren aufgeholt und die USA haben im Jahre 2001 – trotz aller Querelen um Zolltarife – mit 25 % der Exporte und 23 % der Importe Brasiliens ihre Stellung ausgebaut. Brasilien will keine einseitige Abhängigkeit von den USA. In dieser Hinsicht besteht ein großer Gegensatz zu Mexiko, dessen Exporte heute zu 90 % in die USA gehen und das als NAFTA-Mitglied zum Billiglohnland für die USA ohne größeren Transfer von industriellem Know-how geworden ist. Die hohen Exportwerte Mexikos und die umfangreichen Direktinvestitionen der USA in Mexiko dürfen nicht darüber hinwegtäuschen, dass die an der mexikanischen Grenze zu den USA konzentrierten Montageindustrien (*Maquiladoras*) zu einer extremen Abhängigkeit von den USA und zu problematischen Disparitäten in der Regionalentwicklung Mexikos geführt haben.

Brasilien – Schwellenland und wirtschaftliche Führungsmacht 45

Abb. 15: Brasilien-Exporte in die EU und in die USA (1970 – 2001)

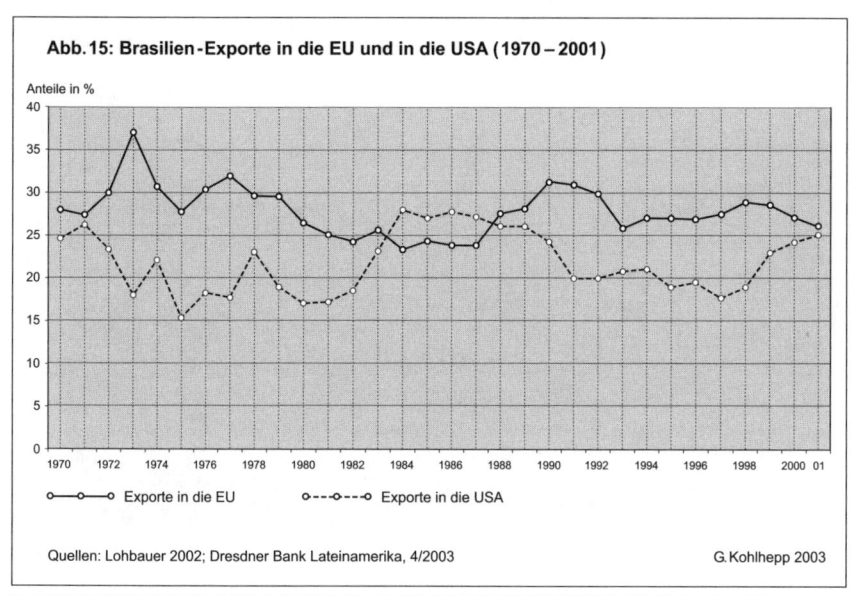

Quellen: Lohbauer 2002; Dresdner Bank Lateinamerika, 4/2003 G. Kohlhepp 2003

Abb. 16: Brasilien-Importe aus der EU und aus den USA (1970 – 2001)

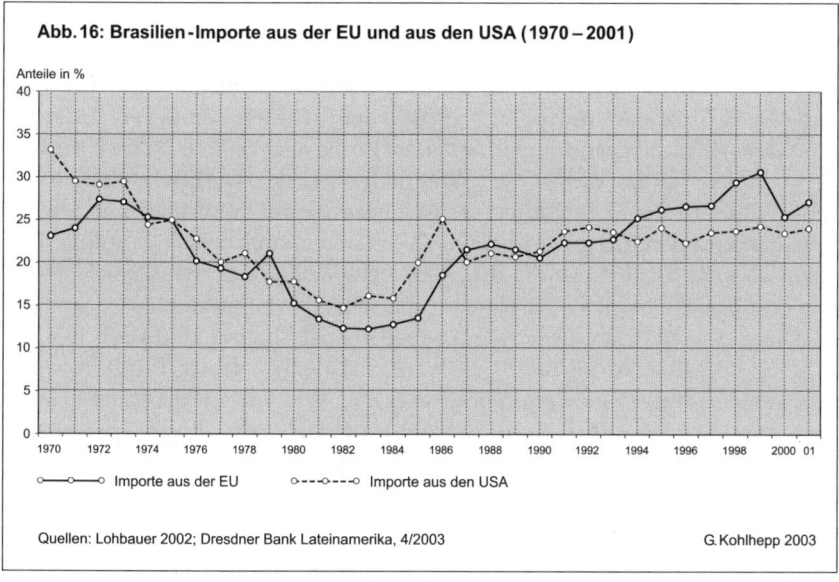

Quellen: Lohbauer 2002; Dresdner Bank Lateinamerika, 4/2003 G. Kohlhepp 2003

Die für 2005 geplante Einrichtung der ALCA wird in Brasilien kontrovers und z.T. mit großer Skepsis gesehen (CALCAGNOTTO/NOLTE 2002). Dies aufgrund der befürchteten Vormachtstellung der USA, der Infragestellung des MERCOSUL und der Schwächung der Position der EU, die ohnehin durch die Osterweiterung in Atem gehalten wird. Brasilien wird versuchen, die Konkurrenzsituation zwischen USA und EU um stärkeren Einfluss auf seinen Markt zu nutzen, der weltweit unter den Einzelstaaten immerhin an fünfter Stelle steht. Allerdings benötigt Brasilien sehr viel stärker die riesigen

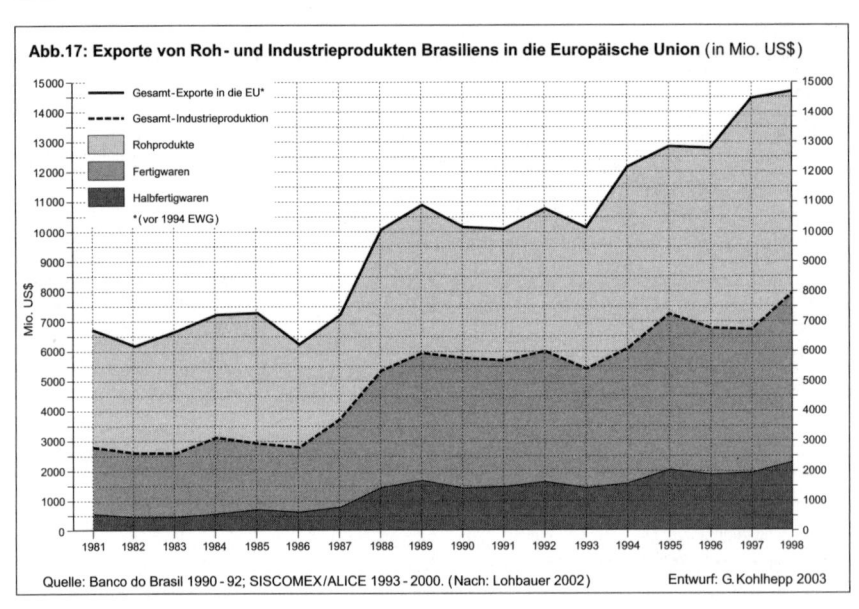

Abb.17: Exporte von Roh- und Industrieprodukten Brasiliens in die Europäische Union (in Mio. US$)

Quelle: Banco do Brasil 1990-92; SISCOMEX/ALICE 1993-2000. (Nach: Lohbauer 2002) Entwurf: G. Kohlhepp 2003

Märkte der USA und der EU. Dabei wird insbesondere der Protektionismus und die hohen Agrarsubventionen in Industrieländern allgemein und vor allem der USA sowie der EU kritisiert. Obwohl ohne Brasiliens Zustimmung das ALCA-Projekt kaum sinnvoll verwirklicht werden könnte, zeigt der Beginn der ALCA-Verhandlungen, dass die Position Brasiliens äußerst schwierig ist und selbst die MERCOSUL-Mitglieder keine einheitliche Strategie verfolgen. Jetzt ist die EU gefordert, Zugeständnisse bei den Agrarexporten aus Brasilien und den übrigen MERCOSUL-Staaten zu machen. Dies, zumal Brasilien und die Staaten der EU durchaus gemeinsame Wertvorstellungen haben und Brasilien sich als Land in europäischer Tradition sieht.

Unter den EU-Handelspartnern Brasiliens ist Deutschland nach wie vor führend. Brasilien exportierte im Jahre 2001 4,3 % seiner Produkte nach Deutschland und importierte von dort 8,7 %. Weltwirtschaftlich interessant und eventuell zukunftsweisend ist der Aufstieg Chinas zum viertgrößten Exportmarkt Brasiliens im Vorjahr, wobei Soja und Eisenerze wichtigste Exportgüter waren.

Bei den ausländischen Direktinvestitionen in Brasilien haben sich starke Umwälzungen vollzogen. Zunächst sind die Kapitalflüsse nach dem Rekordjahr 2000 mit 32,8 Mrd. US-$ aufgrund der spekulativ stark hochgespielten nationalen und internationalen Verunsicherung der Finanzmärkte vor den Wahlen auf 16,6 Mrd. US-$ (2002) zurückgegangen. Für 2003 werden sogar nur 10 Mrd. US-$ prognostiziert (siehe Abb. 18) (DRESDNER BANK 2003), was auf die abwartende Haltung der Investoren gegenüber den wirtschaftspolitischen Entscheidungen der neuen Regierung zurückzuführen sein dürfte.

Brasilien – Schwellenland und wirtschaftliche Führungsmacht

Abb.18: Auslandsdirektinvestitionen in Brasilien (in Mrd. US$)

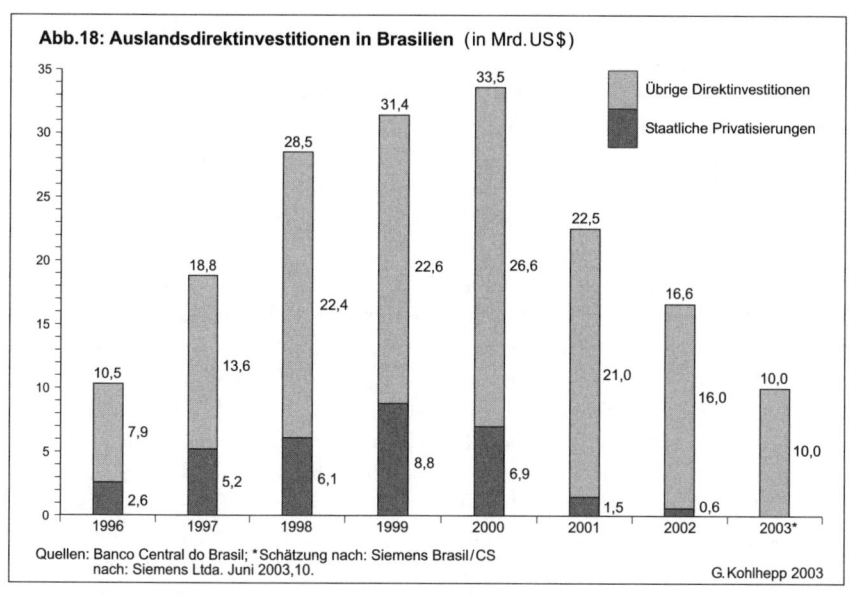

Legende: Übrige Direktinvestitionen; Staatliche Privatisierungen

Jahr	Staatliche Privatisierungen	Übrige Direktinvestitionen	Gesamt
1996	2,6	7,9	10,5
1997	5,2	13,6	18,8
1998	6,1	22,4	28,5
1999	8,8	22,6	31,4
2000	6,9	26,6	33,5
2001	1,5	21,0	22,5
2002	0,6	16,0	16,6
2003*	–	10,0	10,0

Quellen: Banco Central do Brasil; *Schätzung nach: Siemens Brasil/CS nach: Siemens Ltda. Juni 2003,10.

G. Kohlhepp 2003

Abb.19: Hauptinvestoren in Brasilien (Anteile an Gesamtinvestitionen in %)

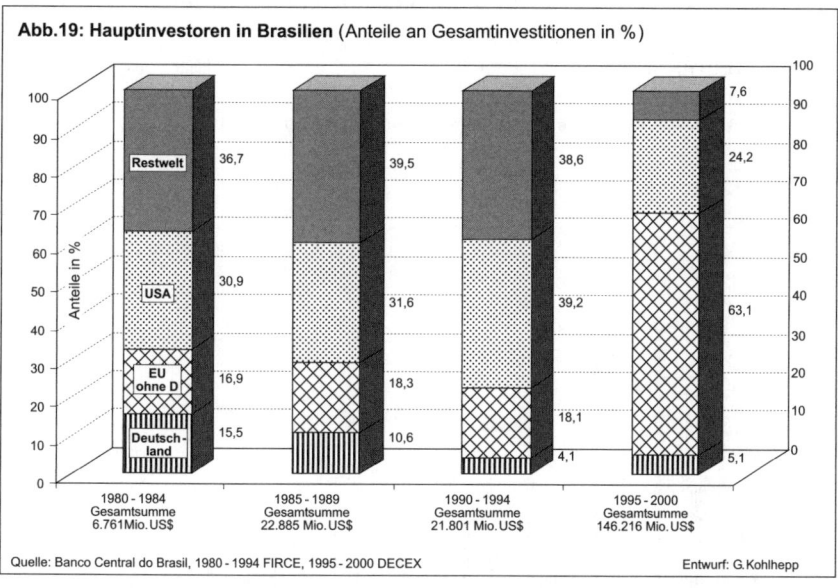

Zeitraum	Deutschland	EU ohne D	USA	Restwelt
1980–1984 (Gesamtsumme 6.761 Mio. US$)	15,5	16,9	30,9	36,7
1985–1989 (Gesamtsumme 22.885 Mio. US$)	10,6	18,3	31,6	39,5
1990–1994 (Gesamtsumme 21.801 Mio. US$)	4,1	18,1	39,2	38,6
1995–2000 (Gesamtsumme 146.216 Mio. US$)	5,1	63,1	24,2	7,6

Quelle: Banco Central do Brasil, 1980–1994 FIRCE, 1995–2000 DECEX

Entwurf: G. Kohlhepp

Ein weiterer Wandel hat sich bei den Herkunftsländern ausländischen Kapitals und den Wirtschaftssektoren ergeben. Während bis 1995 Deutschland mit knapp 11 % nach den USA (28 %) als wichtigster Investor auftrat, sind seit 1996 nach USA (23,8 %) vor allem die EU-Mitgliedsstaaten Spanien (20,7 %) sowie Holland, Frankreich und Portugal die Hauptinvestoren (siehe Abb. 19). Bei Spanien erklärt sich der hohe Anteil mit dem Erwerb privatisierter Unternehmen des Telekommunikations- und Bankensektors, bei Portugal mit ersterem. Seit 1996 liegt der Schwerpunkt der Auslandsinvestitionen mit 80 % auf dem Dienstleistungssektor, der 2001 in Brasilien 56 % des BIP erwirtschaftete (1960: 33 %). Von 1996 bis 2000 stellte Deutschland nur 1,6 % der ausländischen Direktinvestitionen (1995-2000 insgesamt 5,1 %; siehe Abb. 19, LOHBAUER 2002) und hat sich an den umfangreichen Privatisierungen der 1990er Jahre in Brasilien, die sich auf Telekommunikation (50 %), Eisen- und Stahlindustrie (14 %) und Bergbau (12 %) konzentrierten, finanziell überhaupt nicht beteiligt.

Nach dem Wahlsieg der Arbeiterpartei (PT) im November 2002 und einem sehr geordneten Übergang von der seit 1994 im Amt befindlichen neoliberalen Regierung Cardoso zum neuen Präsidenten Luíz Inácio Lula da Silva, genannt Lula, einem früheren Führer der Metallarbeiter-Gewerkschaft, sind die Erwartungen in Brasilien sehr hoch. Auch die Finanzmärkte haben positiv auf die Personalentscheidungen und die programmatischen Ankündigungen der Regierung Lula reagiert. Brasilien bedient – entgegen aller Befürchtungen aufgrund früherer Aussagen der PT – die Auslandsschulden weiterhin. Diese belaufen sich auf rund 240 Mrd. US-$ (siehe Abb. 20). Damit hat Brasilien zwar die höchste Auslandsverschuldung aller Länder, aber deren Anteil am Bruttonationaleinkommen ist mit 39 % geringer als z.B. bei Ecuador (108 %), Peru (55 %), Argentinien (56 %) und Chile (51 %) (WELTBANK 2003).

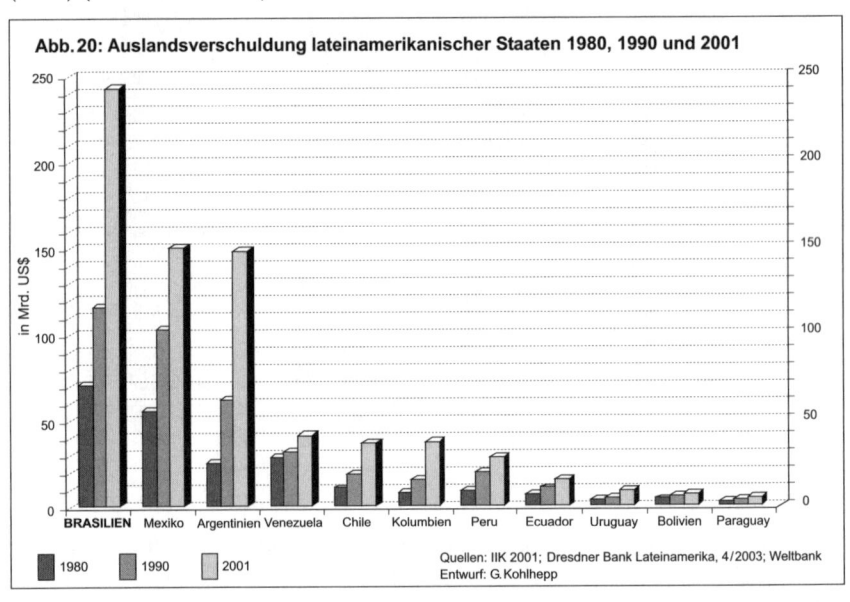

Abb. 20: Auslandsverschuldung lateinamerikanischer Staaten 1980, 1990 und 2001

Quellen: IIK 2001; Dresdner Bank Lateinamerika, 4/2003; Weltbank
Entwurf: G. Kohlhepp

Die Regierung Lula führt mit dem strikten Sparprogramm im Staatshaushalt und der Hochzinspolitik zur Dämpfung der Inflation den Kurs der Vorgängerregierung fort. Allerdings lähmen die hohen Kreditzinsen die Investitionsbereitschaft auf nationaler Ebene und die Nachfrage nach Gütern und den Konsum auf allen Ebenen. Das Programm zur Bekämpfung des Hungers ("Null-Hunger") durch Förderung kleinbäuerlicher Familienbetriebe, des Genossenschaftswesens und einer Lebensmittelhilfe bei Teilnahme an Bildungsmaßnahmen wird auch international als wesentlicher Schritt zur sozialen Stabilisierung angesehen. Es wird von FAO und Weltbank unterstützt werden, ist aber nur schwer umzusetzen und erst sehr langsam angelaufen. Der Internationale Währungsfonds (IWF) hat die von der neuen Regierung genannten Ziele gelobt, so dass der Kreditzusage von 24 Mrd. US-$ nichts mehr entgegenstehen dürfte.

9. Fazit

Brasilien ist territorial, wirtschaftlich und politisch die unbestrittene Führungsmacht in Südamerika. Mit 8,5 Mio km^2 fünftgrößtes Land der Erde, umfasst es etwa die Hälfte der Fläche und der Bevölkerung des Subkontinents. Zusammen mit Mexiko, das aber als NAFTA-Mitglied extrem von den USA abhängig ist, gilt Brasilien als *der* Hoffnungsträger der wirtschaftlichen Entwicklung in Lateinamerika. Sein Rang als zehntgrößte Volkswirtschaft der Erde zeigt, dass das Wohl und Wehe Brasiliens für die regionale Stabilität und Entwicklungsdynamik von grundlegender Bedeutung ist. Die Wachstumsrate des BIP (1991–2001: 2,8 %; WELTBANK 2003) müsste trotz gesunkener natürlicher Zuwachsrate der Bevölkerung erheblich gesteigert werden.

Nach wie vor gilt aber, dass für die Entwicklungsblockaden nicht nur der extern gesteuerte *"capitalismo selvagem"* (wilder Kapitalismus) verantwortlich ist, sondern vor allem auch interne, "hausgemachte" Hemmnisfaktoren, der profunde Mangel an *"good governance"* mit staatlichen Institutionen als Quelle der Instabilität, weitverbreiteter Korruption und der wenig konstruktiven Rolle der Eliten (WÖHLCKE 1994).

Trotz aller Fortschritte im wirtschaftlichen Bereich ist es Brasilien bisher nicht gelungen, für ein gutes Drittel der Bevölkerung Grundbedürfnisbefriedigung und soziale Sicherheit zu garantieren. Krisen und gesellschaftliche Konflikte sind allgegenwärtig. Hochentwickelten "Inseln" im urban-industriellen und im Agrarraum stehen räumlich benachbarte Areale städtischer und ländlicher Armut gegenüber. Lokale, intra- und interregionale sozioökonomische Disparitäten sind eklatant. Vor dem Hintergrund von Arbeitslosigkeit und Unterbeschäftigung weitete sich der informelle Sektor auf über 50 % der arbeitenden Bevölkerung aus. In der Einkommens-Ungleichheit gehört Brasilien weltweit zu den "Spitzenreitern", der Mindestlohn zu den niedrigsten in Lateinamerika.

Vergleicht man die Relation des Bruttosozialprodukts von Brasilien und USA im Abstand von rund vier Jahrzehnten, so hat sich die Prognose von KAHN und WIENER (1967) für das Jahr 2000 (1:20) nicht bestätigt. Während 1960 die Relation 1:13 betrug, ist sie im Jahre 2001 auf 1:11,4 (WELTBANK

2003) geschrumpft. Der *gap* zwischen Schwellenland und Industrieland hat sich damit zwar nicht dramatisch, aber immerhin etwas verringert.

Auch kann positiv vermerkt werden, dass Brasilien beim Ranking im *Human Development Index* (HDI), dessen Aussagekraft aber nicht überbewertet werden sollte, seit 1975 den größten "Sprung" aller Länder gemacht hat. Im Jahr 2001 hat sich die Position Brasiliens mit einem Wert von 0,777 – bei einer Bandbreite der Bundesstaaten von 0,869 bis 0,534 (vgl. Tab. 4) – um 56 Plätze auf den 65. Rang unter 175 Ländern verbessert (VEJA, 16.7.2003). Auch dies ist gegenüber dem 10. Rang unter den größten Volkswirtschaften eine enorme Diskrepanz, die vor allem aufgrund der starken Defizite im Bildungsbereich verursacht wird.

Die Globalisierung der Ökonomien durch unkontrollierbare Finanzströme tritt an die Stelle der nationalen Ökonomien abgegrenzter Räume. Gleichzeitig kommt es aber zu einem Prozess der Fragmentierung (MENZEL 1998) und zur verstärkten Herausbildung von Regionalisierungstendenzen in Form regionaler Wirtschaftsblöcke, die – wie der MERCOSUL – ihre regionale Identität und Souveränität verteidigen und sich gegenüber der Triade Nordamerika – EU – Ost- und Südostasien behaupten wollen.

Insgesamt gesehen ist Brasilien ein Schwellenland mit einer geopolitischen, ökonomischen und infrastrukturellen Führungsposition in Lateinamerika, mit Industrieland-Merkmalen in Teilregionen, aber mit ausgeprägten Entwicklungsland-spezifischen Defiziten im sozialen Gesamtbereich. Es erfüllt die Kriterien einer Regionalmacht, heute ohne militärisches Drohpotenzial bei einer auf Export ausgerichteten Rüstungsindustrie, hat aber den "take off"-Punkt noch nicht erreicht.

Die Wirtschaftskrise Argentiniens hat Brasilien zum Sprecher Südamerikas bei den bevorstehenden ALCA-Verhandlungen mit den USA gemacht. Damit kommt das Land der erwünschten und seiner wirtschaftlichen Stärke entsprechenden Rolle eines *"global player"* näher, die es für den "Süden", aber vor allem auch im Konkurrenzkampf von USA und EU um seinen riesigen Markt zu spielen gedenkt. Brasilien ist bereit, als regionale Ordnungsmacht, aber auch überregional politische Verantwortung zu übernehmen, und strebt mit zunehmendem internationalem Engagement u.a. auch einen ständigen Sitz im Sicherheitsrat der UN an.

Die neue brasilianische Regierung steht vor enormen Herausforderungen, hat aber eine historische Chance. Erstmals stammt der Präsident des Landes aus ärmsten Verhältnissen im brasilianischen Nordosten und hat als Kind alle Formen der Not selbst erlebt. Seine politischen Zielsetzungen konzentrieren sich auf die überfälligen zielgruppenorientierten sozialen Reformen, die Bekämpfung des Hungers und die Verringerung der Armut. Agrarreform, Bildungsreform unter Betonung der Berufsausbildung und Gesundheitsreform verlangen politische Durchsetzungskraft. Dies gilt auch für die dringend notwendige Renten- und Steuerreform, die Bekämpfung der Korruption und die Verbesserung der Wettbewerbsfähigkeit der Industrie unter dem immensen Druck der Globalisierung. Es muss sich zeigen, ob die Regierungspartei der Zerreißprobe zwischen Sozialreformen im weitesten Sinne und einer starken Positionierung auf dem Weltmarkt in allen Wirtschaftssektoren, verbunden mit Währungsstabilität und Zinssenkungen, gewachsen ist. Soziale Stabilität würde nicht nur das innere Konfliktpotenzial verringern, sondern auch für den Zufluss ausländischer Direktinvestitionen günstig sein.

Brasilien, das mit einem hohen natürlichen Potenzial ausgestattet ist, könnte bei merkbarer Verringerung der sozialen Probleme und wirtschaftlicher Konsolidierung nicht nur quantitativ, sondern auch qualitativ eine Führungsrolle in Lateinamerika sowie auch allgemein unter den tropischen Entwicklungsländern einnehmen. Die neue brasilianische Regierung muss durch Verbesserung der endogenen Rahmenbedingungen das regionale Entwicklungspotenzial des Landes sozial, ökonomisch und ökologisch effizienter auf die Anforderungen des 21. Jahrhunderts abstimmen. Dann könnte die Zukunft als wirtschaftliche Großmacht des Südens bereits in der Gegenwart beginnen.

Literatur

AHK (Deutsch-Brasilianische Industrie- und Handelskammer) (2002/2003): Wochenberichte Brasilien. – São Paulo.
BERNECKER, W.L./PIETSCHMANN, H./ZOLLER, R. *(2000)*: Eine kleine Geschichte Brasiliens. – Frankfurt am Main.
BLUMENSCHEIN, M. (2001): Landnutzungsveränderungen in der modernisierten Landwirtschaft in Mato Grosso, Brasilien. – Tübinger Beiträge zur Geographischen Lateinamerikaforschung (TBGL) 21 (= Tübinger Geographische Studien 133), Tübingen.
BRIESEMEISTER, D./KOHLHEPP, G./MERTIN, R.-G./SANGMEISTER, H./SCHRADER, A. (Hrsg. 1994): Brasilien heute. Politik. Wirtschaft. Kultur. – Frankfurt am Main. (Bibliotheca Ibero-Americana 53).
CALCAGNOTTO, G./NOLTE, D. (Hrsg. 2002*)*: Südamerika zwischen US-amerikanischer Hegemonie und brasilianischem Führungsanspruch. – Frankfurt am Main (Schriftenreihe des Instituts für Iberoamerika-Kunde 56).
COY, M. (2001*)*: São Paulo. Entwicklungstrends einer brasilianischen Megastadt. – Geographica Helvetica 56 (4), S. 274–288.
COY, M. (2002): Jüngere Tendenzen der Verstädterung in Lateinamerika. – In: Lateinamerika Jahrbuch 11, S. 9–42.
COY, M./LÜCKER, R. (1993): Der brasilianische Mittelwesten. Wirtschafts- und sozialgeographischer Wandel eines peripheren Agrarraumes. – TBGL 9 (= Tübinger Geographische Studien 108), Tübingen.
COY, M./NEUBURGER, M. (2002*)*: Aktuelle Entwicklungstendenzen in ländlichen Räumen Brasiliens. – Petermanns Geographische Mitteilungen 146 (5), S. 72–83.
COY, M./ZIRKL, F. (2001): Handlungsfelder und Lösungsansätze nachhaltiger Stadtentwicklung in der Dritten Welt. Beispiele aus Brasilien. – Petermanns Geographische Mitteilungen 145 (5), S. 74–83.

DRESDNER BANK (2003): Lateinamerika Perspektiven. April 2003. Frankfurt am Main.
ESSER, K. (1999): Partnerschaft mit Schwellenländern. Aufgaben der Entwicklungspolitik. – DIE, Berichte und Gutachten Nr. 11, Berlin.
FEARNSIDE, PH. M. (2001): Soybean cultivation as a threat to the environment in Brazil. – Environmental Conservation 28 (1), S. 23–38.
FREYRE, G. (1965): Herrenhaus und Sklavenhütte. Ein Bild der brasilianischen Gesellschaft. – Köln, Berlin (Erstpublikation in Brasilien 1933).
FURTADO, C. (1975): Die wirtschaftliche Entwicklung Brasiliens. – München (Erstpublikation in Brasilien 1959).
GAISER, TH. ET AL. (Hrsg. 2003): Global change and regional impacts. Water availability and vulnerability of ecosystems and society in the semiarid Northeast of Brazil. – Berlin et al.
GUTBERLET, J. (1991): Industrieproduktion und Umweltzerstörung im Wirtschaftsraum Cubatão/São Paulo (Brasilien). – TBGL 7 (= Tübinger Geographische Studien 106), Tübingen.
HANDELMANN, H. (1987): Geschichte von Brasilien. – Zürich (Erstpublikation 1860).
HALL, A. (HRSG. 2000): Amazonia at the crossroads. The challenge of sustainable development. – London.
IIK (Institut für IberoAmerika-Kunde) (2000, 2001, 2002): Lateinamerika Jahrbuch, Bde. 9, 10, 11. – Frankfurt am Main (mit Datenbank IBEROSTAT).
KAHN, H./WIENER, A.J. (1967): The year 2000. A framework for speculation on the next 33 years. – Washington.
KOHLHEPP, G. (1975): Agrarkolonisation in Nord-Paraná. Wirtschafts- und sozialgeographische Entwicklungsprozesse einer randtropischen Pionierzone Brasiliens unter dem Einfluß des Kaffeeanbaus. – Heidelberger Geographische Arbeiten 41, Wiesbaden.
KOHLHEPP, G. (1978): Wirtschafts- und sozialgeographische Aspekte des brasilianischen Entwicklungsmodells und dessen Eingliederung in die Weltwirtschaftsordnung. – Die Erde 109 (3-4), S. 353–375.
KOHLHEPP, G. (1983): Interessenkonflikte in der lateinamerikanischen Agrarproduktion. Grundnahrungsmittelerzeugung contra Energiepflanzenbau und Exportproduktion. – Mitt. der Geogr. Gesellschaft in München 68, S. 141–173, München.
KOHLHEPP, G. (1987a): Amazonien. Regionalentwicklung im Spannungsfeld ökonomischer Interessen sowie sozialer und ökologischer Notwendigkeiten. – Köln (Problemräume der Welt, Bd. 8).
KOHLHEPP, G. (1987b): Itaipu. Basic geopolitical and energy situation – socioeconomic and ecological consequences of the Itaipu dam and reservoir on the Rio Paraná (Brazil/Paraguay). – GTZ, Division 21, Ecology and Environmental Protection. Braunschweig, Wiesbaden.
KOHLHEPP, G. (1994): Brasilien: Raum und Bevölkerung; Strukturprobleme des brasilianischen Agrarsektors. – In: BRIESEMEISTER, D. ET AL. (Hrsg. 1994): Brasilien heute, S. 9–107; S. 277–292, Frankfurt am Main.
KOHLHEPP, G. (1995): Raumwirksame Staatstätigkeit in Lateinamerika. Am Beispiel der Sukzessionen staatlicher Regionalpolitik in Brasilien. – In: MOLS, M./THESING, J. (Hrsg. 1995): Der Staat in Lateinamerika, S. 195–210, Mainz.

KOHLHEPP, G. (1997a): São Paulo: größter industrieller Ballungsraum Lateinamerikas. – In: Großstädte. Der Bürger im Staat 47 (2), S. 137–143, Stuttgart.
KOHLHEPP, G. (1997b): Die deutsch-brasilianische wissenschaftliche Zusammenarbeit, unter besonderer Berücksichtigung der Umweltforschung. – In: BOECKH, A./SEVILLA, R. (Hrsg. 1997): Bestandsaufnahme und Perspektiven der deutsch-brasilianischen Beziehungen. Biblioteca Luso-Brasileira 3, S. 183–207, Frankfurt am Main.
KOHLHEPP, G. (1998a): Große Staudammprojekte in Brasilien. Ökologische und sozioökonomische Probleme. – Geographische Rundschau 50 (7–8), S. 428–436.
KOHLHEPP, G. (1998b): Tropenwalderhaltung in Brasilien. Umweltpolitische Strategien zum Schutz und zur nachhaltigen Nutzung der Regenwälder. – In: Lateinamerika Jahrbuch 7, S. 9–34.
KOHLHEPP, G. (Hrsg. 2001a): Brasil – modernização e globalização. – Frankfurt am Main, Madrid (Bibliotheca Ibero-Americana 80).
KOHLHEPP, G. (2001b): Amazonia 2000: An evaluation of three decades of regional planning and development programmes in the Brazilian Amazon region. – Amazoniana XVI (3/4), S. 363–395.
KOHLHEPP, G. (2003): Tropische Regenwälder Amazoniens im Kreuzfeuer der Planung. Vernichtung durch Regionalentwicklung oder Schutz zur nachhaltigen Nutzung? – In: CANSIER, D. ET AL. (Hrsg. 2003): Herausforderung Umwelt – Interdisziplinäre Zielkonzeptionen und ihre Umsetzung, S. 193–242 (Ökologie und Wirtschaftsforschung, Bd. 47), Marburg.
KOHLHEPP, G./BLUMENSCHEIN, M. (1999): Südbrasilianer als Akteure beim ländlichen Strukturwandel im brasilianischen Mittelwesten: das Beispiel Mato Grosso. – In: ESCHENBURG, R. ET AL. (Hrsg. 1999): Lateinamerika: Gesellschaft – Raum – Kooperation, S. 65–84, Frankfurt am Main.
KOHLHEPP, G./COY, M. (Hrsg. 1998): Mensch-Umwelt-Beziehungen und nachhaltige Entwicklung in der Dritten Welt. – TBGL 15 (= Tübinger Geographische Studien 119), Tübingen.
LIEBEREI, R. ET AL. (Hrsg. 1998): Proceedings of the third SHIFT-Workshop Manaus 1998. – Geesthacht.
LOHBAUER, Ch. (2002): Enttäuschte Jugendliebe. Finden Brasilien und die Europäische Union zusammen? – Europa América Latina: Analysen und Berichte 5, Rio de Janeiro.
LÜCKER, R. (1986): Agrarräumliche Entwicklungsprozesse im Alto Uruguai-Gebiet (Südbrasilien): Analyse eines randtropischen Neusiedlungsgebiets unter Berücksichtigung von Diffusionsprozessen im Rahmen modernisierender Entwicklung. – TBGL 2 (= Tübinger Geographische Studien 94), Tübingen.
MENZEL, U. (1998): Globalisierung versus Fragmentierung. – Frankfurt am Main.
MESSNER, D. (2003): Schwellenländerdiskurse seit den 70er Jahren. – Geographie und Schule 25 (143), S. 3–9.
MEYER-STAMER, J. (1994): Industrialisierungsstrategie und Industriepolitik. – In: BRIESEMEISTER, D. ET AL (Hrsg. 1994): Brasilien heute, S. 304–317, Frankfurt am Main.
MEYER-STAMER, J. (2003): Von der Globalisierungskritik zur Exportförderung. Wirtschaftspolitische Optionen und Restriktionen für die neue brasilianische Regierung. – Lateinamerika Analysen 4, S. 103–132.

NEUBURGER, M. (2000): Kleinbäuerliche Verwundbarkeit in degradierten Räumen. Überlegungen zur Politischen Ökologie der Pionierfrontentwicklung in Brasilien. - Geographische Zeitschrift 88 (1), S. 21-35.

PASCA, D. (2002): Indigene Völker in Brasilien - von der Bevormundung zur Selbstbestimmung. - Petermanns Geographische Mitteilungen 146 (1), S. 22-33.

PFEIFER, G. (1962): Brasilien als Entwicklungsland. - Westfälische Geographische Studien 15, S. 125-194, Münster.

PÖHLER, M. (1998): Zwischen Luxus-Ghettos und Favelas. Stadterweiterungsprozesse und sozialräumliche Segregation in Rio de Janeiro: Das Fallbeispiel Barra da Tijuca. - KAGIT 21, Tübingen.

PRADO JR., C. (1962): História Econômica do Brasil. - São Paulo, 7. Aufl.

PRADO JR., C. (1967): The colonial background of Modern Brazil - Berkeley.

RICHARDSON, H.W. (1980): Polarization reversal in developing countries. - Papers of Regional Science Association 45, S. 67-85.

SASSEN, S. (1997): Metropolen des Weltmarktes. Die neue Rolle der Global Cities. - Frankfurt am Main, New York.

SANGMEISTER, H. (2001): Zehn Jahre Mercosur. Eine Zwischenbilanz. - Ibero-Analysen 9, Berlin.

SANGMEISTER, H. (2002): Stand und Perspektiven der Integration Südamerikas: Wirtschaftliche Ausgangslage und Aussichten. - In: CALCAGNOTTO, G./ NOLTE, D. (Hrsg. 2002): Südamerika zwischen US-amerikanischer Hegemonie und brasilianischem Führungsanspruch, S. 38-60.

SCHIRM, S.A. (1997): Kooperation in den Amerikas: NAFTA, MERCOSUR und die neue Dynamik regionaler Zusammenarbeit. - Baden-Baden.

SCHIRM, S.A. (2001): Globale Märkte, nationale Politik und regionale Kooperation in Europa und den Amerikas. - Baden-Baden, 2. Aufl.

SCHOLZ, F. (2000a): Perspektiven des "Südens" im Zeitalter der Globalisierung. - Geographische Zeitschrift 88 (1), S. 1-20.

SCHOLZ, F. (2000b): Globalisierung versus Fragmentierung. Eine regionalwissenschaftliche Herausforderung? - Nord-Süd aktuell, S. 255-271.

SOUZA, M.J. LOPES DE (1993): Armut, sozialräumliche Segregation und sozialer Konflikt in der Metropolitanregion von Rio de Janeiro. - TBGL 10 (= Tübinger Geographische Studien 111), Tübingen.

SOUZA, M.J. LOPES DE (1995): Die fragmentierte Metropole. Der Drogenhandel und seine Territorialität in Rio de Janeiro. - Geographische Zeitschrift 83 (3-4), S. 238-249.

VALVERDE, O. (1985): Estudos de geografia agrária brasileira. - Petrópolis.

VOTH, A. (2002): Bewässerung und Obstanbau in Nordost-Brasilien. Neue Dynamik in einer Problemregion. - Geographische Rundschau 54 (11), S. 28-35.

WEHRHAHN, R. (1994): São Paulo: Umweltprobleme einer Megastadt. - Geographische Rundschau 46 (6), S. 359-366.

WEHRHAHN, R. (2002): Brasiliens Wirtschaftsräume unter dem Einfluss der Globalisierung. - Geographische Rundschau 54 (11), S. 4-11.

WEHRHAHN, R./BÄHR, J. (2001): Industrielle Polarisierung und Dekonzentration in São Paulo. - Zeitschrift für Wirtschaftsgeographie 45 (1), S. 31-53.

WÖHLCKE, M. (1994): Brasilien: Schwellenland vor dem "Take off"? - Ebenhausen (Stiftung Wissenschaft und Politik, S 397).

WÖHLCKE, M. (2000): 500 Jahre Brasilien. Die Entstehung einer Nation. – Strasshof.

Statistische Quellen (soweit nicht bei den Abbildungen erwähnt):
IBGE (INSTITUTO BRASILEIRO DE GEOGRAFIA E ESTATÍSTICA): www.ibge.gov.br
IBGE: ANUÁRIO ESTATÍSTICO DO BRASIL. – Rio de Janeiro, div. Jahrgänge.
WELTBANK (2003): Weltentwicklungsbericht 2003. – BONN

Für die Bearbeitung der Abbildungen dankt der Verf. den studentischen Hilfskräften Sascha Schlamp, Tobias Töpfer, Anke Werner sowie Dipl.-Ing. R. Szydlak (Kartographie).

Andreas Boeckh

Der gefesselte Gigant:
Politik und Reform(un)fähigkeit in Brasilien

1. Einleitung

Der ehemalige brasilianische Botschafter in der Bundesrepublik, Roberto Abdenur, hat in einem Vortrag im Rahmen einer Jahrestagung der ADLAF (Arbeitsgemeinschaft Deutsche Lateinamerika-Forschung) die Bemerkung gemacht, Brasilien sei ein "komplexes Land". Dies war ein typisch diplomatisches Understatement. Brasilien ist nicht nur ein riesiges Land, ein Kontinent für sich, der die Ausdehnung der Europäischen Union von Gibraltar bis zum Nordkap übertrifft, Brasilien ist – bei dieser Größe nicht überraschend – ein Land von enormer Vielfalt und Widersprüchlichkeit. In seiner Vielfalt und Widersprüchlichkeit faszinierend und verwirrend zugleich, ist es ein Land, das niemanden loslässt, der sich erst einmal auf den Versuch eingelassen hat, es verstehen zu wollen. Es zählt gewiss nicht zu den Ländern, die man schnell zu durchschauen glaubt.

Anhand der folgenden Aspekte kann man verdeutlichen, mit welchen Varianzen wir zu rechnen haben, wenn wir von Brasilien sprechen.

In erster Linie fallen die enormen regionalen Entwicklungsunterschiede auf. Im Großraum São Paulo haben wir es mit einer gigantischen industriellen Agglomeration zu tun. Im Vergleich dazu erscheint das Ruhrgebiet als idyllisches Erholungsgebiet. Wenngleich man auch in São Paulo auf krasse Armut stößt, war das Entwicklungsniveau in der Region und darüber hinaus im Süden des Landes 1995 nach den Kriterien des Index der menschlichen Entwicklung des UNDP (United Nations Development Programme) auf Platz 27 der Weltrangliste anzusiedeln, vergleichbar mit dem Luxemburgs, während sich der Nordosten auf Rang 113 zwischen Bolivien und Gabun wiederfindet. Allerdings sollte man hinzufügen, dass sich der Entwicklungsabstand zwischen dem Süden und dem Nordosten seit 1970 halbiert hat (FREY 1997, S. 139).

Man würde es sich aber zu leicht machen, wenn man die regionalen Disparitäten auf soziale und ökonomische Kennziffern reduzieren wollte: Wir haben es in den verschiedenen Regionen auch mit sehr unterschiedlich strukturierten Gesellschaften zu tun, die keineswegs identische Verhaltensnormen und Werte aufweisen. Wenngleich es übertrieben wäre, den Nordosten pauschal als traditionale, patrimonial geprägte Agrargesellschaft zu bezeichnen – in Wirklichkeit finden wir auch hier vielfältige Brüche und Verwerfungen und auch einige sehr dynamische Entwicklungspole –, hat die dortige Gesellschaft wenig Ähnlichkeiten mit der des Südens. Der gesellschaftliche Pluralismus korrespondiert mit einer Vielfalt von Politikstilen und politischen Kulturen. Wenn man schon in der kleinen Bundesrepublik und innerhalb einzelner Regionen des Landes eine Pluralität von politischen Kulturen feststellen kann (WEHLING 2000), gilt dies erst recht für ein Land wie Brasilien.

Es trifft sicher zu, dass man in Brasilien auf allen Ebenen der Politik Strukturen und Verhaltensmuster verorten kann, die zu Entwicklungsblockaden beitragen und Reformen ungeheuer erschweren. Davon wird noch die Rede sein. Doch findet man auch in diesem Bereich enorme Unterschiede. Es gibt Bundesstaaten und Kommunen, die ein hochmodernes Politikmanagement aufweisen und trotz widriger Rahmenbedingungen auf nationaler Ebene eine erstaunliche Innovations- und Modernisierungsfähigkeit an den Tag gelegt haben: Curitiba etwa ist seit geraumer Zeit eine Pilgerstätte für Stadtplaner aus aller Welt. Die partizipative Kommunal- und Budgetpolitik in Porto Alegre gilt inzwischen weltweit als vorbildhaft (HERZBERG/KASCHE 2002). Selbst in abgelegenen Regionen wie im nördlichen Amazonasgebiet finden wir Inseln moderner Politik, die überhaupt nicht in das Bild einer angeblich "typisch brasilianischen Politik" passen.

Auf der anderen Seite gibt es aber auch noch Bundesstaaten wie Alagoas, wo sich politische Strukturen scheinbar unverändert aus dem 19. Jahrhundert herübergerettet haben, wenngleich es sich gezeigt hat, dass sie nun auch dort an ihre Grenzen gestoßen sind. Im Jahre 1997 ist der Bundesstaat regelrecht implodiert. Das Parlament und die Regierungsgebäude mussten vom Militär gegen wütende Polizisten geschützt werden, die seit neun Monaten kein Gehalt mehr gesehen hatten. Das war aber nur der Ausdruck einer viel tiefer liegenden Krise des dortigen politischen Systems. Um es an ein paar Fakten zu verdeutlichen: Der wichtigste Wirtschaftszweig des Landes, der Zuckeranbau und die Zuckerverarbeitung, zahlt fast keine Steuern. Dafür haben sich die Zuckerbarone riesige Kredite vom Staat besorgt, die sie nicht zurückgezahlt und sich damit gewissermaßen als Subventionen angeeignet haben. Teile dieser Gelder wurden dann wieder gegen Zinsen an den Staat ausgeliehen, da dieser angesichts der Subventionslast ständig bankrott zu gehen drohte. Die wirtschaftliche Elite plündert im Verein mit der politischen die Staatskasse gleich zweimal aus: Über die angeeigneten Kredite und mittels der Anleihen an den Staat. Diese Art der Staatsfinanzierung war zwar in Lateinamerika im 19. Jahrhundert durchaus üblich (BOECKH 1996), ist aber heute nirgendwo sonst zu finden.[1]

Hier haben wir es mit einem Extremfall zu tun, der aber aus zwei Gründen interessant ist: Erstens zeigt es sich, dass die föderalen Strukturen Brasi-

---

[1] VEJA vom 23.7.1997 und JOURNAL DO BRASIL zwischen dem 21. und 27.7.1998.

liens es traditionellen regionalen und lokalen Eliten erlauben, ihre Herrschaftsformen so lange gegen Modernisierungstendenzen von außen abzuschirmen, bis eine Finanzkrise des Staates der Bundesregierung Interventionsmöglichkeiten gibt (siehe Kap. 3). Und zweitens wird deutlich, dass diese traditionelle Politik und die ungetarnte Ausplünderung des Staates durch die Eliten in Brasilien dabei ist, sich selbst zu zerstören. Auch davon wird noch in anderen Zusammenhängen die Rede sein, wenn wir uns mit der Krise der Sozialversicherungen befassen.

Die allgegenwärtigen Klagen über die miserable Qualität staatlicher Bürokratien und deren Leistungen überdecken die Tatsache, dass es beim Staatsapparat höchst unterschiedliche Grade der Professionalisierung und Leistungsfähigkeit gibt. Das brasilianische Außenministerium und der diplomatische Dienst etwa sind hochprofessionalisiert und zählen zum Besten, was die Welt zu bieten hat. Einige der brasilianischen "Think Tanks", die verschiedenen Ministerien zuarbeiten, beschäftigen hervorragend qualifiziertes Personal und leisten exzellente Arbeit. Andere Bereiche hingegen sind nach wie vor gänzlich einem politischen Patronagesystem unterworfen und zeichnen sich durch eine weitgehende Unfähigkeit, wenn nicht gar durch ihre völlige Überflüssigkeit aus. Der Zustand vieler Bereiche des brasilianischen Staatsapparates lassen einen erheblichen Reformbedarf erkennen, mit dem wir uns noch auseinandersetzen müssen.

Der sozialen und kulturellen Vielfalt des Landes entspricht eine Vielzahl an Ethnien, die sich in Brasilien zusammengefunden haben. Bekanntlich sind nicht alle freiwillig nach Brasilien gekommen, und das in Brasilien gerne gepflegte Image von einer Gesellschaft, die frei von Rassismus ist, entspricht nicht der Realität. Als Präsident Lula da Silva im April 2003 ethnische Quoten bei der Besetzung von Regierungsstellen einführte (NEW YORK TIMES. 5.4.2003) und im Mai 2003 die Gründung einer Universität ankündigte, die nach einem Anführer einer Sklavenrevolte benannt und 50 % der Studienplätze für schwarze Studierende reservieren wird (CNN ESPAÑOL, 19. Mai 2003), kam dies einem öffentlichen Dementi der These von der Rassendemokratie gleich und stellte einen Tabubruch dar. Das soziale Gefälle kann man in Brasilien nach wie vor auf einer Farbskala abbilden: Je weiter unten in der sozialen Schichtung, desto dunkler sind die Menschen, und die sozialen Aufstiegschancen sind nach wie vor für die Nachkommen der Sklaven weitaus schlechter als für Hellhäutige (SCHELSKY 1994; LOVELL/WOOD 1998; REICHMANN 1999). Im Vergleich zu anderen Gesellschaften, die ebenfalls multi-ethnisch verfasst sind, hat sich in Brasilien jedoch eine höchst zivilisierte Art des Umgangs zwischen den Angehörigen verschiedener Ethnien herausgebildet. Es gehört zu den ganz großen Leistungen des Landes, diese Vielfalt von Ethnien und Nationalitäten integriert zu haben, ohne dabei die jeweiligen Besonderheiten der verschiedenen Kulturen zu zerstören. Zwar hat es immer wieder entsprechende Versuche gegeben, wie etwa das der schwarzen Bevölkerung auferlegte und erst in der Vargas-Epoche aufgehobene Verbot, schwarzafrikanische Kulte zu praktizieren, und Versuche einer zwangsweisen Assimilierung von Einwanderern vor dem 2. Weltkrieg (ZOLLER 2000). Diese Politik hatte jedoch keinen Bestand und hatte nicht, wie etwa bei der desaströsen Sprachenpolitik unter Mussolini, eine fortdauernde Entfremdung der davon betroffenen Bevölkerung zur Folge. Der Nationalismus, der sich mit dieser Integrationsleistung verbindet, grenzt niemanden aus, und er hat keine aggressive Stoßrichtung nach außen. Wenn nachfolgend viel von Defiziten und Reformnotwendigkeiten die Rede ist: Die kulturelle und ethnische Vielfalt des Landes stellt für Brasilien kein politisches Problem dar. Im Gegenteil, hier hat das Land eine gewaltige zivilisatorische Leistung aufzuweisen, die es von Konflikten entlastet, die in anderen, ähnlich strukturierten Gesellschaften erhebliche politische Energien abfordern.

Mit anderen Worten: Wenn man von Brasilien spricht, muss man sich ständig vor unzulässigen Verallgemeinerungen in Acht nehmen, was jedoch nie so richtig gelingen kann. Natürlich ist die Versuchung groß, nach reduktionistischen Formeln zu suchen, mit denen sich diese verwirrende Vielfalt auf den Punkt bringen lässt. Nun ist es sicher die Aufgabe von Wissenschaft, Komplexität zu reduzieren, doch scheint mir, dass einige meiner mit Brasilien befassten Kollegen es damit übertreiben: Dem heutigen Brasilien kann man mit dem besten Willen nicht mehr mit der Metapher von "Herrenhaus und Sklavenhütte" gerecht werden, die auf eine brillante und nach wie vor offenbar sehr suggestive Studie der patrimonialen Gesellschaft der Kolonialzeit zurückgeht (FREYRE 1965). Außerdem ist es nicht ausreichend, das Land gewissermaßen in Form einer Mängelliste zu beschreiben.[2] Hierbei übersieht man allzu leicht die Dynamik des Landes, über die Brasilien trotz erheblicher Entwicklungsblockaden und eines gewaltigen Reformbedarfs zweifellos verfügt. Dennoch wird nachfolgend viel von Defiziten und Reformblockaden die Rede sein. Ungeachtet der beachtlichen Dynamik des Wirtschaftswachstums in den letzten 100 Jahren drängt sich gerade bei einem Land wie Brasilien mit seinem ungeheuren Reichtum an menschlichen und natürlichen Ressourcen der Eindruck auf, dass es wie kaum ein anderes Land in Lateinamerika hinter seinen Möglichkeiten zurückgeblieben ist. Dies gilt insbesondere dann, wenn man die sozialen Resultate von Entwicklung betrachtet.

Nachfolgend geht es zunächst um verschiedene Dimensionen der brasilianischen Entwicklungsprobleme, bevor diejenigen Politikbereiche dargestellt werden, die heute in Brasilien einem besonderen Reformdruck unterliegen. Abschließend werden einige politische Strukturen und Prozessmuster skizziert, welche die Reformen erschweren.

---

[2] So tendenziell die Arbeiten von WÖHLCKE (1987, 1991, 1994).

2. Dimensionen der brasilianischen Entwicklungsprobleme

Will man die Dimensionen der brasilianischen Krise analysieren, empfiehlt es sich, Langzeitprobleme von aktuellen zu unterscheiden. Die rasche Abfolge von Krisen in den 80er und 90er Jahren und der sich damit verbindende Reformbedarf resultieren daraus, dass das in der Ära Vargas installierte Entwicklungsmodell einer staatsgestützten und -gesteuerten importsubstituierenden Industrialisierung spätestens mit der Schuldenkrise der 80er Jahre an sein Ende gekommen ist. Dieses Modell wurde mit dem "Estado Novo" ab 1937 autoritär installiert (ausführlich: HENTSCHKE 1996) und hat bis zu Beginn der 90er Jahre in verschiedenen Varianten fortbestanden (BARROS DE CASTRO 1993).

Die Krise des alten Entwicklungsmodells hat sich schon in den 60er Jahren abgezeichnet, als die populistische Verteilungskoalition bestehend aus Teilen des Staatsapparates, binnenmarktorientierten Unternehmern und staatsabhängigen Gewerkschaften auseinanderbrach. Die Verteilungsmöglichkeiten des Staates hatten sich erschöpft, und die sozialen Konflikte nahmen entsprechend an Schärfe zu. Die korporatistischen Mechanismen der Integration und der politischen Kontrolle der städtischen Unterschichten versagten zunehmend. Überdies bekamen die Agrarkonflikte wegen der Mobilisierung der Landarbeiter eine für die Grundbesitzer gefährliche Qualität. Diese Krise war mit den Mitteln eines populistischen Verteilungsstaates nicht mehr beherrschbar (PAIVA ABREU 1990). Das Resultat war der Sturz der Regierung Goulart durch das Militär im Jahre 1964.

Die Militärregierung hat das etatistische Entwicklungsmodell fortgeführt, allerdings mit zwei wichtigen Modifikationen: Erstens hat sie stark auf ausländisches Kapital gesetzt und zugleich auch den Staatssektor ausgebaut, um die zweite Stufe der Importsubstitution im Bereich der dauerhaften Konsumgüter und Kapitalgüter voranzubringen. Dem "nationalen Kapital", dem in der vorausgegangenen Zeit die zentrale Rolle im Industrialisierungsprozess zugewiesen worden war, hat das Militär zu Recht nicht zugetraut, diese Leistung zu erbringen (ESSER 1979, MC CARREN 1995). Daher ist von Anhängern des nationalkapitalistischen Weges das Regime damals – allerdings in völliger Verkennung der tatsächlich verfolgten Entwicklungsstrategie und der Autonomie des Regimes auch gegenüber dem Auslandskapital – als "kolonial-faschistisch" denunziert worden (JAGUARIBE 1968). Die zweite Modifikation des Entwicklungsmodells lag in der Abkoppelung der Arbeiter von der Verteilungskoalition. Anders als in der populistischen Phase sollte die Nachfrage nicht über die Stärkung der Massenkaufkraft, sondern durch die Einkommenskonzentration in den Händen der oberen Einkommensgruppen stimuliert werden. An der Rolle des Staates als zentraler Entwicklungsagentur änderte sich jedoch nichts. Im Gegenteil, der Staatssektor wuchs während der Militärdiktatur noch beträchtlich und die staatliche Wirtschaftssteuerung nahm eher noch zu.³

Es würde zu weit führen, den Weg Brasiliens in die Krise im einzelnen nachzuzeichnen. Hier nur soviel: Das brasilianische Militärregime konnte sich, ähnlich wie die anderen Militärregime der 70er Jahre, in Ermangelung demokratischer Legitimationsmechanismen nur durch wirtschaftliche Erfolge legitimieren. Dies umso mehr, als es ja mit einem Projekt einer autoritären Modernisierung von Wirtschaft und Gesellschaft angetreten war. Die Bedrohung seines bis dato durchaus erfolgreichen Wachstums- und Entwicklungsmodells durch die Energiekrise Mitte der 70er Jahre glaubte es daher nicht durch eine interne Anpassung an die gestiegenen Energiekosten abwehren zu können. Dies hätte eine drastische Reduzierung der Wachstumsraten und Einkommensverluste bedeutet. Vielmehr verfolgte man einen expansiven Kurs, der vor allem durch Kredite finanziert wurde. Der internationale Zinssatz lag damals zeitweise unter der internationalen Inflationsrate, was eine Kreditfinanzierung zu laufenden Zinsen als attraktiv erscheinen ließ (MÜLLER 1990).

Als die Zinsen im Gefolge des Stabilitätskurses der Regierung Reagan und der Kreditfinanzierung des amerikanischen Haushaltsdefizits zu Beginn der 80er Jahre hochschnellten, erwies sich die leichte Lösung, die man während der Energiekrise gewählt hatte, als Falle. Brasilien war nicht das erste Land, das in den 80er Jahren in eine Schuldenkrise geriet, aber es hatte den damals größten Schuldenberg von allen lateinamerikanischen Ländern angehäuft. Das eigentliche Problem war jedoch nicht die Höhe der Schulden, sondern der Sachverhalt, dass die Binnenorientierung der brasilianischen Wirtschaft und die daraus resultierende mangelnde internationale Konkurrenzfähigkeit die Bedienung der Schulden durch Exportwachstum unmöglich machte. Die Exporterfolge der brasilianischen Industrie sind vor allem Wechselkursschwankungen und Exportsubventionen zu verdanken gewesen, nicht aber einer produktivitätsgestützten Konkurrenzfähigkeit (MEYER-STAMER 1997).

Die Schuldenkrise legte somit die zentrale Schwäche des bisherigen Entwicklungsmodells offen und war der Beginn einer langen und quälenden Suchphase, in der ein Sanierungsprogramm das nächste ablöste und in der die Inflationsraten immer neue Rekordpegelstände erreichten (GÖTHNER 1991). Im Juli 1994, kurz bevor der letzte und bisher einzig erfolgreiche dieser Sanierungspläne, der "Plano Real" des damaligen Finanzministers Cardoso, durchgesetzt wurde, betrug die Inflationsrate 50 % (im Monat!). 1990 hatte sie schon einmal bei 80 % gelegen (FRITZ 1996, S. 40). Seit Beginn der Krise hat das Land sechs verschiedene Währungen, fünf staatliche Lohn- und Preisstops sowie mehr als 50 verschiedene Konzepte staatlicher Preispolitik erlebt (SANGMEISTER 1994, S. 269).

---

[3] Nach wie vor findet sich die beste Analyse des Verhältnisses von Staat, Auslandskapital und einheimischem Kapital in älteren Arbeiten von F. H. CARDOSO (1973, 1975).

Mit "Suchphase" ist das Chaos der 80er und frühen 90er Jahre jedoch nicht angemessen beschrieben. Das Problem war weniger, dass man nach den richtigen Lösungen suchte und diese nicht fand. Vielmehr verbargen sich hinter der Sprunghaftigkeit der Wirtschaftspolitik und der enormen Toleranz gegenüber der Inflation ungelöste Konflikte zwischen verschiedenen Interessengruppierungen (FRIEDEN 1991; SOLA 1991). Das alte Entwicklungsmodell war in der Krise und mit ihm seine Träger, d.h. der Staatssektor, Teile des Staatsapparates, die an das kuschelige Klima einer Treibhausindustrialisierung gewöhnten Unternehmer und Teile der Gewerkschaften. Doch diese waren nach wie vor stark genug, sich gegen Maßnahmen zur Wehr zu setzen, die ihnen tatsächlich weh getan und die Durchsetzung neuer Regeln bedeutet hätten. Bis 1990, d.h. der Wahl Collors zum Präsidenten, wurde weder die überfällige Privatisierung des Staatssektors in Angriff genommen, noch gab es eine Marktöffnung, um den innovationsfaulen Unternehmern auf die Sprünge zu helfen. Im Gegenteil: Die Verfassung von 1988, in der wichtige Bereiche der Wirtschaft als staatlich definiert wurden, war der letzte Triumph des Staatssektors und der alten Entwicklungskoalition, die sich durch die Errichtung verfassungsrechtlicher Hürden gegen die anstehenden Transformationen zu schützen suchten.

Vor allem aber haben die Stabilisierungsprogramme die Frage des Haushaltsdefizits und damit der Finanzreform konsequent ausgespart, obwohl das Haushaltsdefizit eine wesentliche Ursache der Inflation war und eine seriöse Inflationsbekämpfung eine Finanzreform erfordert hätte. A. O. Hirschman hat die im Vergleich zu späteren Erfahrungen noch milde Inflation der frühen 60er Jahre in Chile einmal als Bürgerkriegsersatz interpretiert (HIRSCHMAN 1965, S. 293–296), womit er den ungelösten Konflikt zwischen konkurrierenden Elitegruppen meinte. Die Bearbeitung ungeklärter Verteilungskonflikte mit dem Mittel der Inflation ist typisch für das, was man mit dem Begriff des "Kompromissstaates" bezeichnen kann (RUBIOLO GONZÁLES 2000). In diesem werden Verteilungs- und Zielkonflikte nicht ausgetragen, sondern konserviert, und miteinander nicht kompatible Entwicklungskonzepte werden gleichzeitig verfolgt. In anderen Worten: Die chronische Inflation ist Ausdruck eines politischen Patts. Außerdem haben sich nicht nur in Brasilien, sondern auch anderswo in Lateinamerika Steuerreformen mit dem Ziel einer Verbreiterung der Steuerbasis des Staates als politisch schwer und eigentlich nur in extremen Krisen als durchsetzbar erwiesen (BOECKH/RUBIOLO GONZÁLES 1999). Solange nicht jede ökonomische Kalkulierbarkeit zerstört wird, behandelt man die Inflation unter solchen Bedingungen gerne als das geringere Übel. Die Toleranz gegenüber der Inflation ist aber auch deshalb so ausgeprägt, weil sie die Kosten der Reformblockade auf die ärmeren Schichten abwälzt, die sich dagegen nicht wehren können. In Brasilien wurde die Inflation daher zu Recht als "Armensteuer" bezeichnet.

Neben der Krise des alten Entwicklungsmodells hat Brasilien es (wie viele andere lateinamerikanischen Länder auch) zudem mit strukturellen

Altlasten zu tun, die aus den Besonderheiten der brasilianischen Entwicklungsgeschichte herrühren und die aktuellen Krisenphänomene noch verschärfen. Die Besitz-, Einkommens- und Machtstrukturen können in Lateinamerika mit den spezifischen historischen Formen der ökonomischen Inwertsetzung der jeweiligen Region in Verbindung gebracht werden. Diese haben nicht immer und überall, aber zumeist eine extreme Besitz- und Einkommenskonzentration gefördert. Der Bergbau ist eine lokal beschränkte wirtschaftliche Tätigkeit, und die frühe Form der dortigen Arbeitsverhältnisse (Zwangsarbeit) ließ keine Streuung von Einkommen zu. Mit der Plantagenwirtschaft und der damit verbundenen Sklaverei verhielt es sich ähnlich. Gerade jene Kolonien, die unter kolonialökonomischen Aspekten im 18. Jahrhundert wegen ihres Reichtums und der Abschöpfungsmöglichkeiten als besonders wertvoll galten, erhielten im Laufe ihrer Entwicklung eine hochgradig polarisierte Besitz- und Sozialstruktur. Diese stellte sich später in der Industrialisierungsphase als Entwicklungshindernis heraus. Ökonomisch uninteressante Regionen wie etwa das Hochland von Costa Rica, Rio Grande do Sul im Süden Brasiliens oder der kolumbianische Bundesstaat Antioquia konnten Siedlerökonomien herausbilden, in denen es keine fabulösen Reichtümer zu verdienen gab und die sich mit ihrer vergleichsweise egalitären Besitzverteilung heute als sozial ausgeglichen darstellen (BOECKH 1997, S. 97). Allerdings war Rio Grande do Sul nicht typisch für das ganze Land, im Gegenteil: Bis ins ausgehende 19. Jahrhundert, d.h. länger als in jedem anderen Land Lateinamerikas, war die Grundlage für die führenden Wirtschaftszweige die Sklaverei, d.h. die rückständigste Form der Arbeitsverhältnisse. Sie zog zwangsläufig eine extreme gesellschaftliche Polarisierung nach sich, welche auch nach der Abschaffung der Sklaverei (im Jahre 1888) nicht aufgehoben wurde, sondern sich seitdem weiter reproduziert hat.[4]

In dem lange erfolgreichen Widerstand von verschiedenen Grundbesitzeroligarchien gegen die Abschaffung der Sklaverei zeigt sich ein wichtiges Charakteristikum der brasilianischen Politik, nämlich die Fähigkeit von Eliten, ihren jeweiligen Bereich gegen Modernisierungstendenzen von außen abzuschirmen. Wenn es – etwa im Zuge der Industrialisierung – zu Modernisierungsprozessen kommt, bleiben diese daher immer Teilbereichsmodernisierungen. Gerade die ländlichen Eliten haben es in allen Entwicklungsphasen immer wieder geschafft, für ihren Sektor eine Vetomacht zu behalten. Der populistische Verteilungsstaat von Vargas hat mit seinen Modernisierungsanstrengungen den ländlichen Bereich ebenso ausgespart (PIRES 1996) wie die Strategie der beschleunigten Industrialisierung unter Kubitschek Ende der 50er Jahre und die autoritäre Modernisierung der Militärs in den 60er und 70er Jahren. Selbst in der Verfassung von 1988, in der nun wirklich alles steht, was wahr, schön und gut ist, und sei es noch so weit von der brasilianischen Realität entfernt, kommt die Landreform kaum vor.

---

4 Für eine historisch-strukturalistische Erklärung der lateinamerikanischen Entwicklungsblockaden, siehe RAMOS 1996.

Der "Kompromissstaat", von dem gerade die Rede war, reicht weit in die brasilianischen Geschichte zurück. So kommt es, dass in Brasilien verschiedene Gesellschaftstypen koexistieren und sich wechselseitig überlagern, und dass sich die sozialen Probleme früherer Zeiten immer aufs neue reproduzieren und die jeweils nachfolgenden Entwicklungsprozesse als Hypothek belasten. An dem eingangs geschilderten, extremen Fall von Alagoas wird das Problem besonders deutlich.

Durch die Überlagerung von verschiedenen Gesellschaftstypen hat sich aber auch das Widerstandspotential in der Bevölkerung stark zersplittert, bzw. es konnte sich wegen der fortdauernden Einbindung der Unterschichten in traditionelle Lebenszusammenhänge und soziale Bindungen erst gar nicht entfalten. Es entstanden daher auch keine starken sozialen und politischen Gegenkräfte, die mit einem entsprechenden Droh- und Verweigerungspotential eine soziale Modernisierung hätten einfordern und durchsetzen können. Dies wäre jedoch die Voraussetzung dafür gewesen, dass die eingeschlagenen Entwicklungsstrategien auf breiter Front zu Wohlfahrtssteigerungen geführt hätten. Stattdessen ist es den jeweiligen Elitekoalitionen immer wieder gelungen, die Früchte des Fortschritts weitgehend für sich zu monopolisieren. Zwar hat sich der Kreis jener, die von der wirtschaftlichen Entwicklung profitierten, gerade in der Phase des populistischen Entwicklungsmodells um die Mittelschichten und Teile der städtischen Arbeiterschaft erweitert, aber um den Preis der Exklusion immer noch großer Teile der Bevölkerung. Selbst der Einschluss der städtischen Arbeiter in den modernen Wirtschaftszweigen in die Verteilungskoalition hat sich nicht als unumkehrbar herausgestellt, wie die Erfahrungen mit dem Militärregime nach 1964 gezeigt haben.

Ein Ergebnis der immer wieder verschleppten Reformen und der Teilbereichsmodernisierungen ist die eingangs erwähnte regionale Polarisierung des Landes, ein anderes eine Einkommensverteilung, mit der Brasilien im internationalen Vergleich nach Gabun den vorletzten Platz der Weltrangliste belegt. Der ehemalige Präsident F. H. CARDOSO hat den bemerkenswerten Satz geäußert, Brasilien sei kein unterentwickeltes, sondern ein ungerechtes Land (CARDOSO 1995, S. 2). Der immense Reichtum des Landes lässt in der Tat keinen anderen Schluss zu, als dass die Unterentwicklung in Brasilien in der extremen Ungleichheit der Lebensverhältnisse beschlossen liegt, und dass diese das Resultat von Machtverhältnissen, politischen Strukturen und politischen Prioritätensetzungen sind. Hier haben wir es mit der schwersten Altlast aus der Vergangenheit zu tun, welche die gegenwärtigen Reform- und Modernisierungsbemühungen enorm verkompliziert. Es besteht daher die Gefahr, dass sich angesichts dieser Altlast die Reformmuster der Vergangenheit wiederholen, d.h. dass es wiederum nur zu Teilbereichsmodernisierungen kommen wird, welche die historischen Tiefenstrukturen von Politik und Gesellschaft des Landes nicht berühren.

Dies aber kann sich ein Land, das sich gerne als "aufsteigender Gigant" und künftige ökonomische und politische Großmacht sieht, auf Dauer nicht leisten. Wer sich den Modernisierungszwängen entzieht, die sich aus dem Globalisierungsdruck ergeben, zählt langfristig zu den Verlierern der Weltwirtschaft. Für Lateinamerika insgesamt sieht die bisherige Bilanz auf diesem Gebiet recht mäßig aus (BOECKH 2002a, 2002b), und auch in Brasilien sind, wie gleich zu sehen sein wird, Tempo und Reichweite der Reformen wenig überzeugend, und dies, obwohl die Regierung Cardoso (1994-2002) ein klares Konzept von dem Reformbedarf hatte, dem sich das Land gegenübersieht.[5]

3. Reformen und Reformbedarf

Die unkontrollierbare Inflation und das wirtschaftspolitische Chaos mit seinen immer neuen Stabilisierungsprogrammen und dauernd wechselnden Rahmenbedingungen machten die Inflationsbekämpfung und generell eine ökonomische Stabilisierung zur vorrangigen Aufgabe und zur Voraussetzung für weiterführende Reformen. Wider Erwarten hat der "Plano Real" 1994 nicht das selbe Schicksal erlitten wie alle seine Vorgänger: Er brachte die Inflation schlagartig von ca. 50 % auf 3 % im Monat und seinem Autor, dem Finanzminister Cardoso, bei den anstehenden Wahlen die Präsidentschaft (WACHENDÖRFER/MATHIEU 1995). In all den Gesellschaften, die in den 80er und 90er Jahren Hoch- und Hyperinflationen erlebt haben, ist Stabilität ein hohes Gut, was demjenigen, der die Wirtschaft zu stabilisieren vermag, einen beträchtlichen politischen Kredit verschafft, und dies zunächst relativ unabhängig von den sozialen Folgen der Sanierungsprogramme. Das hat sich in Argentinien und Peru bei der jeweiligen Wiederwahl von Menem und von Fujimori und dann auch erneut im Falle F. H. Cardosos gezeigt. Während die erste Stabilisierungsphase in Brasilien erstaunlich schmerzfrei verlief, d.h. ohne Rezession und Einkommensverluste, war dies bei der Finanzkrise im Herbst 1998 nicht mehr möglich: Cardoso hat vor der Wahl keinen Hehl aus den anstehenden Kosten der Stabilisierung gemacht, und er hat die Wahl dennoch gewonnen.

Die überragende Bedeutung der Stabilität lässt vergessen, dass es sich bei ihrer Wiedergewinnung nur um einen ersten Schritt auf dem langen Wege zu einer wirtschaftlichen und gesellschaftlichen Rekonstruktion handelt, und dazu noch um den leichtesten (VELLOSO 1996). Er ist, vor allem nach den Erfahrungen mit einer Hyperinflation, auch für diejenigen erstrebenswert, die zuvor ganz gut mit der Inflation leben konnten und die einer Staatsfinanzierung über Inflationssteuern den Vorzug gegeben hatten. Nach der Wiedergewinnung der Geldwertstabilität stehen aber Entscheidungen an, die politisch weit weniger konsensfähig und daher auch nur schwer, mit vielen Einschränkungen und problematischen Kompromissen durchsetzbar

---

[5] Eine Selbstdarstellung der politischen Ideen und Reformvorstellungen Cardosos in Form von Interviews findet sich in POMPEU DE TOLEDO 1998.

sind. Die Tatsache, dass die Regierung Cardoso mit den Reformen der 2. Generation (Staatsreformen) nur sehr langsam oder gar nicht vorankam, ist vor allem dafür verantwortlich, dass im Herbst 1998 zu Beginn der zweiten Amtszeit des Präsidenten sehr schmerzhafte Einschnitte anstanden. Diese verursachten weitaus höhere Kosten, als dies bei einem konsequenten und kontinuierlichen Reformkurs der Fall gewesen wäre.

Um den Reformleistungen und -defiziten gerecht zu werden, muß man zunächst auf die Verfassung von 1988 eingehen. Diese Verfassung mit ihren 315 Artikeln und zahllosen Unterartikeln steht ganz in der lateinamerikanischen Tradition, mit perfektionistischem Drang "sämtliche Lebensbereiche prinzipiell zu regeln". Sie "glänzt durch ihre rhetorische Abundanz und Schönheit" und "ist wegen ihrer Sprachästhetik viel bewundert" (PAUL 1994, S. 204). Damit ist angedeutet, dass sie gerade wegen ihres Perfektionismus wenig steuert und auch wenig mit der Realität des Landes zu tun hat. Sie ist aber auch das typische Produkt eines Kompromissstaates, in dem alle möglichen Interessen, Konzepte und Zukunftsentwürfe ohne Rücksicht auf deren Kompatibilität zusammengebunden worden sind. Wo sonst auf der Welt wird der Höchstzinssatz für Kredite per Verfassung geregelt? Hier haben sich die Unternehmer bedient, die an niedrigen Zinsen interessiert sind. Zudem haben sie eine protektionistische Tendenz in die Verfassung hineingeschrieben. Der Staatssektor hat sich mit entsprechenden Verfassungsbestimmungen über die Zuordnung bestimmter Wirtschaftszweige an den Staat gegen anstehende Privatisierungen abgesichert, die Linke bekam mit sozialstaatlichen Regelungen so ziemlich alles, was man sich in einer schönen Welt vorstellen kann, die Umweltschützer dürfen sich auf einen höchst progressiven und sehr ausführlichen Umweltschutzartikel berufen, und die Grundbesitzer haben es geschafft, trotz einer progressiven Rhetorik auch im Bereich der Agrarpolitik die Aussagen zur Agrarreform sehr im Vagen zu halten.

Wichtig ist ferner, dass die neue Verfassung in Reaktion auf die zentralistischen Tendenzen der von den Militärs erlassenen Verfassung von 1967 die föderalen Strukturen des Landes gestärkt hat, was sich u.a. auch in hohen Transferleistungen der Bundesregierung an die Bundesstaaten und Kommunen äußert und für die Bundesregierung ein chronisches Finanzproblem verursacht.

Wie unschwer zu erkennen, verlangen fast sämtliche Strukturreformen entweder Verfassungsänderungen oder aber Eingriffe in die entsprechenden Ausführungsgesetze, und dies schafft im brasilianischen Kongress wegen der dafür erforderlichen Mehrheiten hohe Barrieren. Reformen sind bei solchen Voraussetzungen ein schwieriges Geschäft.

Was die Privatisierung von Staatsbetrieben in sogenannten strategischen Industrien angeht, sind diese Barrieren überwunden worden. Zwischen 1991 und 2002 hat der Staat auf bundesstaatlicher und einzelstaatlicher Ebene durch Privatisierungen 105,5 Mrd. US-Dollars eingenommen (www.bndes. gov.br/privatizacao/resultados/already.asp). Ein Teil dieser Einnahmen wurde zum Abbau der Auslandsschulden eingesetzt (JOURNAL DO BRASIL vom 8.11.1998). Anders als etwa in Argentinien spielt sich in Brasilien die Privatisierung offenbar nicht in Form eines Korruptionsfestivals ab.

Ein weiteres Schlüsselprojekt, zu dessen Durchsetzung es einer Verfassungsreform bedarf, ist die Verwaltungsreform (GERMAN 1996). Die brasilianische Staatsverwaltung ist auf allen Ebenen sehr personalintensiv, was zu einem guten Teil das Resultat von politischer Patronage ist, von der nur wenige Zweige der Verwaltung frei geblieben sind. Allein auf Bundesebene sind 1985 20.000 staatliche Institutionen gezählt worden (DINIZ 1997, S. 17). Selbst wenn sich der Autor hier um eine Null geirrt haben sollte, wäre dies ein formidabler Behördendschungel. Die Zahl der Staatsbediensteten wurde auf der Ebene der Bundesregierung auf 1,6 Mio., für alle Ebenen des Staates auf 6-8 Millionen geschätzt. Die genaue Zahl kennt offenbar niemand. Als Präsident *Collor* sehr öffentlichkeitswirksam anordnete, dass auch die als "fantasmas" bezeichneten Staatsbediensteten, d.h. "jene nie an ihrem Arbeitsplatz anzutreffenden Geister", die allein auf der Ebene der Bundesstaaten auf 260.000 Personen geschätzt werden (GERMAN 1996, S. 61-63), wenigstens zur Kassierung ihrer Gehälter am Arbeitsplatz zu erscheinen hätten, konnte das staunende Publikum beobachten, wie einige dieser Staatsdiener vor laufenden Fernsehkameras sich lauthals über diese Zumutung beschwerten.

Es liegt auf der Hand, dass eine derart überbordende Bürokratie, die in der Vergangenheit mehr politischen als administrativen Zwecken diente und die zudem noch die Neigung hat, Verwaltungsakte als rituelle Handlungen zu begreifen, dringend reformbedürftig ist (FERREIRA/NUNES 1995). Neben einer Professionalisierung der Beamtenschaft wenigstens in den zentralen Bereichen ist auch eine Anhebung der Gehälter der unteren Besoldungsgruppen im Gespräch, deren Armutsgehälter die Angehörigen dieser Gruppen geradezu zur Korruption zwingt, sowie ein Abbau der z.T. grotesken Privilegien der Spitzenbeamten, die man in Brasilien als "marajás" bezeichnet. Anlässlich des Streiks der kasernierten Polizei im Jahre 1997 hat die Wochenzeitung VEJA nachgerechnet, dass in diesem Bereich des öffentlichen Dienstes die unterste Einkommensgruppe US-$ 185,00 im Monat verdient, die höchste US-$ 32.000,00. Das heißt, die Differenz drückt sich im Verhältnis von 1:173 aus. Zum Vergleich: In der Bundesrepublik bezieht die unterste Einkommensgruppe bei der Polizei umgerechnet US-$ 1.200, die oberste US-$ 6.000,00. Hier besteht die Differenz in einem Verhältnis von 1:5 (VEJA vom 23.7.1997, S. 30). Bei anderen Bereichen der öffentlichen Verwaltung sieht es nicht viel anders aus. Die Flexibilisierung der Beschäftigungsregelungen im öffentlichen Dienst, die erst eine Entlassung von überflüssigen und unfähigen Staatsdienern möglich macht, und der Abbau von Sonderrechten für bestimmte Gruppen im Staatsapparat waren ohne eine Verfassungsreform nicht zu bewerkstelligen. Diese wurde aber vom Kongress, dessen Abgeordnete hier völlig richtig einen Anschlag auf ihre Patronagemöglichkeiten sahen, lange Zeit blockiert und ließ sich erst im Zusammenhang mit der Asienkrise im Sommer 1998 durchsetzen. Dies war in jedem Fall zu spät, um noch einen Einfluss auf diese Finanzkrise zu haben.

Staatsreform ist in Brasilien (und in den meisten anderen Ländern der Region) weitaus mehr als nur eine Verwaltungsreform. Sie müsste auch und vor allem eine Justizreform beinhalten. Damit ist die Frage der Rechtsstaatlichkeit angesprochen, und zwar nicht nur die kodifizierte, sondern die im Alltag erfahrene Rechtsstaatlichkeit. Dass es in diesem Bereich in Brasilien erhebliche Defizite gibt, wird auch dort so gesehen. Oft hält sich jedoch der Staat nicht einmal an seine eigenen Regeln, geschweige denn, dass er sie verlässlich und nach dem Grundsatz der Gleichheit aller vor dem Gesetz in der Gesellschaft durchsetzt (WALDMANN 2002 zu Lateinamerika allgemein). Laut Latinobarómetro glauben in Brasilien gerade mal 13 % an die Gleichheit vor dem Gesetz (zitiert bei NOLTE 1999, S. 15). Kürzlich hat eine Untersuchung gezeigt, dass das Rechtssystem de facto darauf angelegt ist, Rechtssicherheit und Gleichheit vor dem Gesetz zu verhindern (MANDACH 2000; siehe auch FRY 1999). Dass Rechtsstaatlichkeit und staatliche Rechtskonformität inzwischen nicht nur im Kontext der "neuen Institutionenökonomie", sondern auch von internationalen Entwicklungsbanken und transnationalen Firmen als Standortvorteil betrachtet wird, mag dazu beitragen, dieser Reformagenda die nötige Dringlichkeit zu verleihen (WELTBANK 1997, 2002; INTER-AMERICAN DEVELOPMENT BANK 2000).

Die Finanzreform war ein weiteres und vermutlich das wichtigste Kernstück des Reformprogramms der Regierung Cardoso, und auch die gegenwärtige Regierung Lula da Silva gibt diesem Politikbereich eine hohe Priorität. Zudem macht der IWF die Auszahlung der einzelnen Tranchen der zugesagten Kredite von Fortschritten bei der Steuer- und Sozialversicherungspolitik abhängig, was offenkundig dazu beiträgt, die Reformbemühungen zu verstetigen. (www.agenciabrasil.gov.br(internacional/rev.17/06/03). Die Achillesferse der bisherigen Stabilitätspolitik war und ist das hohe Haushaltsdefizit, das sich zeitweise bei ca. 7 % des BSP bewegte. Dieses Defizit hat 1998 eine weitere Finanzkrise ausgelöst und drohte die Stabilitätsgewinne zu eliminieren. Die Finanzreform umfasst verschiedene Aspekte (SECRETARIA DE RECEITA FEDERAL 1994; SOLA 1994):

Es geht einmal um eine Steuerreform, welche das labyrinthische Steuersystem vereinfachen soll, das Betriebe oft vor unlösbare Aufgaben stellt und sie in ihrer Exportfähigkeit einschränkt (WERNECK 2000). Sie soll ferner die unübersichtlichen Ausnahmeregelungen reduzieren, die Spitzensteuersätze senken, die Steuerverwaltung professionalisieren und die Steuerbasis verbreitern (VELLOSO 1992, Teil I). Ähnlich wie in anderen Ländern Lateinamerikas sind auch in Brasilien in der Vergangenheit die Steuereinnahmen nicht proportional mit den Staatsaufgaben gewachsen, was zu einer chronischen Unterfinanzierung des Staates und zu risikoreichen Finanzpolitiken geführt hat (ausführlich: BOECKH/RUBIOLO GONZÁLES 1999). Zwar ist die Steuerquote in Brasilien inzwischen die höchste im Vergleich zu anderen Schwellenländern und mit 34 % des BIP übertrifft sie sogar die der USA, doch ist das ganze System nach wie vor überkomplex. Die Regierung Cardoso hat sich darauf beschränkt, die Steuerverwaltung zu modernisieren, was ihr hohe und steigende Steuereinnahmen bescherte (www.iadb.org/ idbamerica/index.cfm?thisit=1801). Dieser Erfolg war vermutlich auch der Grund, warum sie Versuche des Kongresses, das Steuersystem zu vereinfachen, mehr oder weniger diskret behinderte (www.brazzil.com/ polnov99.htm). Eine wirkliche Steuerreform brachte sie somit nicht zustande (IPEA 1998). Diese hat nun die Regierung Lula da Silva mit finanzieller Unterstützung der Weltbank auf den Weg gebracht (www4.worldbank.org/ sprojects/Project. asp?pid=P070641).

Die in der Verfassung von 1988 festgelegte Aufteilung der Staatsfinanzen zwischen Bund, Ländern und Gemeinden ist insofern stark veränderungsbedürftig, als Länder und Gemeinden mehr Finanzen als Aufgaben bekommen haben (FOERSTER 1991; REZENDE 1995). Das Finanzgebaren der Bundesstaaten hat bis vor kurzem die Finanzpolitik der Bundesregierung regelrecht konterkariert und zu einer Ausplünderung der Staatskasse durch die Bundesstaaten geführt, was einen Autor von einem "räuberischen Föderalismus" sprechen ließ (FAUST 2003). Die Bundesstaaten hielten auch dann noch an einer expansionistischen Politik fest, als die Bundesregierung schon längst auf einen Austeritätskurs gegangen war. Insbesondere in der Personalpolitik war dies zu spüren. Dort haben sich die patronagegesteuerten Einstellungspraktiken noch lange erhalten. Die dadurch entstandenen Defizite haben sich die Bundesstaaten von ihren jeweiligen staatseigenen Banken finanzieren lassen, die sich dann wiederum im Austausch mit politischen Gegenleistungen von der Zentralbank refinanziert haben. Diese Form eines föderalen Finanzausgleichs ließ der Bundesregierung wenig Steuerungsmöglichkeiten, um das Gesamtdefizit des Staates unter Kontrolle zu bekommen.

Wie in anderen Politikfeldern auch machte erst eine Krise, diesmal die des gesamten Bankensektors, die Reformen in diesem Bereich politisch möglich. Inzwischen sind die meisten Landesbanken aufgelöst oder privatisiert, und die Regierung Cardoso hat mit fast allen Landesregierungen Umschuldungsabkommen abgeschlossen, deren Preis eine fiskalische Austerität der Landesregierungen und eben auch die Privatisierung der Landesbanken war. Seitdem gibt die Bundesregierung den Landesregierungen die wichtigsten haushaltspolitischen Eckdaten vor. Sie verhält sich gegenüber den Bundesstaaten ähnlich wie der IWF gegenüber den Schuldnerländern in der Dritten Welt. Eine wichtige Bedeutung kam in diesem Zusammenhang dem Abkommen mit dem Bundesstaat São Paulo vom Mai 1997 zu, da die politische Kaste dieses Bundesstaates mit den defizitfinanzierten Wahlgeschenken unrühmliche Maßstäbe gesetzt hatte mit dem Resultat, dass sich einer der reichsten Bundesstaaten ständig am Rande des Bankrotts befand. Dass der Gouverneur von São Paulo, der diese Austeritätspolitik durchgesetzt und der politischen Kaste den Zugang zum leichten Geld verbaut hat, 1998 entgegen allen Erwartungen wiedergewählt wurde, deutet möglicherweise auf eine Trendwende beim Umgang mit den Staatsfinanzen hin. Die Regierung Lula da Silva setzt diese Bemühungen fort. Ihr Steuerreformprojekt zielt u.a.

Politik und Reform(un)fähigkeit in Brasilien 71

auch auf eine Kontrolle über die Schuldenaufnahme und die Personalausgaben in Bundesstaaten und Gemeinden (www4.worldbank.org/sprojects/Project.asp?pid=P070641).

Die Reform des Sozialversicherungswesens ist ein Punkt auf der Reformagenda, der auch und ganz massiv die Frage der Staatsfinanzen berührt, aber weit darüber hinausgeht. An diesem Punkt entzünden sich aus einer Reihe von Gründen die heftigsten politischen Kontroversen. Einmal geht es um einen der wenigen Mechanismen, über den in Brasilien Verteilungsleistungen auch für die arme Bevölkerung erbracht werden. Diese ist zwar beileibe nicht der Hauptnutznießer in den Sozialversicherungen, wie gleich noch zu zeigen ist, aber sie ist von ihr nicht ausgeschlossen. Wer sich am Sozialversicherungswesen vergreift, zieht sich daher sofort den Vorwurf zu, ein Neoliberaler zu sein, der den Armen das Wenige raubt, was sie noch haben (siehe z.B. OTAVIANO 1997). Zum zweiten handelt es sich bei dem Sozial- und Pensionswesen in seiner heutigen Form um eine wesentliche sozialpolitische Errungenschaft der Verfassung von 1988. Und schließlich sind die Pensionskassen das zentrale Element des Systems der politischen Patronage in Brasilien.

Die Sozialversicherungen erreichen in Brasilien nominell mehr Menschen als in jeder anderen Gesellschaft der Welt. Der Deckungsgrad lag schon in den 80er Jahren bei 96 % (MESA LAGO 1991, S. 186). Hinzu kommt, dass nur in Brasilien bei den Pensionskassen eine Querfinanzierung von der städtischen zu der ländlichen Bevölkerung stattfindet, was bedeutet, dass die Pensionen der armen ländlichen Bevölkerung von den Beiträgen der städtischen Bevölkerung finanziert werden. Allerdings relativiert sich der progressive Charakter des brasilianischen Sozialversicherungssystems bei näherer Betrachtung erheblich.

Bei den Pensionsregelungen hat jede Reform in Brasilien dazu geführt, dass relativ bescheidene Konzessionen an die unteren Einkommensbezieher politisch mit z.T. erheblichen Verbesserungen für die ohnehin schon privilegierten Gruppen erkauft werden mussten. Insbesondere die Staatsbediensteten und die Beschäftigten im Staatssektor haben es auf diese Weise geschafft, sich überaus üppige Pensionsleistungen zu besorgen, die ihnen nach maximal 35 Arbeitsjahren unabhängig vom Alter Pensionsansprüche gewährten, die z.T. über ihrem letzten Gehalt lagen. Darüber hinaus sind kumulative Pensionsansprüche nicht unüblich. Das Durchschnittsalter der Rentenbezieher liegt in Brasilien inzwischen bei 49 Jahren (BRASILIEN AKTUELL 2/98, S. 3); 1998 gingen 2/3 der Staatsbediensteten mit weniger als 55 Jahren in Pension, 14 % mit weniger als 45 Jahren, und auch Pensionäre unter 40 Jahren sind nicht selten (www.ncpa.org/pi/congress/pd090999a.html). Nach wie vor ziehen die Staatsbediensteten den größten Nutzen aus den Sozialversicherungen. 1998 ging die Hälfte der Pensionszahlungen an 2,7 Millionen ehemaliger Staatsbediensteten, die auf eine durchschnittliche jährliche Pensionszahlung von US-$ 16.000 kamen; die andere Hälfte ging an 17,7 Millionen Versicherte im privaten Sektor, die eine durchschnittliche jährliche

Pension von US-$ 2.500 erhielten (www.ncpa.org/pi/congress/ pd090999a.html). Das Missverhältnis hat sich seitdem sogar noch verschlechtert: Im Jahre 2003 musste der Bundeshaushalt 23 Mrd. Reales für 940.000 im Staatssektor Versicherte bereitstellen, während im privaten Sektor auf 19 Millionen Personen 17 Mrd. Reales entfielen (www. agenciabrasil.gov.br(internacional/rev.17/06/03).

Vor allem die Bestimmungen der Verfassung von 1988 und die nachfolgende Reform von 1991 sprengten endgültig den Rahmen der Umlagefinanzierung und machten die Sozialversicherung zu einer Dauerbelastung für die Staatskasse. Das riesige Defizit gerade in den Pensionskassen wurde durch Steuereinnahmen ausgeglichen, was angesichts des stark regressiven Charakters der brasilianischen Steuern auf eine überproportionale Finanzierung der üppigen Pensionen im Bereich des Staatsapparats durch die unteren Einkommensgruppen hinausläuft (Einzelheiten bei WEYLAND 1996) und darüber hinaus eine wesentliche Ursache für das Defizit im Staatshaushalt darstellt: 1998 entstammte dieses Defizit zu 75 % aus Pensionszahlungen allein an die staatlichen Pensionäre (www.ncpa.org/pi/congress/pd090999a. html), und 2003 beliefen sich die staatlichen Ausgleichszahlungen für die Defizite der Pensionskassen auf 45 % der Ausgaben der Bundesregierung (www.felsberg.com.br/Ingles/Noticias/02.03/26.02.03_pensions.html). Die Tatsache, dass nach brasilianischen Schätzungen in den 80er Jahren ca. 60 % der Beiträge für die Sozialversicherungskassen hinterzogen worden sind (NITSCH/SCHWARZER 1995, S. 38), verstärkte diesen Trend zur Steuerfinanzierung der Sozialversicherung.

Die verschiedenen Zweige des Sozialversicherungssystems und vor allem die Pensionskassen sind zentraler Bestandteil des brasilianischen Patronagesystems, das vor allem von Abgeordneten genutzt wird, um ihre Anhänger entweder mit lukrativen Posten in der Verwaltung oder aber mit üppigen Pensionen zu versorgen (WEYLAND 1996). Schlechte Kontrollen ermöglichten eine höchst diskretionär gehandhabte Bewilligung von oft dubiosen Pensionsansprüchen. Sie waren auch die Voraussetzung dafür, dass 1997 bei einem der übelsten Beutezüge auf öffentliche Gelder mit einem Schlag die Pensionsbeiträge von zwei Jahren verschwunden sind.

Die Regierung Cardoso mit ihren Versuchen, das Pensionsalter vom Lebensalter und nicht von den Arbeitsjahren abhängig zu machen und die schlimmsten Auswüchse des Systems zu korrigieren, ist weitgehend gescheitert. Unter dem Eindruck der Asienkrise kam im Februar 1998 ein entsprechender und schon stark verwässerter Gesetzentwurf durch die erste Lesung, blieb aber im weiteren Verfahren hängen (UOL-BRASIL ONLINE www.uol.com.br/bol/pol/po0605981.htm). Offensichtlich versuchte die Regierung, die Finanzkrise zur Durchsetzung von Reformen auch auf diesem Gebiet zu instrumentalisieren, doch ohne Erfolg: Präsident Lula da Silva hat im Jahre 2003 genau die Rentenreform in den Kongress eingebracht, die unter Cardoso gescheitert ist – u.a. auch am Widerstand der Arbeiterpartei von Lula de Silva, die bei den Staatsbediensteten viele Wähler hat. Hierbei geht es vor allem um eine Erhöhung des Renteneintrittalters, die Besteuerung von Renten und eine Begrenzung der Renten für neu eingestellte Bedienstete im öffentlichen Sektor auf dem Niveau des privaten Sektors. Die Gewerkschaft der Staatsbediensteten hat schon erbitterten Widerstand angekündigt, und der Gesetzentwurf wird höchst kontrovers diskutiert. Der Vorsitzende des Obersten Gerichtshofes hat die Verfassungsmäßigkeit des Reformprojekts schon in Frage gestellt, was nicht überraschen muss: Bundesrichter beziehen z.Z. (2003) Pensionen, die ca. 40 % über dem Gehalt des Präsidenten des Landes liegen (www.felsberg.com.br/Ingles/Noticias/ 02.03/26.02.03_pensions.html).

Über den unmittelbaren Bereich der sozialen Sicherung hinaus haben die staatlichen Investitionen im Bildungs- und Gesundheitsbereich lange Zeit ebenfalls eine Bevorzugung der Mittelschichten (CINTRA CAVALCANTI DE ALBUQUERQUE 1991; JAGUARIBE et al. 1990, S. 219) dargestellt, und spezielle Programme wie der Wohnungsbau liefen oft trotz einer ganz anderen Zielsetzung auf eine Einkommenssubvention vor allem der Mittelschichten hinaus (SHIDLO 1990). Die folgende Feststellung, mit der ganz Lateinamerika gemeint ist, konnte man durchaus auch auf Brasilien beziehen: "Statt zu einer größeren sozialen Verteilungsgerechtigkeit beizutragen, reproduziert das staatliche soziale Sicherungssystem die extrem ungleiche Sozialstruktur und strukturelle Heterogenität der lateinamerikanischen Gesellschaften" (STAHL 1993, S. 37).

Die Schwerfälligkeit, mit der die Dinge sich bewegen, hat sehr viel mit den politischen Strukturen und Prozessmustern in Brasilien zu tun. Ansatzweise ist dies schon deutlich geworden. Abschließend wollen wir aber versuchen, diese zusammenfassend darzustellen.

4. Politik und Reformblockaden

Die Stärkung föderaler Strukturen gilt in Brasilien als demokratische Errungenschaft der Verfassung von 1988. Sie liegt ganz im Trend einer kontinentweiten Tendenz zur Regionalisierung, mit der eine größere Problemnähe der Verwaltung erreicht und neue Partizipationskanäle geschaffen werden sollen. Der Föderalismus ist in Brasilien nicht nur auf dem Papier durchgesetzt, sondern er ist politische Realität. Neben allen Vorteilen, die man sich dabei erhoffen kann, trägt er allerdings auch zur Fragmentierung der politischen Entscheidungsfindung bei und erfordert zwischen der Bundesregierung und den Bundesstaaten einen ständigen Aushandlungsprozess gerade in Fragen der Finanzverfassung, bei dem die teilweise unterschiedlichen, wenn nicht gar widersprüchlichen Interessen von verschiedenen Regionen in Rechnung zu stellen sind.

In Brasilien kommt jedoch in diesem Zusammenhang ein weiteres Problem hinzu: Im brasilianischen Kongress sind die nördlichen und nordöstlichen Bundesstaaten gegenüber den wirtschaftlich führenden im Süden deutlich überrepräsentiert. Als Konsequenz kommt den traditionalen, agrarisch geprägten Eliten bundesweit ein Gewicht zu, das weit über dem Bevölkerungsanteil der Region und erst recht weit über der wirtschaftlichen Bedeutung dieser Eliten liegt. Die chronische Blockade der Agrarreform war u.a. auf diesen Sachverhalt zurückzuführen, zumal ein wichtiger Koalitionspartner der Regierung Cardoso eine in dieser Region verankerte Partei war.

Seit der Redemokratisierung im Jahre 1985 waren alle Präsidenten im Kongress auf Parteienkoalitionen angewiesen, deren politische Heterogenität für jeden Reformschritt mühsame Aushandlungsprozesse zwischen den Koalitionspartnern notwendig machte, deren Resultate selten den ursprünglichen Intentionen entsprachen. Auf diese Weise wurden Reformen auf eine Weise verwässert, dass sie oft keine Wirkung mehr entfalten konnten.

Die Strukturen der Parteien selbst erschweren zudem zielgerichtete politische Verhandlungen. Mit Ausnahme der sozialistischen PT sind die Parteien in Brasilien entweder lockere Zusammenschlüsse politischer Honoratioren oder Vehikel zur Wahl bestimmter Politiker, keinesfalls aber das, was wir als Programmpartei bezeichnen würden (CHACON 1981; MOÍSES 1995; MAINWARING 1995). Diese lange in die politische Tradition des Landes zurückreichende Tendenz wird noch durch ein Wahlsystem forciert, das ganz auf die Wahl von Personen zugeschnitten ist (BARRIOS/RÖDER 2000). Entsprechend gering ist daher auch die Parteienbindung der Wähler, aber auch der Politiker selbst, die häufig die Parteien wechseln, wenn es die politische Opportunität erfordert. Bei den Gouverneurswahlen in São Paulo im Jahre 1998 ist ein recht aussichtsreicher, letztendlich aber nicht erfolgreicher Kandidat angetreten, der im Laufe seines politischen Lebens vier verschiedenen Parteien und drei verschiedenen Religionsgemeinschaften angehört hat.

Positiv formuliert kann man hier von einem hohen Maß an politischer Flexibilität sprechen. Dass Kompromisse an unversöhnlichen ideologischen Fronten scheitern könnten, braucht man in Brasilien nicht zu befürchten. Auf der anderen Seite ist es aber gerade deshalb sehr schwierig, ein kohärentes Politik- und Entwicklungsmodell durchzusetzen. Angesichts des weitgehenden Mangels an programmatischer Bindung muss ein solches Projekt mit zahllosen Abgeordneten abgestimmt werden. Dies ist mit ebenso zahllosen Kompensationen und Zugeständnissen an die Wahlkreisinteressen und manchmal auch nur an die finanziellen Interessen der Abgeordneten verbunden, was meist auf Kosten der Kohärenz des Projektes geht. Der brasilianische Kompromissstaat, wie er oben beschrieben worden ist, findet in dieser Art von partikularistischen und hochfragmentierten Aushandlungsprozessen seine Entsprechung.

Der extreme Patronagecharakter der brasilianischen Politik ist schon mehrfach erwähnt worden. Er war für den populistischen Verteilungsstaat gewissermaßen konstitutiv. Er stellt aber gerade für die im Zuge der Neudefinition von Staat und Gesellschaft erforderlichen Reformen ein besonderes Problem dar (LAMOUNIER/SOUZA 1993; SCHNEIDER 1996). Unabhängig davon, ob man die Reformen als Ausdruck einer neoliberalen oder neostrukturalistischen Politik sieht, wird unter den neuen Bedingungen vom Staat und der staatlichen Verwaltung in den Kernbereichen des staatlichen Handelns Effizienz erwartet. Dies erfordert erhebliche Eingriffe in die bisherigen Strukturen und Karrieremuster staatlicher Bürokratien. Es bedingt ferner, dass sich staatliches Handeln generell, vor allem aber in den Bereichen der Wirtschafts- und Sozialpolitik und der Justiz an allgemeine Regeln hält und nicht beliebigen politischen Opportunitätskriterien unterworfen ist (siehe oben).

Damit ist das Thema der Staatsreform angesprochen, die weit mehr ist als nur eine Verwaltungsreform oder eine Korrektur im institutionellen Gefüge des Landes (BRESSER PEREIRA 1996). Es ist offenkundig, dass all dies, sowie die Durchsetzung von finanzieller Austerität und die Angleichung von finanzpolitischen Regeln an die Prioritäten des Bundes, dem Patronagesystem die materielle Grundlage entzieht. Die Kunst besteht für die Regierungen nun darin, Mehrheiten für Reformen in einem Kongress und mit Parteien zu finden, die aufgrund ihrer Struktur und der vorherrschenden Legitimationsmechanismen auf die Aufrechterhaltung der Patronagepolitik angewiesen sind und daher eigentlich diese Reformen ablehnen müssen. Die Kunst besteht ferner darin, bei der Durchsetzung der Reformen selbst auf Methoden der Patronagepolitik und der politischen Korruption zurückgreifen zu müssen, da anders Mehrheiten nicht gefunden werden können, ohne die Ziele der Reformen dabei ganz aus den Augen zu verlieren. Vor allem die Regierung Cardoso verfolgte dabei die Strategie, dass sie die von den Reformblockaden verursachten Krisen zur Durchsetzung der Reformen nutzte. Dies war schon bei der Implementierung des "Plano Real" deutlich geworden, als die Regierung zunächst offenbar ganz bewusst die Inflation in den Bereich der Hyperinflation hat gleiten lassen, um so den nötigen Konsens herzustellen. Bei der Privatisierung der Banken der Bundesstaaten hat die Regierung die Bankenkrise instrumentalisiert, und im Kontext der Asienkrise versuchte sie, die Finanzkrise und den drohenden Staatsbankrott für die Durchsetzung einer Steuerreform, einer Umverteilung der Staatsfinanzen zwischen Bund, Ländern und Gemeinden und der Reform des Sozialsystems zu nutzen. Dies ist eine in höchstem Maße kostspielige Strategie, da immer erst enorme Krisenkosten auflaufen müssen, bevor sich Mehrheiten für Reformen finden lassen, und sie ist auch riskant, da immer die Gefahr besteht, dass die Reformen zu spät kommen. Dass es angesichts dieser riskanten Instrumentalisierung von Krisen gelungen ist, einen Kollaps von argentinischem Ausmaß zu vermeiden, ist erstaunlich.

Auch die neue Regierung unter Präsident Lula steht vor dem selben Dilemma. Auch sie ist im Kongress auf eine heterogene Parteienkoalition angewiesen. Bei dem Abbau des aufgeblähten Staatsapparats und der Rentenreform beim öffentlichen Dienst muss sie zudem Politik gegen Teile ihrer eigenen Wähler machen, die zu einem nicht geringen Teil im Staatssektor zu verorten sind.

5. Abschließende Bemerkungen

Die ökonomische und soziale Bilanz von einem knappen Jahrzehnt von Reformversuchen ist wenig berauschend. Das Wachstum des BIP pro Kopf lag zwischen 1991 und 1995 bei 1,6 %, zwischen 1996-2000 bei 0,7 % (CEPAL 2003, S. 739) und damit weit unterhalb der Schwelle, bei der eine signifikante Armutsreduzierung zu erwarten gewesen wäre. Die Auslandsverschuldung des Landes hat von 158,295 Mrd. US-$ (1994) auf 228,723 Mrd. US-$ (2002) dramatisch zugenommen und stellt für die künftige Entwicklung des Landes eine schwere Hypothek dar. Diese magere Bilanz ist sicher nicht alleine die Folge der Reformblockaden, und dies aus mehreren Gründen. Auch in den Ländern der Region, die mit den Reformen sehr viel weiter gekommen sind als Brasilien, sind die ökonomische Performanz und die sozialen Resultate nicht erkennbar besser. Die Verletzlichkeit bei externen Schocks ist in Lateinamerika und in Brasilien sehr hoch. Sicher kann man diese z.T. auch auf unterlassene Reformen zurückführen, etwa darauf, dass, wie auch in Brasilien, der externe Währungsanker als wichtigstes Stabilitätsinstrument genutzt und Reformen beim Staatshaushalt damit hinausgeschoben wurden (FAUST 2000), doch reicht dies als Erklärung nicht aus: Gerade im Falle Brasiliens haben sich "die Märkte" als besonders hysterisch erwiesen. Die Mutation von Lula de Silva vom Schreckgespenst zum Darling der "Märkte" ist rational nicht nachvollziehbar. Weder für das eine wie das andere lässt sich eine vernünftige Begründung finden. Gleichwohl aber gibt es zu den hier diskutierten Reformen keine Alternative. Ohne sie ist die nächste Katastrophe vorprogrammiert. Dann wäre in der Tat "nach der Krise vor der Krise" (MEYER-STAMER 2000).

Es war die Aufgabe dieses Beitrags zu zeigen, dass und warum Reformen in Brasilien jenseits der reinen Stabilisierungspolitik nur schleppend vorangekommen sind. Das träge Tempo der Reformen hat das Land viel gekostet. Angesichts der politischen Parameter des Reformprozesses war vermutlich nicht mehr zu erreichen. Es wird somit entscheidend darauf ankommen, die politischen Blockaden zu überwinden. Dass die Reformeuphorie zu Beginn der Amtzeit der Regierung Lula da Silva lange anhalten wird, darf man angesichts der unveränderten politischen Parameter füglich bezweifeln. Spätestens dann, wenn die Rechnungen für die anstehenden Reformen auf dem Tisch liegen und deren Gewinner und Verlierer feststehen, dürfte Ernüchterung einkehren.

Dennoch aber ist die Bilanz nicht nur negativ. Dass seit 1994 solche Leute zum Präsidenten gewählt wurden, die nicht mehr dem Bild des traditionellen brasilianischen Politikers als verantwortungslosem Populisten entsprechen, ist auffällig und gibt Anlass zur Hoffnung. Sowohl Cardoso wie Lula da Silva haben klare Vorstellungen von den Reformnotwendigkeiten des Landes, wenngleich sie die Akzente anders setzen. Beide verfügen über lange Erfahrungen, wie man innerhalb der Parameter der brasilianischen Politik daran arbeiten kann, deren Beschränkungen zu überwinden. Und schließlich lässt sich nicht leugnen, dass ein Reformprozess in Gang gekommen ist, langsam zwar, aber in die richtige Richtung. Eine Beschleunigung des Prozesses ist allerdings dringend geboten, da das Land sonst auch weiterhin darauf angewiesen ist, dass Gott ein Brasilianer ist. Er könnte es sich eines Tages anders überlegen.

Literatur

BARRIOS, H./RÖDER, J. (2000): Entwicklungsfortschritte und Entwicklungsblockaden in Brasilien. Fragen der Regierbarkeit, der Systemeffizienz und der Legitimität. – In: DOSCH, J./FAUST, J. (Hrsg.): Die ökonomische Dynamik politischer Herrschaft. Lateinamerika und das pazifische Asien. S. 49–72, Opladen.

BARROS DE CASTRO, A. (1993): Renegade Development: Rise and Demise of State-Led Development in Brazil. – In: SMITH, W.C. et al. (Hrsg.): Democracy, Markets and Structural Reform in Latin America. S. 183–214, New Brunswick/London.

BOECKH, A. (1996): Deuda externa y política tributaria en América Latina: un ejercício en cinco pasos. – In: Diálogo Científico 5 (1/2), S. 11–32.

BOECKH, A. (1997): Externe Einflüsse auf Lateinamerikas ungerechte Gesellschaften.- In: MOLS, M./ÖHLSCHLÄGER, R. (Hrsg.): Lateinamerika. Die ungerechte Gesellschaft. S. 95–110, Stuttgart.

BOECKH, A. (2002a): Entwicklung im Zeitalter der Globalisierung. Befunde und Fragen mit Blick auf Lateinamerika. – In: BIRLE, P. et al. (Hrsg.): Globalisierung und Regionalismus. Bewährungsproben für Staat und Demokratie in Asien und Lateinamerika. S. 231–254, Opladen.

BOECKH, A. (2002b): Die Ursachen der Entwicklungsblockaden in Lateinamerika: Einige Entwicklungstheoretische Mutmaßungen. – In: Leviathan 30 (4), S. 509–529.

BOECKH, A./RUBIOLO GONZÁLES, M. (1999): Finanzkrisen, Steuerblockaden und Finanzreformen in Lateinamerika. – In: Peripherie 73/74, S. 53–76.

BRESSER PEREIRA, I.: (1996): Economic Crisis and State Reform in Brazil. Toward a New Interpretation of Latin America. Boulder u.a.

CARDOSO, F.H. (1973): Estado y sociedad en América Latina. Buenos Aires.

CARDOSO, F.H. (1975): La cuestión del estado en Brasil (Hektographiertes Manuskript).

CARDOSO, F. H. (1995): Brasilien: Land der Zukunft. In: SEVILLA, R./RIBEIRO, D. (Hrsg.): Brasilien: Land der Zukunft?, S. 15–26, Bad Honnef.

CEPAL (2003): Anuario Estatístico de América Latina y el Caribe. Santiago de Chile.

CHACON, V. (1981): História dos Partidos Brasileiros: Discurso e práxis dos seus programas. Brasília.

CINTRA CAVALCANTI DE ALBUQUERQUE, M. (1991): "Gastos sociais en Brasil e os exemplos da habitação e do saneamento". – In: VELLOSO, J. (Hrsg.): Crecimento com restribuição e reformas: reverter a opção pelos não-pobres. S. 51–87, Rio de Janeiro.

DINIZ, E. (1997): Crise, reforma do Estado e governabilidade. Rio de Janeiro.
ESSER, K. (1979): Lateinamerika. Industrialisierungsstrategie und Entwicklung. Frankfurt/M.
FAUST, J. (2000): Die politische Konstituierung von Märkten in Lateinamerika aus ordoliberaler Perspektive. – In: MOLS, M./ÖHLSCHLÄGER, R. (Hrsg.): In Vorbereitung auf das 21. Jahrhundert: Lateinamerikanische Entwicklungserfahrungen und –perspektiven. S. 65–79, Frankfurt/M.
FAUST, J. (2003): Brazil: Resisting Globalization through Federalism? – In: BARRIOS, H. ET AL. (Hrsg.): Resistance to Globalization. Political Struggle and Cultural Resilience in the Middle East, Russia, and Latin America. S. 158–177, Berlin u.a.
FERREIRA, C./NUNES, E. (1995): Estratégia da reforma do aprelho do estrado. Rio de Janeiro.
FOERSTER, A. (1991): Perfil do sistema tributario brasileiro pós-constitução federal de 1988. Curitiba.
FREY, K. (1997): Demokratie und Umweltschutz in Brasilien. Strategien nachhaltiger Entwicklung in Santos und Curitiba. Münster/Hamburg.
FREYRE, G. (1965): Herrenhaus und Sklavenhütte. Köln.
FRIEDEN, J. (1991): Debt, Development, and Democracy: Modern Political Economy and Latin America, 1965–1985. Princeton N.J.
FRITZ, B. (1996): Plano Real: Die Suche nach einer stabilen Währung. – In: BRIESEMEISTER, D./ROUANET, S. P. (Hrsg.): Brasilien im Umbruch. Akten des Berliner Brasilien Kolloquiums vom 20.–22. September 1995, S. 17–41, Frankfurt/M.
FRY, Peter (1999): Color and the Rule of Law in Brasil. – In: MÉNDEZ, J. ET AL. (Hrsg.): The (Un)Rule of Law and the Underpriviledged in Latin America, S. 186–210, Notre Dame.
GERMAN, C. (1996): Zur Verwaltungsreform der Regierung Cardoso. Bestandsaufnahme und Perspektiven. – In: Lateinamerika. Analysen-Daten-Dokumentation 32, S. 59–67.
GÖTHNER, K.-C. (1991): Nach der "verlorenen Dekade". Herausforderung an Brasiliens Wirtschaft in den 90er Jahren. – In: Lateinamerika – Analysen, Daten, Dokumentation 16, S. 20–50.
HENTSCHKE, J. (1996): Estado Novo. Genesis und Konsolidierung der brasilianischen Diktatur von 1937. Saarbrücken.
HERZBERG, K./KASCHE, C. (2002): Modell Porto Alegre: Der Bürgerhaushalt auf dem Prüfstand. – In: Blätter für deutsche und internationale Politik 11 (2), S. 1375–1384.
HIRSCHMAN, A. (1965): Journeys Toward Progress, Garden City, N.Y.
INTER-AMERICAN DEVELOPMENT BANK (2000): 2000 Report. Economic and Social Progress in Latin America: Development Beyond Economics. Washington, D.C.
IPEA (1998): Boletím de Finanças Públicas 2/2.
JAGUARIBE, H. (1968): ¿Estabilidad social por el colonial-fascismo? – In: FURTADO, C. et al.: Brasil: hoy, S. 28–53, México.
JAGUARIBE, H. ET AL. (1990): Brasil: reforma ou caos. Rio de Janeiro.

LAMOUNIER, B./SOUZA, A. de (1993): Changing Attitudes Toward Democracy and Institutional Reform in Brazil. – In: DIAMOND, L.: Political Culture and Democracy in Developing Countries. S. 295–328, Boulder/London.
LOVELL, P./WOOD, C. (1998): Skin Color, Racial Identity, and Life Chances in Brazil. – In: Latin American Perspectives, 25 (3), S. 90–109.
MAINWARING, S. (1995): Political Parties and Democratization in Brazil. – In: Latin American Research Review 30, S.177–187.
MANDACH, L. von (2000): Recht und Gewalt. Eine empirische Untersuchung zur Strafverfolgung in Brasilien. Saarbrücken.
MC CARREN, D. (Hrsg. 1995): Evolution of Brazilian development strategies and policies, 1964–1984. Ann Arbor, Mich.
MESA LAGO, C. (1991): Social Security in Latin America. – In: INTER-AMERICAN DEVELOPMENT BANK (Hrsg.): Economic and Social Progress in Latin America. S. 177–216, Washington.
MEYER-STAMER, J. (1997): Systemische Wettbewerbsfähigkeit und Standort- und Industriepolitik: Ansatzpunkte für die Technische Zusammenarbeit mit Brasilien. Berlin.
MEYER-STAMER, J. (2000): Brasilien: Nach der Krise ist vor der Krise. – In: FES-Analysen.
MOÍSES, J. (1995): Os Brasileiros e a Democrazia. São Paulo.
MÜLLER, P. (1990): Die internationale Auslandsverschuldung Brasiliens: Eine Fallstudie zur Beurteilung der aktuellen Situation und ihrer ökonomischen, politischen und sozialen Auswirkungen. Frankfurt/M.
NITSCH, M./SCHWARZER, H. (1995): Recent Developments in Financing Social Security in Latin America. – In: Lateinamerika-Institut der Freien Universität, Diskussionspapier, Berlin.
NOHLEN, D./ZILLA, C. (2000): Demokratie, Staat und soziale Gerechtigkeit in Lateinamerika. – In: Ibero-Amerikanisches Archiv 26 (3–4), S. 267–306.
NOLTE, D. (1999): "Gehört Lateinamerika zu den Verlierern im Prozess weltwirtschaftlicher Globalisierung?" In: Brennpunkt Lateinamerika, 7, S. 51–58.
OTAVIANO, H. (1997): A reforma de Previdencia Social. – In: BIANCHI, A. (Hrsg.): A crise brasileira e o governo FHC. S. 7–20, São Paulo.
PAIVA ABREU, M. de (1990): Inflação, Estagnação e Ruptura: 1961–1964. – In: DERS. (Hrsg.): A Ordem do Progresso. Cem Anos de Política Economica Republicana 1889–1989. S. 197–212, Rio de Janeiro.
PAUL, W. (1994): Verfassungsgebung und Verfassung. – In: BRIESEMEISTER, D. ET AL. (Hrsg.): Brasilien heute. Politik, Wirtschaft, Kultur. S. 197–206, Frankfurt/M.
PIRES, J. (1996): A política social no período populista. São Paulo.
POMPEU DE TOLEDO, R. (1998): O Presidente Segundo o Sociologo. São Paulo.
RAMOS, J. (1996): Poverty and Inequality in Latin America: A Neostructural View. – In: Journal of Interamerican Studies and World Affairs 38 (2/3), S. 141–157.
REICHMANN, R. (1999): Race in Contemporary Brazil. From Indifference to Inequality. Pennsylvania.
REZENDE, F. (1995): Federalismo fiscal no Brasil. – In: Revista de Economía Política 15 (3), S. 5–17.
RUBIOLO GONZÁLES, M. (2000): Argentinien: Gesellschaft, Staat und Steuerpolitik. Saarbrücken.

SANGMEISTER, H. (1994): Zwischen Binnenmarkterschließung und Weltmarktorientierung. Probleme der brasilianischen Volkswirtschaft. – In: BRIESEMEISTER, D. ET AL. (Hrsg.): Brasilien heute. Politik, Wirtschaft, Kultur. S. 265–276, Frankfurt/M.
SCHELSKY, D. (1994): Das Verhältnis der Rassen in Brasilien. – In: BRIESEMEISTER, D. ET AL. (Hrsg.): Brasilien heute. Politik, Wirtschaft, Kultur. S. 124–139, Frankfurt/M.
SCHNEIDER, R. M. (1996): Brazil: Culture and Politics in a New Industrial Powerhouse. Boulder.
SECRETARIA DA RECEITA FEDERAL (1994): Sistema tributário: Caracteristicas gerais, tendencias internacionais e administração. Brasília.
SHIDLO, G. (1990): Social Policy in a Non-Democratic Regime. The Case of Public Housing in Brazil. Boulder u.a.
SOLA, L. (1991): Heterodox Shock in Brazil: Técnicos, Politicians and Democracy. – In: Journal of Latin American Studies 23 (1), S. 163–195.
SOLA, L. (1994): Gobernabilidad, reforma fiscal y democratización. Brasil en una perspectiva comparada. – In: Desarrollo Económico 33 (132), S. 483–514.
STAHL, K. (1993): Soziale Krise und sozialpolitische Lösungsansätze in Lateinamerika. – In: Lateinamerika. Analysen-Daten-Dokumentation 23, S. 31–53.
VELLOSO DOS REIS, J. (Hrsg. 1992): Combate à inflação e reforma fiscal. Rio de Janeiro.
VELLOSO DOS REIS, J. (Hrsg. 1996): O real, o crescimento e as reformas. Rio de Janeiro.
WACHENDÖRFER, A./MATHIEU, H. (1995): Brasilien. Ein Wirtschaftsplan entscheidet die Wahlen. – IN: DIRMOSER, D. ET AL.: Lateinamerika. Analysen und Berichte, S. 153–163, Bad Honnef.
WALDMANN, P. (2002): Der anomische Staat. Über Recht, öffentliche Sicherheit und Alltag in Lateinamerika. Opladen.
WEHLING, H.-G. (2000): Baden-Württemberg. – In: DERS. (Hrsg.): Die deutschen Länder. Geschichte, Politik, Wirtschaft. Opladen, S. 17–32.
WELTBANK (1997): Weltentwicklungsbericht (1997): Der Staat in einer sich verändernden Welt. Washington D.C.
WELTBANK (2002): Weltentwicklungsbericht 2002: Institutionen für Märkte schaffen. Washington, D.C.
WERNECK, R. (2000): Tax Reform in Brazil. Small Achievements and Great Challenges, Texto para Discussão No. 436, Departamento de Economia, PUC, Rio de Janeiro.
WEYLAND, K. (1996): How Much Political Power do Economic Forces Have? Conflicts over Social Security Reforms in Brazil. – In: Journal of Public Policy 16 (1), S. 59–84.
WÖHLCKE, M. (1987): Brasilien. München.
WÖHLCKE, M. (1991): Brasilien. Anatomie eines Riesen. München.
WÖHLCKE, M. (1994): Brasilien. Diagnose einer Krise. München.
ZOLLER, R. (2000): Präsidenten – Diktatoren – Erlöser: Das lange 20. Jahrhundert. – In: BERNECKER, W. ET AL.: Eine kleine Geschichte Brasiliens. S. 215–322, Frankfurt/M.

Andreas Boeckh

Brasiliens Außenpolitik und die deutsch-brasilianischen Beziehungen

1. Einleitende Bemerkungen

Das Ende des Ost-West-Konflikts hat die Physiognomie des internationalen Systems stark verändert. Die alten Parameter und Regeln sind außer Kraft gesetzt, und die neuen Strukturen sind erst in Umrissen erkennbar. Zwar war die alte bipolare Ordnung schon in den 60er und dann verstärkt in den 70er Jahren durch einen gewissen Polyzentrismus abgelöst worden, einige Länder der Dritten Welt hatten auch schon vor dem Ende des Ost-West-Konflikts ein hohes Maß an Handlungsfreiheit bewiesen, und die blockfreien Staaten und die Länder der Dritten Welt insgesamt haben mit der Debatte um eine "Neue Weltwirtschaftsordnung" vor allem in den 70er Jahren versucht, sich den Zwängen des Ost-West-Konflikts zu entziehen und ihre eigenen Themen auf die Agenda der internationalen Politik zu setzen. Dies war alles nicht ganz erfolglos, doch zeigte die erneute Zuspitzung der Konfrontation zwischen den Supermächten nach dem sowjetischen Einmarsch in Afghanistan, dass die alten Konfliktmuster keineswegs von neuen ersetzt worden waren. Der Versuch der kubanischen Regierung, während ihres Vorsitzes in der Bewegung der blockfreien Staaten diese als den natürlichen Verbündeten der Sowjetunion zu präsentieren, und die Neigung der USA, den Zentralamerikakonflikt der 80er Jahre allein im Kontext des Ost-West-Gegensatzes zu interpretieren, machten erneut deutlich, wie schwierig es war, sich den Zwängen der Blockkonfrontation zu entziehen.

Es liegt daher auf der Hand, dass das Ende des Ost-West-Konflikts zunächst und vor allem sowohl von den Mitgliedern der jeweiligen Blöcke wie auch von Staaten der Dritten Welt als Zugewinn an Handlungsfreiheit interpretiert worden ist. Dies galt insbesondere für die Bundesrepublik Deutschland, die jetzt erst ihre volle Souveränität erlangte, und die als Frontstaat im Ost-West-Konflikt und als geteiltes Land ganz besonderen Einschränkungen ihrer Handlungsspielräume unterworfen war. Aber auch ein Land wie Brasilien, das auch in der Vergangenheit als regionale Großmacht durchaus in der Lage gewesen war, sich auf relevanten Politikfeldern den Hegemonialansprüchen der USA zu entziehen, und das sich oft geweigert hatte, sich in die Blockkonfrontation einbinden zu lassen (ausführlich:

WESSON 1981), sah im Ende des Ost-West-Konflikts die Chance für neue außenpolitische Optionen und für eine Anpassung der aus der unmittelbaren Nachkriegszeit stammenden Strukturen des internationalen Systems an die neuen Kräftekonstellationen. Der brasilianische Präsident Cardoso ließ keine Gelegenheit aus, die Revision der Nachkriegsordnung anzumahnen (CARDOSO 1995a). In den Worten des brasilianischen Außenministers im Jahre 1995: "In diesem Moment verfügt Brasilien wie vermutlich nie zuvor über die Fähigkeit, sich auf der internationalen Szene zu bewegen" (zitiert in ISTOÉ vom 18.10.1995).

Bekanntlich hat sich seitdem die Welt nicht hin zu einer multipolaren, sondern eher zu einer unipolaren Ordnung bewegt. Gleichwohl – und vielleicht vor allem deshalb – war die brasilianische Außenpolitik durch das Bestreben gekennzeichnet, Gegengewichte gegen die Dominanz der USA zu schaffen. Die Skepsis gegenüber dem US-amerikanischen Projekt einer gesamtamerikanischen Freihandelszone (ALCA) und der Versuch, zuerst eine gemeinsame südamerikanische Position aufzubauen, sind in diesem Kontext zu sehen (CALCAGNOTTO/NOLTE 2002). Die Multipolarität der Welt wird ebenso beschworen wie die Rolle der UNO als globaler Regulierungsinstanz. Zwischen der Regierung Cardoso und der von Lula da Silva gibt es in dieser Hinsicht bisher keine erkennbaren Unterschiede. Wenn überhaupt, so haben die Äußerungen der neuen Regierung eher noch an Entschiedenheit gewonnen, wenn es darum geht, den MERCOSUR-Prozess voranzutreiben, die Stärkung der UNO zu verlangen und an einer multipolaren Ordnung festzuhalten.[1]

In der Einschätzung des Trends zu einer unipolaren Welt sind sich die brasilianische und die bundesdeutsche Regierung weitgehend einig. Auch die Bundesregierung beschwört immer wieder die Rolle der UNO und des Völkerrechts als Regulierungsinstrumente der Weltpolitik.

Was sich im zwischenstaatlichen Verkehr nach dem Ende des Kalten Krieges u.U. als Verbesserung der Handlungsspielräume darstellt, wird jedoch auf anderen Ebenen stark relativiert. Der Zusammenbruch des real existierenden Sozialismus hat den Gegenentwurf zum Markt eliminiert, und zuvor hatte schon die Schuldenkrise in vielen Teilen der Dritten Welt der Marktlogik auch dort zum Durchbruch verholfen. Beides hat die sich schon länger abzeichnenden Globalisierungstendenzen beschleunigt, welche die wirtschaftspolitische Autonomie von Staaten immer weiter einschränken. Der Markt wird in zunehmenden Maße zum dominanten Allokationsmechanismus sowohl innerhalb als auch zwischen den Staaten. Damit werden auch tendenziell all jene Steuerungsinstrumente entwertet, mit denen im nationalen und internationalen Rahmen Renten, d.h. nicht marktförmige

---

[1] Dies wird aus einer ganzen Reihe von Reden und Interviews deutlich, die vom neuen Präsidenten und dem neuen Außenminister gehalten wurden (http://www.mre.gov.br/). Siehe auch das außenpolitische Programm der Regierung (http://www.brazil.gov.br/acoes.htm).

Einkommen, erzielt werden konnten, und die internationale Konkurrenz um Wohlfahrtsgewinne wird in wachsendem Maße auf die Gebiete der ordnungspolitischen Anpassung und der Industrie- und Technologiepolitik verlagert. Sieht man von der einzigen verbliebenen Supermacht ab, die auf militärischem Gebiet konkurrenzlos dasteht, dann verliert militärische Stärke an Bedeutung als Währung der Macht im internationalen Verkehr. Mehr als je zuvor wird der Status eines Landes durch seine Wirtschaftskraft und seine Fähigkeit bestimmt, sich schnell und flexibel an neuen wirtschaftlichen Rahmenbedingungen orientieren zu können. Das neue Zauberwort heißt "systemische Wettbewerbsfähigkeit" (ESSER ET AL. 1994). Es ist diese Fähigkeit der aktiven und flexiblen Anpassung, die den relativen Auf- und Abstieg von Staaten im Weltsystem bestimmt. Diese Zusammenhänge waren der Regierung Cardoso durchaus bewusst, wie etwa die Rede des brasilianischen Außenministers bei der Eröffnung der 50. Generaldebatte der Vollversammlung der Vereinten Nationen deutlich machte, in der die Anforderungen, die von den Globalisierungstendenzen ausgehen, klar beschrieben wurden. Auch für die Regierung Lula da Silva ist die Globalisierung ein wichtiges Thema, wenngleich sich die Einschätzung des Prozesses gegenüber früher deutlich verschoben hat. Die Euphorie, mit welcher bis in die Mitte der 90er Jahre die Globalisierung diskutiert wurde, ist heute einer Skepsis bzw. einer Fundamentalkritik gewichen. Die Forderungen nach Korrekturen der bisherigen Globalisierungstendenzen und ihrer ökonomischen und sozialen Resultate münden in der Regel in eine Kritik an den neomerkantilistischen Handelspraktiken der Industrieländer des Nordens, was gerade nicht als Absage an die Regeln der Weltwirtschaft zu werten ist, sondern als Forderung nach deren symmetrischen Anwendung. Es scheint unstrittig, dass man sich nicht wie in den Zeiten der importsubstituierenden Industrialisierung vom Weltmarkt abkoppeln kann.[2]

In der nachfolgenden Auseinandersetzung mit der brasilianischen Außenpolitik und den deutsch-brasilianischen Beziehungen wird es vor allem um die beiden eben skizzierten Prozesse einer politischen Neuordnung der internationalen Politik und um die Globalisierungstendenzen gehen. Angesichts der Bedeutung, welche infolge der Globalisierungsprozesse dem Erwerb von technologischer Kompetenz zukommt, werde ich der brasilianischen Technologiepolitik und ihrer Relevanz für die Außenpolitik und für die deutsch-brasilianischen Beziehungen besondere Aufmerksamkeit widmen.

---

[2] Dies jedenfalls kann man einigen Reden entnehmen, die der Präsident vor sehr unterschiedlichem Publikum gehalten hat: etwa beim Weltsozialgipfel in Porto Alegre und gleich danach auf dem Weltwirtschaftsforum in Davos (http://www.mre.gov.br/).

2. Die Revision der Nachkriegsordnung

Brasilien hat als das weitaus größte und wirtschaftlich zunächst potenziell und später auch tatsächlich stärkste Land in Lateinamerika lange Zeit in der Region Hegemonialansprüche durchzusetzen versucht (BRANCO 1983). Dies nun allerdings nicht im Sinne einer militärischen Expansion oder militärischen Dominanz, sondern gewissermaßen kraft seiner Größe und seines wirtschaftlichen Potenzials. Noch in den 70er Jahren bestand die Erwartung, sich gegen Ende des 20. Jahrhunderts neben den USA, der Sowjetunion, China und Indien als eine von fünf Großmächten etabliert zu haben (GRABENDORFF/NITSCH 1977, S. 156). Der künftige Großmachtstatus Brasiliens zieht sich wie ein Leitmotiv durch die programmatischen Äußerungen brasilianischer Politiker, wobei man sich in der Vergangenheit zuweilen mehr an den Möglichkeiten des Landes und nicht so sehr an deren Realisierung orientierte. 1990 legte das brasilianische Militär ein Memorandum zum Thema "Weltmacht Brasilien" vor, in dem nicht darüber diskutiert wurde, wie man in Zeiten des wirtschaftlichen Chaos die totale Katastrophe vermeiden könne, sondern in dem ein Szenario entworfen wurde, was Brasilien tun müsse, um im Jahre 2000 den USA ebenbürtig zu sein (zitiert in EPD-ENTWICKLUNGSPOLITIK, Dez. 1990, S. 3). Zuletzt wurde der Weltmachtanspruch sehr deutlich vom Präsidenten Cardoso artikuliert: Er legte in einem "SPIEGEL"-Interview Wert auf die Feststellung, dass Brasilien nicht in derselben Liga wie Chile, Argentinien und Mexiko spiele, an denen man sich nicht messen wolle. "Wir richten den Blick auf andere Riesen wie Indien, China und Russland" (SPIEGEL vom 11.9.1995, S. 161). Von der Regierung Lula da Silva liegen bisher noch keine vergleichbaren Äußerungen vor. Allerdings hat der neu gewählte Präsident sehr empfindlich darauf reagiert, dass die US-Regierung zu seiner Amtseinführung nicht einmal den Vizepräsidenten oder Außenminister geschickt hat, sondern einen als subaltern eingeschätzten Unterstaatssekretär (NEW YORK TIMES, 2.1.2003). Der Hinweis des Ministers für Wissenschaft und Technologie, dass man u.U. nicht auf Dauer auf Atomwaffen verzichten möchte (NEW YORK TIMES, 9.1.2003), war vielleicht nicht Ausdruck der offiziellen Politik, doch macht er deutlich, dass das Selbstverständnis einer Großmacht auch der neuen Regierung nicht fremd ist.

Die Beziehungen zu den USA, aber auch zur übrigen Welt, waren schon in der alten Republik bis 1930 eben von dem Bestreben diktiert, in diese als vorgegeben empfundene Rolle hineinzuwachsen. Die USA hatten jedoch nie ein Interesse daran, im Süden einer der dortigen Mittelmächte – sei es nun Argentinien oder Brasilien – durch besondere Beziehungen und eine enge Kooperation eine Vorzugsstellung einzuräumen und sich möglicherweise einen Konkurrenten heranzuziehen. Auf internationalen Konferenzen und in internationalen Gremien bekam Brasilien immer wieder seine Grenzen aufgezeigt. Der Austritt Brasiliens aus dem Völkerbund machte dies besonders augenfällig, nachdem dem Deutschen Reich ein ständiger Sitz im Rat des Völkerbundes angeboten worden war, nicht aber zugleich Brasilien (SMITH 1991). Die brasilianische Außenpolitik pendelte seit der alten Republik bis in die jüngste Zeit immer wieder zwischen einer engen und zeitweise fast bedingungslosen Anlehnung an die USA, wovon man sich Kooperationsgewinne versprach, und mit deren Hilfe man sich als regionale Vormacht zu etablieren hoffte, und einer bewussten und oft symbolisch stark aufgeladenen Abgrenzung von den USA, wenn die enge Kooperation nicht die gewünschten Resultate gebracht hatte. Das relative außenpolitische Gewicht, das man in Brasilien den Beziehungen zu anderen Mächten und Regionen beimaß, variierte stark mit dem Stand der Beziehungen zu den USA (siehe u.a. BANDEIRA 1989; BRUMMEL 1980; SCHIRM 1990, 1994a, 1994b). In anderen Worten: Wann immer die Beziehungen zu den USA problematisch waren, intensivierte die brasilianische Regierung ihre Kontakte zu anderen Regionen und Ländern, wobei, wie wir noch sehen werden, sowohl dem Deutschen Reich und später auch der Bundesrepublik aus wirtschaftlichen und technologiepolitischen Gründen eine besondere Rolle zukam.

Erst in der letzten Zeit lässt sich als Reaktion auf die Erfahrungen mit der Schuldenkrise der 80er Jahre und im Zusammenhang mit den zeitgleichen Demokratisierungsprozessen im südlichen Lateinamerika ein außenpolitischer Wandel beobachten: An die Stelle einer Großmachtpolitik in Abgrenzung gerade auch zu den lateinamerikanischen Nachbarn und dabei insbesondere zu Argentinien ist eine Kooperationsstrategie getreten, bei welcher der natürliche Größenvorteil des Landes heruntergespielt wird und bei der es darauf ankommt, mit Integrationsfortschritten im MERCOSUR gegenüber den USA und der NAFTA das Verhandlungsgewicht zu gewinnen, das man alleine nicht erlangen kann. Die Verhandlungen über die Schaffung einer gesamtamerikanischen Freihandelszone (ALCA – FTAA) hätte Brasilien am liebsten im Schulterschluss mit einem erweiterten MERCOSUR geführt. Solange Argentinien unter dem Dollar-Paritätsregime auf die USA und die NAFTA fixiert war und argentinische Regierungsmitglieder gerne den MERCOSUR als die zweitbeste Lösung abqualifizierten, konnte die brasilianische Außenpolitik hier wenig Fortschritte erzielen. Mit der Abwertung des argentinischen Peso im Jahre 2002 änderten sich jedoch die argentinischen Prioritäten. Eine Vertiefung der Integration im Rahmen des MERCOSUR ist seitdem nicht mehr ausgeschlossen. Die neue brasilianische Regierung lässt keine Gelegenheit aus, den Ausbau des MERCOSUR als ihr vorrangiges Ziel zu proklamieren. Dabei ist wieder das Bestreben sichtbar, eine gemeinsame südamerikanische Plattform bei den ALCA–Verhandlungen zu bilden, ohne jedoch die ALCA prinzipiell abzulehnen (THE ECONOMIST vom 28.6.2003).

Für Brasilien war die internationale Nachkriegsordnung und deren Einfrieren auf den Stand von 1945 immer ein außenpolitisches Ärgernis, das nur dann nicht offen artikuliert wurde, wenn der Systemkonflikt zwischen den Blöcken als Problem der nationalen Sicherheit wahrgenommen wurde und das Land in eine sog. "automatische Allianz" mit den USA brachte. Diese "automatische Allianz" wurde vom Militärregime 1964 proklamiert, als man das Land von marxistischen Kräften bedroht sah. Sie wurde aber schon 1967 von einer polyzentristischen Politik abgelöst, als die Bedrohung durch den Ost-West-Konflikt nicht mehr als vordringliches Problem eingeschätzt wurde (SCHIRM 1994a, S. 244 f). Ansonsten wurde immer eine Revision dieser als ungerecht empfundenen, d.h. die tatsächlichen Kräfteverhältnisse und insbesondere die neue Rolle Brasiliens ignorierenden Nachkriegsordnung angemahnt. In der Festschreibung der Machtverhältnisse in der Nachkriegszeit sah man ein Monopolverhalten der Siegermächte zu Lasten der nachdrängenden Staaten wie Brasilien (FISHLOW 1978/79, S. 395). 1976 warnte der damalige brasilianische Außenminister, dass Brasilien "als aufsteigende Macht mit einem weiten Spektrum von Interessen auf vielen Gebieten es nicht zulassen kann, dass seine Aktivitäten auf der Weltbühne durch rigide, in der Vergangenheit wurzelnde Verbindungen eingeschränkt werden" (zitiert in FISHLOW 1982, S. 908).[3]

Nirgendwo war die Nachkriegsordnung so sichtbar zementiert wie in der Struktur der Vereinten Nationen und insbesondere in der Zusammensetzung des Sicherheitsrates, und es überrascht daher nicht, dass nach dem Ende des Ost-West-Konflikts immer wieder gerade hier nachdrücklich eine Revision gefordert wird.[4] In seiner jetzigen Form ermangele es dem Sicherheitsrat an Repräsentativität, dieser "folge der Machtgeometrie von vor 50 Jahren"[5], und Brasilien wird gewissermaßen als "natürlicher Kandidat" für einen permanenten Sitz ins Spiel gebracht (BARBOSA 1994, S. 105; MINISTÉRIO DAS RELAÇÕES EXTERIORES 1996). Allerdings stößt dies von dem "natürlichen Kandidaten" Brasilien in Lateinamerika nicht gerade auf ungeteilten Beifall (aus mexikanischer Perspektive: SEARA VÁSQUEZ 1995). Die Übertragung von ständigen Sitzen im Weltsicherheitsrat an regionale Führungsmächte in Lateinamerika, Afrika und Asien löst eben nicht das grundlegende Repräsentationsproblem des Weltsicherheitsrats und ist geeignet, regionale Hegemonialkonflikte anzuheizen.

---

[3] Für weitere, ähnliche Zitate siehe etwa ALEIXO 1988/89.
[4] Siehe etwa die Rede des brasilianischen Außenministers bei der Eröffnung der 50. Generaldebatte der Vollversammlung im Sept. 1995 (Internet: Außenministerium Brasiliens), siehe ferner den Beitrag von F.H. *Cardoso* in dem Organ der ADB (Association of Brazilian Diplomats) vom Juli 1994 (Internet: Außenministerium Brasiliens). Beide Äußerungen haben programmatischen Charakter.
[5] Präsident *Cardoso* in einem Interview mit JOURNAL DO BRASIL vom 17. 9. 1995.

3. Die brasilianische Außenpolitik im Dienste der Wirtschafts- und Technologiepolitik und die deutsch-brasilianischen Beziehungen

3.1 Historische Aspekte

In dem Maße nun, in dem die Wirtschaftskraft eines Landes und insbesondere seine industrielle Kapazität als wichtiges Kriterium von Macht im internationalen System erkannt wurde – insbesondere die beiden Weltkriege haben diese Lektion gelehrt –, wuchs im Rahmen der brasilianischen Außenpolitik die Bedeutung der Außenwirtschaftspolitik und der Technologiepolitik. Kein anderes Land Lateinamerikas hat seine Außenpolitik so konsequent in den Dienst der wirtschaftlichen und technologischen Entwicklung gestellt wie gerade Brasilien. Die Außenbeziehungen des Landes waren dabei stark von den Erwartungen geprägt, die man bzgl. der technologischen Kooperationsbereitschaft der jeweiligen Partner hegte (BANDEIRA 1994). Auch das Verhältnis zur Bundesrepublik und der Stellenwert, den man der Kooperation mit ihr beimaß, variierte stark mit dem Verhältnis zu den USA und den Erwartungen, die man an die USA richtete (BOECKH 1995).

Brasilien begann schon früh, sich die Konkurrenz zwischen den wirtschaftlich führenden Nationen und insbesondere die Ambitionen des Deutschen Reichs zunutze zu machen, die US-amerikanische Hegemonie in Lateinamerika herauszufordern. Wenngleich sich die brasilianische Regierung zu keiner Zeit mit den politischen Zielen des Dritten Reichs identifizierte, hat sich die Regierung Vargas sehr bewusst und gegen US-amerikanische Einwände auf einen extensiven Kompensationshandel mit dem devisenschwachen Deutschen Reich eingelassen, und der Kredit der amerikanischen Regierung zur Finanzierung des ersten brasilianischen Stahlwerks wäre vermutlich ohne ein entsprechendes deutsches Engagement nicht zustande gekommen (BANDEIRA 1994, S. 48 f.).

Wie auch die kulante Abwicklung des Konflikts mit Mexiko nach der Verstaatlichung der ausländischen Ölfirmen im Jahre 1938 zeigte, waren die USA angesichts des sich abzeichnenden europäischen Krieges zu diesem Zeitpunkt auf die Kooperation mit den Nachbarn im Süden angewiesen, und es ist kein Zufall, dass gerade in dieser Phase zum ersten Mal in der Geschichte die Beziehungen zwischen den USA und den wichtigen lateinamerikanischen Ländern partnerschaftliche Strukturen aufwiesen. Der Hegemonialkonflikt zwischen dem Deutschen Reich auf der einen Seite und Großbritannien und den USA auf der anderen verschaffte Brasilien und anderen lateinamerikanischen Ländern eine verbesserte Verhandlungsposition, die diese Länder auch zu nutzen wussten.

Mit dem Ende des Krieges war es jedoch damit vorbei, wie die vergebliche Hoffnung der lateinamerikanischen Staaten auf wirtschaftliche Unterstützung zeigte, auf die man angesichts der kriegsbedingten Einschränkungen und wegen der Unterstützung der Alliierten ein Anrecht zu haben glaubte (BETHELL 1991; zu Brasilien: FENDT 1985, S. 156). Nach dem Krieg waren die USA in Lateinamerika wieder der unangefochtene Hegemon, denn die Sowjetunion stellte für die lateinamerikanischen Regierungen politisch mehr eine Bedrohung als ein weltpolitisches Gegengewicht dar und konnte außenwirtschaftlich keine Alternative bieten.

Die brasilianischen Regierungen fanden für die insbesondere nach 1950 wieder verstärkt betriebene Industrialisierungspolitik in den USA kaum Partner. Die unerwartet schnelle wirtschaftliche Erholung Westdeutschlands wurde daher von brasilianischer Seite mit großem Interesse verfolgt, und es waren dann in der Tat deutsche Investitionen, die in Brasilien nach dem Krieg gewissermaßen eine Art Pfadfinderfunktion übernommen und Firmen anderer Länder, insbesondere der USA, dazu gebracht haben, nun ebenfalls in Brasilien zu investieren (BANDEIRA 1994, S. 126). Damit ließen sich die ausländischen Firmen auf die Importsubstitutionspolitik Brasiliens ein, was eine wesentliche Voraussetzung dafür war, dass diese auch den Bereich der gehobenen Konsumgüter umfassen konnte. Eine Investitionsverweigerung, wie sie sich zunächst abgezeichnet hatte, wäre einer Blockade der brasilianischen Entwicklungsstrategie gleichgekommen. Brasilien gelang es somit, sich im Zuge der wirtschaftlichen Erholung der Bundesrepublik und Europas die wirtschaftliche Konkurrenz zwischen den Industrieländern zunutze zu machen und sich außenwirtschaftliche Alternativen zu den USA zu verschaffen. Dies äußerte sich nicht nur in einer zunehmenden regionalen Differenzierung des Außenhandels, sondern auch und vor allem bei dem Versuch, Zugang zu Hochtechnologien zu bekommen. Darauf wird noch einzugehen sein.

Das brasilianische Interesse an einer Intensivierung der Beziehung zu Deutschland ist weitgehend auf entwicklungsstrategische Motive zurückzuführen und hat sich im Laufe der Zeit wenig verändert. Die deutschen Interessen an Lateinamerika im Allgemeinen und an Brasilien im Besonderen waren jedoch doppelbödig und keineswegs auf die ökonomische Dimension reduzierbar. Die europäischen und später die deutsch-amerikanischen Hegemonialkonflikte haben sich bekanntlich auch auf Lateinamerika ausgewirkt. Dabei ging es den beteiligten Mächten und ganz besonders Deutschland offenbar weniger um Lateinamerika selbst als vielmehr darum, dort auf Kosten der Konkurrenten Positionsgewinne zu erzielen. Für einige lateinamerikanische Staaten konnte diese Großmachtkonkurrenz durchaus eine Verbesserung ihrer Handlungsspielräume bedeuten: Wie schon angedeutet, war dies bei Brasilien der Fall. Allerdings waren diese Handlungsspielräume eine vom Stand der Großmachtkonflikte abhängige Größe und konnten daher auch schnell wieder verloren gehen. Für kleinere Staaten insbesondere in Zentralamerika und der Karibik traf jedoch das Gegenteil zu, da sie sich gewissermaßen einem präventiven Interventionsverhalten der USA ausgesetzt sahen (FIEBIG VON HASE 1993).

Das Deutsche Reich hat sich in Lateinamerika und auch in Brasilien nie nur als der erfolgreiche Handelsstaat gesehen, der es war. Wenngleich es in Deutschland liberale Kräfte gab, welche die Rolle Deutschlands in Lateinamerika vorsichtig auf die eines Handelsstaates beschränken wollten und vor einer machtpolitischen Instrumentalisierung der wirtschaftlichen Erfolge in der Region warnten, wurde Lateinamerika sehr wohl in die Wilhelminische "Weltpolitik" einbezogen, wenngleich meist mehr symbolisch als real. Die Großmachtgesten reichten jedoch aus, um das Deutsche Reich für die USA zum Hauptgegner in der Region werden zu lassen. Anstatt die USA und Großbritannien gegeneinander auszuspielen, wie man sich das erhofft hatte, hat Großbritannien angesichts der deutschen Bedrohung die politische Hegemonie in Zentralamerika und der Karibik kampflos an die USA abgetreten. Die Venezuela-Krise von 1895 und die Aufgabe der britischen Panama-Ambitionen machten dies deutlich (FIEBIG VON HASE 1986, 1993).

Brasilien sah sich ebenfalls mit deutschen Hegemonialplänen konfrontiert. Die deutschen Immigranten in Brasilien waren immer wieder die Adressaten einer politischen Instrumentalisierung im Dienste von völlig illusorischen Großmachtträumen: Die schon im Wilhelminischen Reich kursierenden, abstrusen Vorstellungen von einem "Neudeutschland" bezogen sich auf eine Abspaltung der südlichen Provinzen Brasiliens, in denen eine starke deutsche Minderheit lebte. Auch die Nationalsozialisten pflegten bezüglich Lateinamerika eine expansionistische Rhetorik, die aber trotz der irritierenden Aktivitäten der Auslandsorganisation der NSDAP gerade in Brasilien jeglicher materiellen Grundlage entbehrte. Diese Aktivitäten führten letztendlich dazu, dass es im Zusammenhang mit dem missglückten Putschversuch der "Integralisten", der brasilianischen faschistischen Bewegung, im Mai 1938 zu einer schweren diplomatischen Krise zwischen beiden Ländern kam (Einzelheiten bei DIEHL 1994; HILTON 1981).

Machtpolitisch ist Deutschland in Lateinamerika immer gescheitert, das Wilhelminische Reich ebenso wie das "Dritte Reich". Handelspolitisch war es immens erfolgreich, und dies nicht zuletzt, weil es den lateinamerikanischen Staaten und insbesondere Brasilien als Alternative zu den USA sehr willkommen war.

Nach dem Zweiten Weltkrieg hat sich die deutsche Lateinamerika-Politik, sofern man überhaupt davon sprechen kann, zunächst ganz den Interessen der USA untergeordnet. Selbst dann, wenn es zu Konflikten kam wie etwa im Falle des Nuklearvertrags mit Brasilien, lag ihnen nicht die Absicht zugrunde, die USA als Hegemonialmacht herauszufordern, sondern es ging um handelspolitische Interessen. Die Einbindung der Bundesrepublik in das atlantische Sicherheitssystem mit den USA als der unumstrittenen Führungsmacht ließ etwas anderes auch gar nicht zu, ganz abgesehen davon, dass keine Bundesregierung irgendein Interesse daran hatte, sich erneut auf transatlantische hegemoniale Abenteuer einzulassen.

3.2 Die Technologiepolitik in den deutsch-brasilianischen Beziehungen

Um die besondere Bedeutung des bundesdeutschen Außenhandels und des Technologietransfers für Brasilien verstehen zu können, sind zunächst einige allgemeine Anmerkungen zu den Problemen internationaler Technologiepolitik angebracht. Insofern als der technologische Stand eines Landes und seine technologische Innovationsfähigkeit nicht nur für dessen internationale Konkurrenzfähigkeit, sondern auch für seinen Status im internationalen System zunehmend wichtig sind, enthalten internationale Kooperationsbeziehungen auf dem Gebiet der Technologie immer auch ein Element der Konkurrenz, was zu durchaus widersprüchlichen Tendenzen führen kann. Auf der einen Seite kann man einen mit z.T. neomerkantilistischen Mitteln ausgetragenen Wettlauf um die Beherrschung von Zukunftstechnologien beobachten (JUNNE 1984; HILPERT 1991), welcher die Beziehungen zwischen Staaten und Staatengruppen maßgeblich beeinflussen und auch schon im Zusammenhang mit der Herausbildung von Wirtschaftsblöcken interpretiert worden ist (ERNST/O'CONNOR 1989). Dabei ist es immer wieder auch zu Versuchen von Hochtechnologiestaaten gekommen, die Spielregeln im internationalen Handel so zu beeinflussen, dass sie zugleich die modernen Technologien monopolisieren und in die Märkte von Drittländern eindringen können (SIMONIS 1994, S. 531). So gesehen kann ein echter Technologietransfer im Sinne einer Übertragung einer technologischen Kompetenz kein außenwirtschaftliches Ziel von Hochtechnologieländern sein.

Auf der anderen Seite setzt der Anspruch einer Liberalisierung des Welthandels diesen Monopolisierungstendenzen Grenzen. Die Notwendigkeit zur Kooperation bei Spitzentechnologien führt oft zu länder- und blockübergreifenden Kooperationsbeziehungen zwischen Großkonzernen, was partielle technologische Verflechtungen etwa von deutschen und japanischen und japanischen und US-amerikanischen Großkonzernen nach sich zieht und einer ökonomischen Blockbildung zuwider läuft. Zudem kann das Exportinteresse der Industrie in den Hochtechnologieländern dem Monopolisierungsinteresse entgegenstehen. Um Spitzentechnologien exportieren zu können, braucht man technisch kompetente Partner, welche in der Lage sein müssen, die importierten Technologien kommerziell einzusetzen. Anders als kleine Länder können sich große Schwellenländer mit Wachstumsmärkten viel eher das Exportinteresse der Firmen in der Ersten Welt zunutze machen und auf der Lieferung von kompletten Technologiepaketen einschließlich des nötigen Wissens bestehen. Für Länder wie Brasilien kommt es folglich entscheidend darauf an, Technologieimport nicht mit Anlagenimport zu verwechseln, sondern uneingeschränkten Zugang zu kompletten Technologiepaketen zu bekommen.

Die handelspolitischen Erfolge der Bundesrepublik gerade mit den lateinamerikanischen Schwellenländern können aber auch und vor allem darauf zurückgeführt werden, dass sich die Exportpalette der Bundesrepublik mit den Importbedürfnissen von industriellen Schwellenländern besonders gut deckt. Mehr als andere Industrieländer weist die Bundesrepublik in den Bereichen der Kapitalgüter eine besondere Exportstärke auf. Die Importsubstitution in den lateinamerikanischen Schwellenländern brachte, sofern sie sich auf einfache Konsumgüter erstreckte, für die bundesrepublikanischen Exporte kaum Verluste, da diese Warengruppen beim Export eine geringfügige Rolle spielen, jedenfalls im Vergleich zu Großbritannien, Frankreich und z.T. auch den USA. Zugleich aber kam der steigende Bedarf an Kapitalgütern in den industriellen Schwellenländern vor allem der Bundesrepublik zugute (SCHOELLER 1995). Dies erklärt, warum die Bundesrepublik trotz des inzwischen deutlichen Konkurrenzdrucks aus den Schwellenländern im Bereich der industriellen Konsumgüter die dortigen Industrialisierungserfolge nicht nur und vor allem als Bedrohung betrachtet, und warum sie sich nicht – wie anfangs die anderen europäischen Industrieländer und die USA – auf den Export von industriellen Konsumgütern in die Länder der Dritten Welt beschränken wollte. Die spezifische Exportstruktur der Bundesrepublik macht deutlich, warum dieses Land weniger als andere Industrieländer dazu neigt, im Bereich des Technologietransfers eine Monopolpolitik zu verfolgen.

Die Bedeutung der Technologiepolitik und der technologischen Zusammenarbeit für Schwellenländer und damit auch für die künftige Rolle Brasiliens kann kaum überschätzt werden (ESSER 1992). Zwar verfügt Brasilien über eine hochdifferenzierte Industriestruktur, doch weist diese ein hohes Maß an technologischer Heterogenität auf, und die bemerkenswerten Exporterfolge im industriellen Bereich waren in der jüngsten Vergangenheit nur zum Teil auf Produktivitätsfortschritte zurückzuführen, vor allem aber auf Exportsubventionen, Wechselkursveränderungen sowie auf niedrige Löhne und einen hohen Rohstoffanteil der Industrieprodukte.[6] Die Exportsubventionen wurden nach einigen Handelskonflikten vor allem mit den USA abgebaut, die Wechselkurse haben sich nach der Stabilisierung der Währung eine Zeitlang zuungunsten der Exporte verändert, bis die Abwertung 1999 neue Rahmenbedingungen schuf. Niedrige Löhne sowie ein hoher Rohstoffanteil an Industriegütern sind für die internationale Konkurrenzfähigkeit eines Landes immer weniger bedeutend, wie die rapide weltwirtschaftliche Marginalisierung gerade jener Entwicklungsländer deutlich macht, die hier ihre komparativen Kostenvorteile hatten (siehe auch SCHOELLER 1995). Der Außenhandel Brasiliens mit anderen lateinamerikanischen Ländern sowie mit Ländern der Dritten Welt aus anderen Regionen weist die klassischen Austauschmuster zwischen Industrie- und Entwicklungsländern auf, wobei Brasilien hier die Rolle eines Industrielandes zukommt. Die Exporte in die Bundesrepublik und in andere OECD-Länder sind jedoch immer noch von einem starken Rohstoffanteil geprägt (BAU-

---

[6] Einzelheiten bei BONELLI 1994, CASTELAR PINHEIRO 1995, DE ARAUJO ET AL. 1990, DUPAS/SUSIGAN 1991, MARCOVITCH 1990, MEYER-STAMER 1991.

MANN 1995). Es wird für Brasilien entscheidend darauf ankommen, möglichst rasch im Industriesektor eine produktivitätsbedingte Konkurrenzfähigkeit zu erlangen und darüber hinaus auch selbst zu einer eigenständigen technologischen Kapazität vorzustoßen. "Diese [technologische] Kompetenz ist heute die wichtigste Voraussetzung für die sozio-ökonomische Entwicklung, industrielle Spezialisierung und internationale Wettbewerbsfähigkeit. Ihre Entwicklung zielt auf den Aufbau eines nationalen Innovationssystems hin" (Esser 1994, S. 181). Die Erfolge von Schwellenländern aus anderen Regionen der Welt lassen nicht mehr viel Zeit für weitere Suchphasen.

Diese Zusammenhänge sind der brasilianischen Regierung durchaus klar. Mehr als jedes andere lateinamerikanische Land betreibt Brasilien eine äußerst aktive Politik der internationalen technologischen Kooperation.[7] Dies äußert sich in einer Vielzahl von bilateralen und multilateralen Abkommen über wissenschaftliche und technologische Zusammenarbeit.[8] Neben einem dichten Netz von regionalen Kooperationsbeziehungen bestehen vielfältige Beziehungen zu Industrieländern, die das Interesse Brasiliens an einer möglichst diversifizierten Struktur der wissenschaftlichen und technologischen Zusammenarbeit erkennen lassen. Brasilien betreibt nicht nur eine globale Außenpolitik und Handelspolitik, sondern auch eine globale Technologiepolitik, mit der einseitige Abhängigkeiten vermieden werden sollen.

Die Kooperation mit der Bundesrepublik basiert bis heute auf dem "Abkommen über Zusammenarbeit in der Wissenschaftlichen Forschung und Technologischen Entwicklung" von 1969, in dessen Rahmen eine Vielzahl von Einzelabkommen über Projekte geschlossen worden sind.[9] Die von der brasilianischen Regierung in den 80er Jahren definierten Prioritäten für die technologische Entwicklung auf den Gebieten der Energie, Feinchemie, Feinmechanik, Biotechnologie, den Materialwissenschaften, der Informatik und in letzter Zeit auch der Umweltforschung spiegeln sich auch – wenngleich mit Abstufungen – in der wissenschaftlich-technologischen Zusammenarbeit mit der Bundesrepublik wider. Es gibt ein breites Feld durchaus erfolgreicher technologischer Kooperation, bei dem insbesondere die Biotechnologie, die erneuerbaren Energien, die zahlreichen Projekte zur Erforschung tropischer Ökosysteme und die deutschen wissenschaftlichen und technischen Beiträge zur ökologisch verträglichen Nutzung der tropischen Regenwälder hervorzuheben sind. Letztere sind inzwischen Bestandteil des von der Weltbank koordinierten "Pilotprogramms zur Erhaltung des brasi-

---

[7] Ausführlich dazu: ADLER 1986, 1987, FELDER/HURRELL 1988, FRANKO-JONES 1992, SOARES DE LIMA 1986.

[8] Für einen Überblick über die Abkommen und ihre inhaltliche Schwerpunktsetzung siehe GRANDI 1989.

[9] Deren Darstellung würde den Rahmen dieser Arbeit sprengen. Einen Überblick bieten JACOB 1994, 1997; SCHWAMBORN 1994.

lianischen Regenwaldes" geworden (ZENK 1992; SCHWAMBORN 1994, S. 595; KOHLHEPP 1995, 2001).

Für Brasilien war die Zusammenarbeit mit der Bundesrepublik u.a. deshalb besonders interessant, weil sie eine einseitige Ausrichtung auf nur einen Partner (in diesem Fall die USA) verhindern half. Gerade wegen der oben schon erwähnten Tendenz von Industrieländern, ihren technologischen Vorsprung zu Monopolen auszubauen, muss es für Länder wie Brasilien darauf ankommen, eine Konzentration der technologischen Lieferbeziehungen und damit auch strategische Abhängigkeiten zu vermeiden (DE GÓES 1985).[10] Mehr als einmal wurde von brasilianischer Seite die Neigung der Industrieländer und insbesondere der USA kritisiert, die internationalen Machtverhältnisse durch ihr Monopolverhalten beim Technologie- und Wissenstransfer einfrieren zu wollen.[11]

Auf dem Gebiet der Nukleartechnik ist dies besonders deutlich geworden. Die sicherheitspolitisch begründeten Restriktionen des US-amerikanischen Technologietransfers haben die Voraussetzung für den deutsch-brasilianischen Nuklearvertrag geschaffen. Das *Deutsch – brasilianische Kooperationsabkommen zur gemeinsamen Entwicklung der Kernenergie* vom 27.6.1975 war allerdings alles andere als ein Erfolg. Gerade dieses Abkommen kann als Paradebeispiel dafür gelten, wie ein Technologietransfer nicht aussehen sollte.[12] Unabhängig davon, ob man nun Atomprogramme zur Energiegewinnung für sinnvoll oder für gefährlich erachtet, lassen sich einige Punkte nennen, welche die Problematik dieser Art von Technologietransfer deutlich machen:

- Das Programm hatte geradezu gigantische Ausmaße und führte zu einer finanziellen Überforderung der brasilianischen Seite. Wegen der finanziellen Belastung und den bei solchen Projekten üblichen Kostenüberschreitungen wurde das Programm so gestreckt bzw. zeitweise auf Eis gelegt, dass von den ursprünglich ins Auge gefassten 8 Reaktoren bis heute (Juli 2003) nach langer Bauunterbrechung einer in Betrieb genommen werden konnte und ein anderer sich in der Testphase befindet. Es handelt sich um eines jener "pharaonischen Werke" der Entwicklungspolitik, die gerade wegen ihres Umfangs schon als Entwicklungsruinen angelegt sind. Das Atomprogramm weist durchaus gewisse Ähnlichkeiten mit europäisch-lateinamerikanischen Technologietransfers der Vergangenheit auf, die sich ebenfalls zu finanziellen Belastungen auswuchsen und oft von geringem wirtschaftlichen Nutzen waren.

---

[10] Die Diversifizierungsbemühungen sind allerdings bis vor kurzem wegen der prekären wirtschaftlichen Situation Brasiliens an Grenzen gestoßen. So blieb bislang die Kooperation mit Japan weit unter ihren Möglichkeiten (ROETT 1992).

[11] Siehe u.a. BRANDI ALEIXO 1989, PEREZ LLANA 1985, SEABRA DE CRUZ JR. ET AL. 1993 mit entsprechenden Zitaten.

[12] Einzelheiten bei ADLER 1987: Kap. 11, MIROW 1980, MOLTMANN 1984, SANGMEISTER 1986, 1988.

Deren eigentlicher Wert hat wohl eher darin gelegen, dass man sich Symbole des Fortschritts und Totempfähle der Moderne ins Land holte.
- Das Projekt war als Technologietransfer konzipiert, bei dem Brasilien in die Lage versetzt werden sollte, den gesamten Nuklearkreislauf zu beherrschen, eine eigene Nuklearindustrie aufzubauen und selbst als Exporteur von Nuklearanlagen aufzutreten. Um aus dem Anlagenverkauf einen wirklichen Technologietransfer zu machen, hätte die brasilianische Seite ein gewaltiges Ausbildungsprogramm für Nukleartechniker auflegen müssen, was nach brasilianischen Schätzungen innerhalb von 10 Jahren die Ausbildung von knapp 10.000 Ingenieuren und Technikern erfordert hätte (MIROW 1980, S. 103) Auch dies stellte sich als völlig überzogen heraus und wurde allenfalls ansatzweise umgesetzt. Eine derartige Konzentration von Ausbildungskapazitäten zur Beherrschung einer einzigen Technologie wäre zudem entwicklungspolitisch fatal gewesen.
- Der Verkauf des kompletten nuklearen Technologiepaktes bezog sich auch auf Techniken, die in der Bundesrepublik noch nicht einmal das Stadium der industriellen Nutzung erreicht hatten, und die sich später überdies als politisch nicht durchsetzbar erwiesen.
- Beide Partner betrieben das Projekt mit völlig unterschiedlichen Zielvorstellungen. Der Bundesrepublik ging es offenkundig vor allem um ein Exportgeschäft, mit dem die in Deutschland politisch an ihre Grenze gestoßene Atomindustrie gefördert werden sollte. Ob man wirklich glaubte und beabsichtigte, mit dem Projekt Brasilien als autonome Atommacht und letztendlich als Konkurrenten auf dem Weltmarkt etablieren zu können, darf man bezweifeln. Dies war jedoch genau eines der Ziele, das sich für Brasilien mit dem Projekt verband. Neben der Energieproduktion und der Herstellung einer nuklearen Autonomie ging es Brasilien auch um einen generellen Technologieschub, den man sich von dem Programm erhoffte, um die Emanzipation von der technologischen Bevormundung durch die USA und um die Erlangung eines politischen Großmachtstatus, der sich über ein militärisches Parallelprogramm herstellen lassen sollte, das den Militärs alle strategischen Optionen offen hielt. Man verband mit dem Programm äußerst heterogene Ziele und erhoffte sich weitaus mehr, als für die veranschlagten 10 Mrd. US-$ zu haben war. So billig wird man nicht zu einer technologischen Weltmacht.

Keines der Ziele, die sich die Partner mit diesem Programm erhofft hatten, hat sich umsetzen lassen, weder auf deutscher Seite noch auf brasilianischer. Für die Zukunft lassen sich hieraus einige Lehren ziehen. Technologische Zusammenarbeit sollte so dimensioniert sein, dass sie weder die finanziellen Kapazitäten der Partner überfordern noch deren Möglichkeiten, qualifiziertes Personal für einzelne Projekte bereitzustellen. Sie sollten sich ferner auf solche Technologien beziehen, deren Anwendbarkeit einigermaßen ge-

Brasiliens Außenpolitik und die deutsch-brasilianischen Beziehungen 95

sichert ist und deren Lernkosten bekannt sind. Und schließlich sollte vermieden werden, dass gerade bei Spitzentechnologien der oben schon angesprochene Konflikt zwischen Exportinteresse und Monopolisierungstendenz bei dem technologisch führenden Land nicht in einer Weise aufgelöst wird, dass von dem Technologietransfer nur ein Anlagenverkauf übrig bleibt. Die Kompatibilität der Ziele, die sich mit einem Kooperationsprojekt verbinden, ist eine wichtige Voraussetzung für die Verstetigung der Zusammenarbeit.

Wenngleich das größte Projekt der deutsch-brasilianischen Technologietransfers sich als Flop herausgestellt hat, der zudem die Beziehungen zwischen beiden Ländern eine Zeit lang belastet hat, wird die Bilanz der wirtschaftlichen und technologischen Zusammenarbeit von beiden Seiten offenbar positiv eingeschätzt. Allerdings ist an dieser Stelle eine einschränkende Bemerkung am Platze, um einer Überschätzung der Rolle der Bundesrepublik im Kontext der außenwirtschaftlichen und technologiepolitischen Ziele Brasiliens vorzubeugen. Es lässt sich nicht leugnen, dass die Beziehungen zwischen beiden Ländern auf wirtschaftlichem Gebiet durch große Ungleichgewichte geprägt sind, und dass die Gefahr besteht, dass diese sich noch verstärken. Wenngleich Brasilien als Handelspartner im Vergleich zu anderen lateinamerikanischen Ländern für die Bundesrepublik eine Spitzenstellung einnimmt, wobei es z.Z. (2003) von Mexiko übertroffen wird, steht es in den deutschen Außenhandelsstatistiken im Jahre 2003 bei den Importen auf Platz 26 und bei den Exporten auf Platz 25 (STATISTISCHES BUNDESAMT 2003). Gegenüber den frühen 90er Jahren hat sich das relative Gewicht Brasiliens für den deutschen Außenhandel verringert.

Wenngleich sich ca. 50 % der deutschen Direktinvestitionen in Lateinamerika in Brasilien befinden, beliefen sie sich im Jahre 2000 gerade mal auf 4,7 % der gesamten Auslandsinvestitionen in Brasilien. Die Tendenz ist fallend. Bei diesen Zahlen sind allerdings Reinvestitionen nicht berücksichtigt (http://www.ixpos.de/frameset.htm?content=http://www.ixpos.de/laen der_und_branchen/monatsmarkt/LAArtDI.html?prevHome=1). In diesen Zahlen spiegelt sich auch die Tatsache wider, dass Lateinamerika insgesamt sowohl weltwirtschaftlich wie auch als Außenhandelspartner der Bundesrepublik seit Beginn der 80er Jahre an Bedeutung verloren hat.

Der weitaus größte Teil des Außenhandels und der Direktinvestitionen der Bundesrepublik konzentriert sich auf die Länder der OECD und hier auf die europäischen Nachbarn. Da sich der größte Teil des Welthandels innerhalb der OECD abspielt, ist dies zunächst keine Besonderheit. Mit dem Fall der Handelsbarrieren nach Osten kann man einen deutlichen Umlenkeffekt der deutschen Auslandsinvestitionen in diese Region feststellen. Der bevorstehende EU-Beitritt einiger der Länder des ehemaligen Ostblocks wird diesen Trend noch verstärken. Dieser Effekt betrifft aber am wenigsten die OECD-Länder, sondern viel eher die Länder der Dritten Welt und hierbei vor allem Lateinamerika, wohin bis Anfang der 90er Jahre noch 70 % der deutschen Auslandsinvestitionen in Nicht-OECD-Ländern geflossen sind. Der Außenhandel der BRD mit Polen, Ungarn und der ehem. Tschechoslowakei wächst seit 1991 deutlich schneller als der mit Argentinien, Brasilien und Mexiko und übertraf 1994 den letzteren um mehr als das Doppelte (berechnet nach STATISTISCHES BUNDESAMT 1996), im Jahre 2002 um das 5,7-fache (berechnet nach STATISTISCHES BUNDESAMT 2003). Bei den Privatisierungen in Lateinamerika ist deutsches Kapital kaum präsent, was den früheren Außenminister Kinkel mit schwäbischer Direktheit zu der Bemerkung veranlasste: "Wer sich z.B. heute an einer dortigen Telephongesellschaft beteiligt, bestimmt morgen über ihre Technologie und Zulieferanten..."[13]

Die Bundesregierung hat angesichts dieser Tendenzen immer wieder betont, dass sie sich gewiss nicht als "global player" verabschiedet. Die erste Auslandsreise des Bundeskanzlers Kohl nach der Vereinigung führte ihn demonstrativ nach Lateinamerika, wo er in allen Reden betonte, dass die Bundesrepublik nicht allein mit sich beschäftigt sei und weiterhin global präsent bleiben werde (BOTET 1993). Man darf bei dieser Gelegenheit allerdings auch in Erinnerung rufen, dass derselbe Bundeskanzler immer wieder versprochen hat, die Bundesrepublik werde bei der Entwicklungshilfe die magische 0,7 %-Marke des BSP anstreben, obwohl sie sich tatsächlich von diesem Ziel ständig weiter entfernt. In anderen Worten: Zwischen den Ambitionen und Möglichkeiten der Bundesrepublik hat sich inzwischen eine beträchtliche Lücke aufgetan, ein Trend, der sich angesichts der Haushalts- und Strukturprobleme hierzulande fortsetzen dürfte, für die keine schnelle Lösung in Sicht ist. In Zukunft wird eine stärkere osteuropäische Orientierung der Bundesrepublik unvermeidlich sein, da eine Stabilisierung Osteuropas für die Sicherheit der Bundesrepublik von überragender Bedeutung ist und weil die bevorstehende EU-Integration vieler der dortigen Länder eine solche Tendenz unvermeidlich macht.

4. Probleme und Perspektiven

Die zuweilen höchst dramatisch beschworene Gefahr einer erneuten weltwirtschaftlichen Marginalisierung der Dritten Welt und damit auch Lateinamerikas (MENZEL 1995) ist trotz vieler Überzeichnungen durchaus real. Um sie abzuwenden, bedarf es konzentrierter Anstrengungen in den Bereichen der Industrie- und Technologiepolitik. Hier hat die internationale technologische Zusammenarbeit auch mit der Bundesrepublik trotz aller einschränkenden Bemerkungen nach wie vor ihren Stellenwert. Die brasilianisch-deutsche Zusammenarbeit kann hier einen Beitrag leisten, dessen Wirksamkeit jedoch nicht allein von der Qualität und dem Umfang dieser Zusammenarbeit abhängt, sondern vielleicht vor allem von der Frage, inwieweit es der brasilianischen Politik gelingt, die sozialstrukturellen Barrieren zu beseitigen, welche bisher die Realisierung des ungeheuren Potenzials dieses

---

[13] Pressemitteilung des Auswärtigen Amtes im Internet vom 12.11.1995.

Landes behindert und eine erhebliche Modernisierungsblockade dargestellt haben und nach wie vor darstellen.

Die vergleichende Entwicklungsforschung hat gezeigt, welch enormes Gewicht die politischen und gesellschaftlichen Rahmenbedingungen bei dem Erwerb einer technologischen Kompetenz und internationalen Konkurrenzfähigkeit haben. Damit sind solche Faktoren gemeint, die keinen unmittelbaren Bezug zu wirtschaftlichen und technologischen Fragen haben, aber für eine erfolgreiche Entwicklung auch auf technologischem Gebiet wichtige Voraussetzungen darstellen.

Die soziale Entwicklung ist in Brasilien stark hinter der wirtschaftlichen Entwicklung zurückgeblieben. Auf dem "Index der menschlichen Entwicklung" lag Brasilien 2002 auf Platz 73, einen Platz hinter den Fidschiinseln und einen Platz vor Surinam. Gegenüber 2001 ist das Land 4 Plätze zurückgefallen. Dass die soziale Entwicklung weit hinter der wirtschaftlichen zurückgeblieben ist, kann man der Rangdifferenz zwischen der wirtschaftlichen und menschlichen Entwicklung entnehmen: Auf dem "Index der menschlichen Entwicklung" lag das Land im selben Jahr 13 Plätze hinter dem Rang bei der wirtschaftlichen Entwicklung (UNITED NATIONS DEVELOPMENT PROGRAMME 2002, S. 142; 2003, S. 150). Es ist bekannt, dass ein hohes Maß an Armut und die damit verbundenen Deprivationen keine günstigen Voraussetzungen für eine solide wirtschaftliche Entwicklung im Allgemeinen und für eine breite Diffusion moderner Technologien im Besonderen darstellen (BIRDSALL ET AL. 1998). In Brasilien verfügten im Jahre 2000 11,6 % der Bevölkerung über ein Tageseinkommen von US-$ 1,- (berechnet nach Kaufkraftparität) und 26,5 % über ein Tageseinkommen von US-$ 2,- (UNITED NATIONS DEVELOPMENT PROGRAMME 2003, S. 157). Wir wissen, dass extreme Einkommensunterschiede keine günstigen Voraussetzungen für die Herausbildung einer modernen Industriegesellschaft abgeben. Was die Einkommensungleichheit angeht, rangiert Brasilien hinter der Zentralafrikanischen Republik, Sierra Leone, der Republik Südafrika und Nicaragua auf dem viertschlechtesten Platz (CIA 2002). Der Bereich der Erziehung ist von einer kaum zu überschätzenden Bedeutung. Ein umfassendes Schulsystem, das neben der üblichen Vermittlung von Kulturtechniken die Schüler auch für das Arbeitsleben vorbereitet, sowie eine universitäre und polytechnische Ausbildungsstruktur, welche eine breite Basis von wissenschaftlicher und technischer Kompetenz hervorzubringen vermag, sind unabdingbare Voraussetzungen für die Schaffung einer internationalen Konkurrenzfähigkeit. Brasilien leistet sich ein Bildungssystem, das gerade im Bereich der Grundschulerziehung krasse Defizite aufweist (BIRDSALL 1996). Nach brasilianischen Angaben mussten Mitte der 90er Jahre 30 % der Industriearbeiter als Analphabeten eingestuft werden, weitere 30 % konnten schriftliche Anweisungen nicht umsetzen (CARDOSO 1995b, S. 22).

Die Verfolgung von wirtschaftlichen und entwicklungspolitischen Zielen durch die Außenpolitik des Landes blieb lange Zeit ohne eine interne Entsprechung bei den notwendigen Modernisierungsreformen. Der stets angestrebte und von seinem Umfang wirklich beeindruckende Technologietransfer hat dem Land zwar einige hochmoderne Branchen beschert, blieb aber in seiner Wirkung beschränkt, da er nicht auf Strukturen traf, die eine breitenwirksame Nutzung hätten gewährleisten können. Weder war die Vernetzung von staatlicher Forschung und privaten Forschungs- und Entwicklungsbemühungen hinreichend entwickelt, noch bot das brasilianische Bildungssystem die Voraussetzungen für eine solide Ausbildung für die Masse der Arbeitskräfte. In anderen Worten: die energische Verfolgung von entwicklungspolitischen Zielen durch die Außenpolitik war lange Zeit ein sektoral begrenzter Ansatz ohne Entsprechung zu einer kohärenten und im Lande selbst konsensfähigen Modernisierungsstrategie. Das Ergebnis war das, was Luis Bresser Pereira böse als "reife industrielle Unterentwicklung" bezeichnet hat (BRESSER PEREIRA 1984, Kap. 10).

Seit Mitte der 90er Jahre gibt es jedoch Anzeichen dafür, dass die Außenpolitik im Dienste der Entwicklung mehr als früher in ein kohärentes Modernisierungsprojekt eingebettet ist und dabei von längerfristigen Perspektiven ausgeht. Man kann in diesem Zusammenhang drei Aspekte hervorheben, die sich von den früheren Phasen unterscheiden:

1. Die brasilianische Außenpolitik betont sehr stark die Kooperationsbereitschaft bei der Errichtung auch von solchen internationalen Regimen, hinter denen man früher eine Monopolisierungstendenz der USA bei Spitzentechnologien vermutete. Der Verzicht auf eine militärische Nuklearoption durch die Übernahme der "full scope safeguards" im Rahmen des Tlatelolco-Vertrags, der Beitritt zum internationalen "Non-Proliferation-Regime", eine stärkere umweltpolitische Kooperationsbereitschaft sowie die Zustimmung zum "Missile Technology Control Regime" belegen dies und machen deutlich, dass Brasilien beim Zugang zu Spitzentechnologien auf Kooperationsgewinne setzt. Im Unterschied zu früher geht das Land dabei langfristige Selbstbindungen ein.
2. Die Außenhandelspolitik des Landes ist sehr viel komplexer geworden. An die Stelle einer dominanten Orientierung in die eine oder andere Richtung ist eine vielschichtige Politik getreten, in der globale und regionale Elemente sich ergänzen und bei der eine eindeutige Festlegung explizit vermieden wird. Das Konzept der "offenen Integration" entspricht dabei sehr genau der Situation und dem Interesse des Landes, das ein "global trader" ist und sich als "global actor" versteht, das aber angesichts zahlreicher Regionalisierungstendenzen in anderen Regionen der Welt einen Rückhalt in der eigenen Region benötigt, um sich alle Optionen offen zu halten und um sich bei den Kontakten mit den anderen Freihandelszonen, insbesondere bei den ALCA-Verhandlungen, ein entsprechendes Gewicht zu verschaffen. Der Vorschlag, eine South American Free Trade Association (SAFTA) zu gründen, verdeutlicht die Bemühungen um den Ausbau und die Ausdehnung der regionalen Vernetzung.

3. Die Regierungen Cardoso und Lula da Silva scheinen sich beide sehr wohl darüber im Klaren zu sein, dass man sich nur dann erfolgreich den Globalisierungstendenzen stellen kann, wenn sowohl das politische System des Landes wie auch die brasilianische Gesellschaft selbst einen raschen Modernisierungsprozess durchlaufen. Offenkundig hat sich die Einsicht durchgesetzt, dass das bisherige Muster von Teilbereichsmodernisierungen langfristig als Entwicklungsblockade wirkt. Das Vorhaben ist gewaltig. Auf der politischen Ebene geht es um Reformen und um eine Effizienzsteigerung der staatlichen Verwaltung, um die Durchsetzung von Rechtsstaatlichkeit, um die Unterwerfung der Bundesstaaten unter ein gemeinsames Regime fiskalischer Regeln, und es geht um die Neutralisierung und Auflösung von formidablen Koalitionen von "rent seekers", die sich vorwiegend im Staatsapparat eingenistet haben und die durchaus noch über ein erhebliches politisches Gewicht verfügen (siehe auch meinen Beitrag "Der gefesselte Gigant..." in diesem Band). Auf sozialem Gebiet geht es nach wie vor um das, was der Präsident Cardoso schon 1995 als zentrales Reformprojekt herausgestellt hat: "Es ist heute bekannt, dass ein nationales Entwicklungsprojekt keine Erfolgschancen hat, wenn es diese Herausforderung dieser Masse von Entrechteten in das soziale, ökonomische und kulturelle Leben nicht mit aller Kraft in Angriff nimmt" (CARDOSO 1995b: 22) – eine Aufgabe, der sich die Regierung Lula da Silva gewiss mit besonderer Energie stellen wird, sofern keine neuen externen Schocks die letzten Reste von fiskalischen Spielräumen eliminieren werden. Das Hungerbekämpfungsprogramm "fome zero" der neuen Regierung zielt zwar zunächst nur auf eine Beseitigung des Hungers durch Verteilungsmaßnahmen und nicht auf die Eliminierung der Armutsursachen, doch könnte es sich hierbei um den Beginn einer konzertierten staatlichen Armutsbekämpfungspolitik handeln.

Trotz der vielfältigen Reformblockaden hat die Regierung Cardoso auf den Gebieten der Staatsreform und der Reformen im Erziehungswesen wichtige Weichenstellungen vorgenommen. Inwieweit diese den dringend benötigten Modernisierungsschub eingeleitet haben, wird sich allerdings noch zeigen müssen.

Literatur

ADLER, E. (1986): Ideological "guerillas" and the quest for technological autonomy: Brazil's domestic computer industry. - International Organization 40 (3), S. 673-705.
ADLER, E. (1987): The Power of Ideology: The Quest for Technological Autonomy in Argentina and Brazil. - Berkeley.
ALEIXO, J. C. B. (1988/89): Fundamentos e Linhas Gerais da Política Externa do Brasil. - Revista Brasileira de Estudos Políticos (66/67), S. 7-53.
BANDEIRA, L. A. (1989): Brasil - Estados Unidos. Rivalidade Emergente (1950-1988). - Rio de Janeiro.
BANDEIRA, L. A. (1994): O milagre alemão e o desenvolvimento do Brasil. As relações de Alemanha com o Brasil e a América Latina (1949-1994). - São Paulo.
BARBOSA, R. A. (1994): O Brasil e suas opções internacionais: a articulação entre o universal e o regional. - Politica Externa 3 (3), S. 103-116.
BAUMANN, R. (1995): Reflexões sobre o comércio Brasil-Alemanha. - In: BANDEIRA, L. A./GUIMARÃES, S. (Hrsg.): Brasil e Alemanha: A Construção do Futuro, S. 384-403, Brasilia.
BETHELL, L. (1991): From the Second World War to the Cold War: 1944 - 1954. - In: LOWENTHAL, A. F. (Hrsg.): Exporting Democracy. The United States and Latin America, S. 41-70, Baltimore.
BIRDSALL, N. (1996): Opportunity Foregone: Education in Brazil. - Washington, D.C.
BIRDSALL, N. ET AL. (Hrsg. 1998): Beyond Trade Offs. Market Reform and Equitable Growth in Latin America. - Washington.
BOECKH, A. (1995): Die Zukunft der deutsch-brasilianischen Zusammenarbeit: einige Anmerkungen zur kulturellen und technologischen Kooperation. - In: SEVILLA, R./RIBEIRO, D. (Hrsg.): Brasilien - Land der Zukunft, S. 93-116, Bad Honnef.
BONELLI, R. (1994): Productividad, crecimiento y exportaciones industriales de Brasil. - Revista de la CEPAL 52, S. 71-89.
BOTET, V. (1993): Die deutsch-lateinamerikanischen Beziehungen in den neunziger Jahren. - Außenpolitik 44 (1), S. 44-54.
BRANCO, L. CASTELO (1983): Staat, Raum und Macht in Brasilien: Anmerkungen zu Genese und Struktur der brasilianischen Staats- und Großmachtideologie. - München.
BRANDI ALEIXO, J. C. (1989): Fundamentos e Linhas Gerais da Política Externa do Brasil, in: Revista Brasileira de Estudos Políticos Nos. 67/68, S. 7-53.
BRESSER PEREIRA, L.(1984): Development and Crisis in Brazil, 1930-1983. - Boulder.
BRUMMEL, H. J. (1980): Brasilien zwischen Abhängigkeit, Autonomie und Imperialismus: die Grundlinien der brasilianischen Außenpolitik (1964-1978) unter besonderer Berücksichtigung der Beziehungen zu Lateinamerika. - Frankfurt a.M.
CALCAGNOTTO, G./NOLTE, D. (2002) (Hrsg.): Südamerika zwischen US-amerikanischer Hegemonie und brasilianischem Führungsanspruch. Konkurrenz und Kongruenz der Integrationsprozesse in den Amerikas. - Frankfurt a.M.

CARDOSO, F. H. (1995a): The Post-Cold War Era. A View from the South, hektographiertes Manuskript.
CARDOSO, F. E. (1995b): Brasilien: Land der Zukunft? In: SEVILLA, R./RIBEIRO, D. (Hrsg.): Brasilien: Land der Zukunft?, S. 15-26, Bad Honnef.
CASTELAR PINHEIRO, A. (1995): Technological progress and diffusion in Brazilian manufacturing. – Revista brasileira de economia 49, S. 3-20.
CIA 2002: The World Factbook 2002 (www.umsl.edu/services/govdoc/wofact2002/fields/2172.html)
DE ARAUJO, J. ET AL. (1990): Proteção, competividade e desempenho exportador da economia brasileira nos anos 80. – Pensamiento Iberoamericano 17, S. 13-38.
DE GÓES, W. (1985): Brasiliens Annäherung an Westeuropa: Veränderte Perspektiven. – In: GRABENDORFF, W./ROETT, R. (Hrsg.): Lateinamerika – Westeuropa – Vereinigte Staaten: Ein atlantisches Dreieck?, S. 111-139, Baden-Baden.
DIEHL, C. (1994): Die historischen Beziehungen zwischen Deutschland und Lateinamerika. – In: MOLS, M./WAGNER, C. (Hrsg.): Deutschland – Lateinamerika. Geschichte, Gegenwart und Perspektiven, S. 13-50, Frankfurt a.M.
DUPAS, G./SUZIGAN, W. (1991): A nova articulação da economia mundial e as opções para o Brasil: estratégia industrial e modernização tecnológica. – In: REIS VELLOSO, J. P. DOS (Hrsg.): O Brasil e a Nova Economia Mundial, S. 15-38, Rio de Janeiro.
ERNST, D./O'CONNOR, D. (1989): Technology and Global Competition. The Challenge for Newly Industrialising Economies. – Paris.
ESSER, K. (Hrsg. 1992): Neue Determinanten internationaler Wettbewerbsfähigkeit: Erfahrungen aus Lateinamerika und Ostasien. – Berlin.
ESSER, K. (1994): Neue Konzepte zum Erfolg: Die wirtschaftlichen Herausforderungen Lateinamerikas in den 90er Jahren. – In: JUNKER, D. ET AL. (Hrsg.): Lateinamerika am Ende des 20. Jahrhunderts, S. 170-190, München.
ESSER, K. ET AL. (1994): Systemische Wettbewerbsfähigkeit. Internationale Wettbewerbsfähigkeit der Unternehmen und Anforderungen an die Politik. – Berlin.
FELDER, E. A./HURRELL, A. (1988): The U.S.-Brazilian Informatics Dispute. – Washington, D.C.
FENDT JR., R. (1985): Brasiliens Außenpolitik: Bilaterale und multilaterale Aspekte. – In: GRABENDORFF, W./ROETT, R. (Hrsg.): Lateinamerika – Westeuropa – Vereinigte Staaten: Ein atlantisches Dreieck?, S. 153-164, Baden-Baden.
FIEBIG VON HASE, R. (1986): Lateinamerika als Konfliktherd der deutschamerikanischen Beziehungen, 1890-1903: Vom Beginn der Panamerika-Politik bis zur Venezuelakrise von 1902/1903. – Göttingen.
FIEBIG VON HASE, R. (1993): The United States and Germany in the World Arena, 1900-1917. – In: SCHROEDER, H.-J. (Hrsg.): Confrontation and Cooperation. Germany and the United States in the Era of Word War I, S. 33-67, Krefeld.
FISHLOW, A. (1978/79): Flying Down to Rio: Perspectives on U.S.-Brazil Relations. – Foreign Affairs 57 (2), S. 387-405.
FISHLOW, A. (1982): The United States and Brazil: The Case of the Missing Relationship. -Foreign Affairs 60 (4), S. 904-923.
FRANKO-JONES, P. (1992): The Brazilian Defense Industry. – Boulder.

GRABENDORFF, W./NITSCH, M. (1977): Brasilien: Entwicklungsmodell und Außenpolitik. - München.
GRANDI, J. (1989): Cooperación científico - Tecnologica entre Europa Occidental y Brasil. Madrid
HILPERT, U. (1991): Neue Weltmärkte und der Staat. Staatliche Politik, technischer Fortschritt und internationale Arbeitsteilung. - Opladen.
HILTON, S. E. (1981): Hitler's Secret War in South America 1939-1945. - Baton Rouge/London.
JACOB, G. (1994): Universitäten, Wissenschaft und Forschung in Brasilien. - In: BRIESEMEISTER, D. ET AL. (Hrsg.): Brasilien heute. Politik, Wirtschaft, Kultur, S. 404-420, Frankfurt a.M.
JACOB, G. (1997): Zur wissenschaftlichen und technologischen Zusammenarbeit zwischen Deutschland und Brasilien. - In: BOECKH, A./SEVILLA, R. (Hrsg.): Bestandsaufnahme und Perspektiven der deutsch-brasilianischen Beziehungen, S. 209-248, Frankfurt a.M.
JUNNE, G. (1984): Der strukturpolitische Wettlauf zwischen den kapitalistischen Industrieländern. - Politische Vierteljahresschrift 25 (2), S. 134-155.
KOHLHEPP, G. (1995): Amazonien im Spannungsfeld von Umweltpolitik und Regionalentwicklung. - In: SEVILLA, R./RIBEIRO, D. (Hrsg.): Brasilien: Land der Zukunft? S. 27-43, Bad Honnef.
KOHLHEPP, G. (2001): Estratégias da politica ambiental e regional para a proteção das florestas tropicais no Brasil. O Programa Piloto internacional e seus atores em direção ao desenvolvimento sustantavel. - In: DERS. (Hrsg.): Brasil. Modernização e Globalização, S. 209-234, Frankfurt a.M.
MARCOVITCH, J. (1990): Política Industrial e tecnológica no Brasil: Uma avaliação preliminar. - Pensamiento Iberoamericano 17, S. 91-117.
MENZEL, U. (1995): Die postindustrielle Revolution. Tertiärisierung und Entstofflichung der postmodernen Ökonomie. - Entwicklung und Zusammenarbeit 36 (4), S. 100-104.
MEYER-STAMER, J. (1991): "Perestroiquinha": Neuorientierung in der brasilianischen Industriepolitik. - Lateinamerika. Analysen. Daten. Dokumentation 16, S. 64-78.
MINISTÉRIO DAS RELAÇÕES EXTERIORES (1996): Reform and Expansion of the UN Security Council, Internet.
MIROW, K. R. (1980): Das Atomgeschäft mit Brasilien: Ein Milliardenfiasko. - Frankfurt a.M.
MOLTMANN, B. (1984): Nuklearpolitik in Lateinamerika in Widersprüchen: Wachsende Abhängigkeit und zunehmende Autonomie. - In: EISENBARTH, C. (Hrsg.): Kernenergie und Dritte Welt. Texte und Materialien der Forschungsstätte der Evangelischen Studiengemeinschaft, Reihe A (18), S. 121-154, Heidelberg.
PEREZ LLANA, C. (1985): Brasilien und Westeuropa im globalen Kontext. - In: GRABENDORFF, W./ROETT, R. (Hrsg.): Lateinamerika - Westeuropa - Vereinigte Staaten: Ein atlantisches Dreieck?, S. 141-152, Baden-Baden.
ROETT, R. (1992): Brazil and Japan: Potential Versus Reality. - In: KAUFMAN P. ET AL. (Hrsg.): Japan and Latin America in the New Global Order, S.101-120, Boulder/London.

SANGMEISTER, H. (1986): Abschied vom Atomprogramm? Entwicklungstendenzen der brasilianischen Energiewirtschaft. – Energiewirtschaftliche Tagesfragen 36 (8), S. 636–639.

SANGMEISTER, H. (1988): Brasiliens Energiewirtschaft in der Krise. Schuldenkrise setzt Grenzen. – Energiewirtschaftliche Tagesfragen 38 (7), S. 555– 559.

SCHIRM, S. A. (1990): Brasilien: Regionalmacht zwischen Autonomie und Dependenz: Außenpolitik, Wirtschaft und Sicherheit im internationalen und lateinamerikanischen Kontext (1979–1988), Hamburg.

SCHIRM, S. A. (1994a): Außenpolitik. – In: BRIESEMEISTER, D. ET AL. (Hrsg.): Brasilien heute. Politik, Wirtschaft, Kultur, S. 243–254, Frankfurt a.M.

SCHIRM, S. A. (1994b): Macht und Wandel: Die Beziehungen der USA zu Mexiko und Brasilien. – Opladen.

SCHOELLER, W. (1995): Estrutura do comércio entre potências industriais e países de economia emergente: Alemanha e Brasil na União Européia. – In: BANDEIRA, L. A. ET AL. (Hrsg.): Brasil e Alemanha: A Construção do Futuro, S. 69–98, Brasilia.

SCHWAMBORN, F. (1994): Entwicklung und Schwerpunkte der wissenschaftlichen und kulturellen Beziehungen zwischen Brasilien und Deutschland. – In: BRIESEMEISTER, D. et al. (Hrsg.): Brasilien heute. Politik, Wirtschaft, Kultur, S. 587–602, Frankfurt a.M.

SEABRA DE CRUZ JR., A. ET AL. (1993): Brazil's Foreign Policy under Collor. – In: Journal of Interamerican Studies and World Affairs 35 (1), S. 119–144.

SEARA VÁSQUEZ, M. (1995): The UN Security Council at Fifty: Midlife Crisis or Terminal Illness? – In: Good Governance 1, S. 285–269.

SIMONIS, G. (1994): Technologie- und Forschungspolitik, internationale. – In: BOECKH, A. (Hrsg.): Internationale Beziehungen. Lexikon zur Politik, Bd. 6, S. 526–539, München.

SMITH, J. (1991): Unequal Giants: Diplomatic Relations Between the United States and Brazil, 1898 – 1930. – Pittsburgh.

SOARES DE LIMA, M. R. (1986): The Political Economy of Brazilian Foreign Policy: Nuclear Energy, Trade and Itaipú. – Nashville, Tenn.: Vanderbilt University.

STATISTISCHES BUNDESAMT (1996): Statistisches Jahrbuch der Bundesrepublik Deutschland 1995. – Wiesbaden.

STATISTISCHES BUNDESAMT (2003): Statistisches Jahrbuch der Bundesrepublik Deutschland 2002. – Wiesbaden.

UNITED NATIONS DEVELOPMENT PROGRAMME (2002): Human Development Report 2001. – New York.

UNITED NATIONS DEVELOPMENT PROGRAMME (2003): Human Development Report 2002. – New York.

WESSON, R.(1981): The United States and Brazil: Limits of Influence. – New York.

ZENK, G. (1992): Pilotprogramm zur Erhaltung brasilianischer Regenwälder. – Lateinamerika. Analysen. Daten. Dokumentation 9 (19), S. 65–68.

Elmar Altvater

Die Globalisierung Brasiliens[1]

Die brasilianische Finanzkrise vom Januar 1999 gibt dem Thema dieses Vortrags im Februar 1999 eine besondere Aktualität; die Reaktionen der Regierung Fernando Henrique Cardoso auf die Finanzkrise und die Wahl des neuen Präsidenten Lula Ignacio da Silva im Herbst 2002 und dessen Versuche, sich sowohl mit den globalen Finanzmärkten und den sie bestimmenden Akteuren zu verständigen als auch sozialpolitisch Neuland mit einem Programm gegen den Hunger und eine Reform des Systems der Pensionen zu betreten, haben dafür gesorgt, dass das Thema auch im Jahre 2003 nicht veraltet ist: die Auswirkungen der Globalisierung auf Wirtschaft, Gesellschaft, Politik Brasiliens und umgekehrt die Bedeutung, die Brasilien, immerhin ein sehr großes "Schwellenland", für die Weltwirtschaft gewonnen hat. Im Zusammenhang mit der drohenden Finanzkrise im Sommer 2002, als sich der Wahlsieg Lulas bereits abzeichnete, titelte die FINANCIAL TIMES DEUTSCHLAND: "Brasilienkrise bedroht globales Wachstum". Das war ohne Zweifel übertrieben, wenn nicht wegen eines mangelhaften Verständnisses der Ursachen von Finanz- und Wirtschaftskrisen falsch. Der Titel verweist jedoch auf die globalen Interdependenzen, die bei einer Analyse des *caso brasileiro* nicht unberücksichtigt bleiben dürfen.

1999: Die beträchtliche Abwertung des 'Real' und die kurzfristige Anhebung der Zinssätze auf an die 50 Prozent seit Januar 1999 sind sehr verschieden interpretiert worden. Die einen sprechen von einem "IMF-sponsored economic disaster" (CHOSSUDOWSKY 1999, S. 299), andere verweisen auf Fehler der brasilianischen Wirtschaftspolitik, die nicht konsequent genug auf die "Sachzwänge des Weltmarkts" angemessene Antworten gefunden habe; wieder andere empören sich über möglicherweise kriminelle Insidergeschäfte, mit denen sich einige private Banken im Verlauf der Währungsabwertung, die dem Land einen Verlust von 102,6 Mrd Reais bescherte (FOLHA DE SÃO PAULO, 14.4.1999), eines Teils des Devisenschatzes der Zen-

---

[1] Der Text basiert auf einem Vortrag im Rahmen des "Studium generale" an der Universität Tübingen am 4.2.1999. Für die Veröffentlichung vier Jahre später ist der Text an manchen Stellen aktualisiert worden.

tralbank bemächtigt haben². Es ist aber auch die sehr viel grundsätzlichere Frage aufzuwerfen, ob nicht das wirtschaftspolitische Paradigma der Öffnung nach der Phase der importsubstituierenden Industrialisierung und der Herstellung der Bedingungen "systemischer Wettbewerbsfähigkeit" an Schranken gestoßen ist, so dass die aktuelle Krise Brasiliens eher als lokaler Ausdruck einer Krise der Globalisierung interpretiert werden müsste – so wie im Fall der asiatischen Länder auch. Deren Krise im Jahre 1997 ist sicherlich nicht nur durch "Crony Capitalism", Intransparenz der finanziellen Verpflichtungen, elitäre Irrationalität und "imprudential behaviour of financial institutions" (IMF 1999) verursacht worden, sondern durch die scheinbar neutralen Bewegungsgesetze des globalen Kapitals (DIETER 1998), die allerdings im Falle Brasiliens von Insidern skrupellos zu ihrem Besten und zum Schlechtesten für die Zentralbank und die Bevölkerung ausgenutzt werden. Die restriktive Wirtschaftspolitik Cardosos hat, wie der argentinische Ökonom Jorge Beinstein von Brasilien sagt, eine "Ökonomie des Mangels und des Elends" aufrechterhalten. Das ist für einen großen Teil der brasilianischen Gesellschaft eine richtige Beschreibung. Die Fundação Getulio Vargas gibt an, dass 50 Millionen Brasilianer am Ende der Amtszeit Cardosos im Jahre 2002 mit einem monatlichen Einkommen von weniger als 80 Reais (ca. 30 Euro) auskommen müssen. Etwa die Hälfte der Armen sind Kinder unter 15 Jahren. Die als neoliberal apostrophierte Politik der Anpassung an globale "Sachzwänge" Cardosos ist zwar von "den Märkten" und den Medien belobigt worden, hat aber die Armut in Brasilien vergrößert und nicht verringert. Obendrein ist die Außenverschuldung Brasiliens von unter 150 Mrd US-$ im Jahre 1993 auf über 212 Mrd US-$ Mitte 2002 angestiegen. Die Binnenverschuldung ist von etwa 30 % im Jahre 1996 auf über 60 % des BIP hochgeschnellt (vgl. FRITZ 2003).

2003: Das Erbe, das Präsident Lula antreten musste, ist also schwierig. Es zeigt sich erneut der enorme Einfluss, den die globalen Märkte, insbesondere die Finanzmärkte auf die brasilianische Ökonomie, Gesellschaft und Politik ausüben. Schon während der Wahlkampagne hat Lula zur Beruhigung der Finanzmärkte und der internationalen Finanzinstitutionen zugesagt, einen primären Haushaltsüberschuss von 3,75 % des BIP zu erzielen, aus dem die fälligen Zinszahlungen auf die öffentlichen internen und externen Schulden abgezweigt werden können. Tatsächlich wurde diese Zusage noch übertroffen; denn der Primärüberschuss machte im ersten Quartal 2003 sogar 4,6 % aus und er soll über die gesamte Amtsperiode hinweg bis 2006 jährlich 4,0 % betragen. Aber reicht dieser Überschuss bei Zinsen von mehr als 20 %, um die monetären Verpflichtungen zu erfüllen und perspektivisch abzubauen und zugleich die Erwartungen der Wähler zu erfüllen, die Lula

---

2   Vgl. auch die Aufstellung über Gewinner und Verlierer während der Real-Krise vom Januar 1999 in: FOLHA DE SÃO PAULO, 30.4.99, S. 6–7; Am 6.5.1999 titelt die FOLHA DE SÃO PAULO: "Die Wette gegen den Real hat 24 Banken 10 Mrd Reais beschert", darunter der Citibank allein 1,638 Mrd Reais, der Deutschen Bank fast 400 Mio Reais.

in der Kampagne selbst geweckt hat? "Die Märkte müssen wissen, dass die Brasilianer das Recht haben, drei Mal am Tag zu essen", lautete die Formel, eigentlich eine Selbstverständlichkeit, die unter Bedingungen der Abhängigkeit von globalen Finanzmärkten nur mit großen Anstrengungen umgesetzt werden kann. Etwa ein Jahr nach der Wahl Lulas zeigt sich wieder einmal, dass das Einfache schwer zu machen ist. Ein Spagat ist verlangt, ein artistischer Sprung im Carré politischer Unvereinbarkeiten zwischen den Utopien einer gerechten Gesellschaft und den profanen Anforderungen "der Märkte".

Wie soll im Folgenden vorgegangen werden? Es ist sinnvoll, zunächst der Frage nachzugehen, was unter Globalisierung im Hinblick auf Brasilien verstanden werden muss. Da der ehemalige brasilianische Staatspräsident Fernando Henrique Cardoso ein Intellektueller von Rang und Sozialwissenschaftler von weltweiter Ausstrahlung ist, ist es naheliegend, Äußerungen Fernando Henrique Cardosos zur Frage der Globalisierung zu Rate zu ziehen. Er hat sich in den vergangenen Jahren des öfteren zu diesem Thema geäußert, unter anderem in einem Vortrag vor dem 'Indian International Center' in New Delhi 1996 unter dem Titel "Social Consequences of Globalization. Marginalization or Improvement"[3]. Globalisierung, so Fernando Henrique Cardoso, ist der Name einer "new international order", die alle Gesellschaften "with a sense of realism" zu akzeptieren haben. Von besonderer Bedeutung sind dabei die transnationalen und globalen Finanzflüsse, die Öffnung der nationalen Wirtschaften gegenüber dem globalen Handel, "a growing uniformity in the institutional and regulatory framework in all countries" und schließlich "a revolution in production patterns leading to a significant shift in the comparative advantages of nations".

Cardoso beschäftigt sich in diesem Beitrag also vor allem mit der ökonomischen und politischen Dimension der Globalisierung und spart die kulturellen Fragen aus. Dieser Vorgabe möchte ich folgen und die von Cardoso hervorgehobenen Merkmale der Globalisierung etwas eingehender diskutieren. Dabei folge ich nicht jenem diskurstheoretischen Herangehen von Novy und Mattl, die den sehr interessanten Versuch gemacht haben, "Globalisierung als diskursive Strategie und Struktur" am Beispiel Brasiliens unter Bezug auf Äußerungen Cardosos zu deuten (NOVY/MATTL 1999, S. 151–167). Sie unterscheiden zwar verschiedene diskursive Strategien ("Globalisierung ist radikal neu und macht bestehende Theorien und Praktiken obsolet"; "Globalisierung ist ungerecht, aber unausweichlich und alternativlos"; "soziale Integration muss von oben – von den kulturellen und ökonomischen Eliten – betrieben werden") und versuchen, die "Ordnung des Diskurses" unter Rekurs auf Foucaults Begriff des Paradigmas und Dispositivs zu entschlüsseln (ibid.). Das diskurstheoretische Vorgehen verharrt aber in den Deutungsmustern der Globalisierung, während hier auch der Versuch

---

[3] Der Text der Rede ist im Internet verfügbar: http://www.brasil.emb.nw.dc.us/pst06gl.htm; download am 24.1.99; in Portugiesisch: FOLHA DE SÃO PAULO, 28.1.1996.

gemacht wird, die Deutungsmuster – eher wissenssoziologisch – auf die realen Prozesse einer, wie man sagen könnte, "Globalisierung Brasiliens" zu "relationieren". Bei dieser Analyse stehen Finanz- und Arbeitsmarkt im Vordergrund, deren Wirkungsweise für die Fragmentierung der brasilianischen Gesellschaft verantwortlich ist.

Die finanzielle Globalisierung

Das internationale Finanzsystem entwickelte sich in den vergangenen Jahrzehnten mit geradezu spektakulären Wachstumsraten. Bei Betrachtung der *quantitativen* Dimension der Geldvermögen und der Schulden – die beiden Seiten des Geldes – wird dies deutlich. Während sich die Welthandelsumsätze in den 1980er und 1990er Jahren etwas mehr als verdoppelten (von 2.680 Mrd US-$ im Zehnjahresdurchschnitt 1980/89 auf 5.675 Mrd US-$ im Durchschnitt 1990/99 (IMF 1998a, S. 200)), haben die Devisenmarktumsätze von 1986 bis 1995 von täglich 188 Mrd US-$ auf 1.190 Mrd US-$ um das Sechsfache zugenommen. Der Nennwert von Kontrakten über finanzielle Derivate erreicht das Mehrfache des globalen Sozialprodukts (IMF 1998a, S. 97). Die Steigerungsrate der Bestände im abgelaufenen Jahrzehnt beläuft sich auf mehrere hundert Prozent bis zu mehr als 1.000 Prozent, je nach Finanzinstrument. Für die Zirkulation des Welthandels bei einem jährlichen Volumen von etwa 6.800 Mrd US-$ (Weltexporte von Gütern und Dienstleistungen 1997) würden bei unterstellten 250 Arbeitstagen im Jahr täglich rund 27 Mrd US-$ ausreichen. Die Finanztransaktionen haben also nur noch sehr wenig mit den realwirtschaftlichen Transaktionen des Welthandels und mit den Direktinvestitionen zu tun. Das Geld fungiert nur noch – wenn man es quantitativ ausdrücken möchte – zu etwa 2 Prozent als Zirkulationsmittel, zu 98 Prozent als Zahlungsmittel, als Kredit. Das Geld als Zahlungsmittel bemisst sich, wie es seiner Natur entspricht, mit dem Zinssatz *selbstreferentiell* nur an sich. Dies kann als ein klares Indiz für die Entkopplung der monetären von der realen Sphäre interpretiert werden, auch wenn diese Entkopplung niemals total sein kann (ALTVATER/MAHNKOPF 1996, S. 145ff; ALTVATER/MAHNKOPF 2002).

Aber auch *qualitativ* haben sich die finanziellen Beziehungen in dem vergangenen Vierteljahrhundert radikal gewandelt. Finanzinnovationen haben Mobilität und Flexibilität der Kapitalanlage enorm gesteigert. So ist überhaupt der Globalisierungsschub des vergangenen Jahrzehnts zustande gekommen, und so hat sich auch eine neue finanzielle Geographie herausbilden können. Die Hegde Fonds operieren zumeist von den USA und von den Off shore Bankzonen der Karibik aus, nur wenige haben in Europa ihren Sitz (IMF 1998d, S. 31). Die Deutsche Bundesbank gibt sogar die Zahl der Hedge Fonds mit gut 5.500 Ende 1997 an (MONATSBERICHTE MÄRZ 1999, S. 34). Die Hedge Fonds der Karibik managen 1997 67,4 Mrd US-$ Vermögensanlagen (von insgesamt rund 110 Mrd US-$). Auch hier liegen die Zahlen der Deutschen Bundesbank höher, nämlich bei ungefähr 300 Mrd US-$ (ibid., S. 36). Wegen der Hebelwirkung, mit der aus den Vermögensanlagen das Mehrfache an Beträgen gemacht werden kann, mit denen die Fondsmanager auf den Märkten "spielen", sind die Beträge in ihrer Wirkung zu multiplizieren (IMF 1998d, S. 35); die Bundesbank gibt an, dass ca. 30 % der Hedge Fonds kein "leverage" haben, etwa 54 % ein leverage unter 2 und 15,6 % eine Hebelwirkung von mehr als 2:1. Dies ist eine vorsichtige Schätzung, denn der IMF zeigt in einer erklärenden Box zur Frage des leverage, wie aus einer equity base von nur 1,- US-$ ein notional value von 1.000,- US-$ werden kann (IMF 1998b, S. 52), mit dem auf den internationalen Finanzmärkten spekuliert wird. Etwa 50 % der Hedge Fonds sind "global players", die sich vor allem auf "emerging markets" engagieren, weitere 7 % werden als "macro players" klassifiziert, die je nach makroökonomischer Lage das Fondsvermögen in aller Welt anlegen (IMF 1998d, S. 7; MONATSBERICHTE, S. 34; auch ENQUETE-KOMMISSION 2002). Nur rund ein Viertel der Hedge Fonds wird als "marktneutral" eingeschätzt; sie werden am ehesten dem Namen der Fonds gerecht, nämlich zu "hedgen", Kapitalanlagen gegen Risiken der Spekulation "einzuzäunen".

Die Hedge Fonds werden deshalb so aufmerksam betrachtet, weil ein großer Hedge Fonds, der Long Term Capital Management Fonds mit Sitz in New York, im September fast zusammengebrochen wäre und eine Finanzkrise auch in den Gläubigerländern von größtem Ausmaß hätte auslösen können. Die Geldvermögen müssen also groß genug sein, um sie auch dann zu retten, wenn sie, weil die Erträge und Rückflüsse ausbleiben, eigentlich bankrott sind. Im Fall des "Long Term Capital Management" Hedge Fund brachten auf Initiative der New York Federal Reserve Bank 14 international operierende Banken in nur wenigen Tagen 3,6 Mrd US-$ auf, um den Fonds zu stützen. Die Absicht war natürlich, Auswirkungen einer milliardenschweren Fondspleite auf das internationale Bankensystem zu verhindern. Hier ist eine neue Form von 'private public partnership' zur Geltung gebracht worden, die tatsächlich erahnen lässt, wie "Finanzkrisen im 21. Jahrhundert" (so IWF-Direktor Camdessus im Kontext der Mexiko-Krise 1994) gemanagt werden sollen. Auch wenn das Management der Finanzkrise futuristisch erscheint, ist es im Kern sehr traditionell: Es geht immer um die Sozialisierung von Verlusten, damit Geldvermögen von Privaten nicht abgewertet werden müssen. So ist es bereits im Verlauf der Schuldenkrise der 80er Jahre geschehen, und so wird das System auch am Ende der 90er Jahre, allerdings mit ungleich größeren Ausmaßen, reguliert. Dies war der Grund dafür, dass 1999 das "Financial Stability Forum" mit Sitz in Basel eingerichtet worden ist, das im Verlauf eines Jahres Vorschläge zur Regulation kurzfristiger Kapitalströme, der Offshore-Finanzzentren und der Hedge Fonds ("Fonds mit großer Hebelwirkung") erarbeitet hat.

Die Treibräder des Prozesses der Herauslösung von Markt und Geld aus den sozialen und politischen Bindungen sind in den Knotenpunkten des globalen Finanznetzes lokalisiert, dort, wo politische Kontrolle schwach und soziale Bindungen im "Offshore" zu vernachlässigen sind. Normalerweise lässt sich von ihnen aus das übliche Geschäft der Arbitrage, d.h. der Ausnutzung kleinster Zins- und Kursdifferentiale in Zeit und Raum, bestens besorgen. Es entsteht also eine neue Geographie des Weltsystems, in der weder die Karten der Naturräume noch jene der politischen Grenzen zur Orientierung verhelfen, wohl aber die Statistiken der globalen Finanztransfers, sofern vorhanden und verlässlich. Die Knotenpunkte des globalen Netzes beherrschen die Funktionsweise des Finanzsystems in allen Ländern, die im Zuge der Öffnung zum Weltmarkt Kontrollen des Kapitalverkehrs aufgegeben haben. Es findet also eine Art *"Nodalisierung"* des globalen ökonomischen Raums statt (ALTVATER/MAHNKOPF 1996, S. 123ff). Die Knotenpunkte sind jene "global cities", in denen die Globalisierung sozusagen ihren Lokus hat. Dort werden die Mittel für finanzielle Attacken auf bestimmte Währungen gesammelt, die dann als eine Art "Stampede" losgelassen werden. So geschehen 1992 in Europa, 1994 in Mexiko, 1997 in Asien, 1998 in Russland und 1998/99 in Brasilien und 2001 in Argentinien – von weniger spektakulären und zukünftigen Fällen abgesehen.

Wie groß die Macht der Finanzwelt im globalen Raum ist, erschließt sich andeutungsweise, wenn man in Rechnung stellt, dass die Bestände an finanziellen Forderungen Zinsansprüche hervorbringen. Die 'claims of banks', die bei der Bank für Internationalen Zahlungsausgleich (BIZ) berichten müssen, summierten sich im Juni 1998 auf insgesamt 1.184 Mrd US-$ (IMF 1998b, S. 42); davon waren 84,6 Mrd US-$ gegen Brasilien gerichtet. Man kann getrost diese Summe erhöhen, denn Globalisierung und Deregulierung haben die Transparenz des globalen Finanzsystems verschlechtert, so dass Schulden ebenso wie Geldvermögen systematisch unterschätzt werden. Dies wurde etwa in Südkorea im Verlauf der Finanzkrise 1997/98 deutlich, als Schulden von Unternehmen bekannt wurden, von denen selbst die Zentralbank bis dato keine Ahnung gehabt hatte (DE LUNA MARTINEZ 2002). Die claims üben immer dann eine fatale Rolle aus, wenn die realen Zinsen höher liegen als die reale Wachstumsrate bzw. die Rentabilität von kredit-finanzierten Investitionsobjekten in der realen Wirtschaft und wenn die Kapitalanlagen nicht langfristig als Direktinvestitionen gebunden, sondern nur kurzfristig angelegt sind, um schnell möglichst hohe Erträge zu erzielen. Dann verwandeln sich monetäre Forderungen des globalen Finanzsystems (die manche postmoderne Autoren als virtuell einstufen – z.B. MENZEL 1993 und 1996) in Ansprüche an die reale Ökonomie und ihre gesellschaftlichen Akteure.

Die Forderungen können die Leistungsfähigkeit der Schuldner übersteigen und sie in eine Entwertung von Vermögen treiben, damit die Ansprüche von Geldvermögensbesitzern bedient werden können. Allerdings müsste hinzugefügt werden, dass die Verluste bislang vor allem von den Schuldnern getragen werden mussten, und dass die internationalen Institutionen von Bretton Woods mit der kurzfristig hergestellten Schuldendienstfähigkeit durch finanzielle Stützung der Schuldner die Vermögen der Anleger gerettet haben. Der Preis, den Schuldner zu bezahlen haben, sind Strukturanpassungsmaßnahmen, zu denen die betroffenen Länder verpflichtet werden, auch wenn sie formal in einem "letter of intent" eine "freiwillige" Selbstverpflichtung übernehmen. Die sozialen Auswirkungen sind auch in der Finanzkrise der späten 90er Jahre in einer Reihe von Ländern – Thailand, Indonesien, Russland, aber auch Brasilien – nur als katastrophal zu bezeichnen.

Die Inflation seit Beginn der 80er Jahre und der "Plano Real"

Die galoppierende Inflation in Brasilien während der 80er Jahre hat eine außerordentlich wichtige Rolle gespielt. Zwar bedeutet eine hohe Inflationsrate im Prinzip, dass sich Schuldner zu entschulden vermögen, aber in Brasilien hat die Inflation bis zum "plano real" von 1994 eher "deflationär" gewirkt: Denn erstens hat sie infolge der Abwertung der Währung gegenüber dem Dollar zu einer realen Vergrößerung der Schuldenlast – in nationaler Währung ausgedrückt – geführt. Der Dollar, in dem die Schulden zum allergrößten Teil denominiert worden sind, war ja von der Inflation nicht nur nicht betroffen, sondern erfuhr in dem Maße, in dem die brasilianische Währung abgewertet wurde, eine entsprechende Aufwertung. Zum anderen hat die galoppierende Inflation zu einer Fülle von Aktivitäten und Innovationen Anlass gegeben, die alle der kurzfristigen Sicherung des Geldwerts zum Teil *over night* dienten, so dass diejenigen, denen es gelang, die inflationäre Geldentwertung durch Kurs- oder Zinsgewinne zu kompensieren, ihren Vermögenswert auf Kosten derjenigen sichern konnten, denen es nicht gelang, den Vermögenswert gegen die Inflation zu verteidigen. Zur ersteren Gruppe gehörten in der Regel große Vermögensbesitzer, deren Aktiva professionell mit entsprechenden innovativen Papieren gesichert wurden, während kleine Vermögen, bei denen die Vermögenssicherung hohe Transaktionskosten verursachte, an Wert verloren haben. Im Ergebnis gewinnen in einer Situation, in der die Zinsen oberhalb der realen Wachstumsrate liegen, immer die Geldvermögensbesitzer, allerdings höchst ungleich und in bestimmten Situationen höchst risikoreich, wenn nämlich Schuldner, auf deren Schuldendienst der Wert der Vermögen gründet, in ihrer Leistungsfähigkeit überfordert werden. Dann kann sich das "Börsenspiel der Bankokraten" (MARX, MEW 23:783) als gefährliches Spiel, an dessen Ende der Bankrott steht, herausstellen.

Der Plano Real machte, für viele überraschend, mit der Hyperinflation der 80er und frühen 90er Jahre Schluss. Von einer Jahresrate von etwa 5.500 % zum Zeitpunkt der Verkündung des Plans ging die Inflation im ersten Jahr nach dem Plan auf 15 %, im zweiten Jahr auf 9,2 % und im dritten Jahr auf 7,8 % zurück. Ende 1997 lag die Jahresrate bei 6 %. Obwohl der Rückgang der Inflation mit hohen Realzinsen einherging, kam es zunächst nicht zu der befürchteten Rezession. Denn die beschleunigte "Streichung der Inflationssteuer" auf die Masseneinkommen hatte einen Anstieg der kaufkräftigen

Nachfrage zur Folge. Allerdings richtete sich diese Nachfrage auch auf Importgüter, so dass die Importe stiegen, ohne dass Exporte entsprechend zunehmen konnten, da ja der Real an den Dollar gebunden und extrem überbewertet war. Das Defizit der Handelsbilanz wuchs und musste durch Kapitalimport finanziert werden. Dies war kein Problem, so lange Kapitalanlagen in "emerging markets" als Wundermittel für hohe Erträge galten, weil die Realzinsen überdurchschnittlich hoch und der Wechselkurs an den US-$ gebunden war. Doch die Mexiko-Krise 1994/95 löste den "Tequila-Effekt" in Lateinamerika aus. Kapitalanleger wurden vorsichtiger. Die Asienkrise zweieinhalb Jahre später hatte bereits einen globalen "contagion-effect", die alle als "emerging" klassifizierten Märkte ansteckte. Es bedurfte dann aber noch der Russlandkrise im August 1998, um Brasilien in den Strudel der globalen Finanzkrise direkt hineinzuziehen.

Besonders in jenen Ländern, die Finanz- und Währungskrisen haben durchstehen und bewältigen müssen, ist die öffentliche Verschuldung enorm angestiegen. Dies ist ein Ausdruck der Sozialisierung von Schulden zur Sicherung privater Geldvermögen. Dabei müssen nicht immer Insidergeschäfte wie im brasilianischen Fall, die einen Beitrag zur Plünderung der offiziellen Devisenreserven geleistet haben, eine Rolle gespielt haben. Es war offizielle Regierungspolitik, wechselkursindizierte Staatsschuldtitel herauszugeben, die die Käufer der Schuldtitel davor bewahrten, die Abwertungsverluste zu erleiden. Der Staat hat sie ihnen abgenommen. Mit den steigenden Schulden aber verschlechtert sich das Rating, so dass mit dem Risiko die Zinsbelastung steigt. Hohe Realzinsen haben eine ökonomisch blockierende Wirkung. Denn sie mindern die Bereitschaft zu Realinvestitionen, da ja Finanzinnovationen lukrativer sind.

Diese Konstellation übt wegen der schon erwähnten wachsenden Ungleichheit einen negativen Einfluss auf die Beschäftigung aus. Auch hier geht es nicht um die bloße Quantität von Beschäftigung und Arbeitslosigkeit, sondern um qualitative Veränderungen des gesellschaftlichen Systems der Arbeit, die durch die finanzielle Globalisierung bestärkt werden. Die finanziellen Innovationen folgen einer dominanten Logik: Das finanzielle Kapital muss mobil und höchst flexibel auf kleinste Differenzen zwischen verschiedenen Anlagemöglichkeiten im Raum und in der Zeit reagieren können. Eine langfristige Bindung von Kapital wird daher nicht mehr eingegangen, und wenn Kapital längerfristig angelegt wird, dann in einer Form, die die kurzfristige Mobilisierung nicht ausschließt. So kommt es, dass selbst langfristig ausgelegte Projekte (wie hydroelektrische Versorgungsunternehmen) mit kurzfristigen Krediten finanziert werden, und es daher nahezu ausgeschlossen ist, über die Laufzeit des Projekts von mehreren Jahrzehnten mit festen Zinssätzen zu kalkulieren, wie in Brasilien im Falle der Hydrokraftwerke von Itaipu oder Tucuruí (vgl. ALTVATER 1987). Die Kurzfristigkeit der Kapitalanlagen und deren schnelle Mobilisierbarkeit und flexible Verwendbarkeit ist auch ein Ausdruck der Kurzsichtigkeit (Myopie) von Akteuren unter dem Druck der globalen Konkurrenz. Es waren daher die kurzfristigen massiven Kapitalanlagen, vor allem von Pensions-, Mutual- und Hedge Fonds, die die mexikanische Krise 1994, die asiatische Krise 1997, die Russlandkrise 1998, die Brasilienkrise 1999 und die Argentinienkrise 2001/2002 ausgelöst haben. Sehr hohe "Kapitalflucht" in kurzer Frist hat zum Ruin der je nationalen Währung, einer massiven Abwertung und dem Zwang geführt, neue Kredite beim IWF aufzunehmen, aus denen die Kapitalflucht der Privaten finanziert werden konnte. Für die neuen Schulden sind aber die Staaten verantwortlich, für den Schuldendienst also die Steuerzahler. Auch hier ist die Umverteilungswirkung offensichtlich, auch wenn es nicht einfach sein dürfte, sie exakt zu quantifizieren.

Brasilien hat in den Jahren nach dem Plano Real wegen der Überbewertung der Währung – das zentrale Instrument zur Bekämpfung der Inflation – also hohe Leistungsbilanzdefizite hinnehmen müssen (1996: 24,4 Mrd US-$; 1997: 33,4 Mrd US-$), die vor allem mit kurzfristigem externen Kapital geschlossen wurden. Der IMF gibt an, dass 65,7 % der Außenschulden Brasiliens eine Laufzeit von weniger als einem Jahr hatten (IMF 1998e, S. 51). Die Verwundbarkeit Brasiliens infolge eines plötzlichen und massiven Kapitalabflusses war also schon vor der akuten Finanzkrise sehr hoch, und umgekehrt auch das Risiko der Gläubiger. Carl D. Goerdeler zitiert in der "ZEIT" (21.1.1999) einen Banker mit den Worten: "Seit zwei Jahren warne ich ... vor Direktkrediten in Brasilien". Im "Rating" von souveränen Risiken durch die großen Rating-agencies ist Brasilien mit BB- (durch Standard & Poor) schwach bewertet worden; Moody's hat zwischen Juni und Oktober 1998 Brasilien sogar von B1 auf B2 herabgestuft. Jede Abstufung bedeutet eine Steigerung der Zinssätze, kommt also das Land teuer zu stehen. Die Macht der Rating agencies in Zeiten der Globalisierung über die souveräne Politik eines Landes ist also beträchtlich gewachsen.

Die Finanzkrise als Vehikel der Umverteilung von der Arbeit zum Kapital

Seit Beginn der 1980er Jahre hat sich im globalen Finanzsystem "eine Revolution" (MINC 1997, 1. Kapitel) zugetragen; die realen Wachstumsraten des Bruttoinlandsprodukts liegen seitdem unter den langfristigen Realzinsen (Nominalzinsen abzüglich Inflationsrate). Besonders die Hochzinspolitik Reagans hat in dieser Phase den "Zinsschock" ausgelöst, der 1982 zuerst im August Mexiko und dann im November Brasilien zur Einstellung der Zahlung des Schuldendienstes zwang. Die Schuldenkrise war eingeleitet. Über die Folgen für Brasilien schreibt FERNANDO REZENDE:

> From an economic point of view, the 1980s were a lost decade. Unstable domestic conditions and opportunities to obtain returns from spculative financial operations turned investors away from productive applications of capital... (REZENDE 1998, S. 563).

Der Zinsschock, der die von REZENDE angedeuteten Verhaltensänderungen von Investoren provozierte, lässt sich mit dem nachfolgenden *Schaubild* zeigen: die "Revolution" der Umkehrung des Verhältnisses von einer "schuldnerfreundlichen" Situation hoher realer Wachstums- und vergleichsweise niedriger Inflationsraten zu einer für Geldvermögensbesitzer freundlichen Konstellation hoher Realzinsen, an die aber die realen Wachstumsraten nicht mehr heranreichten. Das *Schaubild* bezieht sich auf die USA; in anderen OECD-Ländern lassen sich ganz ähnliche Tendenzen feststellen (OECD 1997a, S. 50, S. 108) und in Brasilien lagen die Dinge – wegen des hohen Risikoaufschlags (*"risco pais"*) noch akzentuiert – im Prinzip nicht anders. BARBARA FRITZ zitiert den ESTADO DE SÃO PAULO (22.01.03), wonach Brasilien nach der Türkei und Polen die weltweit höchsten Realzinssätze aufweise (FRITZ 2003).

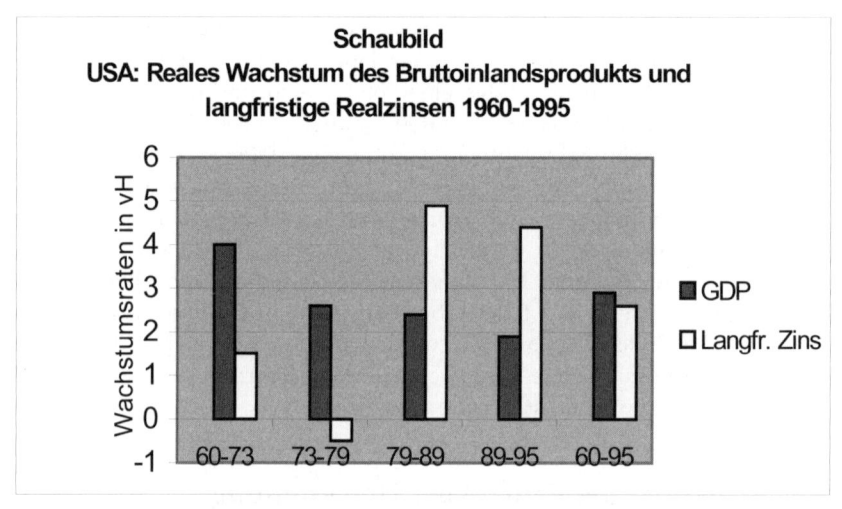

Schaubild
USA: Reales Wachstum des Bruttoinlandsprodukts und langfristige Realzinsen 1960-1995

Quelle: Daten der OECD 1997a: 50, 108; eigene Darstellung

Die Konstellation von Zinsen oberhalb der realen Wachstumsrate und auch oberhalb der Rendite von realen Investitionen hat Auswirkungen auf den wirtschaftlichen Akkumulationsprozess (vgl. auch ENQUETE-KOMMISSION 2002, S. 69–73). Geld ist zwar ein stimulierendes Getränk, doch müssen wir, so Keynes, gewahr sein, "that there may be several slips between the cup and the lip" (KEYNES 1936, S. 173). Im nationalen Rahmen lassen sich Realinvestitionen und daher auch Produktion, Einkommen und Beschäftigung stimulieren, wenn die Zinsen unter die erzielbare Profitrate gedrückt werden. Das war Keynes' Idee in der "General Theory...":

> ... Thus it is to our best advantage to reduce the rate of interest to that point relatively to the schedule of the marginal efficiency of capital at which there is full employment (KEYNES 1936, S. 375).

Doch seit Beginn der 80er Jahre ist die "monetaristische Weiche" (ALT-VATER/MAHNKOPF 1996, S. 156–159) von Zinsen oberhalb der Wachstumsrate und der Rentabilität von Realinvestitionen nicht mehr durch eine Zentralbank zu bewegen, und daher können entgegen der Keynes'schen Empfehlung die Zinsen nicht gesenkt werden. Wenn dann Schuldner nicht in der Lage sind, die Schulden ordentlich zu bedienen, steigen die Kreditrisiken. Da sich Kreditgeber nur zu Ausleihungen bewegen lassen, wenn das Risiko abgegolten werden kann, erhöht sich das globale Zinsniveau um die höhere Risikokomponente. So werden Finanzinvestitionen an Stelle von Realinvestitionen möglicherweise noch attraktiver – bis zu dem "Augenblick der Wahrheit", an dem sich herausstellt, dass in der "Konkurrenz um Anteile am globalen Mehrwert" zu wenig "Masse im Topf" ist, als dass alle inzwischen entstandenen und abgeleiteten Forderungen ordentlich bedient werden könnten. Die Finanzkrise bricht aus. Die Aufnahme von Schulden ist daher immer ein risikoreiches Spiel. Die Schuldenkrise der 80er Jahre, von der Brasilien schwer betroffen war, hat dies deutlich gezeigt. Die Schulden konnten nur noch aus der Substanz finanziert werden, die claims der Geldvermögensbesitzer und die Verpflichtungen der Schuldner sind, wenn die Wachstumsrate der realen Ökonomie mit den Zinsen nicht mithält, Elemente eines turbulenten[4] Umverteilungsprozesses mit nationaler, aber auch globaler Dimension. Die Richtung der Umverteilung weist von der Arbeit zum Geld, von den Arbeitskraftbesitzern zu den Geldvermögensbesitzern, von den Investitionen in die reale Wirtschaft zu den Finanzanlagen, von der Binnenmarktorientierung zur globalen Öffnung – mit Konsequenzen für die Gestaltung der Welt der Arbeit.

Nach dem Desaster in Asien, das von der IMF-Orthodoxie verschärft worden ist (vgl. DIETER 1998; selbstkritisch: STIGLITZ 1998; STIGLITZ 2002), und dem in den Koordinaten globaler Finanzpolitik nahezu hoffnungslos erscheinenden Sanierungsfall Russland sollten in Brasilien im Jahre 1998, als Zahlungsschwierigkeiten drohten, *ante festum* die Mittel verabreicht werden, die verhindern sollten, dass das *festum* eine finanzielle Teufelshochzeit wird. Die asiatischen Länder haben IMF-Kredite erst erhalten, nachdem die Krise ausgebrochen und ihre Abwärts-Dynamik nicht mehr aufzuhalten war. Die Währungsabwertungen nahmen ihren Lauf, der Zusammenbruch von Schuldnern, die Überschuldung des öffentlichen Sektors, nachdem die Privaten zahlungsunfähig geworden waren, die Bankenkrisen sind die Länder teuer zu stehen gekommen. Zwischen einem Fünftel und zwei Drittel des BIP eines Jahres mussten zur Rettung des Finanzsektors aufgebracht werden (DE LUNA MARTINEZ 2002, S. 77). In Brasilien freilich sollte alles anders laufen. Im November 1998 erhielt das Land eine Kreditzusage des IMF von

---

[4] Dies soll heißen, dass die Umverteilung nicht nur in einer, sondern auf verschiedenen Dimensionen in unterschiedlicher Richtung abläuft: zwischen Kapital und Arbeit, Gläubigern und Schuldnern, denen, die im Globalisierungsprozess inkludiert sind, und den Exkludierten, zwischen öffentlicher und privater Sphäre etc.

15,9 Mrd US-$ bis zum Ende 1999 und weitere 18,1 Mrd US-$ bis 2001. Damit sollte die Zahlungsfähigkeit des Landes gesichert und Spekulanten die Lust zur Attacke genommen werden. Doch kurz nach dem 17. November, als das Kreditpaket geschnürt wurde, begann die Kapitalflucht. Der Kurs des Real war gegen die Kapitalflucht im Januar 1999 nicht zu halten; der Wertverlust betrug in wenigen Tagen 50 %. Die vom IMF bereit gestellten Kredite dienten nicht etwa der Finanzierung von Importen zur Erweiterung der produktiven Basis, sondern beinahe ausschließlich der Finanzierung der Kapitalflucht; die Devisenreserven, die "Kriegskasse" des Banco Central do Brasil schmolzen von beruhigenden 78 Mrd US-$ im Juli 1998 auf 48 Mrd US-$ im September und auf 32 Mrd US-$ am Ende des Jahres 1998 (FOLHA DE SÃO PAULO, 14.4.1999). Die Privaten brachten ihre in Real denominierten Vermögenswerte vor der Abwertung in Dollarsicherheit; der brasilianische Staat hat die Dollarverpflichtungen gegenüber dem IMF und anderen Kreditgebern zu erfüllen. Da der Real abgewertet ist, sind die Schulden und der Schuldendienst in Inlandswährung entsprechend gestiegen. Die Belastung der Bevölkerung ist also durch die Impfaktion des IMF gegen die Ansteckung aus Asien und Russland größer geworden. Da obendrein zur Attraktion flüchtigen Kapitals die Zinsen auf Sätze von mehr als 40 % angehoben wurden, sind produktive Investitionen nachgerade unter Strafe gestellt. Weder werden Arbeitsplätze im privaten Sektor geschaffen, noch Sozialausgaben des öffentlichen Sektors entsprechend der Ausdehnung von Arbeitslosigkeit und Armut ausgeweitet. Die Finanzkrise Brasiliens hat wie in Asien oder Russland fatale ökonomische und soziale Auswirkungen.

Dies ist zu Beginn des 21. Jahrhunderts nicht anders als in den 80er und 90er Jahren. Die Nominalzinsen betrugen in Brasilien zwischen 18 % im August 2002 und 26,5 % von Februar bis Mai 2003, um danach schrittweise auf immer noch extrem hohe 22 % im August 2003 gesenkt zu werden. Wer also über Finanztitel verfügte, konnte bei einer Inflationsrate von weniger als 10 % (infolge der harten Restriktionspolitik der Regierung Lula sind die Preise im Juni 2003 sogar um 0,15 % geschrumpft – nach FRITZ 2003) einen schönen Schnitt machen. Die Bezieher von Arbeitseinkommen hingegen mussten von Juli 2002 bis Juli 2003 eine durchschnittliche Minderung ihrer Löhne und Gehälter von 16,4 % hinnehmen (Angaben des IBGE nach: O GLOBO 21.8.03). An diesen Daten wird etwa ein Jahr nach der Präsidentschaftswahl die Politik Lulas bemessen, die Francisco de Oliveira als Politik einer "modernen Linken" charakterisiert hatte, nämlich sowohl den Herausforderungen des Weltmarkts Rechnung zu tragen und zugleich die internen sozialen, ökonomischen und politischen Verwerfungen zu reduzieren.

Globalisierung und Fragmentierung des Arbeitsmarkts

In einer Welt kurzsichtiger Marktakteure, denen es vor allem um Finanzanlage geht, muss auch das System der gesellschaftlichen Arbeit den globalen Anforderungen an Mobilität und Flexibilität Rechnung tragen können. Dies hat Fernando Enrique Cardoso vor Augen, wenn er in der erwähnten Rede in Indien ausführt:

> Globalization means competition founded on higher levels of productivity. That is to say more output per unit of labour. Unemployment has therefore resulted from the very reason that make an economy successfully competitive.

Aber über diesen "traditionellen" Zusammenhang hinaus erfordert die Anpassung an die Weltmarktbedingungen

> ... to make the regulatory framework of labour more flexible so as to preserve jobs by, for example, allowing companies and workers to negotiate freely arrange as wide as possible of issues such as a number of working hours and vacation days, payment of hours exceeding the normal working day, etc.. Flexibility of labour relation should also result in lesser costs for the hiring of workers.... In countries with large population such as Brazil and India consideration must also be given to the operation of the so-called informal economy as far as job creation is concerned ...

Die Wirkungen der (finanziellen) Globalisierung auf den Arbeitsmarkt sind also widersprüchlich. Auf der einen Seite sind moderne Unternehmen und Sektoren in der Lage, mit flexibler Organisation der Arbeit und entsprechenden Produktivitätssteigerungen wettbewerbsfähig auf die Konkurrenz des Weltmarktes zu reagieren. Dies ist "Belgien" in dem Land, das sich als eine Mischung aus dem modernen "Belgien" und dem wenig entwickelten "Indien", als *Belindia* bezeichnet. Gleichzeitig hat die Steigerung der Produktivität zur Folge, dass Arbeitsplätze abgebaut und Arbeitskräfte in die Arbeitslosigkeit entlassen werden. Das passiert nur dann nicht, wenn die reale Wachstumsrate des BIP höher ist als die Produktivitätssteigerung – sei es, weil das interne Wachstum sehr hoch ist oder weil infolge gestiegener Wettbewerbsfähigkeit das Wachstum von hohen Exporten extern gestützt wird. Letzteres aber verunmöglichte die Überbewertung des Real seit 1994 bis 1999, ersteres war nur zeitweise und dann unzureichend der Fall, nämlich so lange, wie der Wegfall der "Inflationssteuer" nach der Stabilisierung der Währung die Massenkaufkraft erhöhte. Selbst in den ersten Jahren nach der Einführung des Real, als die Zahl der Arbeitsplätze und Einstellungen um 500.000 (1994) und fast eine Million (1995) stieg, erhöhte sich die Zahl der Entlassungen. Insgesamt sind in den 90er Jahren wesentlich mehr Arbeitsplätze abgebaut worden als neue geschaffen worden. Wenn die Sonderfaktoren entfallen, die die negativen Folgen der Produktivitätssteigerung auf die Beschäftigung durch Wachstum kompensieren, dann ist Arbeitslosigkeit unvermeidbar. In Brasilien ist die Arbeitslosigkeit, die 1998 noch im landesweiten Durchschnitt (mit enormen regionalen Divergenzen) bei 7,6 % lag, auf 12,1 % Anfang 2003 angestiegen. Solange dies ein konjunkturelles und dem Anschein nach vorübergehendes Phänomen ist, kann das System der sozialen Sicherung auf dem Niveau greifen, das in dem jeweiligen Land (bzw. in der jeweiligen Region) gesetzlich formalisiert worden ist. In Ländern wie Brasilien jedoch ist der Wohlfahrtsstaat nur schwach ausgeprägt und weist obendrein große regionale Disparitäten auf. Daher kann ihm die Kompensation für den Arbeitsplatzverlust (Arbeitslosenversicherung; Arbeitsbeschaffungsmaßnahmen; Weiterbildungsangebote etc.) kaum aufgetragen werden. Francisco de Oliveira hat denn auch für den brasilianischen Wohlfahrtsstaat die verächtliche Bezeichnung eines *"Estado do mal-estar social"* zur Hand (OLIVEIRA 1988).

Auf diesem historischen Hintergrund sind die ersten Jahre nach dem Plano Real außergewöhnlich. Es haben die Arbeitnehmer gewonnen und die in Brasilien besonders ausgeprägte Ungleichheit der Einkommen wurde vorübergehend reduziert. Die realen Arbeitseinkommen in dem Staat São Paulo stiegen von 1993 bis 1996 um 22 % und nach einer IPEA-Studie

> people at the bottom of the income scale (the poorest 10 per cent) received an 18 per cent increase in their per capita incomes as a result of the disappearance of the inflationary tax and better opportunities for raising money in activities that are not subjects to the exigencies of labour legislation (REZENDE 1998, S. 568).

Hier wird schon deutlich, dass es nicht der formelle Sektor allein gewesen ist, der dieses Resultat herbeigeführt hat, sondern der sogenannte informelle Sektor; das "Indien"[5] des *Belindia* gelangt ins Spiel. In Brasilien, wie in anderen Ländern Lateinamerikas, Afrikas, Asiens und inzwischen auch in den entwickelten Industrieländern, ist der informelle Sektor von Arbeitsverhältnissen, die den Standards eines historisch gewachsenen nationalen "Normalarbeitsverhältnisses" nicht mehr Rechnung tragen, enorm angestiegen. Die Zunahme der Zahl abhängig Beschäftigter im privaten Sektor von 1985 bis 1994 betrug in Brasilien insgesamt 11,7 %, im informellen Sektor war die Zunahme hingegen 71,3 %. Auch die Zahl der Scheinselbständigen ist überdurchschnittlich im genannten Zeitraum gewachsen, nämlich um 59,5 % (SEADE/DIEESE, November 1994, nach ILO 1999 und SINGER 1998). In den städtischen Gebieten sind 48,65 % und in den ländlichen Gebieten sogar 82,73 % informell beschäftigt. Von ihnen möchten im städtischen Bereich 24,6 %, auf dem Lande 43,6 % im formellen Sektor einen Job erhalten. Der informelle Sektor wirkt also wie ein beschäftigungspolitischer Schwamm, wird aber von denen, die davon aufgesogen werden, allenfalls als eine "second best"-Alternative verstanden. Francisco de Oliveira hat die Politik Cardosos, die diesen "Schwamm" als Schockabsorber der Globalisierung nutzt

---

[5] Die Bezeichnung "Belindia" trägt überhaupt nicht den Modernisierungsprozessen Indiens Rechnung, der hochentwickelten elektronischen Industrie, den modernen und global konkurrenzfähigen Dienstleistungssektoren etc. Auch Indien ist in diesem Sinne als "Belindia" fragmentiert.

und dies – wie in oben zitierter Rede – noch so begründet, als "infam" bezeichnet.

Die Interpretation der Existenz und des Wachstums des informellen Sektors ist höchst unterschiedlich und hat sich in den vergangenen Jahren verändert (vgl. OLIVEIRA 1988; RAKOWSKI 1994; ALTVATER/MAHNKOPF 2002). Man kann den informellen Sektor mit DE SOTO (1989) im Kontext neoliberal/neoklassischer Theorie als eine Antwort "dynamischer Unternehmertypen" auf Bürokratisierung, Überregulierung der Ökonomie durch den Staat und auf dessen mangelnde administrative Kompetenz interpretieren. Nach diesem Verständnis ist nicht der informelle Sektor das Problem, sondern der staatliche Eingriff in den Markt, der rigide Formen hervorbringt, die durch Informalisierung flexibilisiert werden können. Die Formalisierung des informellen Sektors würde also schlicht darin bestehen, die öffentliche Regulierung privater Aktivitäten weiter zurückzufahren, öffentliche Bereiche zu privatisieren und "inkompetente" Bürokraten nach Hause zu schicken. Projekte dieser Art hat mit Blick auf Venezuela GREGORY WILPERT als "Neoliberalismus von unten" bezeichnet (WILPERT 2003). Allerdings dürfte auf diesem Wege keine Lösung gefunden werden, weder für das Problem der Beschäftigung und Arbeitslosigkeit noch für jenes der die Gesellschaft spaltenden Ungleichheit.

Viel eher lässt sich das Phänomen der Informalisierung bzw. des informellen Sektors mit dem theoretischen Ansatz von Exklusions- und Inklusionsprozessen erfassen. "Poverty is a source of exclusion" (ILO 1999), und umgekehrt ist Armut die Folge von Exklusionsprozessen, die durch die Globalisierung und ihre Krisen bewirkt werden: Die Unternehmen im formellen Sektor sind in der Lage, mit hoher Produktivität und Flexibilität der Arbeitsorganisation den Standards der globalen Konkurrenz zu gehorchen. Sie sind also in den Prozess der Globalisierung "inkludiert". Große Teile von Ökonomie und Gesellschaft hingegen können auf die "benchmarks" des Weltmarkts nicht in einer Weise reagieren, durch die wettbewerbsfähige Strukturen hergestellt werden. Der informelle Sektor ist auch deshalb informell, weil er aus jener Welt "exkludiert" ist, die durch die Standards des Weltmarkts umgrenzt wird. Die Unternehmen des informellen Sektors produzieren für lokale, regionale, eventuell auch nationale Märkte mit Standards (Produktivität, Arbeitsbedingungen, Entlohnung, Qualität der Produkte etc.), die sich nicht auf dem Weltmarkt an den "best practices" bemessen lassen müssen, auch wenn ein Teil der Unternehmen des informellen Sektors als Zulieferer für transnationale Unternehmen produziert, die von den niedrigen Kosten, die informelle Arbeitsbeziehungen verursachen, profitieren.

Auch wenn die Informalisierung von Arbeitsbeziehungen am Ende der 90er Jahre nur noch angemessen verstanden werden kann, wenn den Globalisierungstendenzen Beachtung geschenkt wird, hat die Informalisierung der Arbeit, die Singer als eine "neue Tendenz der De-Proletarisierung" bezeichnet (SINGER 1998, S. 112), in Brasilien eine lange Geschichte. Ein "Normalarbeitsverhältnis" wie in den Industrieländern hat es in Brasilien schon wegen der regionalen Divergenzen und der extremen Ungleichheit der Einkommen nicht gegeben. Die Modernisierung von Wirtschaft, Gesellschaft und Politik erfolgt *erstens* niemals gleichmäßig, so dass Sektoren mit traditionellen Produktionsweisen zurückbleiben, die gewissermaßen informalisiert werden, weil sie den Standards eines "Normalarbeitsverhältnisses" nicht gerecht zu werden vermögen. Die Geschichte der Formalisierung der Arbeit ist also ebenso gut eine Geschichte der Informalisierung. *Zum anderen* hat die Steigerung der Produktivität im formellen Sektor den Effekt, dass nicht alle Arbeitskräfte, die auf den Arbeitsmarkt drängen, beschäftigt werden können. Neben der strukturellen Arbeitslosigkeit bilden sich auch Arbeitsverhältnisse heraus, die prekär in vielfacher Hinsicht sind und deshalb als informell bezeichnet werden können. Die informelle Wirtschaft kann also nur im Kontext der Entwicklung der formellen Ökonomie und ihrer Krisen angemessen verstanden werden. Nur dann sind Antworten auf die Frage zu finden, die Präsident Cardoso in der erwähnten Vorlesung so formulierte: "To what extent does the informal economy reduce jobs in the formal economy and to what extent does it offer additional jobs?" Der informellen Ökonomie wird also auch im Hinblick auf ihre Absorptionskraft für Schocks, die vom Weltfinanzsystem ausgelöst werden, Beachtung geschenkt. Da ist die lange Tradition der informellen Ökonomie in Brasilien eher Vorteil als Nachteil.

Auch der IMF beschäftigt sich bei dem Versuch, die sozialen Kosten der Finanzkrise zu mildern, mit diesem Problem: In Indonesien und Thailand, so eine IMF-Untersuchung "job losses in the formal sector would force skilled workers to move to the agricultural and informal sectors" (FINANCE & DEVELOPMENT, Sept. 1988, S. 19). Zwischen 7 und 12 % der Haushalte sind nach dieser Untersuchung direkt von der Finanzkrise betroffen. In Brasilien hat sich das Heer der Armen nach Angaben der Weltbank infolge der Finanzkrise 1998/99 um drei bis vier Millionen vergrößert (O LIBERAL, 26.4.99)[6], nicht zuletzt wegen des Anstiegs der Erwerbslosigkeit nach der Finanzkrise (O ESTADO DE SÃO PAULO, 27.4.1999). Die monetäre und globalisierte Ökonomie ist von der realen Wirtschaft und Gesellschaft, von der Arbeitsgesellschaft zwar entkoppelt und bewegt sich nach ihren eigenen selbstreferentiell erzeugten Gesetzen. Aber ihre Krisen betreffen doch die Welt der Arbeit und verändern sie, vor allem infolge der Abdrängung vieler Menschen (infolge der Exklusion) aus dem formellen in den informellen Sektor. So entsteht eine fragmentierte Gesellschaft, die infolge der Tendenzen der Globalisierung nicht überwunden werden kann. Die soziale Exklu-

---

[6] Die CEPAL hingegen kommt zu dem Schluss, dass die absolute Armut (Bedürftigkeit) bei einem Einkommensniveau von 50 Reais pro Monat und die Armut bei einem Einkommen von bis zu 100 Reais in Brasilien zurückgegangen sei. Das IPEA stellt aber infolge der globalen Finanzkrise eine Umkehr der positiven Tendenz fest (Vgl. FOLHA DE SÃO PAULO, 6.5.99, 1/6; zur Erhebung von Armut generell CHOSSUDOWSKY 1999).

sion wird politisch verstärkt, zum Beispiel durch den Einsatz des polizeilichen Apparats gegen die Marginalisierten, die Straßenkinder oder Obdachlosen und informellen Straßenhändler und Favela-Bewohner ganz allgemein. Aber auch die verstärkte Bildung von durch zumeist private Sicherheitsdienste geschützte Condominiums und "gated communities", in denen sich die Inkludierten verschanzen, befördert die Exklusion der nicht Dazugehörigen und daher die soziale Fragmentierung der Gesellschaft insgesamt.

Politik im globalisierten Brasilien

Die Informalisierung der Arbeit hat eine Fülle von soziologischen Analysen ausgelöst, doch im Kontext der Globalisierung dürfte deutlich geworden sein, dass die Informalisierung der Arbeit nur verstanden werden kann, wenn den Entwicklungstendenzen des Geldes auf globalen Märkten Aufmerksamkeit geschenkt wird. Beide Tendenzen, also die Informalität der Arbeit und die finanzielle Globalisierung, wirken sich auf Form und Substanz der Politik in einem Lande wie Brasilien aus. Auf den Finanzmärkten werden Länder "bewertet", denn die Kosten eines Kredits setzen sich aus dem auf den globalen Finanzmärkten zu zahlenden Zins plus einem Risikoaufschlag (gemäß "risco pais") zusammen. Die Risikobewertung übernehmen spezielle rating agencies. Verschiedene Länder mit unvergleichbarer Tradition, Kultur, Sprache etc. werden also als *"like places"*, so wie Produkte im Rahmen der WTO als *"like products"* behandelt, wenn sie denn auf den gleichen Märkten um Kredite und Kreditkonditionen konkurrieren. Es ist teuer, wenn ein Land im 'credit rating' herabgestuft wird, und es ist günstig für die Attraktivität von Finanzanlagen, wenn es im Rating nach oben gestuft wird. Das hat auch Präsident Lula erfahren; denn das Länderrisiko ist von fast 2.500 Basispunkten kurz vor der Wahl, als sich der Sieg Lulas bereits abzeichnete, auf unter 800 Punkte im Mai 2003 gesunken. Die Öffnung eines Landes zu den globalen Märkten veranlasst die wirtschaftspolitisch Verantwortlichen zu einer Wirtschaftspolitik, die bei internationalen Kreditgebern Akzeptanz findet (vgl. MIRANDA 1997) Diese Notwendigkeit unterstreicht CARDOSO in seiner Rede mit starken Worten:

> Globalization has changed the role of the state ... It has completely shifted the emphasis of government action now almost exclusively on making the overall national economy develop and sustain conditions for competitiveness on a global scale. [Eine Staatsreform ist also gefordert, in der] this transformed state needs to be stronger in the discharge of its social duties and better prepared to regulate and control the newly privatized activities.

Noch deutlicher hat Pedro Malan, Finanzminister unter Cardoso, auf die Notwendigkeit einer "reconstrução do modelo de desenvolvimento" hingewiesen, als er sich zu den politischen Konsequenzen der akuten Finanzkrise vom Januar 1999 äußerte: Eine Reform des Staates im Innern ist angesagt, in deren Verlauf die öffentlichen Ausgaben reduziert werden müssen, eine Deregulierung zur Senkung des sogenannten *"custo Brasil"* und eine weitergehende Privatisierung öffentlicher Einrichtungen stattfinden sollen. Darüber hinaus ist eine Reform der Außenbeziehung nach Auffassung Malans notwendig, nämlich eine weitere Liberalisierung des Handels, mehr Attraktivität für Direktinvestitionen und eine weitere Intensivierung der Beziehungen innerhalb des MERCOSUR. Das ist das Modell, dem auch das Argentinien Menems gefolgt ist – mit dem Effekt der schwersten Finanz- und Wirtschaftskrise in der Geschichte des Landes.

Die monetäre Stabilitätspolitik durch Hebung der Zinsen und eine Fiskalpolitik, die auf die Reduzierung der fiskalischen Defizite und einen Überschuss der Primärbilanz zielt, verfolgt auch die Regierung Lula. In dieser Hinsicht setzt sie die Wirtschaftspolitik Cardosos fort. Das haben sowohl Lula selbst in einem "Brief an das brasilianische Volk" im Juni 2002 als auch der Finanzminister Palocci Filho deutlich kundgetan. Die angekündigten Maßnahmen passen in die traditionellen Politikkonzepte des IWF zur Bereinigung von Finanzkrisen[7]. Daher geizen weder die internationalen Institutionen noch die Medien mit Lob für die Regierung Lula. Nur stellt sich die Frage, ob eine Linie durchhaltbar ist, die (1) einen hohen Überschuss des Primärhaushalts über eine gesamte Legislaturperiode anstrebt, um den externen und internen Schuldendienst zu leisten und Schulden abzubauen, die zu diesem Zweck (2) keine Steuern erhöhen kann, weil die Steuerquote bereits von 1993 bis 2001 von 25,3 % des BIP auf 33,4 % angehoben worden ist, und bei der Effizienz der Steuererhebung nur geringen Spielraum besitzt und (3) dann Ausgaben kürzen muss, obwohl die Wähler von der Regierung

---

[7] Die Anpassung an die durch die Globalisierung der Finanzströme ausgelöste Krise und die Vorgaben des Internationalen Währungsfonds führte 1999 auch zu personellen Konsequenzen an der Spitze der brasilianischen Zentralbank, des Banco Central do Brasil. Der Zentralbankpräsident, Francisco Lopez, bekannt wegen seiner Rolle während der Vorbereitungen zum "heterodoxen Schock" des Plano Cruzado des Präsidenten Sarney 1986 musste nach nur wenigen Wochen an der Spitze der Zentralbank seinen Hut nehmen und Arminio Fraga Platz machen. Fraga arbeitete zu der Zeit, als er an die Spitze des Banco Central do Brasil berufen wurde, für George Soros und seine Hedge Fonds. Er war den Offiziellen des IWF bestens aus den Schuldenverhandlungen Brasiliens während der 80er Jahre bekannt. In Brasilien selbst hingegen war Fraga eine weitgehend unbekannte Persönlichkeit. Die Anpassung an die Konditionen der Globalisierung hat also sogar personelle Konsequenzen, die der Interpretation Raum geben, dass es mit der Souveränität eines großen Landes wie Brasilien angesichts der finanziellen Krise doch nicht so weit her sei. Lopes hatte davon absehen wollen, die Zinsen so radikal anzuheben, wie später geschehen, um die Kapitalflucht nach dem Währungsschock vom Januar einzudämmen. Das "WALL STREET JOURNAL" (11.2.1999) schreibt dazu, dass der IMF den Mangel einer klaren Politik der brasilianischen Zentralbank kritisierte und dies Finanzminister Malan veranlasste, auf den Wechsel von Lopes zu Fraga hinzuarbeiten. Es stellte sich später in den Verhandlungen der parlamentarischen Untersuchungskommission zu den Insidergeschäften im Zuge der Währungsabwertung im Januar 1999 heraus, dass Lopes möglicherweise darin verwickelt ist (FOLHA DE SÃO PAULO, 21.4.1999).

die schon seit Jahrzehnten ausgebliebenen sozialen Reformen erwarten. Diese verlangte Quadratur des Kreises kann nur gelingen, wenn die Zinsen sinken sollten (bzw. die Schulden reduziert werden könnten) und gleichzeitig hohe wirtschaftliche Wachstumsraten erzielt werden. Beides aber befindet sich nicht in der wirtschaftspolitischen Souveränität Brasiliens. Denn die Zinsen kommen auf globalen Finanzmärkten zustande. Ob Schulden gestrichen werden, hängt von Regeln der internationalen Finanzinstitute ab, etwa davon, ob die IWF-Initiative zu einem geordneten Insolvenzverfahren fortgesetzt wird (vgl. dazu ENQUETE-KOMMISSION 2002, S. 112). Das realwirtschaftliche Wachstum wiederum ist abhängig von der externen und vor allem internen Nachfrage. Letztere aber kontrahiert infolge der Austeritäts- und Kontraktionspolitik der Regierung. Daher werden sich auch keine positiven Impulse am Arbeitsmarkt einstellen, die für mehr förmliche Beschäftigung sorgen. Auch in Zukunft bleibt der informelle Sektor die Lösung des Beschäftigungsproblems in Brasilien.

Die Finanzkrise Brasiliens und anderer Länder, die sich schon an der Schwelle, zum Teil jenseits der Schwelle zum Club der Industrieländer wähnten, deutet *erstens* darauf hin, dass es sich keineswegs um Finanzkrisen des einen oder anderen Landes handelt, so wie die Etikettierung nahe legt: Russlandkrise, Asienkrise, Brasilienkrise etc. Schon der vom IWF festgestellte *"contagion effect"* verweist auf den globalen Charakter der je nationalen Krisen. Viele Länder, die lateinamerikanischen Länder zumal, haben sich *zweitens* seit dem Ausbruch der Schuldenkrise zu Beginn der 80er Jahre angestrengt und ihre Wettbewerbsfähigkeit zu steigern versucht. Sie haben das wirtschaftspolitische Paradigma der importsubstituierenden Industrialisierung innerhalb nationalstaatlich geschützter Grenzen aufgegeben und die jeweiligen Ökonomien – sowohl auf den Gütermärkten als auch auf den Finanzmärkten – zum globalen Raum hin weit geöffnet[8]. Sie haben die Regeln des Freihandels übernommen und allen Bedingungen von Internationalem Währungsfonds, Welthandelsorganisation und von anderen UNO-Organisationen Rechnung getragen. Dies alles hat nicht den gewünschten Effekt gehabt. Die erfolgreiche Modernisierung, auch in Brasilien, hat *drittens* neue Exklusionstendenzen bewirkt, deren soziale Konsequenzen im Globalisierungsdiskurs keineswegs vernachlässigt werden können.

Eine Antwort auf die verwundbare Außenflanke, die Cardoso in seinem Vortrag mehrfach hervorhebt, ist regionale Integration. Tatsächlich folgen die Länder des MERCOSUR einer Tendenz, die auch in anderen Weltregionen wirksam ist. Um die großen Wirtschaftsblöcke der "Triade" herum bilden sich kleinere regionale Integrationsräume, die einige der Tendenzen der Globalisierung filtern und abfedern. Es hat sich aber auch gezeigt, dass diese Strategien der Bildung von Integrationsräumen zum Schutz gegen die negativen Auswirkungen der Globalisierung auf den globalen Finanz-

---

[8] Chile ist eine gewisse Ausnahme, da das Land Kontrollen des kurzfristigen Kapitalverkehrs (Bardepotpflicht) nicht ganz aufgegeben hat (vgl. IMF 1998e).

märkten nicht funktioniert. Zu deren Regulation reichen regionale Wirtschaftsblöcke nicht aus. Die Abwertung des Real im Januar 1999 hat sofort zur Verteuerung der Exporte der Partnerländer Brasiliens und daher zu einer Handelsumlenkung geführt, die im Rahmen des MERCOSUR zu handelspolitischen Auseinandersetzungen Anlass gegeben hat (GAZETA MERCANTIL, 10.5.1999).

TEOTONIO DOS SANTOS (1998) hat versucht, den Kern von Fernando Enrique Cardosos Position zur Frage der Globalisierung herauszuarbeiten. Das "Chile Allendes", so seine Erklärung, sei "der letzte große Versuch gewesen, um einen anderen Weg einzuschlagen, auf dem eine Mehrheit der Gesellschaft der Annahme gemäß einen friedlichen Übergang zum Sozialismus einschlagen und durchstehen würde." Mit dem Scheitern des chilenischen Experiments 1973 war dieser Weg eines nationalstaatlichen Alleingangs verbaut. Fernando Henrique Cardoso, so fährt Teotonio dos Santos fort, sei davon überzeugt, dass das große internationale Kapital ein Faktum ist, und dass man die abhängige Position Brasiliens auf dem Weltmarkt zu akzeptieren habe. Gegenüber der neoliberalen Weltsicht gibt es also kaum eine Alternative. Die Erfahrungen des Experiments eines nationalstaatlichen Keynesianismus in Frankreich 1981 und das Scheitern Lafontaines in Deutschland 1999 bestätigen die Lehre.

Wird Lula neue Wege weisen? Nach dem ersten Jahr seiner Amtszeit sieht es nicht so aus. Das Programm "fome zero" ist mit zu geringen Mitteln ausgestattet, die Reduzierung der Massenarbeitslosigkeit wird entgegen den Wahlversprechen nur schwer durchzusetzen sein. Aktive Beschäftigungspolitik ist mit der Politik des Primärüberschusses nicht kompatibel. Ob die von der Regierung Lula geförderte "solidarische Ökonomie", eine politische Unterstützung der Formalisierung des informellen Sektors, angesichts der makroökonomischen Rahmenbedingungen vorankommen kann, wird die Zukunft zeigen. Hier liegen zweifellos Potenziale, deren Mobilisierung auch für andere lateinamerikanische Länder beispielhaft sein könnte. Jedenfalls zeigt das ökonomische Desaster des Nachbarlandes Argentinien, dass eine von den Akteuren der globalen Finanzmärkte bejubelte Politik der hohen Zinsen und Haushaltsdisziplin keine Lösung der ökonomischen Probleme ist. Eine plötzliche Änderung der globalen Koordinaten oder auch nur die spekulative Attacke eines großen Investmentfonds kann das politische Projekt zur Erfolglosigkeit verdammen. ATILIO BORÓN (2003) hat Recht mit seiner Mahnung, Brasilien müsse aus dem Fall Argentinien lernen. Wenn ein Land in Lateinamerika überhaupt das Potenzial besitze, sich den globalen Sachzwängen entgegen zu stellen, dann sei dies Brasilien – wegen der Größe seines Territoriums, des natürlichen Reichtums, der Qualifikation der Bevölkerung, des hohen Standes von Wissenschaft und Technologie, der trotz großer Ungleichheit hohen sozialen Kohärenz.

Brasil – grande potencia? Nur dann, wenn das Land sich den globalen Sachzwängen nicht anpasst, sondern ihnen widersteht. Kräfte, die die Regierung dabei unterstützen würden, gibt es, und sie sind organisiert. Immerhin hat sich das Weltsozialforum bereits drei Mal im brasilianischen Porto Alegre getroffen, um Wege zu erörtern, wie eine Alternative zur als "neoliberal" bezeichneten Globalisierung aussehen könnte. Bevor er 2001 auf dem World Economic Forum in Davos aufgetreten ist, hat Lula dem Weltsozialforum seine Aufwartung gemacht. Den Besuch hat er 2003 wiederholt...

Literatur

ALTVATER, E. (1987): Sachzwang Weltmarkt- Verschuldungskrise, blockierte Industrialisierung, ökologische Gefährdung – Der Fall Brasilien, (VSA) Hamburg.
ALTVATER, E./MAHNKOPF, B. (1993): Gewerkschaften vor der europäischen Herausforderung. Tarifpolitik nach Mauer und Maastricht, Münster (Westfälisches Dampfboot).
ALTVATER, E./MAHNKOPF, B. (1996): Grenzen der Globalisierung. Ökonomie, Ökologie und Politik in der Weltgesellschaft, Münster (Westfälisches Dampfboot).
ALTVATER, E./MAHNKOPF, B. (2002): Globalisierung der Unsicherheit,
BONELLI, R./RAMOS, I. (1993): Distribuicão de renda no Brasil – avaliacão das tendencias de longo prrazo e mudancas na desigualidad desde meados dos anos 70, in: Revista de Economia Politica, Vol. 13, No 2, abril/junho de 1993, S. 76-97.
BORÓN, A. (2003): Lula e o espelho argentino, Carta Maior, 18 de agostoo de 2003 URL: http://agenciacartamaior.uol.com.br/agencia.asp?id=390&coluna=perspectivas
CHOSSUDOWSKY, M. (1999): A globalizacao da probreza, São Paulo (Moderna)
DE SOTO, H. (1989): The Other Path. The Invisible Revolution in the Third World, New York etc. (Harper and Row).
DIETER, H. (1998): Die Asienkrise. Ursachen, Konsequenzen.
DOS SANTOS, T. (1998): Estamos entrando na era pós Consenso de Washington, in: Jornal dos Economistas, No. 111, Julho de 1998.
ENQUETE-KOMMISSION (2002):
FRITZ, B. (2003): Das Dilemma Brasiliens, in: Frankfurter Rundschau, Dokumentation. URL: http://www.fr-aktuell.de/ressorts/nachrichten_und_politik/dokumentation/?cnt=264147
ILO (1999): Social Exclusion in Brazil (http://www.ilo.org/public/english/130inst/papers/1997/dp94/ch2.htm) (download 1.2.99)
IMF (1998a): International Capital Markets. Developments, Prospects, and Key Policy Issues, Washington D.C. (IMF).
IMF (1998b): World Economic Outlook and International Capital Markets. Interim Assessment, December 1998, Washington D.C. (IMF).
IMF (1998c): World Economic Outlook – October 1998, Washington D.C. (IMF).
IMF (1998d): Hedge Fonds and Financial Market Dynamics, Washington D.C. (IMF).
IMF (1998e): Capital Account Liberalization. Theoretical and Practical Aspects, Washington D.C. (IMF).

KEYNES, J. M. (1936): The General Theory of Employment, Interest and Money, London/Melbourne/Toronto (Macmillan, Repr. 1964).
LUNA MARTÍNEZ, J. DE (2002): Globalisierung und Finanzkrisen: Lehren aus Mexiko und Südkorea. Berlin.
MARX, K. (1953): Grundrisse der Kritik der politischen Ökonomie (Rohentwurf 1857–1858). Berlin.
MENZEL, U. (1993): Internationale Beziehungen im Cyberspace, in: UNSELD, S. (Hrsg.): Politik ohne Projekt. Frankfurt (Suhrkamp), S. 445–458.
MENZEL, U. (1996): Die neue Weltwirtschaft. Entstofflichung und Entgrenzung im Zeichen der Postmoderne (1), in: Peripherie, Zeitschrift für Politik und Ökologie der Dritten Welt, Jg.15, Nr. 59/60 (1996), S. 30–44.
MINC, A. (1997): La mondialisation heureuse, Paris (Plon).
MIRANDA, J. C. (1997): Dinamica financeira e política macroeconomica, in: DA CONCEICAO TAVARES, M./FIORI, J. L. (1997), ed.: Poder edinheiro. Uma economia politica da globalizacao, Petrópolis (Editora Vozes), S. 243–275.
NOVY, A./MATTL, CH. (1999): Globalisierung als diskursive Strategie und Struktur – das Beispiel Brasiliens, in: PARNREITER, CH./NOVY, A./FISCHER, K. (Hrsg.): Globalisierung und Peripherie. Umstrukturierung in Lateinamerika, Afrika und Asien, Frankfurt a. M. (Brandes & Apsel/Südwind): 151–167.
OLIVEIRA, F. DE (1988): A formação do anti-valor, in: Novos Estdos CEBRAP, No 22, 1988.
RAKOWSKI, C. A. (1994): The Informal Sector Debate, Part 2: 1984-1993, in: DIES. (ed.): Contrapunto. The Informal Sector Debate in Latein America, Albany (State University of New York Press)
REZENDE, F. (1998): The Brazilian economy: recent developments and future prospects, in: International Affairs, Vol. 74, No. 3 (1998), S. 563–575.
SASSEN, S. (1999): Global Financial Centers, in: Foreign Affairs, Vol 78, No. 1 (1999), S. 75–87.
SINGER, P. (1998): Globalização e desemprego. Diagnóstico e alternativas, São Paulo (Contexto), 2a edição.
STIGLITZ, J. (1998): Schlüsse aus der Asiatischen Krise. Die Helsinki-Rede des Weltbank-Vizepräsidenten über einen 'Post-Washington-Consensus'. Blätter für deutsche und internationale Politik, Vol. 9, 1143–1146.
STIGLITZ, J. (2002): Die Schatten der Globalisierung, Berlin (Siedler).
WILPERT, G. (2003): Land Reform in Venezuela, in: New Left Review, may/june 2003.

Jörg Meyer-Stamer

Die Herausforderung der wissensbasierten Entwicklung:
Perspektiven von Strukturwandel und Wettbewerbsfähigkeit in Brasilien

1. Einleitung

Wissensbasierte Entwicklung ist ein Konzept, das in den Industrieländern in den 90er Jahren an Anhängerschaft gewann – nicht nur unter Forschern, sondern auch bei regionalpolitischen Praktikern. Die Grundidee ist einfach: Dynamische wirtschaftliche Entwicklung entsteht nicht dadurch, dass eine Gesellschaft statische Vorteile ausbeutet, sondern dynamische Wettbewerbsvorteile nutzt. Ein statischer Standortvorteil ist, wenn Öl aus dem Boden sprudelt. Ein dynamischer Standortvorteil ist, wenn man Öl zu Kunststoffen verarbeitet, die sonst niemand hinbekommt. Nüchtern betrachtet fügt sich die Diskussion um wissensbasierte Entwicklung damit in den größeren Kontext der Debatte um Determinanten industrieller Wettbewerbsfähigkeit ein (MEYER-STAMER 1997). Ihren praktischen Ausfluss haben derlei Debatten heute in konzeptionellen und politischen Kontroversen um Standortpolitik; das Thema Industriepolitik, um das es noch vor zehn Jahren gegangen wäre, ist heute verpönt, weil der Begriff nach staatlicher Gängelei, Verzerrung von Märkten und bürokratischer Ineffizienz klingt.

In Brasilien gab es ein letztes Aufflackern des industriepolitischen Aktivismus zu Beginn der 90er Jahre. Seit 1992 jedoch, als Fernando Henrique Cardoso zunächst das Amt des Finanzministers und ab 1994 das des Präsidenten antrat, war das Thema Industriepolitik tabu. Wenngleich mit Industriepolitik in der Vergangenheit Erfolge erzielt wurden, gab es gravierende Probleme. Auf der einen Seite wäre Brasilien ohne Industriepolitik nicht das industriell entwickelte Land, das es heute ist. Bestimmte wirtschaftliche Schlüsselsektoren verdanken ihre Existenz jahrzehntelangem Betreiben von Industriepolitik. Dies begann in den 40er Jahren mit dem Bau des ersten Stahlwerks, ging weiter in den 50er Jahren mit der Schaffung der Autoindustrie und erlebte einen Höhepunkt mit dem Zweiten Nationalen Entwicklungsplan ab 1974, der unter anderem eine beträchtliche Erweiterung der Produktionskapazität bewirkte, durch die die petrochemische Industrie Brasiliens zu einem der wichtigsten Industriesektoren wurde.

Andererseits trugen diese Erfolge bereits jene Elemente in sich, die heute als die Hauptschwächen der brasilianischen Industrialisierung erscheinen.

Die Entwicklungsbemühungen waren auf die Schaffung von dynamischen komparativen Vorteilen ausgerichtet, besonders in jenen Sektoren, in denen Brasilien keine statischen komparativen Vorteile hatte. Der Schwerpunkt der Industriepolitik lag auf den kapitalintensiven Industriezweigen. Es wäre ungerecht, die damaligen Industriepolitiker dafür zu verurteilen, denn ihre Strategien reflektierten letztendlich die Philosophie ihrer Zeit und wurden schließlich auch bis in die 1970er Jahre erfolgreich umgesetzt. Ganz ähnlich gingen auch Industriepolitiker in Ländern wie Korea vor. Jedoch wurden dort jene Industriezweige, in denen ihr Land bereits einen komparativen Vorteil hatte, nicht in dem Maße vernachlässigt, wie das in Brasilien der Fall war. Koreas Industrialisierung war über einen längeren Zeitraum auf kurz- und langlebige Konsumgüter, wie z.B. Radios, konzentriert. Bekleidung und Schuhe hielten lange den Hauptanteil an Exporten, und die koreanischen Unternehmen lernten, wie Wettbewerbsvorteile in anscheinend anspruchslosen und technologisch wenig entwickelten Branchen zu erzielen sind. Demgegenüber genoss in Brasilien das Thema "Schaffung von Wettbewerbsvorteilen" keine große Aufmerksamkeit, weil die Industrialisierung vor allem auf den Binnenmarkt abzielte, wo nur wenig Wettbewerb herrschte. Überdies erhielten Industriebetriebe großzügige Subventionen und andere Vergünstigungen, um auf dem Weltmarkt wettbewerbsfähig zu sein. Die vermeintlich traditionellen Branchen wie Bekleidung, Möbel oder Spielzeug blieben in ihrer Leistungsfähigkeit zurück. Die einzige Ausnahme bildete der Export von Damenschuhen aus dem *cluster* im Vale dos Sinos in Rio Grande do Sul (SCHMITZ 1995b). Zum Teil waren Industriepolitiker der Auffassung, dass die Schaffung anhaltenden Wachstums in diesen Branchen nicht möglich war, andere wiederum meinten, dass sie sich auch ohne staatliche Unterstützung erfolgreich entwickeln würden. Aus heutiger Perspektive steht fest, dass die Politiker einen gravierenden Fehler begangen haben, als sie diese schnell wachsenden Segmente des Welthandels Produzenten aus anderen Entwicklungsländern überließen. Dies ist der erste Nachteil des Erbes der früheren Industriepolitik: eine verzerrte Industriestruktur und ein geringes Exportpotenzial in den Sektoren, in denen Brasilien eigentlich einen komparativen Vorteil haben müsste.

Aber noch ein weiteres schwerwiegendes Defizit der früheren Industriepolitik verfolgt die Politiker, die sich mit Brasiliens Makroökonomie befassen: das Fehlen einer adäquaten Finanzstruktur. Investitionen in der Industrie wurden entweder aus dem Cash-flow, über die nationale Entwicklungsbank (BNDES) oder durch Kapitalimporte finanziert. Anfänglich waren die Handelsbanken noch viel zu schwach, um eine ernstzunehmende Rolle spielen zu können, später verweigerten sie eine Beteiligung an langfristigen Finanzierungen, da die Risiken in dem hochinflationären Umfeld nicht kalkulierbar waren. Unternehmen mit einem kompetenten Finanzmanagement hatten keine Schwierigkeiten, die notwendigen Investitionsmittel aus dem Cash-flow zu generieren, solange die Inflationsrate hoch war, denn der Gewinn war ebenfalls hoch. Nach 1990 änderte sich jedoch die Lage. Bis dahin war der Wettbewerbsdruck auf dem Binnenmarkt nur schwach, und für Außenstehende war es schwierig zu erkennen, ob ein Unternehmen seine Preise über die Inflationsrate hinaus erhöht hatte. Mit der Öffnung des Marktes und steigendem Wettbewerbsdruck begannen die Preise zu fallen, und die Unternehmen mussten zunehmend auf eine Finanzierung von außen zurückgreifen. Jedoch gelang es nur Großunternehmen mit Zugang zum internationalen Kapitalmarkt, Kredite zu solchen Konditionen zu erhalten, die denen in entwickelten Industrieländern entsprachen. Die Klein- und Mittelbetriebe mussten auf kurzfristige Finanzierung, zu meist astronomischen Zinssätzen, durch die Handelsbanken zurückgreifen oder langfristige Kredite der BNDES in Anspruch nehmen, die im internationalen Vergleich ebenfalls teuer waren. Dies ist der zweite Nachteil des Erbes: In Brasilien war es nicht gelungen, ein adäquates, wettbewerbsfähiges und effizientes System zur Mobilisierung der Ersparnisse der Bevölkerung für Investitionen in der Industrie zu schaffen.

2. Wirtschaftspolitik in Brasilien: Schaffung von Wettbewerbsnachteilen statt wissensbasierter Entwicklung

Wie fügt sich dieses Bild in das Konzept wissensbasierter Entwicklung ein? CLAUDIO FRISCHTAK (2001, S. 7) fasst den Befund wie folgt zusammen: "Brazil's potential in the global knowledge economy remains largely unrealised. Its competitive position is weak and the country is definitely on the fragile side of the knowledge divide". Dieser Einschätzung liegt die gleiche Operationalisierung von "wissensbasierter Entwicklung" zugrunde wie auch diesem Beitrag: Es geht nicht nur um wenige Sektoren, die sich durch einen besonders hohen Aufwand für Forschung und Entwicklung auszeichnen. Es geht vielmehr um ein Entwicklungsmodell, in dem nicht die Extraktion natürlicher Ressourcen, sondern die Generation ständig neuer Ideen und das stetige Streben nach verbesserter Produktivität und Qualität zu Wachstum und Wohlstand führt – und in dieser Hinsicht steht die brasilianische Wirtschaft nicht gut da. Die Export-Performance des Landes ist dafür ein guter Indikator.

2.1 Exporte und Exporthemmnisse

Bei der Analyse des brasilianischen Außenhandels überwiegen die unangenehmen Überraschungen. In der ersten Hälfte der 80er Jahre wuchsen die brasilianischen Exporte schneller als der Welthandel, und das Land hatte zeitweilig den größten Handelsbilanzüberschuss der Welt. Seither hat sich die Lage jedoch wenig vorteilhaft entwickelt. Die Exportquote, die 1984 auf 14 % geschnellt war, pendelte sich wieder auf ihr historisches Niveau um 7 % herum ein, und die brasilianischen Exporte wuchsen langsamer als der Welthandel. Betrachtet man die Rangliste der Hauptexportgüter, so tauchen relativ bald Flugzeuge auf – weit vor solchen Gütern, die man bei einem Land wie Brasilien eher erwarten würde, z.B. Möbel.

Tatsächlich war das Exportwachstum zu Beginn der 80er Jahre nur eingeschränkt eine gute Nachricht. Auf der einen Seite spiegelte es den dynamischen Industrialisierungsprozess wider, der zu einer starken Diversifizierung der Exporte führte – weg von Kaffee und Zucker, hin zu Autos und Maschinen (und zeitweise auch Panzern). Es reflektierte überdies einen erfolgreichen Modernisierungsprozess in Teilen der Landwirtschaft – die Ausfuhr von Soja und Orangensaftkonzentrat wuchs kräftig. Dahinter stand aber nur partiell eine fundamentale Wettbewerbsfähigkeit. Auf der anderen Seite war die Exportoffensive der Not geschuldet – es war Schuldenkrise, und weil das Land zeitweise im Ausland nicht kreditwürdig war, mussten auf andere Weise Devisen herangeschafft werden. Zu diesem Behufe wurden Exporte massiv subventioniert; in einzelnen Jahren beliefen sich die Exportsubventionen auf zwei Drittel des Exportvolumens (MOREIRA 1993). Zugleich wurden die Importe extrem heruntergefahren. In Kombination mit einer sehr repressiven Politik gegenüber Technologieimporten führte dies zu einer Verlangsamung des technologischen Modernisierungsprozesses. Schon seit der Mitte der 80er Jahre verringerte sich die Exportdynamik, und als in den 90er Jahren ein stark überbewerteter Wechselkurs hinzukam, fiel Brasilien auf dem Weltmarkt vollends zurück – während der Welthandel zwischen 1985 und 1995 um 150 % wuchs, stiegen die brasilianischen Exporte nur um 80 %. In den Folgejahren waren moderate Zuwächse der Exporte in erster Linie dem intensivierten Austausch innerhalb des MERCOSUR geschuldet. Die Exporte in den Rest der Welt veränderten sich wenig – was im Grunde überraschend ist, denn eigentlich hätten sie aufgrund der Überbewertung des Real, die ein Nebeneffekt der seit 1994 erfolgreichen Inflationsbekämpfung war, zurückgehen müssen (CAVALCANTI/RIBEIRO 1998).

Diese Überraschung führt uns zu einer paradoxen Beobachtung: Die spezifische Struktur der brasilianischen Exporte hilft verstehen, dass reale Aufwertungen nicht unmittelbar zu rückläufigen Exporten führen. Zugleich ist diese Struktur Ursache zur Skepsis, was ein mögliches künftiges Exportwachstum anbelangt, denn die brasilianischen Exporte konzentrieren sich auf Produktgruppen, die nicht dynamisch sind. Ein brasilianisches Forschungsinstitut, das nationalen Unternehmen nahe steht, hat eine Analyse erstellt, in der die Exporte in vier Produktgruppen eingeteilt werden:

	Produktgruppe mit wachsendem Anteil am Welthandel	Produktgruppe mit schrumpfendem Anteil am Welthandel
Exportprodukte eines Landes haben wachsenden Weltmarktanteil	+ +	+ -
Exportprodukte eines Landes haben schrumpfenden Weltmarktanteil	- +	- -

Strukturwandel und Wettbewerbsfähigkeit in Brasilien 131

Eine starke Präsenz der oberen Zeile signalisiert eine hohe internationale Wettbewerbsfähigkeit. In der besten aller Welten lebt eine Volkswirtschaft, in deren Exportportfolio Produkte, die im linken oberen Feld angesiedelt sind, einen hohen Anteil haben. Vergleicht man nun Brasilien mit anderen Ländern, so ergeben sich frappierende Unterschiede. Brasilien hat relativ wenige "winner"-Industrien, die in wachsenden Segmenten des Weltmarkts operieren und dort ihren Marktanteil ausdehnen. Es dominieren die "loser"-Industrien, die ihren Weltmarktanteil auf wachsenden Märkten nicht halten können oder auf Märkten operieren, die sich unterdurchschnittlich entwickeln. 1998 gehörten die fünf führenden Exporte in diese Gruppe, wie die *Tabelle 1* verdeutlicht.

Tabelle 1: Performance der 20 wichtigsten Exportprodukte							
Produkt	Export 1998	Weltmarktanteil 1982–84	Weltmarktanteil 1996–98	Anteil am Export 1982–84	Anteil am Export 1996–98	Wachstum 1996–98 / 1982–84	Bewertung
Roheisen	2.930.839	28,08	39,98	8,11	5,79	3,3	+ -
Kaffee	2.624.285	21,87	21,00	9,92	5,18	1,0	- -
Tierfutter (außer Getreide)	2.524.169	18,16	11,38	8,39	4,99	2,0	- -
Ölsaaten	1.883.061	3,41	13,46	1,32	3,72	13,9	+ -
Zucker	1.784.993	5,10	15,28	2,48	3,53	8,5	+ -
Kraftfahrzeugteile	1.709.893	0,79	1,37	1,20	3,38	13,9	+ +
Schuhe	1.543.888	8,15	4,20	3,47	3,05	4,8	- +
Rohstahl	1.323.130	1,59	13,15	0,42	2,61	20,6	+ -
Fruchtsaft	1.272.254	k.A.	22,18	k.A.	2,51	k.A.	k.A.
Aluminium	1.237.379	1,35	3,15	0,74	2,44	15,3	+ +
Personenkraftwagen	1.233.724	0,61	0,48	1,76	2,44	8,3	- +
Verbrennungsmotoren	1.103.119	1,61	1,90	1,13	2,18	10,9	+ +
Gefrorenes Fleisch (ohne Rindfleisch)	1.028.324	0,47	4,49	0,02	2,03	48,7	+ +
Zellstoff	1.024.368	4,02	6,05	1,49	2,02	8,2	+ -
Tabak	1.019.893	12,09	18,06	2,10	2,01	5,5	+ -
Eisenbarren	880.588	11,35	12,11	1,78	1,74	5,6	+ -
Luftfahrzeuge	854.817	0,34	0,93	0,38	1,69	17,7	+ +
Lastkraftwagen	826.167	1,09	1,62	0,98	1,63	9,7	+ -
Eisen- und Stahlbrammen	761.735	4,09	2,84	1,35	1,50	6,7	- +
pflanzliche Öle	726.031	k.A.	6,31	k.A.	1,43	k.A.	k.A.
Quelle: IEDI (2000).							

Ein oberflächlicher Blick auf die brasilianischen Exporte führt zu einer Fehleinschätzung: Betrachtet man die Anteile von Rohstoffen und ressourcennahen Produkten (26 %), Zwischenprodukten (16 %) und industriellen Fertigwaren (58 %), so scheint Brasilien sich vom Status der Rohstoffökonomie verabschiedet zu haben. Tatsächlich haben aber, wie die Tabelle 1 zeigt, Rohstoffe und rohstoffnahe Produkte nach wie vor eine zentrale Bedeutung für die brasilianische Exportwirtschaft. Bei einigen dieser Produkte, z.B. Eisenerz oder Tierfutter (=Soja), sind die Kostenvorteile so groß, dass eine überbewertete Währung die Exporte kaum beeinträchtigt. Auf der anderen Seite verbirgt sich hinter dem Aggregat "Fertigwaren" eine Fülle unterschiedlicher Produkte, wobei von den meisten nur relativ geringe Quantitäten exportiert werden. Eines der schlagendsten Beispiele ist der Vergleich von Flugzeugen und Möbeln. Die brasilianischen Flugzeugexporte entfallen im Wesentlichen auf ein Unternehmen, nämlich Embraer, das seinen 50-sitzigen Jet in alle Welt verkauft. Die Exporte liegen mittlerweile bei mehr als US-$ 1 Mrd. pro Jahr, das Unternehmen führt die Rangliste der Exporteure an und hat einen Anteil am Weltmarkt für Luftfahrzeuge von 1 %. Bei Möbeln hingegen kommt Brasilien auf ein Exportvolumen von rd. US-$ 350 Mio. und einen Weltmarktanteil von 0,75 % – überraschend wenig bei einem Produkt, wo man in Brasilien Standortvorteile vermuten würde. Der Grund für dieses Ungleichgewicht liegt auf der Hand: Embraer war seit jeher ein Augapfel staatlicher Industriepolitik (und, nicht zu vergessen, militärischer Autarkiebestrebungen) und wird auch nach der Privatisierung weiterhin von der Regierung gefördert, während die Industriepolitiker die Möbelindustrie langweilig fanden bzw. für eine "reife", wenig dynamische Industrie hielten. Taiwans Möbelexporte lagen übrigens in den 80er Jahren bei dem zehnfachen dessen, was Brasilien heute erreicht.

Es wäre nun allerdings grundfalsch, zur Schlussfolgerung zu gelangen, dass in der brasilianischen Industrie große Exportpotenziale schlummern, die nur auf die Abwertung gewartet haben und jetzt mobilisiert werden. 31 % der brasilianischen Exporte entfallen auf die 30 führenden Exportunternehmen, und die 250 führenden Exporteure kommen auf 68 % (das letzte Unternehmen in der Liste, John Deere, kommt auf Exporte von US-$ 33 Mio. und einen Anteil von 0,7 %). Der Grund für diesen hohen Konzentrationsgrad liegt insbesondere in der Tatsache begründet, dass die brasilianische Regierung eine ausgeprägte Kompetenz bei der Schaffung von tarifären und nichttarifären Exporthemmnissen entwickelt hat:

- Brasilianische Exporte werden mit verschiedenen Steuern und Abgaben belegt, die ihre kostenseitige Wettbewerbsfähigkeit reduzieren.
- Die brasilianische Infrastruktur, insbesondere das Transportwesen und die Häfen, ist ineffizient und schafft zusätzliche Kostennachteile.
- Die staatliche Bürokratie, insbesondere die Zollbehörde, ist umständlich, langsam und überaus komplex.[1]
- Die Zollsätze für Güterimporte ändern sich häufig. Dies erschwert eine Investitionsplanung nachdrücklich. Unternehmer reagieren darauf, indem sie mit der Zollbehörde aushandeln, dass beim effektiven Import der Zollsatz, der zum Zeitpunkt des Abschlusses des Kaufvertrags galt, angewandt wird. Dies wird jedoch auf hoher Ebene verhandelt, d.h. zwi-

---

[1] Einen hervorragenden Überblick findet man bei LIMA, CARVALHO & VELASCO (1998).

schen Generaldirektor oder Eigner und hohen Zollbeamten, die damit ihre Zeit mit einer Routinetransaktion vergeuden.

Auf der anderen Seite sind die Exportfördermaßnahmen überschaubar. Es gibt ein halbes Dutzend Programme zur Exportfinanzierung. Das größte ist BNDES-exim, das in den letzten Jahren ein Volumen von rd. US-$ 2 bis 3 Mrd. hatte. Davon ging allerdings fast die Hälfte an Embraer und der Rest nahezu ausschließlich an Großunternehmen (BLUMENSCHEIN/LEON 2002, S. 181ff). Das zweitgrößte ist Proex, abgewickelt von Banco do Brasil, das weniger verzerrte Wirkungen hat und gerade KMU (Kleinen und Mittleren Unternehmen) zugute kommt (MOREIRA/SANTOS 2001).

Insgesamt spricht indes wenig dafür, dass die staatlichen Förderaktivitäten die staatlichen Hinderaktivitäten zu kompensieren in der Lage sind. Export ist in Brasilien ein Geschäft, das mit hohen Transaktionskosten und klaren Skalenvorteilen verbunden ist (VEIGA 2002); entsprechend hoch sind die Zutrittsbarrieren für kleine und mittlere Unternehmen. Mithin ist auch bei einem günstigeren Wechselkurs bestenfalls mit moderatem Wachstum der brasilianischen Exporte zu rechnen, keinesfalls jedoch mit der Verdopplung, die die brasilianische Regierung seit einigen Jahren anstrebt. Eine deutliche Aktivierung der Handelsbilanz ist erst dann zu erwarten, wenn auf der einen Seite die vielen staatlich verursachten Hemmnisse für unternehmerische Betätigung eliminiert und auf der anderen Seite die Wettbewerbsfähigkeit der Privatwirtschaft aktiv unterstützt wird.

2.2 Staatlich verursachte Hindernisse für Unternehmen

Nicht nur im Außenhandel legt der Staat den Unternehmen Steine in den Weg. Die staatlichen Organe auf allen Ebenen sind nur zum Teil in der Lage, ihre eigentlichen Aufgaben zu erfüllen, besonders im Bildungs- und Gesundheitswesen und in der Berufsausbildung. Diese Mängel müssen die Unternehmen durch eigene Programme ausgleichen, oder sie müssen auf kommerzielle Anbieter zurückgreifen. Der Staat ist zugleich eifrig dabei, ordnungspolitische Hindernisse und Unannehmlichkeiten für die Unternehmen zu schaffen.[2] Nicht selten haben Kommunen die Verhängung von Strafen gegen Unternehmen als ein Mittel zur Einkommensbeschaffung benutzt (meist um Haushaltsdefizite auszugleichen, die häufig das Ergebnis von Klieneismus und persönlicher Bereicherung waren).

Insbesondere für KMU erweist sich das Unternehmensumfeld in Brasilien als ausgesprochen ungünstig. Als Eingeständnis, dass die makroökono-

---

[2] Es gibt z.B. eine Vorschrift für Etiketten an Textilien und Bekleidung. Wenn auf dem Etikett z.B. 30 % Baumwolle, 70 % Polyamid steht, wird eine Geldstrafe verhängt, weil die Faser mit dem höchsten Anteil im Gewebe zuerst genannt werden muss. Das Gleiche passiert, wenn auf dem Etikett Nylon statt Polyamid steht. Nicht nur der Hersteller, sondern auch jedes Geschäft, in dem staatliche Inspektoren solche Ware entdecken, muss eine Strafe zahlen, die bis zu einigen Tausend Reais betragen kann.

mischen Rahmenbedingungen negativ sind, kann gewertet werden, dass die Regierung weiterhin bemüht ist, kompensatorische Maßnahmen zu treffen, insbesondere auf dem Gebiet der Investitionsfinanzierung sowie der Exportversicherung und -finanzierung. KMU müssen in der Regel über die Geschäftsbanken an derlei Programme herankommen, wodurch die Kosten noch erhöht werden oder zusätzliche Hindernisse entstehen (z.B. wenn die Banken nicht bereit sind, solche Transaktionen zu tätigen, was häufig vorkommt und aus der Sicht der lokalen Banker ein völlig rationales Verhalten ist: ein mit hohen Schulden belastetes Portfolio hat auf ihre Karriere negativen Einfluss, ein kleines Portfolio mit geringem Risiko hingegen nicht). Demzufolge sind die Bemühungen von BNDES, besonders die KMU zu unterstützen – obwohl an sich lobenswert –, wenig erfolgversprechend. Außerdem profitieren zuerst die Großunternehmen von dem Subventionswettlauf (*guerra fiscal*) zwischen den Bundesstaaten. Für Mikrounternehmen gibt es andere Vorteile, die bis zu einem gewissen Grad für die ansonsten ungünstigen Bedingungen einen Ausgleich bieten, insbesondere die *Simples* (ein pauschalisiertes System zur Zahlung von Steuern und Lohnabgaben). Zudem können sie Unterstützung von SEBRAE erhalten, einer Einrichtung zur Förderung von Kleinst- und Kleinbetrieben. Hingegen gehen Klein- und insbesondere Mittelbetriebe leer aus: sie finden sich zwischen Baum und Borke wieder.

Einer der Gründe für diese Probleme, und damit ein gravierendes Strukturproblem, ist die große Distanz zwischen Staat und Unternehmerschaft. Das mag zunächst kontraintuitiv klingen, wenn man an die staatsgeleitete Industrialisierung im Rahmen des früheren etatistischen Entwicklungsmodells denkt. Tatsächlich sind manche Unternehmen mit der Politik eng verflochten, und viele Unternehmen verdanken ihre Existenz staatlicher Förderung. Aber generell lässt sich für die letzten 30 Jahre eine tiefe Kluft des Unverständnisses zwischen Zentralregierung und Privatwirtschaft erkennen:

- Die Militärregierung setzte – insbesondere zwischen 1974 und 1979 unter Präsident Geisel – auf Staatsbetriebe und ausländische Unternehmen, um den Industrialisierungsprozess voranzutreiben, womit der Raum für privatwirtschaftliche Initiativen weiter eingeschränkt wurde. Ein Resultat dessen war eine zunehmende Unterstützung von Seiten der Unternehmer für jene politischen Kräfte, die eine Demokratisierung einforderten.
- Während der Amtszeit von Präsident Sarney (1985–1990) gab es viele Gelegenheiten für harte Konfrontationen zwischen Politik und Unternehmern – von den periodischen Stabilisierungsplänen, die stets handstreichartig verkündet wurden und die Geschäftsgrundlagen im privaten Sektor vollständig über den Haufen warfen, bis hin zu den Auseinandersetzungen über die Verfassung, in denen die Unternehmerschaft eine Serie von Niederlagen erlitt.

- Präsident Collor (1990-1992) trat mit einer Rhetorik an, die sich gegen Oligarchien wandte – und dabei die Unternehmen, die Collor als ineffizient und antiquiert verspottete, explizit mit einbezog. Collors erster Stabilisierungsplan, mit dem die Liquidität der Wirtschaft weitgehend abgezogen wurde, war für die Unternehmen ein harter Schlag – und umso lästiger, als etliche Unternehmen das Collor'sche Korruptionssystem mit beachtlichen Beiträgen alimentierten. Zugleich war Collor derjenige, der die Marktöffnung durchsetzte und damit die Rahmenbedingungen für die Unternehmen dramatisch änderte.
- Während es unter Collor noch umfangreiche mesopolitische Aktivitäten gab (Programm für Qualität und Produktivität, *câmaras setoriais* und allerlei andere industriepolitische Anstrengungen), setzte sich unter seinem Nachfolger Itamar Franco das Primat der Makroökonomie durch. Dies galt insbesondere seit dem Amtsantritt von Fernando Henrique Cardoso als Finanzminister (1993). Cardoso und seine wirtschaftspolitische Equipe verfolgten einen Ansatz, der sich durch ein dezidiertes Desinteresse gegenüber dem nationalen Privatsektor auszeichnete. Die Privatwirtschaft wurde als wenig dynamisch und als wichtiger Triebfaktor der Hyperinflation wahrgenommen – und damit als Gegner von makroökonomischer Stabilisierung und von wirtschaftlicher Modernisierung. Cardoso und seine Mannschaft setzten stattdessen große Hoffnungen auf die ausländischen Unternehmen. Wenn die (nicht selten traditionalistisch, Industriepolitik-freundlich ausgerichteten) Kritiker den Ausverkauf der nationalen Industrie an Multis geißelten, so wurde dies von der Cardoso-Mannschaft als Erfolgsmeldung wahrgenommen.

Die Ignoranz des Makroökonomen gegenüber mikroökonomischen Fragestellungen paart sich mit der Abneigung der wirtschaftspolitischen Entscheidungsträger gegenüber der Personifizierung der Mikroökonomie, den Unternehmern. Es ist daher durchaus nicht so, dass die negativen Auswirkungen der Stabilisierungspolitik auf den Unternehmenssektor als unvermeidbare Kosten der Stabilisierung abgehakt werden. Tatsächlich ist die Haltung der Regierungsökonomen noch härter: Entweder interessiert sie diese Frage überhaupt nicht, oder die negativen Wirkungen werden als gerechte Strafe für unzureichende Wettbewerbsfähigkeit gesehen.

Vielleicht haben sie mit derlei Gerechtigkeitsüberlegungen sogar Recht: Unternehmer werden zwar individuell nicht müde, über die Behinderung durch den Staat zu klagen, sind aber kollektiv nicht in der Lage, sich dagegen zu organisieren. Selbst dort, wo Unternehmer potenzielle Bündnispartner der Makroökonomen abgeben, z.B. bei essentiellen Reformprojekten (Sozialversicherung, Steuern), tauchen sie als politischer Akteur nur am Rande auf (WEYLAND 1996). Was sich dahinter verbirgt, ist das Erbe des Korporatismus der 30er Jahre: Es gibt Unternehmensverbände – als Zwangsorganisation, organisiert auf der lokalen Ebene. Die Dachverbände auf der Ebene jedes Bundesstaates haben zwar mitunter beeindruckende Gebäude, sind jedoch wenig durchsetzungsfähig, weil unter ihrem Dach alle Typen von Unternehmen zusammengefasst sind – von wettbewerbsfähigen best-practice-Firmen bis hin zu kaum überlebensfähigen Kleinbetrieben. Konkurrierende Organisationen haben es schwer, weil viele Unternehmer nicht noch einem Verband beitreten und Mitgliedsbeitrag zahlen wollen. Zudem setzen sie eher darauf, auf individueller Basis von Patronage zu profitieren, als auf den beschwerlichen Weg kollektiven Handelns. Hinzu kommt das Trittbrettfahrerdilemma. Effektive Organisation klappt bislang nur dort, wo die Zahl der Firmen klein war, z.B. in der Autoindustrie.

Diese schwache politische Repräsentanz der Privatwirtschaft ist einer der Gründe dafür, dass wichtige Reformvorhaben – die die Situation der Unternehmen deutlich verbessern würden – kaum vorankommen und die makroökonomischen Rahmenbedingungen für privates Unternehmertum ungünstig bleiben – trotz der unbestreitbaren Stabilisierungserfolge der 90er Jahre (MEYER-STAMER 2000). Immerhin haben einige dieser Reformen wichtige Weichenstellungen in anderen Bereichen bewirkt, die für wissensbasierte Entwicklung relevant sind, insbesondere dem Bildungssystem. Dies betraf nicht nur die Hochschulausbildung, die schon in der Vergangenheit einen überproportionalen Anteil der staatlichen Bildungsausgaben ausmachte; hier war im Verlauf der 90er Jahre eine kräftige Ausweitung der Kapazität zu beobachten, die sich z.B. in einem Anstieg der Magister-Studenten von 36.500 (1991) auf 63.600 (2000) und einem Anstieg der Doktoranden von 10.900 (1991) auf 33.000 (2000) ausdrückt (CORBUCCI 2003). Auch in der Grundschulausbildung hat es Fortschritte gegeben (CASTRO/MENEZES 2003), auch wenn hier – insbesondere in den Bundesstaaten des Nordostens – nach wie vor gravierende Probleme existieren (WORLD BANK 2003).

Zugleich ist der Bildungssektor ein Sinnbild für den zentralen Trend in der brasilianischen Entwicklungspolitik: Die Dezentralisierung, d.h. die Verlagerung von Aufgaben von der Bundesebene auf die Bundesstaaten und Kommunen, geht in Brasilien – bedingt durch die Verfassung von 1988 und im Gegensatz zu vielen anderen Ländern – auch mit der Dezentralisierung finanzieller Ressourcen einher. Diese Dezentralisierung war im Verlauf der 90er Jahre auch in anderen Feldern zu beobachten. Zentralstaatliche Industriepolitik wurde abgelöst durch lokale und bundesstaatliche Standortpolitik – nicht nur in ihrer Inkarnation als Subventionswettlauf, um ausländische Investoren anzuziehen ("guerra fiscal"), sondern zunehmend auch auf der Grundlage einer breiten Diskussion um lokale Entwicklung (DLIS – *desenvolvimento local integrado e sustentável*). In den letzten Jahren kam damit ein Thema ins Rampenlicht, das weltweit die große Mode bei der Mobilisierung "endogener Potenziale" war: Die Unterstützung und Dynamisierung von industriellen Clustern. Konzeptionell war dies eingebettet in die Diskussion um regionale Innovationssysteme (COOKE 1996) und lokales Lernen (MASKELL 1996; MALMBERG/MASKELL 2002), also die territorial fokussierte Linie der Diskussion um wissensbasierte Entwicklung.

3. Clusterförderung: Die neue Zauberformel für Wettbewerbsfähigkeit und Wachstum?

> *A evolução sustentável dos pequenos negócios possibilitará uma significativa diminuição das desigualdades promovendo uma evolução mais equilibrada no País.*
>
> *O Sebrae atento à necessidade de minimizar estas desigualdades sociais e regionais atuará identificando novas oportunidades de negócios, fortalecendo e estimulando a criação de cadeias produtivas e "clusters" – concentrações geográficas, altamente eficientes, de empresas que visam objetivos semelhantes. (www.sebrae.org.br, Juli 2003)*

1996 führten wir ein Forschungsprojekt zur Wettbewerbsfähigkeit von Industrieclustern in Santa Catarina durch (MEYER-STAMER ET AL. 1996) und fanden damals keine einzige Kommunalverwaltung, die systematische Anstrengungen zur Stärkung der lokalen Industrie unternahm. Einige verfügten über wirtschaftliche Entwicklungsstrategien, die aber vorrangig darauf ausgerichtet waren, neue Unternehmen anzuwerben, vor allem Automontagewerke. Auf bundesstaatlicher Ebene war die Lage nicht besser. Als wir nach den Ursachen forschten, war die typische Antwort: Das ist nicht unsere Sache. Industriepolitik ist eine Aufgabe der Zentralregierung, wir müssen uns um dringendere Dinge kümmern.

Dahinter steckte ein traditionelles brasilianisches Politikmuster, nämlich die Erwartung, dass im Zweifelsfall die Zentralregierung sich um alle Probleme kümmert. Und wenn die Zentralregierung das nicht von sich aus tut, organisieren lokale Akteure eine Reise nach Brasília, um die Regierung zum Handeln zu veranlassen. Tatsächlich ist insbesondere auf dem Gebiet der Wirtschaftsentwicklung die Zentralregierung bisher der wichtigste Akteur gewesen, und so ist es nur natürlich, wenn die lokalen Akteure der Meinung sind, dass dies nicht ihr Aufgabengebiet sei. Davon abgesehen haben sie ohnehin häufig keine Idee, was getan werden könnte.

Seit der zweiten Hälfte der 90er Jahre hat sich diese Einstellung geändert. Als die Produktion weiterhin schneller stieg als das BIP, stieg auch die Zahl der Entlassungen. Arbeitslosigkeit wird in Brasilien zu einem ernsthaften Problem und ist am stärksten auf lokaler Ebene spürbar. Aus diesem Grund beschäftigen sich die Kommunen zunehmend mit Wirtschaftsentwicklung und Beschäftigungsfragen. Als wir unsere Studie durchführten, war der Begriff "Cluster" praktisch unbekannt. Eine erste größere Tagung zum Thema fand 1999 an der Universität Campinas statt, und in den Folgejahren sind in vielen Bundesstaaten Clusterinitiativen wie Pilze aus dem Boden geschossen. Auch die KMU-Förderorganisation SEBRAE hat sich des Themas (unter dem Begriff "arranjos produtivos") angenommen.

Brasilien fügt sich damit in die große Gruppe von Ländern ein, in denen seit den 90er Jahren – seit der Popularisierung des Cluster-Konzepts durch PORTER (1990) – die Clusterförderung als neues Instrument von Regionalpolitik und Wirtschafts-, Innovations- und KMU-Förderung eingeführt wurde. Das Grundkonzept ist vielfältig dargestellt worden und muss an dieser Stelle nicht präsentiert werden.[3] Viel interessanter als das Konzept ist die Frage: Wie sieht die Praxis aus? Gibt es Indizien dafür, dass Clusterförderung ein vielversprechender Ansatz für die Dynamisierung der Wirtschaft und die Schaffung von Wettbewerbsvorteilen ist? Betrachten wir drei Fallbeispiele aus dem Bundesstaat Santa Catarina, dessen Industriestruktur geprägt ist durch Cluster – und der im übrigen Brasilien im Ruf steht, besonders effektiv kollektives Handeln zu organisieren.

3.1 Fallbeispiel 1: Wie man auf lokaler Ebene Wettbewerbsvorteile schafft oder auch nicht – Die Fliesenindustrie in Criciúma

Das Fliesencluster in Criciúma, Santa Catarina, erschien für eine Weile als positives Beispiel dafür, wie durch kollektives Handeln in einem Cluster Wettbewerbsvorteile geschaffen werden können. Von jenen Clustern in Santa Catarina, die wir in der genannten Studie untersucht hatten, gerieten die Fliesenhersteller als erste unter heftigen Druck. Ursprünglich hängt das nicht mit der Marktöffnung zusammen, sondern damit, dass sich das Land 1989/1990 am Rande der Hyperinflation bewegte und die Wirtschaft aufgrund der makroökonomischen Stabilisierungsbemühungen stagnierte. Das führte zum Zusammenbruch das Baumarktes, entsprechend gingen die Verkaufszahlen der Unternehmen zurück. Gleichzeitig stiegen die Realzinsen, wodurch die Unternehmen, die zuvor durch Schulden finanzierte Expansions- und Modernisierungsstrategien betrieben hatten, in Schwierigkeiten gerieten. Das größte Unternehmen musste 1991 einen Vergleich anmelden, einige andere standen am Rande des finanziellen Zusammenbruchs. Letztendlich überlebten alle aufgrund entschlossener Anpassungsbemühungen.

Wenige Jahre später stellten die Unternehmen 30 % der Fliesenproduktion Brasiliens her und bestritten 70 % der Exporte. In bezug auf Produktionstechnologie können sie den Anschluss an die führenden italienischen und spanischen Wettbewerber halten; neue Managementtechniken wurden umfassender als in Unternehmen anderer Branchen eingeführt. Es gab informelle Kooperation zwischen den Unternehmen, die Unternehmerverbände spielten eine sehr aktive Rolle, und der Mesoraum wurde aktiv von der Industrie gestaltet.

Die Unternehmen sind insbesondere auf dem Gebiet der Aus- und Weiterbildung aktiv geworden, u.a. deshalb, um eine Grundlage für die breite Anwendung von Qualitätsmanagement-Techniken wie statistische Prozess-

---

[3] Meine eigenen Arbeiten zum Thema sind verfügbar unter www.meyer-stamer.de/cluster.html.

kontrolle zu schaffen. In einem großen Unternehmen absolvierten 1997 alle Mitarbeiter ein Primarschulprogramm, was eher untypisch für brasilianische Industrieunternehmen ist, in einem mittleren Unternehmen haben 98 % der Mitarbeiter die Sekundarbildung durchlaufen, und 39 % besuchen Hochschulkurse bzw. haben sie bereits abgeschlossen. Üblicherweise werden innerbetrieblich Grundschulkurse angeboten (zum Abschluss des *primero grau*, d.h. der normalerweise acht Jahre dauernden Primarbildung) und Bildungsmaßnahmen (häufig nach der Arbeit und an Wochenenden) in der Sekundar- bzw. Tertiarstufe für Mitarbeiter in externen Einrichtungen gefördert, z.B. durch Bereitstellung von Transportmöglichkeiten und die Reduzierung der Wochenarbeitszeit.

Im Fliesencluster war zeitweise zumindest etwas *"information in the air"*. Zwischen den Fliesenherstellern gab es einen beträchtlichen informellen Informationsaustausch – im Gegensatz zu anderen Branchen war es für sie völlig normal, die Fabrik des Konkurrenten zu besuchen. Zwischen einigen Unternehmen fand regelmäßig ein Leistungsvergleich statt. Dies wurde von drei Faktoren begünstigt. Erstens stimulierten die Input-Zulieferer und Ausrüstungslieferanten den Austausch zwischen den Unternehmen. Wenn z.B. ein Lieferant (meist eine italienische Firma) eine bestimmte Ausrüstung in einem der Unternehmen installiert hat, dient dies gleichzeitig als Anschauungsobjekt für die anderen lokalen Unternehmen.

Zweitens waren sich die lokalen Akteure nach der Krisenerfahrung einig, dass die Unternehmen zusammenhalten sollten, um ihre Position gegenüber den einheimischen Wettbewerbern zu behaupten. Abgesehen von einem Großunternehmen in einer anderen Region Santa Catarinas, befinden sich die Hauptkonkurrenten in einem Cluster im Staat São Paulo (Santa Gertrudes). Dies sind meist Klein- und mittlere Unternehmen, die schlank und flexibel sind und einen ständigen Leistungsdruck auf die Unternehmen im Cluster in Criciúma ausüben.

Drittens waren die Techniker der Unternehmen der Meinung, dass die Produktionstechnologie ohnehin überwiegend standardisiert ist, so dass kaum ein Risiko besteht, wichtige Geheimnisse durch den Informationsaustausch zwischen den Unternehmen preiszugeben. Hier spielt also das Wettbewerbsmuster eine wichtige Rolle bei der Erklärung der Kooperation. Wettbewerbsvorteile lassen sich eher mit originellem Design und in der Logistik realisieren.

In der Fliesenindustrie spielen die Unternehmerverbände eine aktive Rolle, und die Unternehmen in Santa Catarina unterhalten auch enge Kontakte mit ihren Verbänden.[4] An erster Stelle muss hier das lokale *sindicato* der Fliesenindustrie genannt werden, das eine zentrale Rolle bei der Stimu-

---

[4] Das ist nicht selbstverständlich, so hatten in der metallverarbeitenden und der elektromechanischen Industrie Unternehmen aus SC kaum Kontakte zu jeweiligen Verbänden, obwohl diese in anderen Teilen des Landes eine ziemlich wichtige Rolle spielen, besonders im Staat São Paulo.

lierung des Erfahrungsaustausches zwischen den Unternehmen gespielt hat. Es beteiligte sich außerdem am Lobbying für den Bau eines Anschlusses an die Erdgaspipeline zwischen Brasilien und Bolivien. Durch die Nutzung von Erdgas können die Energiekosten der Fliesenhersteller erheblich gesenkt werden.

An zweiter Stelle ist ANFACER zu nennen, der nationale Verband der Fliesenhersteller. ANFACER spielt eine wichtige Rolle bei der Stimulierung des technologischen Austauschs zwischen den Unternehmen, u.a. durch die Ausrichtung eines jährlichen Kongresses der Fliesenindustrie. Außerdem unterhält er ein 1993 gegründetes unabhängiges Institut, das brasilianische Keramikzentrum, das sich mit Ausbildung, Forschung und Verbraucherinformation befasst. Im Gegensatz zu anderen Branchen spielen die catarinensischen Fliesenunternehmen eine aktive Rolle in ANFACER. Darüber hinaus hat der Verband eine wichtige Rolle zur Organisierung eines Unternehmerbündnisses geleistet, das bei der Zentralregierung Lobbyarbeit leistet, damit mehr Mittel für den Hausbau bereitgestellt werden. Immerhin könnte dadurch die Nachfrage für mehrere Zweige der Baumaterialindustrie stimuliert werden.

Die lokalen Unternehmen und das *sindicato* spielen gleichfalls eine wichtige Rolle bei der Entwicklung der Mesoinstitutionen. Sie formulieren und realisieren Maßnahmen zur Schaffung von Standortvorteilen. In diesem Bereich schnitt Criciúma für brasilianische Verhältnisse hervorragend ab:

- Schon vor längerer Zeit hatte eines der beiden großen Unternehmen selbst eine Fachschule eingerichtet und sie 1991 auch für Schüler aus anderen Unternehmen zugänglich gemacht.
- Die Unternehmen haben Druck auf die örtliche Universität ausgeübt, einen speziellen Kurs für Techniker in der Keramiktechnologie anzubieten, und gegenüber dem Staat durchgesetzt, dass dieser Kurs innerhalb eines Jahres zugelassen wurde (also innerhalb eines wesentlich kürzeren Zeitraums als unter der üblichen Bürokratie).
- Zusammen mit FIESC (dem Industrieverband in Santa Catarina), in Kooperation mit der Universität von Santa Catarina (UFSC) und mit finanzieller Unterstützung des Staates gründeten die Unternehmen in Anlehnung an eine ähnliche spanische Institution das Zentrum für Keramiktechnologie (CTC). Um dieses Vorhaben umsetzen zu können, mussten die Unternehmen langwierige Verhandlungen führen und im wahrsten Sinne des Wortes kollektiv handeln: Die Direktoren der führenden Unternehmen flogen gemeinsam in die Hauptstadt, Florianópolis, und belagerten dort zuerst das Büro des Präsidenten von FIESC und anschließend das des Gouverneurs, um ihnen Zugeständnisse für Unterstützung und Finanzierung zu entreißen. Ein wichtiger Aspekt ist der Umzug des Speziallabors der Universität von Santa Catarina in Florianópolis zur CTC.

Um diese Vorgänge zu erklären, scheinen zwei Faktoren am wichtigsten zu sein. Erstens gerieten einige Firmen durch heftige Rivalität und Nicht-Kooperation an den Rand des Bankrotts. Die zwei größten Unternehmen lieferten sich in den 80er Jahren ein Wettrennen um die Führungsposition, wobei sie zum größten Teil mit Hilfe von Entwicklungsbankkrediten in neue Fabriken investierten und kleinere Firmen übernahmen. Als ab 1989/90 die Verkaufszahlen dramatisch zurückgingen, erwiesen sich beide als sehr verletzbar. Mittelunternehmen berichten, dass die beiden Großunternehmen früher gegenüber Kooperation nicht aufgeschlossen waren. Außerdem bevorzugten es die Mittelunternehmen, Abstand zu wahren, um nicht auch aufgekauft zu werden. Seit der Krise Ende der 80er / Anfang der 90er Jahre hat sich das alles geändert – aus der Notwendigkeit heraus (d.h. der Notwendigkeit zur Konsolidierung), aufgrund der Interventionen von Gläubigern (die z.B. die Familie aus der Leitung eines der großen Unternehmen drängten) und mit Hilfe zweier Personen, dem Präsidenten des *sindicato* und dem Präsidenten der lokalen Industrie- und Handelskammer,[5] die im Streit zwischen den Großunternehmen vermittelten.

Zweitens konnte sich die Fliesenindustrie an den italienischen *industrial districts*[6] in derselben Branche orientieren. Lokale Unternehmen begannen mit der Kontaktaufnahme zu Unternehmen in Italien, besonders zu Ausrüstungslieferanten und Input-Produzenten, aber auch zu ihren italienischen Wettbewerbern. Vertreter und Techniker der italienischen Ausrüstungshersteller und Lieferanten besuchen häufig die Region und verhalten sich dabei so, wie sie es gewöhnt sind, d.h., sie gehen davon aus, dass Unternehmen, selbst konkurrierende, kooperieren. Darüber hinaus besuchen auch Manager und Angestellte der lokalen Unternehmen häufig Italien und konnten sich einen Eindruck vom Wesen eines *industrial district* in Italien verschaffen.

Dies waren die Ergebnisse der Feldforschung im Jahr 1996. Vor dem Hintergrund der Clusterdiskussion hätte man erwartet, dass einmal eingeübte Verhaltensweisen – informelle und formelle Kooperation zur Schaffung von Wettbewerbsvorteilen – nicht so schnell wieder aufgegeben werden. Genau dies passierte jedoch: Vier Jahre später hatte sich die Situation grundlegend gewandelt und glich wieder mehr dem üblichen brasilianischen Muster (nach dem Kaspar-Hauser-Prinzip: Jeder für sich und Gott gegen alle) als dem italienischen Modell (oder zumindest dem, was dafür gehalten wird: unsere Feldforschung in Italien bestätigte die wenigsten der üblichen Annahmen über wirksames kollektives Handeln in industrial districts) (MEYER-STAMER, MAGGI/SEIBEL 2001).

Es gab im Wesentlichen drei Gründe für den Verfall des kollektiven Handelns:

1. Aus der Sicht der Unternehmen hatte das kollektive Handeln der ersten Hälfte der 90er Jahre seine Ziele erreicht: Es gab ein Technologiezentrum,

---

[5] Der Präsident des *sindicato* ist der Besitzer eines mittleren Unternehmens. Der Präsident der Industriekammer kommt aus der metallverarbeitenden Industrie.

[6] Zur Diskussion um industrial districts vgl. z.B. SCHMITZ (1995a) und die dort genannte Literatur.

einen Studiengang, die Technikerschule war allgemein zugänglich, und das Cluster war an das Erdgasnetz angeschlossen worden. Es gab, so die Wahrnehmung, keine weiteren drängenden Probleme, die sinnvoller Weise durch kollektives Handeln hätten gelöst werden müssen.
2. Der Fokus in den Unternehmen hat sich im Verlauf der 90er Jahre verschoben. Erschien zunächst die Modernisierung der Produktionsprozesse als wichtigster Ansatzpunkt für die Verbesserung der Wettbewerbsfähigkeit, so liegt die Aufmerksamkeit seit Ende der 90er Jahre bei Vertrieb und Vermarktung. Die Unternehmen reorganisieren die Wertschöpfungskette und bewegen sich in die Handelsstufe hinein – bis hin zum Aufbau eigener Franchisenetze. Im Rahmen dieser Strategie gibt es nach Auffassung der Unternehmen keinen Raum für Kooperation.
3. Entwicklung hängt immer an Personen. Bei der kollektiven Aktion der frühen 90er Jahre spielten der Präsident des sindicatos und der Präsident der lokalen Industrie- und Handelskammer die zentrale Rolle. Beide manövrierten sich durch parteipolitisches Engagement in das Abseits, und ihre Nachfolger entbehren des Charismas, um ihre skeptischen Branchenkollegen zu gemeinsamen Aktionen zu motivieren.

3.2 Fallbeispiel 2: Warum soll man auf lokaler Ebene handeln – Der Möbelcluster in São Bento do Sul

Auf den ersten Blick scheint der Möbelcluster in São Bento do Sul ein spektakulärer Erfolg zu sein, vielleicht sogar ein neues Supercluster.[7] In den 90er Jahren wuchsen die Exporte aus São Bento aufsehenerregend. 1992 und 1993 verdoppelten sie sich und stiegen bis 1997 weiterhin stark an. Die Exporte aus São Bento verzehnfachten sich von etwa 20 Mio. US-$ 1991 auf etwa 200 Mio. US-$ 1997 und beliefen sich damit auf etwa 50 % der gesamten Möbelexporte Brasiliens.

Die Leistungsentwicklung von São Bento lässt sich jedoch eher auf einen positiven externen Schock als auf die Schaffung von lokalen Wettbewerbsvorteilen zurückführen. Natürlich verfügen viele der ca. 200 Möbelhersteller über moderne Produktionsmaschinen und sind mittlerweile in der Lage, die Ansprüche europäischer und US-amerikanischer Kunden in Bezug auf Pünktlichkeit, hohe Qualität und niedrige Preise zu erfüllen. Trotzdem ergab sich der Exportboom aus dem Zusammentreffen äußerer Umstände, nämlich den turbulenten Umbrüchen in Osteuropa, dem traditionellen Lieferanten von Kiefernholzmöbeln nach Westeuropa, insbesondere Deutschland. Als osteuropäische Unternehmen nicht mehr liefern konnten, oder zumindest nicht zu vernünftigen Preisen, sahen sich die Händler nach anderen Lieferanten um und fanden sie u.a. in São Bento.

---

[7] SCHMITZ (1995b) bezeichnete das Schuhcluster in Vale dos Sinos / RS als "supercluster".

Im Jahr 1998 – vor der Abwertung des Real – deutete vieles darauf hin, dass der Boom nur kurzlebig sein könnte. Unternehmen aus São Bento hatten zunehmend Probleme, in Europa wettbewerbsfähig zu bleiben, da osteuropäische Hersteller wieder in den Markt eintreten – sie sind näher am Markt und profitieren von den günstigen Wechselkursen. Das ist um so wichtiger, da in dieser Branche ein erbarmungsloser Preiskampf die Regel ist. Die Exporte nach Deutschland waren bereits dramatisch zurückgegangen, und auf den anderen Märkten war die Lage auch nicht günstiger. Eine Zeit lang schien der nordamerikanische Markt eine Alternative zu sein, aber hier konkurrieren die Unternehmen aus São Bento mit Produzenten aus Südostasien, und nach den dramatischen Währungsabwertungen dort ist es aussichtslos, sie auf dem Gebiet der Preise zu schlagen. 1998 begannen die Exporte zurückzugehen, aber die Abwertung im Januar 1999 rettete zunächst die preisliche Wettbewerbsfähigkeit der Hersteller. Dennoch gilt: Längerfristig haben die Unternehmen nur eine Chance, auf dem Markt zu bleiben, wenn sie Produkte anbieten, die kein anderer herstellen kann oder zumindest nicht in dieser Qualität und zu einem relativ niedrigen Preis. Die Strategie muss heißen: besser als Malaysia, billiger als Dänemark.

Leider ist es für die Hersteller in São Bento nicht einfach, diese Strategie zu verfolgen. Es gibt mehrere ernstzunehmende Hindernisse. Das wichtigste ist, dass die Hersteller überhaupt nicht wissen, wer ihr eigentlicher Kunde ist und was er will. Der Export der kleineren Unternehmen wird über drei lokale Exportfirmen abgewickelt, und die größeren arbeiten sowohl mit Exportagenten als auch mit ausländischen Handelshäusern zusammen. Weder die kleinen noch die mittleren Hersteller verfügen über solide Marktkenntnisse, und die meisten besuchen noch nicht einmal regelmäßig Messen für die wichtigsten Märkte.

Das zweitwichtigste Problem besteht im Mangel an qualifizierten Mitarbeitern auf allen Ebenen. Viele Arbeiter haben noch nicht einmal die achtjährige Grundschule beendet, und es gibt nur sehr wenige gut ausgebildete Facharbeiter, Techniker und Ingenieure und überhaupt keine professionellen Designer. Diese Beobachtung überrascht um so mehr, als lokale Unternehmen Mitte der 70er Jahre eine Fachschule für die Möbelindustrie ins Leben riefen, die in den 80er Jahren als *center of excellence* recht bekannt wurde. Ende der 80er Jahre und Anfang der 90er Jahre begann allerdings ihr Niedergang. Erst vor kurzer Zeit setzen Bemühungen zu ihrer Rehabilitierung ein.

Was ergibt sich hieraus für eine Politik, mit der Wettbewerbsfähigkeit verbessert werden soll? Ganz sicherlich sind die makroökonomischen Bedingungen ungünstig, und lokale Unternehmen verweisen auf den überhöhten Wechselkurs und hohe Zinsen. Mitte der 90er Jahre allerdings, als es noch ein starkes Wachstum gab, war der Wechselkurs noch ungünstiger. Selbst bei einem realistischen Wechselkurs und international vergleichbaren Zinsen wäre es für die Unternehmen in São Bento schwierig, sich auf dem Markt in Europa und den USA zu behaupten. Ihr Hauptproblem ist das unzureichende Wissen, und dieses hat weder etwas mit dem Wechselkurs noch mit den Zinsen zu tun.

Wer kann nun was tun, um dieses Problem zu lösen? Unbedingt notwendig ist ein Wechsel in der lokalen Unternehmenskultur. Bislang ist sie durch scharfe Rivalität einschließlich verschiedentlicher Fälle von opportunistischem Verhalten und Mangel an Kooperation, Zusammenarbeit sowie kollektivem Handeln gekennzeichnet. São Bento ist also ein Musterbeispiel für ein unkooperatives *cluster*, das von passiven Vorteilen profitiert (z.b. erfahrene Arbeiter, Zulieferer und Subunternehmer sowie Exporteure), jedoch über kaum einen aktiven geschaffenen Vorteil verfügt. Ein möglicher Ausweg für den *cluster* besteht darin, die Situation umzukehren, indem eine kooperative Unternehmenskultur zum Aufbau kollektiver Effizienz geschaffen wird. In der Praxis hieße das, unternehmensübergreifende (also nicht innerbetriebliche) Bildungskurse für Mitarbeiter aller Ebenen anzubieten, Studien- und Informationsreisen zu ausgesprochen wettbewerbsfähigen ausländischen *clustern* und zu Messen zu organisieren und Informationen über Nachfragetrends bekanntzumachen. All diese Maßnahmen könnten zu Veränderungen im Denkmuster beitragen und damit die Voraussetzungen für anspruchsvollere Gemeinschaftsunternehmen schaffen, wie z.B. Einkaufs- und Exportkonsortien oder gemeinsame Designanstrengungen. Externe Akteure können die ersten Schritte in diese Richtung fördern. Im Großen und Ganzen muss diese Aufgabe aber von den lokalen Akteuren bewältigt werden, da es für diese Projekte wichtig ist, dass sie auf Vertrauen basieren und sich die Beteiligten das Anliegen des Projektes zu eigen machen.

3.3 Sozialkapital und Upgrading im Cluster: Beobachtungen im Textilcluster im Vale do Itajai

Die Beobachtung der ökonomischen Bedeutung enger Kooperation war ein Hauptgrund dafür, dass in den letzten Jahren die ökonomische Bedeutung von Vertrauen und, im engen Zusammenhang damit, von Sozialkapital mit zunehmender Intensität erforscht wurde. Der Begriff Sozialkapital tauchte in den 70er Jahren in den Arbeiten des französischen Soziologen Pierre Bourdieu auf. Die gängige Referenz ist indes der US-Theoretiker JAMES COLEMAN (1990). Die eigentliche Initialzündung für die Popularisierung dieser Kategorie gab 1993 der US-Sozialwissenschaftler ROBERT PUTNAM (1993) – wiederum im Zusammenhang mit der Analyse Italiens. Putnam stellte die These auf, dass der dramatische Entwicklungsunterschied zwischen dem Norden und dem Süden Italiens insbesondere mit der unterschiedlichen Verfügbarkeit von Sozialkapital zu erklären sein. In Süditalien sei die wichtigste soziale Bezugsgröße die Familie, ansonsten misstraue jeder jedem, so dass sowohl kollektives Handeln als auch die Mobilisierung von ökonomischen Ressourcen sehr schwierig seien. Anders in Norditalien: Dort werde durch vielfältige Bürgerorganisationen – Verbände in allen möglichen Bereichen, nicht nur der Wirtschaft – ein Milieu geschaffen, in dem traditionelle

Sozialzusammenhänge wie die Familie weniger bedeutsam würden und durch ständige Interaktion zwischen vielen Personen ein Bestand an goodwill, Vertrauen und Vertrautheit mit konstruktivem Umgang (gerade auch in Konfliktsituationen) entstehe – eben Sozialkapital, das auch aus einem nichtökonomischen in einen ökonomischen Sozialkontext transferierbar sei.

Seither wird dem Thema Sozialkapital in der Entwicklungspolitik eine zunehmende Aufmerksamkeit zuteil, die sich z.B. an der Einrichtung einer besonderen "Social Capital for Development Home Page" bei der Weltbank manifestiert. Die Ausgangsvermutung ist, dass nicht nur im Mezzogiorno, sondern auch in Entwicklungsländern geringes Sozialkapital und Misstrauen Eigeninitiativen und kollektives Handeln zur Lösung von Problemen verhindern. Daran schließt sich die Hoffnung an, mit der Stärkung von Sozialkapital die Selbsthilfefähigkeit verbessern zu können – insbesondere dort, wo staatliche Strukturen schwach sind. Zielgruppen sind arme Bevölkerungsgruppen, aber auch wenig wettbewerbsfähige Unternehmen.

Sozialkapital ist indes (zumal, wenn es für Entwicklungsanstrengungen gezielt genutzt werden soll) eine riskante Größe – riskant nicht nur im Hinblick darauf, dass es leicht zerstört werden kann, sondern auch insofern, als der Prozess der Identifikation von Sozialkapital schon Fallstricke in sich birgt. Dies gilt insbesondere dann, wenn man – auf den Spuren von Putnam wandelnd – nach einem möglichen Nexus sucht zwischen Sozialkapital, das durch freiwilligen Zusammenschluss von Bürgern entsteht, und Ansatzpunkten zur Dynamisierung wirtschaftlicher Entwicklung. Das folgende Beispiel ist in dieser Hinsicht instruktiv.[8]

Die Analyse des Textilindustrie-Clusters im Vale do Itajaí – ebenfalls im Bundesstaat Santa Catarina, mit den ökonomischen Zentren Blumenau und Brusque – ergibt auf den ersten Blick ein Paradox. Es existieren vielfältige Organisationen sowie historische Faktoren, die auf die Existenz ausgeprägten Sozialkapitals schließen lassen. Die Kooperationsbeziehungen zwischen Unternehmen sind jedoch schwach, und das vorherrschende Beziehungsmuster ist Misstrauen.

Die "Kolonisierung" des Vale do Itajaí (in dem zuvor nur vereinzelt indigene Bevölkerung siedelte) begann in der Mitte des 19. Jahrhunderts. Wichtige Elemente der Entwicklungsgeschichte deuten auf soziales Kapital hin: enger Zusammenhalt in einer Gemeinde, die in einem feindlichen Umfeld zurechtkommen musste und darunter litt, dass die wenigsten der den Immigranten gemachten Versprechungen gehalten wurden; Landwirtschaft als anfänglich einzige Reproduktionsbasis; Mobilisierung lokaler Ersparnis zur Finanzierung erster Gewerbebetriebe. Der Industrialisierungsprozess

---

[8] Die Informationen fußen überwiegend auf Gesprächen des Autors mit lokalen Akteuren, die im Zuge einer Reihe von Arbeitsaufenthalten seit 1995 stattfanden, sowie mit Sabine Kiefer, die 1996/97 in Blumenau Recherchen für ihre Dissertation, die aus ethnologischer Perspektive die Entwicklung des Volkstanzes in Blumenau untersucht, durchführte.

begann früh (die ersten Textilunternehmen wurden ab 1880 gegründet), und er gewann auch weit früh an Dynamik; die größten Unternehmen in Brusque und Blumenau hatten 1945 bereits 1.500 bzw. 800 Beschäftigte. Damit begann eine scharfe soziale Stratifizierung im Vale do Itajaí. Es ist daher zu vermuten, dass die traditionellen Quellen von Sozialkapital im Vale do Itajaí früh erodiert sind und längst keine Rolle mehr spielen.

Es sind aber nicht nur Stratifizierung und zunehmende soziale Distanz, die für die Erosion von Sozialkapital – insgesamt und speziell zwischen Unternehmen – verantwortlich sind. Mindestens zwei weitere Faktoren kommen hinzu. Erstens entstanden in den 30er Jahren klare Risse in den Gemeinden – zwischen Nazis (von denen viele erst im 20. Jahrhundert eingewanderte Personen waren, sogenannte "Neudeutsche", z.T. mit technischen Spezialkenntnissen – der technische Fortschritt verlief im späten 19. und frühen 20. Jahrhundert in Deutschland dramatisch schneller als in Brasilien – und daher hohem Einkommen und Status) und nicht-Nazis; dies eskalierte in den 40er Jahren, als die Nutzung der deutschen Sprache mit Gefängnis oder Internierung geahndet werden konnte und es zu Fällen von Denunziation kam. Zweitens gab es früh einzelne Unternehmerpersönlichkeiten, die ihre Firma völlig abschotteten – am ausgeprägtesten die Firma Garcia, ein großer Hersteller von Stoffen und Heimtextilien, in deren Betrieb für Jahrzehnte buchstäblich kein Fremder hineinkam.

Weitere Faktoren kamen hinzu, um über Jahrzehnte ein unkooperatives wirtschaftliches Milieu entstehen zu lassen. Ein Faktor waren gescheiterte Versuche der Kooperation. In den 60er Jahren beispielsweise wollte eine Gruppe von Firmen aus Blumenau gemeinsam eine Spinnerei im Nordosten Brasiliens bauen. Die Genehmigung der versprochenen Fördermittel zog sich jedoch hin, und als sie schließlich vorlag, hatten einige der beteiligten Firmen daheim investiert, keine Finanzmittel für weitere Investitionen mehr verfügbar und wurden daher von der finanzkräftigsten Firma aus dem Vorhaben herausgedrängt. Diese Erfahrung prägte noch 30 Jahre später das Denken einiger Entscheidungsträger. Ferner gab es auch dezidiert antikooperatives Verhalten; eine große Firma beispielsweise kaufte nur unter der Bedingung bei einem Schweizer Maschinenproduzenten, dass dieser keine andere Firma am Ort belieferte. Ein weiterer Faktor war die Tatsache, dass die größeren Firmen durchweg komplett vertikal integriert waren – auf der einen Seite kam die rohe Baumwolle an, auf der anderen Seite kamen fertig verpackte Handtücher oder T-Shirts heraus; dadurch gab es für die größeren Firmen kaum eine Notwendigkeit der vertikalen Kooperation. Eine Notwendigkeit zur horizontalen Kooperation gab es genau so wenig, denn die Geschäfte liefen bis zu Beginn der 90er Jahren im abgeschlossenen brasilianischen Markt ausgezeichnet, und einige der Firmen waren – nicht zuletzt aufgrund großzügiger Subventionen – erfolgreich im Export aktiv. Wenn es

Krisen gab, betrafen diese immer nur einzelne Firmen,[9] nie eine signifikante Gruppe oder gar das Cluster insgesamt.

Die ökonomische Situation des gesamten Clusters änderte sich ab 1994 radikal. Nach der Öffnung des Marktes (ab 1990) setzten ein überhöhter Wechselkurs und enorm hohe Zinsen die Unternehmen unter starken Druck. Auf der einzelbetrieblichen Ebene kam es zu – zum Teil drastischen – Anpassungsmaßnahmen. Die Kooperationsversuche hatten jedoch nur bescheidene Erfolge; es gelang kaum, horizontal wieder Sozialkapital zu schaffen. Dies erscheint auf den ersten Blick als überraschend – warum gelang es nicht, das Sozialkapital aus anderen Lebensbereichen für den ökonomischen Bereich nutzbar zu machen? In Blumenau beispielsweise existieren 34 Schützenvereine, 9 Volkstanzgruppen und vielfältige andere Zusammenschlüsse – ganz abgesehen von einer kollektiven Identität als "europäisches Tal" mit Oktoberfest, Fachwerkhäusern und anderem mehr.

Der zweite, genauere Blick liefert die Antwort: Das, was zunächst als unerschöpfliche Quelle von Sozialkapital erscheint, ist in Wahrheit ein fragiler Versuch der Rekonstruktion von Sozialkapital. Nehmen wir das Beispiel Blumenau: Die Schützenvereine haben zum Teil eine lange Tradition, aber in Wahrheit waren sie in den 60er Jahren am Absterben, und es war einem Lokalpolitiker – der hier eine potenzielle Klientel witterte und staatliche Finanzmittel mobilisierte – zu verdanken, dass sie wieder auflebten. Volkstanzgruppen gab es zu dem Zeitpunkt keine; die erste der heute existierenden wurde 1984 gegründet, und Noten und Anleitungen für Tanzschritte wurden aus Gramado beschafft, einem Hort deutscher Immigrantenkultur in Rio Grande do Sul. Darüber hinaus sind beides Veranstaltungen der (unteren) Mittelklasse. Die lokale Oberschicht trifft sich teils in Clubs, teils gar nicht. Andere Elemente sind ebenfalls "erfundene Traditionen" – Oktoberfest und Steueranreize für den Bau von Fachwerkhäusern gehörten zu den Maßnahmen, mit denen die Stadtverwaltung nach zwei verheerenden Überschwemmungen in den Jahren 1984 und 1985 die Stadt wieder in Schwung zu bringen suchte.

In diesem Kontext ist Sozialkapital für die Unterstützung der Anpassung an neue ökonomische Realitäten nicht einfach zu mobilisieren. Interessant ist hierbei die Beobachtung, dass Sozialkapital eher in vertikalen als in horizontalen Kooperationsmustern zum Tragen kommt. Die größte Firma in Blumenau, ein Hersteller von Baumwoll-Freizeitkleidung, hat seit Beginn der 90er Jahre die Zahl der Beschäftigten von rd. 13.000 auf rd. 3.500 reduziert und zugleich den Umsatz gesteigert. Vorbild der Reorganisation

---

[9] Ein Beispiel: Ein typischer Anlaß für Unternehmenskrisen waren makroökonomische Stabilisierungsprogramme. Davon waren jedoch z.B. nur jene Unternehmen betroffen, die zum Zeitpunkt des Programms gerade auf die bestimmte Art verschuldet waren (kurzfristig oder langfristig, mit festen oder variablen Zinsen – je nach Art der Wirtschaftskrise und des Stabilisierungsprogramms). Die Unternehmen, die nicht betroffen waren, hielten sich für schlauer als die Konkurrenz und sahen deren Krise als gerechte Strafe für finanzielles Hasardeurtum.

war das Benetton-Modell: Nur bestimmte technologisch anspruchsvolle, kapitalintensive oder strategisch bedeutsame Aktivitäten werden intern ausgeführt (insbesondere textile Veredelung und Zuschnitt sowie ein Teil der Färberei und Druckerei), alles andere an Lohnproduzenten in der Region vergeben. Mit den Lohnproduzenten existieren keine Rahmenverträge oder andere langfristig wirksamen formalisierten Bindungen. Stattdessen gibt es ein informelles beiderseitiges Abkommen, auf Dauer zusammenzuarbeiten – von Seiten des Großunternehmens gekoppelt an die Bedingung, dass der Lohnproduzent die Qualitätsanforderungen erfüllt, nicht aber verknüpft mit Exklusivität. Bei der Bewältigung von Qualitätsproblemen wird der Lohnproduzent von den Technikern des Großunternehmens unterstützt. Ausgangspunkt dieses Systems war existierendes Sozialkapital – in Form großer Glaubwürdigkeit, Seriösität und seit langem demonstrierten kommunitären Engagements des großen Unternehmens. Bislang hat es den Anschein, dass in diesem Arrangement vorhandenes Sozialkapital weiter gestärkt wird – trotz der auf den ersten Blick dramatischen Asymmetrie. Diese erscheint bei genauerem Hinsehen in einem etwas anderen Bild: Das große Unternehmen ist zwar in der eindeutig stärkeren Position, ist aber darauf angewiesen, Lohnproduzenten zu halten, die die hohen Qualitätsanforderungen erfüllen – und davon gibt es nicht beliebig viele.

Die Schaffung von Sozialkapital für horizontale Kooperation ist demgegenüber schwierig. Erstens ist die Tradition unkooperativen Verhaltens unter den Unternehmen schwer zu überwinden. Nicht wenige Akteure halten sie für eine kulturelle Konstante. Überdies wird sie weiter reproduziert. 1994 wurde in Blumenau erstmals eine Messe für Textil- und Bekleidungsprodukte ausgerichtet (organisiert von einem Unternehmer aus einer Stadt außerhalb des Clusters), die bis 1998 jährlich stattfand und danach eingestellt wurde – insbesondere deswegen, weil viele der größeren Unternehmen nicht an der Messe teilnahmen, denn sie vermuteten, dass dort in erster Linie Kleinunternehmer auftauchten, um ihre Produkte zu studieren und anschließend zu kopieren. Zweitens sind die Ressourcen an Sozialkapital in der community knapp, so dass die Unternehmen kaum darauf bauen können.

4. Schlussfolgerungen und Ausblick

Brasilien hat heute einen dynamischen Privatsektor, dessen Struktur sich von derjenigen in der Zeit der Importsubstitution (bis einschließlich 80er Jahre) deutlich unterscheidet. Im "Global Entrepreneurship Monitor", einer internationalen Vergleichsstudie zur unternehmerischen Gründungsdynamik, liegt Brasilien unter 37 Staaten auf Rang 7 und damit im Spitzenfeld (REYNOLDS ET AL. 2002). Diese Dynamik spiegelt nicht nur Opportunitäten wider, sondern auch Notwendigkeiten: Selbständigkeit ist – angesichts stark rückläufiger formeller Beschäftigung – häufig die einzige Option, um ein

Einkommen zu erzielen. Aber Unternehmertum in Brasilien ist heute weit mehr als Subsistenz-Unternehmertum. Es entwickelt sich ein positives Rollenmodell des Unternehmers, und es wächst die unternehmerische Kompetenz, was sich an der rückläufigen Mortalitätsrate von Unternehmen ablesen lässt (NAJBERG ET AL. 2003). Unternehmerische Dynamik ist allerdings nur eine notwendige, nicht jedoch hinreichende Bedingung für internationale Wettbewerbsfähigkeit, die wiederum die Voraussetzung für das dringend notwendige Exportwachstum ist. Hinzu kommen muss ein dynamisches unterstützendes Umfeld (MEYER-STAMER 2001), für dessen Schaffung Akteure von der lokalen bis zur nationalen Ebene verantwortlich sind.

Wirtschaftsförderung findet heute in erster Linie auf der lokalen und regionalen Ebene statt, und es ist eine Tendenz zu beobachten, sie mit Clusterförderung gleich zu setzen. Die Erfahrungen in Santa Catarina sind indes eine Warnung für all jene, die Clusterförderung für ein Wundermittel zur Steigerung industrieller Wettbewerbsfähigkeit halten. Clusterförderung hat mit vielen strukturellen Hindernissen zu kämpfen (MEYER-STAMER 2003a), und selbst wenn es gelingt, wirksames kollektives Handeln zu organisieren, entsteht nicht zwingend eine kooperative Eigendynamik. Hinzu kommt die Erfahrung aus dem internationalen Kontext: Selbst wenn Clusterprojekte funktionieren, führen sie nur mittel- bis langfristig zu greifbaren Ergebnissen (TCI-NEWSLETTER 10/2002).

Hinzu kommt ein weiteres Problem: Clusterförderung kann, wie auch andere Instrumente lokaler Wirtschaftsförderung, nicht die Hindernisse beiseite räumen, die auf der nationalen Ebene für Unternehmen aufgetürmt werden. Auch noch so erfolgreiche kollektive Initiativen zur Schaffung von Wettbewerbsvorteilen können kaum astronomische Zinssätze, kaum verfügbares Investitionskapital, vielfältige Exporthindernisse kompensieren. Lokale Ansätze zur Steigerung von Wettbewerbsfähigkeit werden nur dann einen signifikanten Beitrag zu Wachstum und Wohlstand leisten, wenn sie komplementär zu bundesstaatlichen und nationalen Maßnahmen sind. Resignation auf nationaler und Aktivismus auf lokaler Ebene ist keine vielversprechende Kombination. Zu einer nachhaltigen Steigerung der Wettbewerbsfähigkeit – die für die makroökonomische Stabilität essenziell ist (MEYER-STAMER 2003b) – wird es nur durch komplementäre Aktivitäten auf der lokalen, bundesstaatlichen und nationalen Ebene kommen. Unternehmen müssen zugleich unter Leistungsdruck gesetzt und durch geeignete Unterstützungsstrukturen gefördert werden – anders als bislang, wo fragmentierte Fördermaßnahmen ungünstige Rahmenbedingungen kompensieren sollen. Wettbewerbsfähigkeit entsteht im Wettbewerb, und Wettbewerb funktioniert nur mit klaren, transparenten Regeln. Nur wenn es gelingt, den existierenden Regelwust zu entschlacken, hat Brasilien eine Chance, sich in Richtung wissensbasierter Entwicklung zu orientieren.

Literatur

BLUMENSCHEIN, F./LEON, F. L. L. DE (2002): Uma análise do desempenho e da segmentação do sistema de crédito à exportação no Brasil. In: ARMANDO CASTELAR PINHEIRO ET AL., O desafio das exportações. Rio de Janeiro: BNDES, S. 173-243.
CASTRO, J. A./MENEZES, R. M. (2003): Avanços e limites na gestão da política federal de ensino fundamental nos anos 1990. Brasilia: IPEA (Têxto para discussão No. 947).
CAVALCANTI, M. A. F. H./RIBEIRO, F. J. (1998): As exportações brasileiras no período 1977/96: desempenho e determinantes. Rio de Janeiro: IPEA (Texto para discussão No. 545).
COLEMAN, J. S. (1990): Foundations of Social Theory. Cambridge: Harvard University Press.
COOKE, P. (1996). The New Wave of Regional Innovation Networks: Analysis, Characteristics and Strategy. Small Business Economics, Vol. 8, S. 1-13.
CORBUCCI, P. R. (2003): Dimensionamento, qualidade e gastos federais com pósgraduaçãostricto sensu no Brasil na década de 1990. Brasília: IPEA (Têxto para discussão, 953).
FRISCHTAK, C. (2001): Using Knowledge for Development. The Brazilian Experience. Paris: OECD.
IEDI (2000): A pauta de exportações brasileiras e os objetivos da política de exportação. São Paulo: Instituto de Estudos para o Desenvolvimento Industrial.
LIMA, E. T./CARVALHO JR./M. C. DE/VELASCO, L. O. M. (1998): Removendo Obstáculos às Exportações Brasileiras. Revista do BNDES, , No. 9, Junho.
MALMBERG, A./MASKELL, P. (2002). The elusive concept of localization economies: towards a knowledge-based theory of spatial clustering. Environment and Planning A, Vol. 34, S. 429-449.
MASKELL, P. (1996). Localized low-tech learning in the furniture industry. Aalborg: Danish Research Unit for Industrial Dynamics (Working Paper No. 96-11).
MEYER-STAMER, J. (1997). Stimulating Knowledge-Driven Development. Key Issues in Creating an Innovation-Oriented Environment to Support Industrial Competitiveness in Advanced Developing and Post-Communist Countries. Gelsenkirchen: Institut Arbeit und Technik.
MEYER-STAMER, J. (2000). Neoliberalismus? Brasilien: Die politische Ökonomie einer zähen Strukturanpassung. Duisburg: INEF (Report 49).
MEYER-STAMER, J. (2001). Was ist Meso? Systemische Wettbewerbsfähigkeit: Analyseraster, Benchmarking-Tool und Handlungsrahmen. Duisburg: INEF (Report 55).
MEYER-STAMER, J. (2003a). Obstacles to cooperation in clusters, and how to overcome them. Developing Alternatives, *Vol. 9*, No. 1.
MEYER-STAMER, J. (2003b). Von der Globalisierungskritik zur Exportförderung. Wirtschaftspolitische Optionen und Restriktionen für die neue brasilianische Regierung. Lateinamerika Analysen, Nr. 4, Februar, S. 103-132.
MEYER-STAMER, J./ADAM, B./BANTLE, S./LAUER, A./MOHAUPT, D. (1996). Industrielle Netzwerke und Wettbewerbsfähigkeit. Das Beispiel Santa Catarina / Brasilien. Berlin: Deutsches Institut für Entwicklungspolitik.

MEYER-STAMER, J./MAGGI, C./SEIBEL, S. (2001). Improving upon Nature. Patterns of Upgrading in Ceramic Tile Clusters in Italy, Spain, and Brazil. Duisburg: INEF (Report 54).

MOREIRA, M. M. (1993): Industrialisation and Interventions. The Role of Governments in Developing Countries: Brazil. Rio de Janeiro: UFRJ, Instituto de Economia Industrial.

MOREIRA, S. V./SANTOS, A. F. DOS (2001): Políticas públicas de exportação: o caso do PROEX. Brasília: IPEA (Têxto para discussão 836).

NAJBERG, SH./PUGA, F. P./PEREIRA, R. DE OLIVEIRA (2003): Firmas e emprego. Demografia das Firmas Brasileiras. Rio de Janeiro: BNDES (Informe-SE, 50).

PORTER, M. E. (1990): The Competitive Advantage of Nations. New York: The Free Press.

PUTNAM, R. (1993). Making democracy work: civic traditions in modern Italy. Princeton: Princeton University Press.

REYNOLDS, P. D. ET AL. (2002): Global Entrepreneurship Monitor. 2002 Summary Report. London:.

SCHMITZ, H. (1995a): Collective Efficiency: Growth Path for Small-Scale Industry. Journal of Development Studies, vol. 31, No. 4, S. 529–566.

SCHMITZ, H. (1995b): Small Shoemakers and Fordist Giants: Tale of a Supercluster. World Development, Vol. 23, No. 1, S. 9–28.

VEIGA, P. DA MOTTA (2002): O viés antiexportador: mais além da política comercial. In: ARMANDO CASTELAR PINHEIRO ET AL., O desafio das exportações. Rio de Janeiro: BNDES, S. 155–174.

WEYLAND, K. (1996): How Much Political Power do Economic Forces Have? Conflicts Over Social Insurance Reform in Brazil. Journal of Public Politics, Vol. 16, No. 1, S. 59–84.

WORLD BANK (2003): Brazil. Next Steps for Education in Four Selected States in Brazil. Washington: World Bank (Report No. 24343-BR).

Eckhart Ribbeck

Städtebau und Stadtplanung in Rio de Janeiro

1. Von der Band- zur Ringstadt

Die Städte-Reform von 1988 hat den brasilianischen Gemeinden eine gewisse Autonomie verschafft und damit auch die Stadtplanung grundlegend verändert. Nach Jahrzehnten zentralistischer Stadtpolitik gehen die Städte heute ihre Probleme relativ selbstständig und unterschiedlich an, wobei sich auch schon "Modelle" eines innovativen Stadtmanagements herausprofiliert haben wie etwa Curitiba und Porto Alegre. Dies zeigt, dass es auch im schwierigen Umfeld eines Schwellenlandes durchaus eine effiziente Stadtplanung geben kann.

Ein solches Modell ist Rio de Janeiro nicht, was bei den gewaltigen Problemen auch ein Wunder wäre. Die Stadt ist wie kaum eine andere in arme und reiche Gebiete zerfallen und die Lebensbedingungen von einigen Millionen Menschen in den Favelas und nördlichen Vorstädten sind schlecht bis katastrophal. Die Problemliste dieser Stadt ist endlos: städtische Armut und Kriminalität, Bodenspekulation und Wohnungsnot, Favelas, Straßenhandel, Umweltprobleme jeder Art. Ohne Zweifel braucht Rio einen gewaltigen Erneuerungsschub, um sich neben São Paulo und anderen lateinamerikanischen Metropolen zu behaupten. Die elementare Grundversorgung muss verbessert werden, ebenso stehen teure Modernisierungsprojekte an. Ohne eine innere Befriedung wird es auch keinen ökonomischen Aufstieg geben und ohne einen Zustrom nationalen und internationalen Kapitals wird die Stadt in Armut versinken.

Mit dem strategischen Entwicklungsplan von 1996 wurde versucht, darauf eine Antwort zu geben. Dieser Plan war ein neues stadtpolitisches Instrument und wesentlich umfassender als der alte Flächennutzungsplan. Dabei spielte die Bewerbung für die Olympischen Spiele 2004 eine wichtige Rolle, die nicht zuletzt als ein Befreiungsschlag gedacht war, um die Stadt aus der Krise zu führen.

Die Liste der realisierten, geplanten oder angedachten Projekte ist eindrucksvoll: die Sanierung der Guanabara-Bucht, der Bau neuer Metro-Linien und Schnellstraßen, die Umnutzung des riesigen Hafens, ein neuer Technologie- und Forschungspark auf der Universitäts-Insel Ilha de Fundão, der

Ausbau des Internationalen Flughafens Galeão, die Erneuerung des maroden Telefon-Netzes, ein Tele-Kommunikations-Zentrum (Teleporto), ein World Trade Center, ein Informatik-Zentrum (Rio Soft), ein Daten-Zentrum (Rio Tecnópolis), ein Medien- und Mode-Zentrum, mehrere Museen ...

Auch wenn sich nach der gescheiterten Bewerbung viele Projekte in Luft aufgelöst haben, so sind Stadtpolitik und Planung doch in Bewegung gekommen. Die Stadtregierung wird nicht müde, eine Modernisierung in allen Bereichen zu fordern, um im exklusiven Klub der Global Cities wieder eine aktive Rolle zu spielen. Dabei stellen das unvergleichliche Naturpanorama und die unerschöpflichen Ressourcen des Riesenlandes die wichtigsten Potenziale dar.

Wie in kaum einer anderen Stadt wird in Rio de Janeiro die räumliche und städtebauliche Entwicklung durch die schwierige Topographie bestimmt. Fast ohne Planung ist dabei eine der schönsten Städte der Welt entstanden, aber auch eine Agglomeration, die in extrem unterschiedliche Stadtteile und Quartiere zerfällt. Dies betrifft vor allem die reiche Südzone (Zona Sul), die arme Nordzone (Zona Norte) und das alte Zentrum (Centro) sowie die zahlreichen Favelas, die über das ganze Stadtgebiet verstreut sind.

Die Südzone besteht aus einer Kette von dichten, vertikalen Wohnquartieren der Mittel- und Oberschicht – Flamengo, Botafogo, Copacabana, Ipanema, Barra da Tijuca – die sich entlang dem schmalen Küstenstreifen hinziehen. Das Centro ist gleichzeitig die historische Altstadt und der *Central Business District* und damit ein Dreh- und Angelpunkt, an dem sich die Verkehrsströme treffen. Die Nordzone besteht in Zentrumsnähe aus älteren Quartieren – z.B. Meier und Vila Isabel – und geht dann rasch in ärmliche Vorstädte und Favelas über, die mit zahlreichen Industriegebieten durchmischt sind. Diese chaotische Stadtlandschaft greift weit über die Stadtgrenzen von Rio de Janeiro hinaus und setzt sich in den ärmlichen Randstädten der Baixada Fluminense fort.

Die Nord-Süd-Ausdehnung der Agglomeration beträgt etwa 60 km, was zur Herausbildung von Sub-Zentren geführt hat, wobei die funktionale Verselbstständigung in Copacabana, Ipanema und Barra da Tijuca am weitesten fortgeschritten ist. Aber auch in der Baixada Fluminense haben sich, wenn auch ärmlich und improvisiert, einige städtische Knoten herausgebildet, u.a. São João de Meriti, Duque de Caxias und Nova Iguaçu.

Das Wachstum der Metropole hat sich wegen der abnehmenden Geburtenrate und geringer Zuwanderung verlangsamt, auch die Verknappung von Bauland und Verkehrsprobleme bremsen die städtische Expansion. Dies treibt die Verdichtung der Kernstadt voran, vor allem in der teuren Südzone, wo die Apartment-Türme bereits 30 Geschosse und mehr erreichen. Auch die stadtnahen Unterschicht-Quartiere der Nordzone verdichten sich, ebenso die innerstädtischen Favelas, wo längst mehrgeschossige Beton- und Ziegelbauten die ärmlichen Holzhütten ersetzt haben.

Städtebau und Stadtplanung in Rio de Janeiro 155

Abbildung 1: Rio de Janeiro: Rio Norte, Centro, Rio Sul

An der äußeren Peripherie ist die Flächenexpansion aber keineswegs zum Stillstand gekommen und die Wachstumsspitzen greifen immer weiter aus. An der südlichen Küste konsolidiert sich die neue Vorstadt Barra da Tijuca, im Westen durchdringt ein Siedlungskorridor das Tijuca-Gebirge in Richtung Campo Grande und im Norden wuchern die Peripherie-Städte der Baixada Fluminense entlang der Autobahn Rio de Janeiro—São Paulo. Aber auch in die restlichen Leerräume der Agglomeration, etwa in die überschwemmungsgefährdeten Niederungen der Küste und in die naturgeschützten Hänge des Tijuca-Gebirges, dringt die Bebauung ein.

Insgesamt ist die vormals nach Süden und Norden ausgreifende Bandstadt zu einer ausufernden Agglomeration geworden, die zunehmend das Tijuca-Gebirge umfließt und durchdringt. Schon stoßen die reichen und armen Siedlungsspitzen bei Barra da Tijuca und Jacarepaguá wieder aufeinander, um in naher Zukunft zu einer Ringstadt zu verschmelzen. Absehbar ist auch ein fortgesetzter Wettlauf um neue Siedlungsflächen nach dem immer gleichen Muster: die reichen Stadtteile arbeiten sich an der attraktiven Küste vor, während ein armer Siedlungkorridor das Inland durchdringt, um weit im Süden ebenfalls wieder an die Küste zu stoßen. Auf lange Sicht würde dies der Metropole die Form eines Doppelrings von regionalen Ausmaßen geben, – eine Konfiguration, die schon Lúcio Costa 1970 bei seiner Planung für Barra da Tijuca vorausgesehen hat und die seinem Vorschlag zugrunde liegt, ein neues *Centro Metropolitano* zwischen Barra da Tijuca und Jacarepaguá zu planen, das zum Schwerpunkt der zukünftigen Stadtregion werden soll.

Noch ist allerdings nicht klar, ob die räumliche Entwicklung tatsächlich diesem Modell folgen wird und welche Auswirkungen die neue Konfiguration auf Alt-Rio haben wird. Es liegt aber auf der Hand, dass die Verlagerung der Wachstumsdynamik nach Süden und Westen – vor allem nach Barra da Tijuca – die Rolle des alten Zentrums weiter schwächt. Auf längere Sicht sind deshalb mehrere Szenarien denkbar, etwa die rasche Konsolidierung der neuen Stadtzone Barra da Tijuca, die sich zu "Novo Rio" und damit zu einer dynamischen Zwillingsstadt entwickeln könnte, die zunehmend die attraktiven Stadtfunktionen aus Alt-Rio an sich zieht. Möglich ist aber auch, dass die Rolle von Barra da Tijuca begrenzt bleiben wird, weil die Stadtpolitik wieder stärker auf eine Erneuerung von Alt-Rio setzt. Eine Revitalisierung der traditionellen Quartiere bis hin zum Centro würde der "alten Stadt" eine neue Attraktivität verleihen und diese natürlich auch gentrifizieren, wobei die ärmeren Schichten weiter nach Norden abgedrängt würden. Am wahrscheinlichsten ist jedoch, dass die räumliche Entwicklung nicht diesem oder jenem Szenario folgt, sondern dass eine zunehmend diffuse Stadtlandschaft entsteht, die nur noch mit Mühe durch das geschwächte Centro und durch das unzureichende Transportsystem zusammen gehalten wird.

Vor allem die prekäre Anbindung ist ein Hindernis für die rasche Konsolidierung von Barra da Tijuca, deshalb werden ständig neue Verkehrsprojekte diskutiert, so z.B. eine Privatbahn bis zum Shuttle-Flughafen Santos Dumont, der Rio de Janeiro mit São Paulo verbindet. Wenig diskutiert wird in der Küsten- und Lagunen-Stadt Rio de Janeiro dagegen der Wassertransport. Dabei wäre es denkbar, die überfüllten Küstenstraßen mit schnellen Fährbooten zu entlasten, die es bislang nur zwischen dem Zentrum und der Nachbar-Stadt Niterói gibt.

Die Anbindung der Südzone hat sich mit der neuen Schnellstraße *Linha Amarela* verbessert, die Barra da Tijuca mit dem Internationalen Flughafen verbindet. Neben einem besseren Zugang zu Rios Süden hat diese Verbindung eine strategische Bedeutung für die Stadt, weil damit das ringförmige Zusammenwachsen des südlichen und westlichen Wachstumsarms entscheidend gefördert wird.

Alle längerfristigen Entwicklungspläne bleiben aber Makulatur, solange nicht eine grundlegende Modernisierung des städtischen Transports erfolgt. Die zahlreichen Engpässe der Tunnel, Viadukte und Küstenstraßen sind der Preis, den die Stadt für das grandiose Naturpanorama entrichten muss. Um den permanenten Verkehrsinfarkt in der Kernstadt zu entschärfen, stehen deshalb weitere große Verkehrsprojekte an.

Wie in vielen lateinamerikanischen Metropolen ist in Rio de Janeiro die Metro deutlich unterentwickelt. Die 12-Millionen-Megastadt verfügt nur über zwei Linien mit einer Streckenlänge von rund 30 km. Während die komfortable Linie 1 die Südzone bis Copacabana bedient, hat die Linie 2 den Charakter einer vernachlässigten Vorortbahn. Abgeschirmt durch hohe Mauern rumpeln die Züge durch den chaotischen Norden, weiter in die

Zona Norte hinein führen alte Eisenbahnen, deren Standard dramatisch sinkt, je weiter die Züge in die Baixada Fluminense vordringen.

Trotz der Menschenmassen, die sich täglich in der Megastadt bewegen, ist die Auslastung der Metro nicht optimal, weil noch kein effizientes Netz existiert. So sind die Bewohner von Ipanema und Barra da Tijuca ebenso zum Umsteigen gezwungen wie die Massen der Baixada Fluminense, die mit den Vorort-Zügen, vor allem aber mit unzähligen Bussen in die Kernstadt drängen. Die Armen hält der doppelte Fahrpreis von der Metro fern, der beim Umsteigen entsteht, während die Mittel- und Oberschicht von jeher die öffentlichen Verkehrsmittel meidet, wo immer dies möglich ist. Allenfalls stellen die teuren Luxus-Busse, die zwischen Barra da Tijuca und dem Zentrum verkehren, eine Alternative zum Privatauto dar. Der nachhinkende Ausbau der Metro hat finanzielle und technische Gründe: das Granitgebirge ebenso wie das Schwemmland der Küste machen den Bau schwierig und teuer, und auch auf politischer Ebene gibt es Widerstände, weil die einflussreichen Bus-Unternehmer ihr lukratives Transportgeschäft mit allen Mitteln verteidigen.

Um die urbane Mobilität in Rio de Janeiro grundlegend zu verbessern, gibt es Pläne zur Privatisierung der Metro und der Eisenbahnen. Auch ist geplant, die Metrolinien im Süden und Norden zu verlängern und eine neue Linie in Ost-West-Richtung zu bauen. Zusammen mit einer Integration der verschiedenen Verkehrssysteme und einer neuen Preispolitik könne so auf längere Sicht vielleicht ein öffentliches Transportnetz geschaffen werden, das der 12-Millionen-Metropole angemessen ist.

2. Centro

Das Zentrum von Rio beeindruckt durch seine großstädtische Dichte und Lebendigkeit, dabei überlagern sich die unterschiedlichsten Bau- und Nutzungsstrukturen: die Makro-Struktur der großen Banken, Geschäfts- und Bürohäuser, die Mikro-Struktur der kleinen Läden und Restaurants und die Sub-Struktur der Straßenhändler, die jeden freien Quadratmeter besetzen. Dies alles erzeugt ein dichtes Geflecht städtischer Aktivitäten, die sich oft an der Grenze zur Verfilzung bewegen. Dennoch macht das Centro insgesamt keinen chaotischen oder vernachlässigten Eindruck, auch die krasse städtische Armut – Bettler, Obdachlose und Straßenhandel – hält sich in Grenzen.

Wie in anderen lateinamerikanischen Metropolen ist das Zentrum von Rio de Janeiro zugleich Altstadt und City, deshalb stehen Denkmalschutz und Immobilienspekulation in einem Dauerkonflikt. Durch die Menschen- und Verkehrsmassen, die ins Zentrum fluten oder dieses durchqueren, lastet auf dem Zentrum ein enormer Druck. Überlastung und Imageverfall haben dazu geführt, dass viele Banken, Firmen und gehobene Geschäfte das Centro bereits verlassen haben und in die Zona Sul oder nach Barra da Tijuca abgewandert sind.

Der fast regelmäßige, aber enge Straßengrundriss verdichtet das metropolitane Leben und trägt zur urbanen Atmosphäre bei. Die Straßen sind schlecht durchlüftet, aber schattig und überall mit Menschen gefüllt. Um die Vielzahl der Aktivitäten im engen Straßenraum zu bewältigen, ist oft das Erdgeschoss zurückgesetzt, wodurch schattige, mit Zeitungs-Kiosken und Straßenhändlern besetzte Kolonnaden entstehen. Auch die Straßenkreuzungen formen oft reizvolle Mini-Plätze, die von Restaurants und Bistros belebt werden. Das tropische Klima erlaubt eine enge Verflechtung von innen und außen, was durch zahlreiche Passagen, die in die Baublöcke hinein- oder hindurchführen, noch verstärkt wird. Leider verliert sich die Kolonnaden- und Passagen-Tradition bei den neuen Gebäuden oder ist nur noch andeutungsweise vorhanden.

Die verschiedenen Gebäudegenerationen und Baustile bilden ein chaotisches Nebeneinander. Dennoch fließen die oft absurden Kontraste zu einer dichten, städtischen Atmosphäre zusammen: kolonialzeitliche Klöster, Kirchen und Stadtpaläste, Wohn- und Geschäftshäuser aus dem 19. Jahrhundert, Prachtbauten der Jahrhundertwende, Art déco der 20/30er Jahre, die brasilianische Frühmoderne der 40/50er und die Zweckbauten der 60/70er Jahre. Hinzu kommen einige postmoderne Bürotürme aus jüngerer Zeit, etwa der *Manhattan Tower* oder der schwarze Turm der *Banco Francês e Brasileiro*.

Die zwei Kilometer lange Av. Rio Branco, in deren südlicher Fluchtlinie der berühmte Zuckerhut zu sehen ist, bildet das Rückgrat der City. Diese Stadtachse, der am Südende großzügige Parks vorgelagert sind, beginnt mit dem überalterten Vergnügungsviertel Cinelândia und schönen Geschäftshäusern aus den 30/40er Jahren, zwischen denen hier und da ein doppelt so hoher Turm herausragt. Die Dichte erreicht an der Av. de Chile einen Höhepunkt, aber auch weiter nördlich ist die Av. Rio Branco fast durchgängig mit 20-geschossigen Bürotürmen besetzt, die eine eindrucksvolle metropolitane Kulisse bilden. Im Norden endet die Stadtachse an der Praça Mauá, die von einer degradierten Hafenzone umgeben ist.

Enger geht es in der Rua de Ouvidor und Rua Gonzalez zu, zwei traditionsreichen Geschäftsstraßen, wo sich noch einige elegante Geschäfte gehalten haben. Wie es um das Zentrum steht, zeigt sich exemplarisch an der traditionsreichen *Confeitaria Colombo*, in deren schöner Art-déco-Halle einige nostalgische Touristen sitzen, während sich vor dem nahegelegenen McDonald´s lange Warteschlangen bilden.

Wenige Schritte von der Av. Rio Branco entfernt gibt es noch Straßenzüge mit den traditionellen, zwei- bis dreigeschossigen Stadthäusern im portugiesischen Stil. Charakteristisch für diese sind schmale und lange Grundrisse sowie schöne Fassaden, die aber durch Umbau und Vernachlässigung oft verunstaltet sind. Hier gibt es noch zahlreiche traditionelle Läden und Werkstätten, bewohnt sind die Häuser aber nicht.

Städtebau und Stadtplanung in Rio de Janeiro 159

Abbildung 2: Rio Centro, Bürotürme und Altstadthäuser

Ein monumentales Ensemble bildet die Av. Presidente Vargas, die zweite große Stadtachse, die in den 40er Jahren rücksichtslos durch die alten Stadtviertel getrieben wurde. Die 22-geschossige Hochhauswand bricht nach wenigen hundert Metern ab und geht in ein Chaos aus Rest- und Spekulationsflächen über, die teilweise als Parkierung dienen. Weiter im Norden verwandelt sich die Av. Presidente Vargas in eine gigantische Ausfallstraße hin zur Zona Norte und Baixada Fluminense, durch die sich ein unaufhörlicher Strom von Autobussen schiebt. Die Gigantomanie dieser Stadtachse wird durch großzügige Kolonnaden gemildert, die auch ein idealer Standort für Straßenhändler sind. Die hohen Gebäude sind nicht von Banken und Konzernen besetzt, wie man erwarten könnte, sondern von unzähligen kleinen Firmen, Agenturen und Freiberuflern aller Art, entsprechend vielfältig ist das Innenleben dieser Häuser.

Gravierende städtebauliche Probleme gibt es am Largo da Carioca, an der Praça Mauá, vor allem aber an den Rändern der City. Durch nie fertiggestellte Großprojekte wurde auch das Umfeld der Kathedrale stark beschädigt. Dort verschwand in den boomenden 60/70er Jahren ein ganzes Stadtviertel, um einem modernen Zentrum Platz zu machen, das aber nie über die Bürobauten von BNDS und Petrobras hinausgekommen ist.

Ein Schlüsselgebiet für das Centro ist die nahe Hafenzone, wo über viele Kilometer hinweg unwirtliche Hochstraßen und heruntergekommene Lagerhäuser das Bild bestimmen. Nach der Auslagerung des Industriehafens gäbe es hier fast unbegrenzte Möglichkeiten für neue Waterfront-Projekte, wobei aber die hässliche Barriere der Ufer-Autobahn verschwinden müsste.

Im scharfen Kontrast zur Aktivität des Tages ist das Centro nachts und am Wochenende nahezu leer, weil es praktisch keine Wohnbevölkerung gibt. Auch den vielen Theatern, Museen, Kulturzentren und Restaurants gelingt es kaum, das Centro nachts und am Wochenende zu beleben. So wird der schleichende Niedergang durch die Menschenmassen und Aktivitäten überdeckt, die am Tag das Centro füllen. Natürlich hat die Stadtverwaltung den labilen Zustand erkannt und so gibt es eine Reihe von Projekten, um das Steuer der städtebaulichen Entwicklung herumzureißen. Eine zaghafte Erneuerung ist bereits eingeleitet, allerdings lässt die private Investitionswelle, die das Centro grundlegend revitalisieren könnte, noch auf sich warten.

Nach der erfolglosen Olympia-Bewerbung hat Rio de Janeiro seine ehrgeizigen Planungsziele erheblich zurückgesteckt. Der Architekt und Bürgermeister Luís Paulo Conde stellte die Weichen wieder hin zu traditionellen Städtebau-Projekten, die aber – trotz ihrer räumlichen und sektoralen Begrenzung – durchaus erfolgreich sind. Dies betrifft vor allem die Projekte *Corredor Cultural, Rio Cidade* und *Favela Bairro*. Das Projekt *Corredor Cultural* ist die Fortsetzung eines älteren Projekts, das sich seit rund 10 Jahren um die Erhaltung und Erneuerung der historischen Altstadt bemüht. Das Projekt *Rio Cidade* begann 1995, ist bereits weitgehend abgeschlossen und hat einen erheblichen Beitrag zur Aufwertung des öffentlichen Raums, d.h. der städtischen Korridore, Straßen und Plätze, geleistet. Das Projekt *Favela-Bairro*, das ebenso um 1995 begann, ist gegenwärtig in einer zweiten Phase. Dieses Projekt hat zum Ziel, eine beträchtliche Anzahl von Favelas durch städtebauliche Verbesserungen in mehr oder weniger normale Stadtquartiere oder *bairros* zu verwandeln.

3. Corredor Cultural

Der nationale Denkmalschutz SPHAN *(Secretaría de Património Histórico e Artístico Nacional)* wurde 1937 gegründet und viele Jahre von Lúcio Costa geleitet, dem späteren Planer der Hauptstadt Brasília. SPHAN hat einige wichtige Gesetze zum Schutz historischer Monumente und Gebäude initiiert, aber abgesehen von Ouro Preto und Salvador, deren Altstädte Weltkulturerbe sind, beschränkt sich der Denkmalschutz in vielen brasilianischen Städten auf herausragende Monumente und zeigt wenig Interesse an der historischen Alltags-Architektur, d.h. an den Wohn- und Geschäftshäusern des 18. und 19. Jahrhunderts.

Da sich die Zentralregierung auch aus diesem Bereich weitgehend herausgezogen hat, sind die Städte und Gemeinden gefordert, den Schutz ihres historischen Bauerbes in eigener Regie zu betreiben. Dies gilt auch für Rio de Janeiro, wo besonders viele historische Monumente und Quartiere der jahrzehntelangen Modernisierungspolitik zum Opfer gefallen sind. Erst in den 80er Jahren regte sich aktiver Widerstand gegen die fortschreitende Zerstörung der Altstadt und so wurde 1984 RIOARTE geschaffen, ein städtisches

Amt, das seitdem für die historische Bausubstanz in Rio de Janeiro verantwortlich ist.

Der Zustand der alten Wohn- und Geschäftshäuser im Centro ist meist schlecht. Die Zeit hat den alten Häusern erheblich zugesetzt: die Lehmziegel zerfallen, das Holz ist von Termiten zerfressen, die Dächer sind undicht und die Leitungssysteme defekt. Um die Grundstücke für profitable Neubauten frei zu machen, lassen manche Eigentümer ihre Häuser spekulativ verfallen, ebenso haben zahlreiche Umbauten die Häuser verunstaltet.

Nach einer gründlichen Bestandsaufnahme wurden sämtliche Monumente und rund 3.000 Wohn- und Geschäftshäuser unter Schutz gestellt. Dies gilt nicht nur für die kolonialen Stadthäuser (*sobrados coloniais*) und die alten Herrenhäuser (*solares imperiais*), sondern auch für die bürgerlichen Geschäftshäuser des 19. Jahrhunderts sowie für die Bauten des Neo-Klassizismus und Eklektizismus, Art déco und Frühmoderne. Die extrem heterogene Bebauung, die heute das Centro charakterisiert, erfordert weniger eine puristische Stilpflege, sondern sehr flexible Konzepte, um diese städtebauliche Vielfalt zu erhalten und zu nutzen.

Das Programm *Corredor Cultural* stieß zu Beginn wegen spekulativer Interessen auf Schwierigkeiten, zunehmend begriffen die kleinen Haus- und Ladenbesitzer jedoch, dass ohne eine Erneuerung im Centro auch keine Geschäfte mehr zu machen sind. Dies führte zu einer relativ guten Zusammenarbeit mit den städtischen Ämtern, auch wenn das Projekt gelegentlich mit Missbrauch und Korruption zu kämpfen hat, weil es um Geld und Investitionen geht.

Standen zunächst die Fassaden im Mittelpunkt, um das Straßenbild zu verbessern, so weiteten sich die Aktionen zunehmend aus, um sich intensiver mit der Eigenart und Qualität der alten Häuser, mit Baugruppen und Straßenabschnitten zu beschäftigen. Auch der Fußgänger- und Fahrverkehr sowie das gesamte Umfeld der Altstadt wurden zunehmend thematisiert. Dies führte zur Abgrenzung von Sondergebieten oder *zonas especiais*, etwa Praça XV, S. Francisco, Saara, Lapa, und zu spezifischen Normen für die Erneuerung in diesen Zonen. Heute gibt es für jedes Teilgebiet detaillierte gestalterische Richtlinien für Fassaden, Farben, Schaufenster, Werbung, Türen, Balkone, etc. Bei allen Vorschriften und Empfehlungen haben die Eigentümer aber eine relativ große Freiheit, das Innere der Gebäude neuen Nutzungen anzupassen.

Anreiz bietet eine verminderte Grund- und Gebäudesteuer, wenn ein altes Gebäude modernisiert und als Wohn- oder Geschäftshaus genutzt wird. Ein "Gesetz zur Förderung der Kunst" (Lei de Incentivo Cultural) ermöglicht es Banken, Firmen und anderen Sponsoren, ihre Investitionen und Spenden günstig abzuschreiben. Ein weiteres Instrument, das allerdings noch wenig Anwendung findet, ist der "Nutzungstausch" (Troca de Indice). Dabei können solche Hausbesitzer, die ihre unter Denkmalschutz stehenden Häuser in der Altstadt nicht vergrößern oder aufstocken können, dafür in einem anderen Gebiet umso höher bauen.

Das älteste Projektgebiet ist die *Praça XV*. Diese Zone war durch den Bau der *Av. Perimetral*, durch den Bus-Terminal und durch den allgemeinen Verkehrsdruck im Centro erheblich gefährdet, auch war der *Paço Imperial* – der erste koloniale Herrscherpalast – durch Umbauten völlig entstellt. Heute sind sowohl der *Paço Imperial* wie auch die *Banco do Brasil* vorbildlich restauriert und werden als Kulturzentrum genutzt. Die Gasse zwischen den beiden prominenten Gebäuden, einst ein heruntergekommenes Rotlicht-Milieu, ist ebenso renoviert. Dieser erste "kulturelle Korridor" gab dem Gesamtprojekt seinen Namen.

Ein interessantes Teilgebiet ist *Saará* in der Nähe der Av. Presidente Vargas. Dies ist ein lebendiges, basarähnliches Geschäftsviertel, wo es zahllose Billig-Läden und Werkstätten gibt, die vor allem von eingewanderten Juden, Libanesen und Syrern betrieben werden. Der intensive Kommerz hat zu vielen Umbauten und Schäden an der Bausubstanz geführt, deshalb wird versucht, die Häuser fachgerecht zu erneuern, ohne aber das kleinteilige Geschäftsleben zu zerstören, auch die Spekulation soll nach Möglichkeit verhindert werden. Ähnliche Ziele werden in den Quartieren *S. Francisco*, *Cinelândia* und *Lapa* verfolgt. *Cinelândia* mit seinen zahlreichen Art-déco-Gebäuden soll wieder das attraktive Kino- und Theaterviertel werden, das es einmal war, ähnliches gilt für Lapa, das Bohèmeviertel der 30/40er Jahre.

Der Erfolg ist an vielen Stellen sichtbar. Die Restaurierung und Umnutzung der wichtigen Baudenkmäler – u.a. *Paço Imperial, Banco do Brasil, Casa França-Brasil*, Stadttheater und Museen – ist praktisch abgeschlossen, was auch für das *Ministério de Saúde e Educação (MES)* gilt, den Klassiker der brasilianischen Moderne, an dessen Entwurf neben Lúcio Costa und Oscar Niemeyer auch Le Corbusier mitgewirkt hat. Die meisten dieser Gebäude werden nun als Kulturzentren genutzt, was den Aktivitäten im Centro neue Impulse geben soll. Ebenso sind einige hundert Wohn- und Geschäftshäuser erneuert worden, so dass es schon wieder ganze Straßenzüge mit einer intakten Architektur kleiner und reizvoller Stadthäuser gibt. So stellt das Projekt Corredor Cultural ein erfolgreiches Modell für eine Altstadt-Erneuerung in Brasilien dar, und in der Tat gibt es schon eine Reihe anderer Städte, die sich in ähnlicher Weise um ihre historischen Zentren bemühen.

Eine grundlegende Revitalisierung des Centro wird aber nur gelingen, wenn auch die strukturellen Probleme gelöst werden. Dies betrifft vor allem den enormen Verkehrsdruck, aber auch den unkontrollierten Straßenhandel und die fehlende Wohnbevölkerung. Neue Gesetze fördern das Wohnen im Zentrum, das in früheren Jahrzehnten rigoros eliminiert worden war. Allerdings wird diese Möglichkeit noch kaum ausgeschöpft, weil das Wohnen im Zentrum von den prestige- und komfortorientierten Vorstellungen der Mittel- und Oberschicht erheblich abweicht. Vielleicht können die neuen Waterfront-Projekte, die nach dem Muster anderer Weltstädte nun auch in Rio de Janeiro in Vorbereitung sind, einen entscheidenden Erneuerungsschub und damit auch einen Image-Wandel im Centro einleiten.

4. Rio Cidade

Die wirtschaftliche Krise der 80er Jahre hat in Rio de Janeiro bis heute tiefe Spuren hinterlassen. Armut und Gewalt haben die Selbstsegregation der Reichen und die Ausgrenzung der Armen beschleunigt, Verkehrsdruck, Straßenhandel und generelle Unsicherheit haben den öffentlichen Raum degradiert.

In Rio de Janeiro wie in anderen Südmetropolen steht der öffentliche Raum unter einem enormen Druck. Autoverkehr, endlose Buskolonnen, Fußgängermassen und Straßenhändler konkurrieren um jeden Quadratmeter und verdrängen jede andere Nutzung, was die Möglichkeiten zur Erholung, zu Freizeit und Spiel im öffentlichen Raum auf ein Minimum reduziert. Der Konflikt wird in Rios Süden dadurch verschärft, dass sich die Quartiere bandartig an der Küste aufreihen und buchstäblich im Durchgangsverkehr ersticken. Dies trifft besonders für die älteren Stadtteile Flamengo, Botafogo und Copacabana zu, durch die sich ein endloser Fahrzeugstrom hin zu Ipanema, Leblon und Barra da Tijuca schiebt. Die Unwirtlichkeit des öffentlichen Raums wird durch die städtische Armut verschärft, wobei die Unsicherheit nachts die Straßen und Plätze leert. Verkehrsdruck und Nutzungs-Chaos am Tag, Leere und Unsicherheit in der Nacht sind ein wichtiger Grund dafür, dass die Mittel- und Oberschicht vielfach die traditionellen Quartiere verlassen und sich in abgesicherte Privatsiedlungen zurückgezogen hat.

Vor diesem Hintergrund entstand 1993 unter dem Bürgermeister Luís Paulo Conde die Idee für das Projekt *Rio Cidade*, wobei es darum ging, die überlasteten Verkehrskorridore, Straßen und Plätze für die Menschen wieder attraktiv und sicher zu machen. Gleichzeitig sollte die Identität der Stadtquartiere gestärkt, der lokale Handel belebt und der Tourismus gefördert werden. Das Projekt, an dem sich auch die Weltbank beteiligte, begann 1995 und wurde 2000 abgeschlossen. Zuständig für die Durchführung waren die Secretaría Municipal de Urbanismo und IPLANRIO. Zunächst gab es Wettbewerbe für 16 Stadtteile, an denen sich rund 40 private Architektur- und Planungsbüros beteiligten. *Rio Cidade* wurde schnell zum Thema einer öffentlichen Diskussion, wobei es neben viel Zustimmung auch heftige Kritik gab. Die Opposition bezeichnete das Projekt als "städtische Kosmetik" und forderte völlig andere Prioritäten im Städtebau, ebenso polemisierte die Auto-Lobby gegen die fußgängerfreundlichen Vorschläge. Das Projekt verteilte sich auf das gesamte Stadtgebiet, schloss also zentrale und periphere, alte und neue, arme und reiche Quartiere ein. Natürlich waren auch die populären Tourismus-Zonen Copacabana und Ipanema dabei, wobei es vor allem um die Neugestaltung der Uferfront und um die überlasteten Verkehrskorridore im Inneren dieser Stadtteile ging.

Einige Jahre lang prägten kilometerlange Baustellen das Straßenbild in Rio. Der Verkehr kam teilweise völlig zum Erliegen und die Unfälle an den zahllosen Baustellen häuften sich. Ab 1997 wurden aber die ersten Ergebnisse sichtbar: das Straßenbild verbesserte sich, das Verkehrschaos wurde erträglicher und der öffentliche Raum sicherer. Viele Straßen und Plätze, die früher unwirtlich und gefährlich waren, werden jetzt von den Anwohnern wieder intensiv genutzt.

Die städtebauliche Erneuerung richtete sich ausschließlich auf die wichtigen öffentlichen Flächen, also auf die Hauptstraßen, Fußgängerbereiche und Plätze, aber nicht auf die Gebäude. Natürlich zielt die Aufwertung des öffentlichen Raums aber darauf ab, private Investitionen auszulösen, um auch eine Erneuerung der Bebauung zu erreichen. Im Einzelnen wurde die Verkehrsführung verbessert und die Quartiersstraßen wurden entlastet, was in Rio aber auf Grenzen stößt, weil die schwierige Topografie es oft unmöglich macht, auf alternative Verkehrswege auszuweichen. So hatte manche Maßnahme eher einen dekorativen Charakter, etwa die lebhafte Pflaster-Bemalung an den Kreuzungen, die man an vielen Stellen sieht.

Auch die Fußgängerbereiche und Quartiersplätze wurden neu gestaltet, hierzu wurde das Pflaster erneuert, moderne Bushaltestellen und Telefonzellen entworfen und die Beleuchtung der Straßen, Plätze und Parks verbessert. Die lokalen Leitungsnetze wurden ebenfalls erneuert, um die städtische Versorgung zu verbessern. Leider fiel der Neugestaltung auch vielfach das schöne, aber verschlissene Straßenpflaster aus schwarz-weißen Steinen oder *pedras portuguesas* zum Opfer, das typisch für Rio war.

Eine wichtige Aktion war die Eindämmung oder Verlagerung der Straßenhändler oder *camelões*, die zu Tausenden ihre Billigwaren auf den Gehwegen ausbreiten und zur "Verfilzung" der städtischen Nutzungen erheblich beitragen. Wie überall in Rio werden die Straßenhändler durch rigorose Polizeieinsätze gelegentlich vertrieben, wobei sich aber rasch wieder der alte Zustand einstellt, sobald die Polizei abgezogen ist. Dies gilt natürlich auch für die erneuerten Bereiche, wobei noch abgewartet werden muss, ob dort eine dauerhafte Kontrolle des Straßenhandels gelingt.

Auch die öffentliche Kunst nahm einen wichtigen Stellenwert bei der Neugestaltung der Straßen und Plätze ein, wobei natürlich nicht alle Objekte zu Meisterwerken gerieten. Dennoch setzen der umstrittene Obelisk in Ipanema, die überdimensionale Standuhr in Campo Grande, die lebensgroßen Figuren in Vila Isabel und andere Skulpturen starke Zeichen in den öffentlichen Raum und stärken damit auch die Identität der Quartiere.

Abbildung 3: Projekt "Rio Cidade" im Stadtteil Ipanema

5. Favela Bairro

Favelas gehören zu Rio wie der Zuckerhut. Wie dieses Natursymbol, das gleichermaßen für die tropische Traumstadt und für eine Elends-Metropole steht, so ist auch das Image der Favelas gespalten. Einerseits gelten sie als die Seele der Carioca-Kultur, als Quelle kreativer Musikalität und berühmter Samba-Schulen, andererseits als Brutstätten der Armut, des Drogenhandels und der Kriminalität. In Wirklichkeit besteht die große Mehrheit der Favela-Bevölkerung aus armen, hart arbeitenden Familien, die für sich und ihre Kinder auf ein besseres Leben hoffen.

Die Stadtpolitik war gegenüber den Favelas immer ambivalent und wechselhaft. Jeder Bürgermeister und jede Partei, jeder Wirtschaftsboom und jede Krise haben eine andere Favela-Politik hervorgebracht, die zwischen Bekämpfung und Vertreibung, Verbesserung und Integration der Spontansiedlungen schwankte. Dabei haben sich die Favelas als zähe Gebilde erwiesen, die Abriss und Vertreibung ebenso hartnäckig widerstehen wie den Bemühungen um eine städtische Integration.

Die über 500 Favelas von Rio de Janeiro verteilen sich über das gesamte Stadtgebiet. Die pittoreske Lage am Meer und die Nähe zu den Jobs und Attraktionen der Metropole, die die Favelas der Südzone kennzeichnen, fehlt in der Nordzone fast ganz. Dort bestimmen weniger Samba und Folklore, sondern Armut und Gewalt das tägliche Bild. In der Südzone dagegen gibt es eine fast symbiotische Beziehung zwischen den Favelas und den reichen Vierteln Botafogo, Copacabana und Ipanema, die einen enormen Bedarf an billigen Dienstleistungen und Hilfskräften haben. Die nahegelegenen Favelas bestehen kaum mehr aus improvisierten Hütten, sondern aus zwei- bis dreigeschossigen Beton- und Ziegelbauten, die zu komplizierten Strukturen verwoben sind. Viele dieser stadtnahen Favelas haben sich längst in dichte Mieter-Quartiere verwandelt, wo ein profitabler Wohnungsmarkt floriert. Entsprechend hoch sind die Mieten und der Wert der Häuser, der durchaus 50.000.- Euro und mehr betragen kann. Mit einem spektakulären Blick aufs Meer und einem besseren Mikroklima als in den engen Straßen von Copacabana zeigen die kühn die Felsen hinaufkletternden Favelas ein hohes Maß an konstruktiver Geschicklichkeit, auch wenn in der Regenzeit wegen der gefährlichen Lage, fehlender Infrastruktur und Erosion immer wieder ganze Hausgruppen einstürzen.

Ein dunkles Kapitel der wechselvollen Favela-Geschichte begann in den 80er Jahren. Bedingt durch die wirtschaftliche Depression breiteten sich Drogen und Gewalt aus, so dass viele Favelas nahezu exterritoriale Gebiete sind, die kriminellen Banden als Operationsbasis und Unterschlupf dienen. Selbst die Polizei betritt diese Gebiete nur kriegsmäßig ausgerüstet und für kurze Zeit. Im Zuge der Razzien, die durch die labyrinthische Bebauung erschwert werden, kommt es zu gnadenlosen Kämpfen mit den hochgerüsteten Dealern, wobei beide Seiten kaum Rücksicht auf die Bevölkerung nehmen.

Die Drogenbanden haben vielfach die Bewohnerorganisationen der Favelas unterwandert, dabei werden Drohungen und Gewalt ebenso eingesetzt wie Belohnungen und Geschenke. So werden gelegentlich Lebensmittel und Geld an die arme Bevölkerung verteilt oder Kindergärten und Schulen mit Drogengeldern gebaut. Auch sorgen die kriminellen Banden mit drakonischen Strafen für Ruhe im Quartier, so dass es dort kaum Diebstahl oder Raub gibt, weil dies die Geschäfte stört. Dies alles verschafft den Drogen-Dealern einen gewissen Rückhalt bei der Bevölkerung, die nicht zwischen die Fronten geraten will.

Der Preis für die "Wohltaten" ist allerdings hoch: die Bewohner müssen Drogenhändler, Waffen und den "Stoff" verstecken und laufen damit ständig Gefahr, ein Opfer der Banden-Kriege und Polizei-Razzien zu werden. Junge Männer, gelegentlich sogar Kinder, werden als *olhão, avião* oder *soldado* – als Informant, Bote oder bewaffneter Bandit – in die Drogengeschäfte verwickelt, wobei die arbeitslosen Jugendlichen, die täglich den Luxus der Zona Sul vor Augen haben, eine unerschöpfliche Reservearmee bilden.

Oft kommt es zu nächtlichen Auseinandersetzungen zwischen den Drogenbanden, die um Einfluss und um die *bocas de fumo*, die lukrativen Verkaufsstellen, kämpfen. Diese liegen zumeist am Eingang der Favela, wo sich nachts Autoschlangen der besserverdienenden Kunden bilden. Die Kämpfe ziehen auch die nahegelegenen Mittel- und Oberschicht-Quartiere in Mitleidenschaft, wie etwa das touristische Quartier Santa Teresa, das zwischen zwei verfeindeten Favelas liegt. In Apartmenthäusern, die direkt neben einer Favela liegen, ist die Nutzung von Terrassen und Balkonen eingeschränkt, weil mit *balas perdidas* – mit "verirrten Kugeln" – gerechnet werden muss und ebenso mit Einbrüchen, Überfällen und Entführungen. Natürlich drückt dies den Immobilienwert, was die Stadtverwaltung veranlasst hat, über eine ermäßigte Grundsteuer in solchen "Frontzonen" nachzudenken.

Vor diesem Hintergrund fand es die Stadtverwaltung von Rio de Janeiro wieder einmal an der Zeit, das Favela-Problem grundsätzlich und im großen Maßstab anzugehen, weil die städtische Armut und Unsicherheit auch die wirtschaftliche Basis der Metropole – etwa den Tourismus – bedroht. Das Programm "Favela-Bairro" begann 1995 und hat zum Ziel, die Favelas in konsolidierte *bairros* – also in mehr oder weniger normale Stadtquartiere – zu verwandeln. Gleichzeitig soll auch die öffentliche Kontrolle über die "städtischen Enklaven" wieder hergestellt werden, ebenso wird mit der Kartierung und Legalisierung der Grundstücke die Eingliederung der Favelas in den normalen Boden- und Immobilienmarkt und damit auch die Erhebung von Grundsteuern ermöglicht. Es wird erwartet, die Favelas nicht nur städtebaulich, sondern auch sozial zu konsolidieren, was dazu beitragen würde, die harten Kontraste zwischen den formellen und informellen Stadtgebieten zu mindern.

Da das Programm nicht die mehr als 500 Favelas erfassen kann, die es im Stadtgebiet von Rio de Janeiro gibt, wurden in einer ersten Phase 60 Spontansiedlungen ausgewählt, die vor allem im Norden und Westen liegen. Dabei handelt es sich um *Favelas de Morro* oder "Hügel-Favelas" ebenso wie um *Favelas de Maré*, die an Lagunen und Flüssen liegen. Diese Unterscheidung ist wichtig, weil die Spontansiedlungen in Hanglage andere städtebauliche Probleme haben als solche in überschwemmungsgefährdeten Niederungen oder Uferzonen. Bei der Auswahl wurde auch die Größe der Favela, die sozio-ökonomische Charakteristik und der Schwierigkeitsgrad der Sanierung berücksichtigt, deshalb wurden akute Risikogebiete ebenso ausgeschlossen wie sehr große und andere Favelas, deren Verbesserung zu aufwändig erschien.

Wie beim Projekt "Rio Cidade" fand auch bei "Favela Bairro" ein öffentlicher Wettbewerb statt, an dem private Planungs- und Architekturbüros teilnehmen konnten. Dies ist in Rio de Janeiro neu, weil in der Vergangenheit die Favela-Projekte stets von der Stadtverwaltung betrieben wurden. Die Büros wurden aufgefordert, methodische Arbeitsansätze und Lösungskonzepte für einzelne Favelas vorzuschlagen. Für viele Büros war das Arbeitsfeld "Favela" jedoch völlig neu, was gelegentlich zu unrealistischen Vorschlägen führte.

Die einzelnen Projekte wurden in enger Zusammenarbeit der ausgewählten Büros, der Stadtverwaltung und der Favela-Bevölkerung realisiert, wobei die Stadt die planerische Arbeit der Büros überwachte und engen Kontakt zur Favela-Bevölkerung hielt. Ähnlich wie bei "Rio Cidade" zielten die Aktionen nicht direkt auf die Häuser, sondern auf die Verbesserung der Erschließung, auf die technische Infrastruktur und auf die öffentlichen Einrichtungen, die in vielen Favelas in kritischer Weise fehlen. Ein typisches Problem ist etwa die Unzugänglichkeit der Spontansiedlungen, d.h. die versteckten Eingänge und das labyrinthische Gassen- und Wegesystem, in das auch im Notfall kein Fahrzeug eindringen kann. Um diese Isolierung aufzuheben, mussten die Zugänge erweitert und befestigt werden. Dies war auch eine Voraussetzung, um die Favelas mit Drainagen, Telefon, Müllentsorgung und anderen städtischen Diensten auszustatten.

Insbesondere wird versucht, die Eingangssituation der Favela attraktiv zu gestalten. Dazu werden kleine Plätze angelegt und neue Gebäude errichtet, etwa für Gemeinschaftseinrichtungen und Läden. Dies soll dem Quartier ein strukturiertes Zentrum geben und das Image der Favela aufwerten. Auch Ersatzwohnungen werden gebaut, um den Bewohnern solcher Häuser, die wegen ihrer gefährlichen Lage abgerissen werden müssen, eine Alternative zu bieten. Da in den Favelas auch viele mittellose Alte leben, dies teilweise in völlig improvisierten Behausungen, gehören auch Alten-Wohnungen zum Programm.

Weitere Schwerpunkte sind Spiel- und Sportplätze, um ein lokales Freizeitangebot zu schaffen und so der kriminellen Gefährdung von Jugendlichen und Kindern vorzubeugen. Kindergärten sind wichtig, weil oft beide Eltern arbeiten oder die Mütter alleinerziehend sind. Da über die Hälfte der Favela-Bewohner Kinder und Jugendliche sind, kommt diesen Einrichtungen und Verbesserungen eine besondere Bedeutung zu.

Der finanzielle und konstruktive Aufwand dieser Verbesserungen ist oft hoch, etwa wenn eine Terrassierung des Geländes, hohe Stützwände oder der Abbruch von Häusern notwendig ist. Der Ausbau von Straßen kann nur stückweise erfolgen, weil jede Aktion mit den Betroffenen direkt verhandelt werden muss. Unvermeidlich werden einige Bewohner begünstigt und andere benachteiligt, was einen ständigen Ausgleich erfordert. So ergeben sich vor Ort vielfache Änderungen des Projekts, was den Zeitplan und das knappe Budget belastet. Wo immer möglich, werden die Bewohner zu bezahlten Arbeiten eingesetzt, etwa beim Straßen- und Wegebau oder bei der Installation von Wasser- und Abwasserleitungen. Dies ist sozial sicher sinnvoll, erweist sich aber oft als teurer und langwieriger als die Durchführung durch einen professionellen Bauunternehmer.

Die zunehmende Erfahrung und das Engagement der beteiligten Planungsbüros hat dazu geführt, dass die Maßnahmen oft über rein funktionale Aspekte hinausgehen. So findet man in einigen Favelas heute neue Gemeinde- und Sportzentren, deren anspruchsvolle Architektur sich auffallend vom uniformen Ziegelrot der unfertigen Häuser abhebt. Dies soll dazu beitragen, die besondere Identität des Quartiers und das Gemeinschaftsgefühl der Bewohner zu stärken.

Die öffentlichen Investitionen lösen unvermeidlich eine rasche Aufwertung der Grundstücke aus. Erstaunlich ist die Zunahme privater Bauaktivitäten, die schon bei Projektbeginn einsetzt. Wo eben noch armselige Hütten standen, wachsen in wenigen Monaten mehrgeschossige Beton- und Ziegelbauten empor. Der spekulative Verkauf von Grundstücken und Häusern ist während der Projektzeit zwar untersagt, kann aber nicht verhindert werden. Typisch ist auch ein verstärkter Zuzug und der Bau neuer Hütten am Gebietsrand, um an den Maßnahmen zu partizipieren. Da die Planer dies kaum verhindern können, sind die lokalen Organisationen gefordert, den Zuzug von außen und die Besetzung neuer Flächen zu kontrollieren, was in den einzelnen Gebieten – je nach den internen Macht- und Interessenstrukturen – mehr oder weniger gelingt. Dies wird durch planerische Maßnahmen unterstützt, etwa durch klare Quartiersgrenzen, öffentlich genutzte Flächen oder durch begrünte Schutzzonen im Umfeld.

Die Zusammenarbeit mit den lokalen Organisationen ist intensiv, aber nicht einfach, weil sich die Bewohner vor allem an ihren pragmatischen Interessen orientieren und weniger an abstrakten Konzepten und Programmen. Das Verständnis für die Komplexität städtebaulicher Programme ist begrenzt und ebenso die Fähigkeit, die Konsequenzen der Vorschläge und Pläne richtig einzuschätzen. Oft gibt es eine generelle Zustimmung von Seiten der Bevölkerung, aber erhebliche Widerstände bei der praktischen Durchführung, wenn die Vor- und Nachteile für einzelne Familien konkret sichtbar werden.

Das Interesse der Drogenbanden an den offiziellen Favela-Programmen ist gering, weil dies ihr Machtmonopol und ihre illegalen Geschäfte bedroht. Gelegentlich müssen die Behörden mit den lokalen Bossen verhandeln, um

Zugang in ein Gebiet zu bekommen. Ernste Zwischenfälle gab es bislang aber nicht, dies möglicherweise auch deshalb, weil natürlich auch die kriminellen Gruppen eigene Strategien entwickeln, um durch irreguläre Immobiliengeschäfte an der Aufwertung zu partizipieren.

Trotz allem ist es offensichtlich, dass das Projekt "Favela Bairro" eine neue und positive Phase im Umgang mit den Favelas eingeleitet hat. Die Präsenz der öffentlichen Verwaltung ist zumindest in den Projektgebieten wieder deutlich spürbar und auch das Vertrauen der Bevölkerung ist gewachsen, dass es bei "Favela Bairro" nicht nur um politische Wahlmanöver, sondern um konkrete Ziele und Aktionen geht. Wird dies in den nächsten Jahren durch eine bessere Konjunktur und durch einen Abbau von Armut und Arbeitslosigkeit unterstützt, so gibt es durchaus die Chance, einige Dutzend Spontansiedlungen aus ihrer Isolation zu holen und in die "formelle Stadt" zu integrieren.

Natürlich ist dies nur ein kleiner Teil der über 500 Favelas, die es in Rio de Janeiro gibt, auch werden die zahllosen Elendsgebiete in den metropolitanen Randgemeinden – und insbesondere in der Armutszone Baixada Fluminense – damit nicht berührt. Dennoch hat das Projekt "Favela Bairro" zweifellos einen Modell-Charakter, der in den nächsten Jahren auf die Peripherie der Metropole und auf andere brasilianische Städte ausstrahlen wird.

Literatur

BERNARDES, L. ET AL. (1995): Rio de Janeiro – Cidade e Regiao, Rio de Janeiro.
PREFEITURA DA CIDADE DO RIO DE JANEIRO (1996): Strategic Plan for the City of Rio de Janeiro.
PREFEITURA DA CIDADE DO RIO DE JANEIRO (1993): Em busca do desenvolvimento urbano sustentável – o caso do Rio de Janeiro.
PREFEITURA DA CIDADE DO RIO DE JANEIRO (IPLANRIO/RIOARTE) (1995): Corredor Cultural.
PREFEITURA DA CIDADE DO RIO DE JANEIRO (IPLANRIO) (1996): Rio Cidade, linhas gerais do projeto urbanístico.
PREFEITURA DA CIDADE DO RIO DE JANEIRO (1996): Rio Cidade – o urbanismo de volta as ruas.
PREFEITURA DA CIDADE DO RIO DE JANEIRO (IPLANRIO/Secretaría Municipal de Habitacao) (1997): Favela Bairro, Integracao de Favelas no Rio de Janeiro.
PREFEITURA DA CIDADE DO RIO DE JANEIRO (IPLANRIO) (1997): Favelas Cariocas, indice da qualidade urbana.
STADTBAUWELT "Rio de Janeiro", NR. 27/1997.

Martina Neuburger

Ländliche Armutsgruppen in Brasilien zwischen Ausgrenzung und neuer sozialer Bewegung

1. Einführung

Seit einiger Zeit werden neuartige wirtschaftliche, politische und gesellschaftliche Prozesse mit dem Phänomen der Globalisierung in Verbindung gebracht. Vielerorts, besonders aber in den Industrieländern, wurde die Globalisierung bis vor wenigen Jahren vorwiegend als große Chance begriffen, die nach einer Anpassung von Gesellschaft und Wirtschaft an die neuen Rahmenbedingungen rasches Wirtschaftswachstum und allgemeinen Wohlstand versprach. Spätestens seit den spektakulären Aktionen der Globalisierungsgegner bei den Weltwirtschaftsgipfeln und den nicht enden wollenden Berichten über die zunehmende Armut auch und gerade in den Industrieländern wächst aber das Bewusstsein für die Risiken der globalen Entwicklungen. Warnende Stimmen weisen seitdem darauf hin, dass nach allgemeinen Anstrengungen zur Deregulierung nun neue Formen der Reregulierung gefunden werden müssen, um die in Anfängen bereits beobachtbaren negativen Folgen der Globalisierung zu verhindern.

Wissenschaftliche Analysen zu Globalisierungsfolgen zeigen, dass nicht alle Regionen und Bevölkerungsgruppen gleichermaßen von Globalisierungseffekten betroffen sind. Es ist vielmehr ein zunehmendes Auseinanderdriften der Entwicklungen zu beobachten. Denn während einzelne Regionen und dort meist nur einige wenige Bevölkerungsgruppen in globalisierende Prozesse integriert werden und von ihnen profitieren, werden die anderen weitaus größeren Teilräume mit einem Großteil der Bevölkerung zunehmend aus diesen Entwicklungen ausgegrenzt und marginalisiert (SCHOLZ 2000 und 2002). Besonders in Entwicklungsländern sind dabei gravierende Fragmentierungsprozesse zu beobachten. Gesellschaft, Wirtschaft und Politik zerfallen gleichsam in drei Teile: in globale Orte, in globalisierte Orte und in eine ausgegrenzte Restwelt, wobei in diesem Zusammenhang der Begriff 'Ort' nicht im Sinne des konkreten Raumes, sondern vielmehr als geistig konstruierter Raum zu verstehen ist (siehe Abb. 1). Während in den globalen Orten die *global players* als Akteure zu lokalisieren sind, solche Raumtypen in peripheren Regionen wie den Entwicklungsländern nicht zu finden und deshalb in der Grafik nicht dargestellt sind, definieren sich die globalisierten Orte als Aktionsraum derjenigen Akteure, die zwar in globale Prozesse und Kreisläufe integriert sind und von ihnen profitieren, jedoch über keinerlei Einflussmöglichkeiten verfügen. Die ausgegrenzte Restwelt schließlich umfasst diejenigen Bevölkerungsgruppen, die absolut abgekoppelt werden von diesen Entwicklungen und zunehmend von Verarmung und Marginalisierung bedroht sind. Diese Gefahr der Exklusion betrifft besonders die bereits marginalisierten Gruppen in Entwicklungsländern.

Globalisierung

Fragmentierung

	GLOBALISIERTE ORTE	AUSGEGRENZTE RESTWELT
Verstärkung gesellschaftlicher und räumlicher Disparitäten	Fremdbestimmung durch *global players*	Zunahme von Verarmung, Marginalisierung
Segregation	Partielle Integration in globale Prozesse	Verdrängung in Informalität und Illegalität
Interessenkonflikte		
Kultureller Wandel	Teilnahme an wirtschaftlichem Wachstum	Verlust von Verfügungsrechten
Umweltveränderungen	Übernahme globalisierter Lebensstile	Einengung der Handlungsspielräume

**Erhöhung der Verwundbarkeit
Differenzierung der Überlebensstrategien**

Neuburger 2002

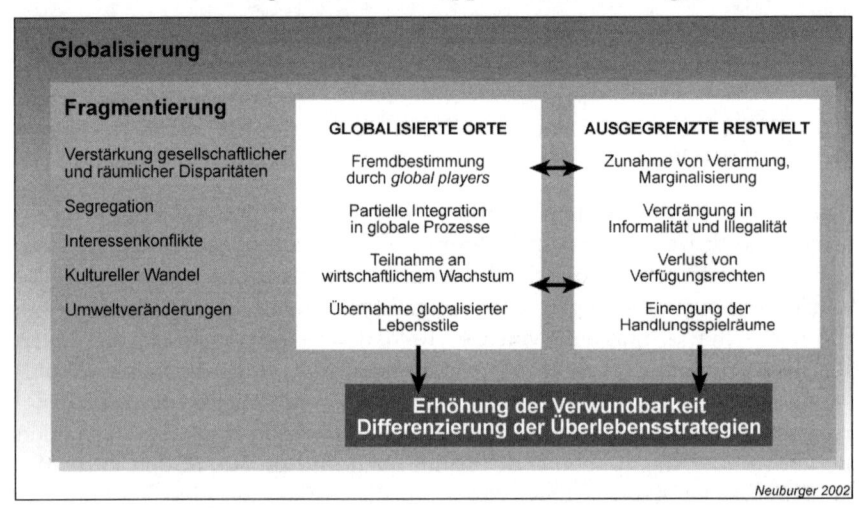

Abbildung 1: Globalisierung und Fragmentierung an der Peripherie

Unter den Entwicklungsländern sind die großen lateinamerikanischen Staaten in besonderer Form in die beobachtbaren Globalisierungprozesse eingebunden. Im Gegensatz zu zahlreichen anderen Drittweltländern konnten sie bereits in den 60er und 70er Jahren mit Hilfe einer konsequenten Politik der importsubstituierenden Industrialisierung zum Entwicklungsstatus eines Schwellenlandes avancieren. Die Strukturanpassungs- und Liberalisierungspolitik ab den 80er Jahren in Verbindung mit der wachsenden Konkurrenz der südostasiatischen Tigerstaaten bremste jedoch diese Entwicklung und hatte verheerende wirtschaftliche und soziale Folgen (THORP 1998, siehe auch die einzelnen Beispiele in LATEINAMERIKA. ANALYSEN – DATEN – DOKUMENTATION 1993).

Eben diese Phasen wirtschaftlicher und sozialer Entwicklung durchlief auch Brasilien, wo die verschiedenen aufeinander folgenden Regierungen seit Anfang der 90er Jahre eine konsequente neoliberale Politik verfolgen, die es ausländischen Investoren ermöglicht, sich wichtiger brasilianischer Wirtschaftssektoren zu bemächtigen (siehe verschiedene Beiträge in diesem Band sowie NEUBURGER/COY 2002; VOTH 2002; WEHRHAHN 2002; COY 2001). Im Industrie- und Dienstleistungssektor nutzten sie zum Beispiel die weitreichenden Privatisierungen zum Kauf von Anteilen und zur Übernahme ganzer Staatsbetriebe vor allem in den Bereichen Grundstoffindustrie, Telekommunikation und Transportwesen. Massive Proteste der von Entlassung bedrohten Beschäftigten Anfang der 90er Jahre waren die Folge davon.

In der Landwirtschaft hatte die neoliberale Politik ähnliche wirtschaftliche und soziale Folgen. Durch die sinkende Bedeutung der Transportkosten und die Entwicklung neuer an die jeweiligen regionalklimatischen Verhältnisse angepassten Produktsorten erwies sich Brasilien als idealer Standort für den Anbau zahlreicher Weltmarktprodukte. Mittel- bis großbetriebliche Grundbesitzstrukturen, vorhandenes Know-how im agrartechnischen Bereich und in der Landwirtschaft immer noch sehr niedrige Arbeitskosten boten gute Voraussetzungen dazu. Während transnationale Konzerne über vertikale Produktionsstrukturen sowie über die Vermarktung von Vorleistungsgütern und Agrarprodukten ihren Einfluss in der Landwirtschaft ausbauten, entstanden im ländlichen Raum globalisierte Inseln des Anbaus von 'neuen' Produkten, die in früheren Jahren lediglich für Binnenmarkt oder Subsistenz produziert worden waren oder noch nicht zur Produktpalette der brasilianischen Landwirtschaft gehört hatten. Mit der Inkorporation dieser Produkte in den globalen Markt wurde der zuvor im Wesentlichen von subsistenzorientierten Kleinbauern getragene Anbau auch für gewinnorientierte landwirtschaftliche Betriebe interessant. Sie führten moderne, kapitalintensive Produktionsweisen ein, so dass kleinbäuerliche Familien weder die Möglichkeit hatten, ihre in bisheriger Form produzierten Güter konkurrenzfähig zu vermarkten, noch die kostspielige Produktionsform selbst zu übernehmen.

An diesen Entwicklungen wird deutlich, dass die ländlichen Räume keineswegs ausschließlich zu den Regionen der Exklusion gehören. Vielmehr sind dort Fragmentierungsprozesse zu beobachten, die allerdings aufgrund spezifischer Akteurskonstellationen und Einbindung in regionale, nationale und globale Rahmenbedingungen einen anderen Charakter aufweisen als die Entwicklungen in den Städten. In ländlichen Regionen entstehen im Zuge der Globalisierung neuartige Modernisierungsinseln, die in direkter Verbindung zur globalen Welt stehen. In Amazonien beispielsweise wird im Zuge der internationalen Diskussion um Treibhauseffekt und Regenwaldzerstörung, der tropische Regenwald zum Objekt globaler Politik (HALL 1997; KOHLHEPP 1995 und 1998). In den verschiedensten Diskursen um eine nachhaltige Entwicklung funktionalisieren Regierungen und international agierende NGOs diese Region zur Durchsetzung ihrer politischen Ziele. Im Mittelwesten hingegen greifen Globalisierungseinflüsse massiv in die regionale Wirtschaft ein. Der Sojaanbau als vollständig auf den globalen Markt ausgerichtete Wirtschaft dominiert die Region. Neben der direkten Orientierung der lokalen Produzenten auf die Entwicklungen des globalen Marktes – insbesondere der Preise – steigt der Einfluss transnationaler agroindustrieller Konzerne, die Saatgut, Maschinen und Agrochemikalien liefern sowie die Ernte aufkaufen, verarbeiten und vermarkten (NEUBURGER/COY 2002; BLUMENSCHEIN 2001). Der Nordosten wird ebenfalls zunehmend in die globalen Wirtschaftskreisläufe integriert. Besonders im Tal des Rio São Francisco weitet sich in den letzten Jahren der moderne Bewässerungsfeldbau aus (VOTH 2002). Für den Weltmarkt werden hier Mango, Papaya und andere exotische Früchte angebaut. Nationale und internationale Firmen investieren in diese hochtechnologische Form der Agrarproduktion.

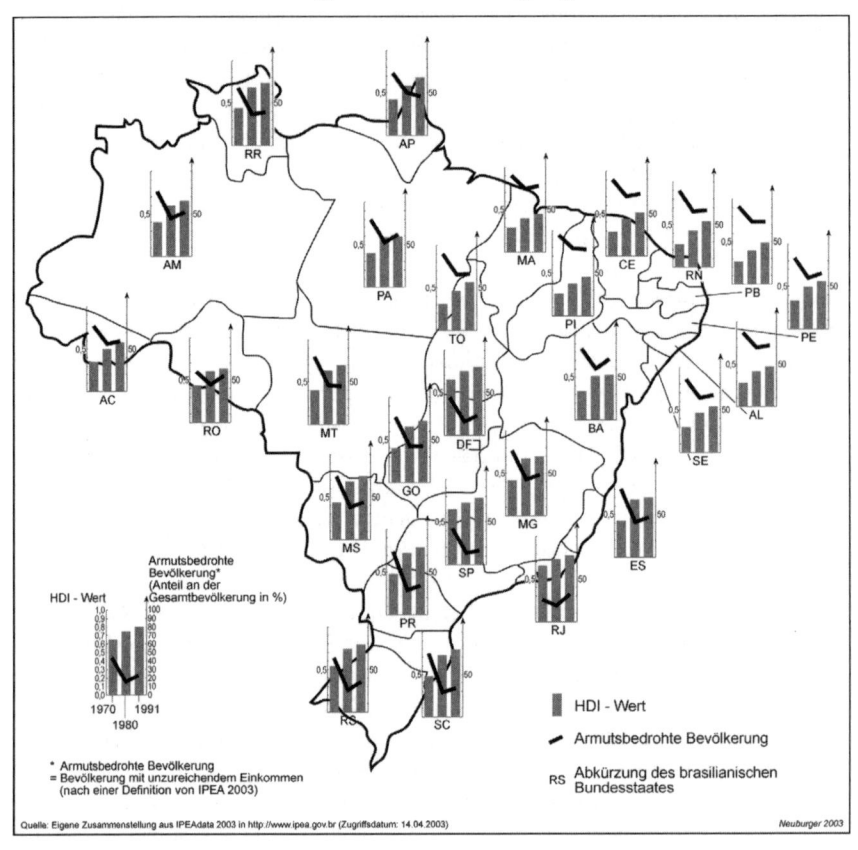

Abbildung 2: Armut und Entwicklung in Brasilien

Besonders in den genannten Gebieten, die zunehmend unter Globalisierungseinflüssen stehen, ist die Gefahr der Marginalisierung und Ausgrenzung von gesellschaftlichen Gruppen, die den unteren sozialen Schichten angehören, groß. In den Gewinnerregionen der Globalisierung sind zwar ausgesprochen hohe Raten wirtschaftlichen Wachstums zu verzeichnen. Sie gehen aber allerdings nicht mit einer Reduzierung der Armut einher (IFAD 2001; BARROS ET AL. 2000). Denn obwohl in ganz Brasilien der HDI in den letzten dreißig Jahren gestiegen ist, wächst der Anteil der armutsbedrohten Bevölkerung gerade auch in den reichen Bundesstaaten seit den 80er Jahren wieder an (siehe Abb. 2). In den letzten Jahren ist nicht zuletzt deshalb eine wachsende Verarmung der ländlichen Bevölkerung zu beobachten (NEUBURGER/COY 2002; COY 2001; SILVA 1998; WOORTMANN/WOORTMANN 1997). Die

Landeigentümer verlieren – wenn sie sich nicht zu stramm organisierten, marktwirtschaftlich handelnden Kooperativen zusammenschließen – den Konkurrenzkampf gegen das moderne Agrobusiness. Landpächter und Landarbeiter leiden unter der Modernisierung der Produktionsformen, denn die modernen Betriebe benötigen eine sehr viel geringere Zahl an Arbeitskräften. Die ländliche Armut ist somit eng mit den zunehmenden Globalisierungseinflüssen verwoben und äußert sich in einer neuen Form der Exklusion, die die betroffenen Familien aus dem wirtschaftlichen, gesellschaftlichen und politischen Leben ausgrenzt und ihnen keine Chance mehr auf ein menschenwürdiges Leben lässt.

2. Exklusion – Beispiel der *comunidade* Baixo Alegre im Mittelwesten Brasiliens

Wie der Begriff 'Exklusion' schon vermuten lässt, können die Formen der neuen Armut statistisch nur schwer erfasst werden, denn dabei handelt es sich um soziale Phänomene, die sich im informellen Sektor, in der Subsistenzproduktion und/oder in der Illegalität abspielen. Zur Darstellung der Exklusionsprozesse im ländlichen Raum Brasiliens wird aus diesem Grund im Folgenden mittels der detaillierten Darstellung der Siedlung Baixo Alegre der Schwerpunkt der Analyse auf eine qualitative Einzelstudie aus dem brasilianischen Mittelwesten gelegt.

Der Mittelwesten Brasiliens bildet im nationalen Kontext einerseits die 'alte' Pionierfront Amazoniens, denn dort wurden bereits rund ein Jahrzehnt vor Erschließung der eigentlichen Regenwaldgebiete Kolonisationsprojekte im Süden der Bundesstaaten Goiás und Mato Grosso sowie in Mato Grosso do Sul durchgeführt. Andererseits spielt sich derzeit gerade dort die Expansion des Sojaanbaus ab. Die Soja-*frontier* schiebt sich immer weiter nach Norden und nach Westen und 'überfährt' gleichsam die alten Kolonisationsprojekte oder wandelt bislang extrem extensiv bewirtschaftete Weideflächen in intensiv genutzte Ackerbauflächen um. Die *comunidade* Baixo Alegre liegt zwar abseits dieses direkten Einflussbereiches des Sojaanbaus, in der Region Cáceres im Munizip Rio Branco weit im Südwesten des Bundesstaates Mato Grosso. Die Familien leiden aber deshalb nicht weniger unter den Globalisierungsfolgen in der gesamten Region (NEUBURGER 2002).

In direkter Nachbarschaft zum staatlichen Kolonisationsprojekt Rio Branco ging die *comunidade* Baixo Alegre Anfang der 80er Jahre aus der Landbesetzung eines extrem extensiv genutzten Rinderweidebetriebes hervor. Dort fanden vor allem solche Kleinbauern einen Rückzugsraum, die bereits aus anderen Kolonisationsprojekten in der Region verdrängt worden waren. Allerdings konnten die Siedler mit der Bewirtschaftung der nur wenige Hektar großen Nutzungsparzellen, die in einem für den Ackerbau völlig ungeeigneten hügeligen Gelände lagen, kaum ihren Lebensunterhalt bestreiten. Bereits nach wenigen Jahren lösten Waldrodung und Grundnahrungsmittelanbau Bodenerosionsprozesse aus, die nur durch die Aussaat von Weidegräsern gestoppt werden konnten. Mangels Kapital war es den meisten aber nicht möglich, qualitativ hochwertiges Milchvieh zu kaufen, um nun den Ackerbau durch die Viehhaltung zu ersetzen. Viele Bauern pachteten deshalb bei benachbarten Rinderzuchtbetrieben einige Tiere und konnten als Pachtzins die weiblichen Tiere des Jungviehs behalten. Hierbei handelte es sich aber um die ausschließlich zur Fleischproduktion geeignete Rinderrasse Nelore, so dass die Produktivität bei maximal 2–3 l Milch pro Tag und Tier lag. Dennoch konnte der Verkauf der Milch an die in der Region inzwischen entstandene Milchkooperative wenigstens ein geringfügiges monetäres Einkommen sichern.

Seit den 90er Jahren steht diese Überlebensökonomie unter verstärktem Globalisierungsdruck. Wie in Baixo Alegre hatte sich in der gesamten Region Cáceres die Viehhaltung durchgesetzt. Während kleinbäuerlichen Familien nur die Option der Milchviehhaltung blieb, stiegen Mittel- und Großbetriebe in die Mastviehhaltung ein. Damit entstand in der Region Cáceres die am intensivsten betriebene Mastviehproduktion in Mato Grosso. Damit verbunden war der Aufbau drei großer Schlachthöfe, was gleichzeitig eine Integration der regionalen Rindermast in die globalen Märkte mit sich brachte (siehe Abb. 3). Durch den erhöhten Flächenbedarf der expandierenden Mastbetriebe wurden kleinbäuerliche Siedler verstärkt aus den wirtschaftlich günstigen Lagen verdrängt. In den flacheren Talbereichen von Baixo Alegre gaben zahlreiche Kleinbauern ihre Betriebe auf und verkauften sie an die benachbarten Großgrundbesitzer. Lediglich in schwer zugänglichen, steilen und für die moderne auf Kunstweide basierende Rinderweidewirtschaft ungeeigneten Seitentälern konnten sich die kleinbäuerlichen Betriebe zunächst halten.

Bereits Mitte der 90er Jahre aber bekamen auch diese Familien die wachsenden Globalisierungseffekte zu spüren: Einerseits kamen über die verbesserten Fernstraßenverbindungen billig von Großbetrieben in anderen brasilianischen Agrargebieten produzierte Grundnahrungsmittel in die Region und machten die kleinbäuerliche Produktion von Reis, Mais und Bohnen damit unrentabel. Andererseits war die regionale Milchkooperative durch die Öffnung der Agrarmärkte für billige Nahrungsmittelimporte gezwungen, die Produzentenpreise drastisch zu senken, denn ein italienischer Lebensmittelkonzern brachte Milchprodukte zu Dumpingpreisen auf den Markt. Der damit verbundene Verlust monetären Einkommens zwang die Familien dazu, sich wieder in die Subsistenzproduktion zurückzuziehen (NEUBURGER 2000). Gerade der Anbau einjähriger Kulturen wie Reis, Mais und Bohnen in den Hangbereichen führte zu einer weiteren Degradierung ihrer noch einzig verfügbaren Ressource Land.

Neben der zunehmenden Verarmung litten die Familien von Baixo Alegre auch unter den Folgen der Deregulierung. Der Rückzug des Staates brachte wie in vielen anderen Staaten auch in Brasilien eine Verknappung öffentlicher Gelder mit sich. Besonders die Kommunen mussten daraufhin

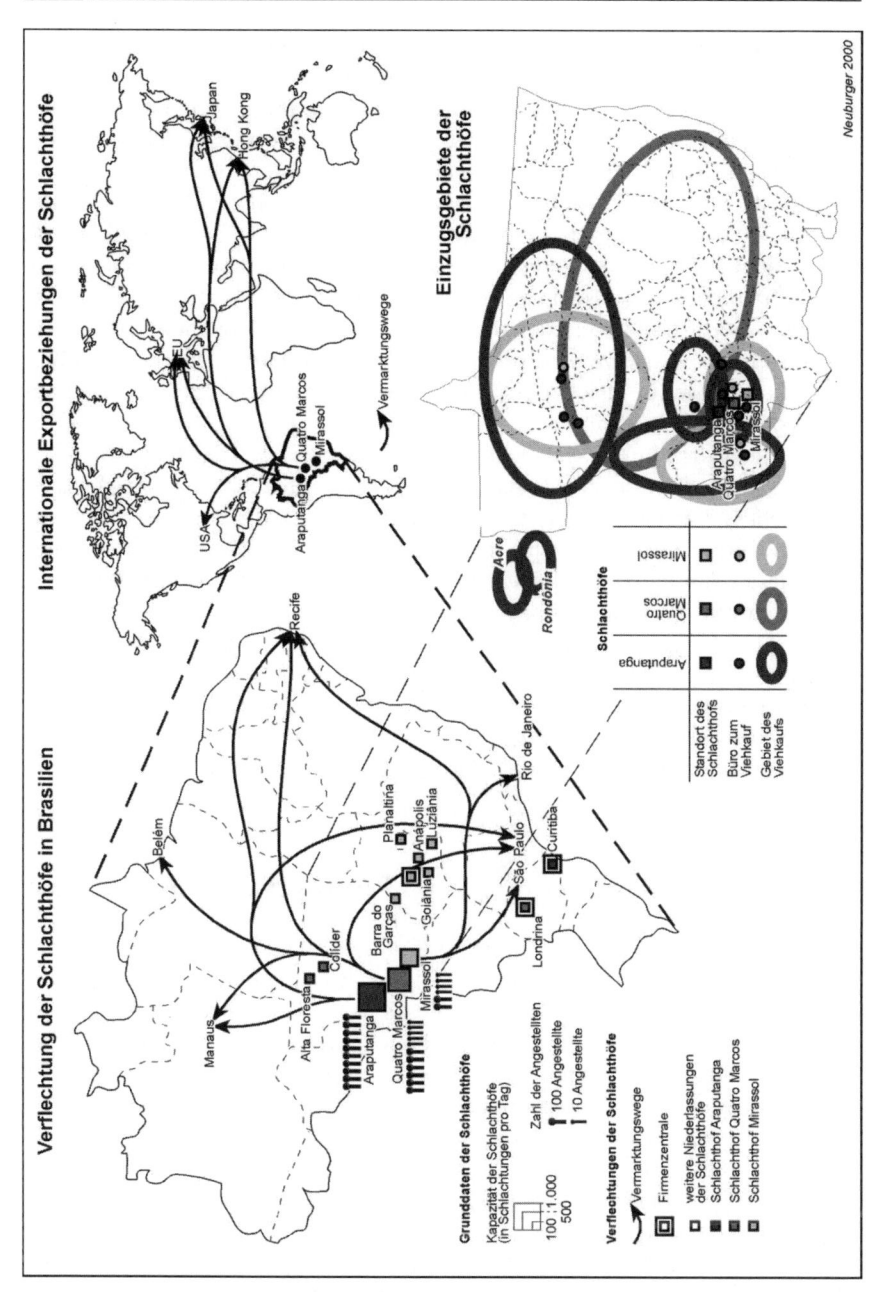

Abbildung 3: Globalisierung der Rindermast in der Region Cáceres

Einsparungen in fast allen sozialen Bereichen durchsetzen. Gesundheitseinrichtungen wurden nicht dem Bedarf entsprechend erweitert, Schulen im ländlichen Raum geschlossen und die Sanierung von Straßen kommunaler

Trägerschaft, die besonders in ländlichen Gegenden unter den Starkregen der Regenzeit litten, vernachlässigt. Genau dieses geschah auch in Baixo Alegre, so dass für die Familien der Zugang zu Bildungs- und Gesundheitseinrichtungen sowie die Vermarktung der noch wenigen verbleibenden Produkte erschwert wurde.

Am dargestellten Beispiel wird die Funktionsweise des *global-local-interplay* in seinen negativen Auswirkungen deutlich. Die Familien von Baixo Alegre werden als Folge der Globalisierung aus den wirtschaftlichen, gesellschaftlichen und sozialen Bereichen zunehmend ausgegrenzt. Der Rückzug in die Subsistenzwirtschaft ist neben der Abwanderung in die Stadt in dieser Situation eine der wenigen realisierbaren Überlebensstrategien, die allerdings gleichzeitig die Verwundbarkeit gegenüber erneuten Krisen empfindlich erhöht.

Bei der Betrachtung der regionalen Entwicklungen in Brasilien wird deutlich, dass die *comunidade* Baixo Alegre kein Einzelfall ist. Das Fallbeispiel steht für zahlreiche Familien im ländlichen Raum, die unter der verstärkten Konkurrenz billiger im Inland produzierter oder aus dem Ausland importierter landwirtschaftlicher Produkte leiden – nicht zuletzt verstärkt durch den massiven Straßenbau der 70er und 80er Jahre zur Verbesserung der Vermarktung sowie durch die Öffnung der Märkte in den 90er Jahren. Gleichzeitig entfallen durch die Mechanisierung der Landwirtschaft immer mehr Arbeitsplätze in der Landwirtschaft, während sich durch die Finanzkrise der Kommunen – häufig größter Arbeitgeber in strukturschwachen ländlichen Räumen – die Lebensbedingungen insgesamt weiter verschlechtern.

3. Neue soziale Bewegungen als Reaktion auf Ausgrenzung

Gegen die allgemeinen Verdrängungs- und Marginalisierungsprozesse wehren sich einzelne Gruppen in den besonders krisengeschüttelten Regionen. Sie nutzen dabei die neuen Chancen, die die Globalisierung auch für bislang marginalisierte Bevölkerungsgruppen bietet. In Amazonien beispielsweise nutzen indigene und andere traditionelle Gruppen wie Kautschukzapfer und Nusssammler die internationalen Bemühungen um eine nachhaltige Entwicklung zum Schutz ihres Lebensraumes.

Dies gilt besonders für Acre, wo noch fast ein Jahrhundert nach Ende des Kautschukbooms mehrere tausend Arbeitskräfte in der Kautschukextraktion tätig sind. Sie blieben auch nach der Kautschukkrise in den *seringais*, schlossen sich zu Kooperativen zusammen und produzierten und vermarkteten den Kautschuk gemeinsam. In den vergangenen dreißig Jahren mussten sich die *seringueiros* allerdings beständig gegen die Zerstörung der Wälder wehren, um ihre Lebensgrundlage zu erhalten. In den 70er Jahren, als die Pionierfront bis nach Acre vorrückte, vertrieben vor allem südbrasilianische Rinderfarmer die *seringueiros* von ihren angestammten Gebieten. Diese setzten sich mit Hilfe sogenannter *empates* – kollektiver Landbesetzungen – zur Wehr, erreichten aber bis in die 80er Jahre hinein lediglich vergleichsweise kleine Grundstücke zur landwirtschaftlichen Nutzung als Entschädigung für verlorene Extraktionsgebiete. Anfang der 80er Jahre versuchte der Staat dann, die *seringueiros* zusammen mit Kleinbauern in den dort eingerichteten Agrarkolonisationsprojekten anzusiedeln. Dies führte aber nur begrenzt zum Erfolg. Vielmehr übernahmen die Kleinbauern ihrerseits aufgrund der ungünstigen Lebens- und Produktionsbedingungen in Acre die subsistenzorientierte Wirtschaftsweise der *seringueiros*. Der gemeinsame Überlebenskampf führte unter maßgeblicher Beteiligung von Chico Mendes, dem später ermordeten Anführer der *seringueiros*, zur Bildung lokaler und regionaler Interessenvertretungen, die sich unter dem Dach des Conselho Nacional dos Seringueiros zusammenschlossen und seitdem um die gesellschaftliche Anerkennung ihrer traditionellen Lebensweise kämpfen (NEUBURGER/COY 2002; HALL 1997).

Mit der Einrichtung von Sammlerreservaten, sogenannten *reservas extrativistas*, haben die *seringueiros* dieses Ziel inzwischen wenigstens zum Teil erreicht (siehe Abb. 4). Vor allem mit der Unterstützung international agierender NGOs und anderen Geldgebern für die Umsetzung von Waldschutzkonzepten in Amazonien werden seit Anfang der 90er Jahre solche Sammlerreservate ausgewiesen, in denen die *seringueiros* kollektive Nutzungsrechte erhalten und in Kleinkooperativen verschiedene so genannte *non-timber products* sammeln, auf- bzw. verarbeiten und vermarkten (HOMMA 1993; ASSIS 1997). Allerdings ist die wirtschaftliche Tragfähigkeit solcher Projekte nach wie vor strittig, da die Extraktionsprodukte nur rund 30 % des Familieneinkommens der *seringueiros* ausmachen (PANDOLFO 1994). Darüber hinaus geben immer mehr Sammler ihre extraktionswirtschaftlichen Aktivitäten aufgrund der schwierigen Marktsituation sowie der isolierten Lebensweise auf. Diese Entwicklungen machen die Sammlerreservate in der bislang praktizierten Form als nachhaltige Waldschutzkonzepte fragwürdig.

Auch kleinbäuerliche Gruppen und Landlose entwickeln gegen die zunehmend negativen Folgen der Globalisierungseffekte Strategien, um die drohende Ausgrenzung zu umgehen. Sie nutzen die weniger stark kontrollierten Räume, die der Staat durch die zunehmende Deregulierung lässt, und versuchen ihre Interessen im direkten Konflikt mit den lokalen und regionalen Akteuren – Großgrundbesitzern, Lokalpolitiker etc. – durchzusetzen. Darüber hinaus versuchen sie, über neuartige Organisationsformen und Aktionen ihre Interessen wenn nötig auch gegen den Staat und die wirtschaftlichen Eliten durchzusetzen. Als bislang größte neue soziale Bewegung im ländlichen Raum ist die 1984 gegründete Landlosenbewegung MST (*Movimento dos Trabalhadores Rurais sem Terra* – kurz: *Sem Terra*) zu nennen, die auf eine lange Tradition des politischen Widerstandes zurückgeht (MARTINS 1990). Die ersten kleinbäuerlichen Organisationen nämlich entstanden bereits in den 40er und 50er Jahren vor allem in Nordostbrasilien, wo sie sich mit Protestaktionen und Landbesetzungen gegen die Willkür der Groß-

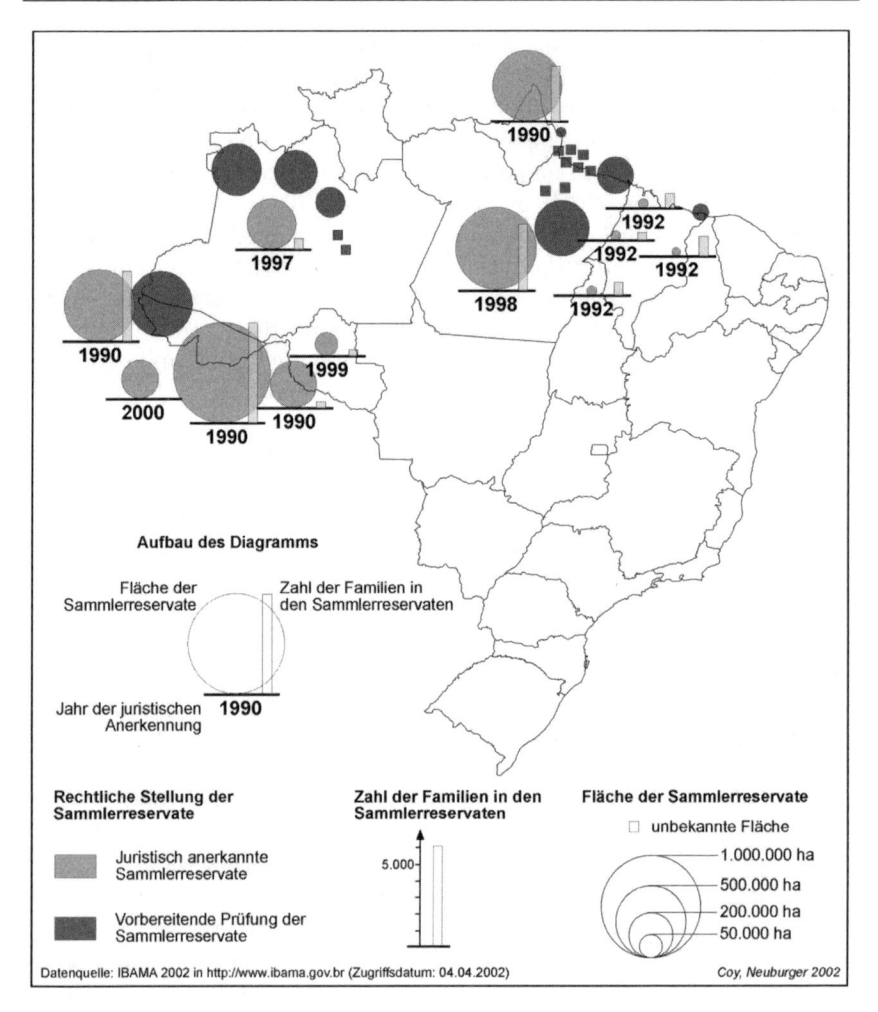

Abbildung 4: Sammlerreservate in Amazonien

grundbesitzer und teilweise des Staates zur Wehr setzten (MARTINS 1990 und 1994; PALMEIRA 1994). Im Jahr 1964 zerschlug die Militärregierung diese Protestbewegung, ihre politischen Köpfe wurden verhaftet, ermordet oder exiliert.

Erst die Demokratisierung in den 80er Jahren erlaubte die Gründung neuer politischer Organisationen, so dass im Süden des Landes, wo die Modernisierung der Landwirtschaft besonders gravierende soziale Folgen hatte, das MST entstehen konnte (FATHEUER 1997; STÉDILE 1997; SILVA 1998). Von großer Bedeutung für die überregionale Organisation und Koordination der Aktivitäten war dabei die Hilfe der katholischen Kirche, vor allem der Landpastorale CPT (*Comissão Pastoral da Terra*), die über ein brasilienweites dichtes Netz von Vertretern verfügte. Mit zahlreichen Landbesetzungen sollte der Staat dazu gezwungen werden, im Sinne des bereits 1964 verabschiedeten, in der Praxis jedoch nicht umgesetzten Agrarreformgesetzes *(Estatuto da Terra)* unproduktiven Großgrundbesitz zu enteignen, zu parzellieren und an die Landlosen zu verteilen. In den meist blutigen Auseinandersetzungen zwischen MST, Großgrundbesitzern und Staatsmacht starben in den Jahren 1984 bis 1990 knapp 900 Landlose. Die Forderungen des MST wurden dennoch bei weitem nicht erfüllt. Die zuständige Landbehörde INCRA *(Instituto Nacional de Colonização e Reforma Agrária)*, die sich in den 70er und Anfang der 80er Jahre noch ausschließlich mit der Durchführung von Kolonisationsprojekten zur Erschließung Amazoniens beschäftigt hatte, konnte dem politischen Druck nur wenig entgegensetzen. Sie siedelte nur knapp 90.000 Familien in den fünf Jahren von 1985 bis 1990 in sogenannten *assentamentos* an (INCRA 2001).

Nachdem die militante Taktik der Landbesetzungen und die 'bloße' Erkämpfung von Land – egal welcher Qualität – über Jahre hinweg einerseits zahlreiche Todesopfer forderte und andererseits aufgrund meist ungünstiger ökonomischer und ökologischer Standortbedingungen der erkämpften Grundstücke neuerliche Verdrängungs- und Verarmungsprozesse in den *assentamentos* nicht verhindern konnte, entwickelte das MST eine neue Strategie, um diese negativen Folgen zu vermeiden. Seit Anfang der 90er Jahre wird der politische Druck auf die Regierung mit spektakulären Aktionen wie Protest- und Sternmärschen, Besetzungen von Behördenzentralen u.ä. erhöht. Gleichzeitig führt die Landlosenbewegung eine steigende Zahl von Landbesetzungen durch, an denen sich immer mehr Familien beteiligen (siehe Abb. 5). Während 1990 noch ca. 10.000 Familien in Landbesetzungen involviert waren, nahmen im Jahr 2000 ca. 70.000 Familien an Besetzungen in unterschiedlichen Regionen des Landes teil.

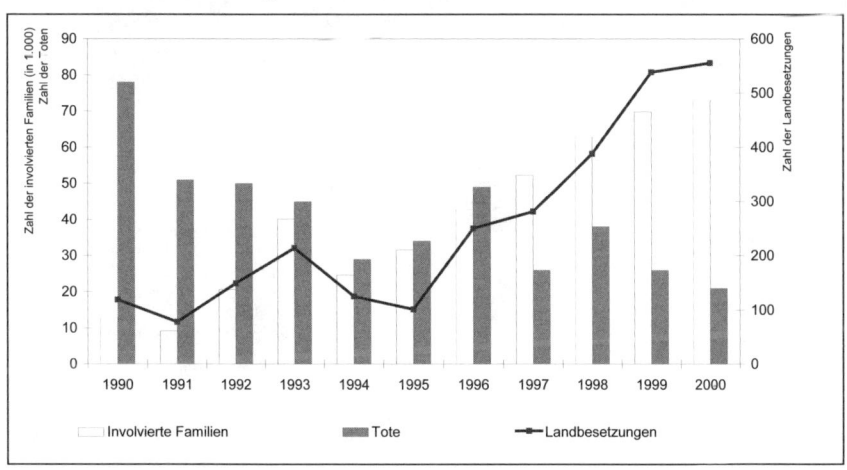

Abbildung 5: Entwicklung der Landbesetzungen in Brasilien 1990–2000

Trotz dieses Konfrontationskurses konnte das MST eine große Zahl von Todesopfern verhindern, indem bei der Vorbereitung einer Landbesetzung die lokale politische Situation sehr genau analysiert und nach der Invasion auf eine rasche Aufnahme von Verhandlungen mit dem Großgrundbesitzer und den staatlichen Stellen gedrängt wurde. Außerdem versuchte das MST, die Erfolgsaussichten der *assentamentos* dadurch zu verbessern, dass vorzugsweise qualitativ hochwertiges, durch die bisherigen Eigentümer aber unproduktiv genutztes Land invadiert wurde und in den letzten Jahren zusätzlich die Landbesetzungen im Süden und Südosten Brasiliens – also in der Nähe der wirtschaftlichen Zentren – forciert wurden (siehe Abb. 6). Mit diesen gezielten Aktivitäten, bei denen die maßgeblichen Akteure auch die Medien publikumswirksam für ihre Zwecke nutzten, konnte das MST in jüngerer Zeit ein hohes Ansehen in der brasilianischen Öffentlichkeit gewinnen, was sich nicht zuletzt in der insgesamt positiven Darstellung der Bewegung im sonst eher regierungsfreundlichen Sender *Globo* äußerte (GOHN 1997 und 1999).

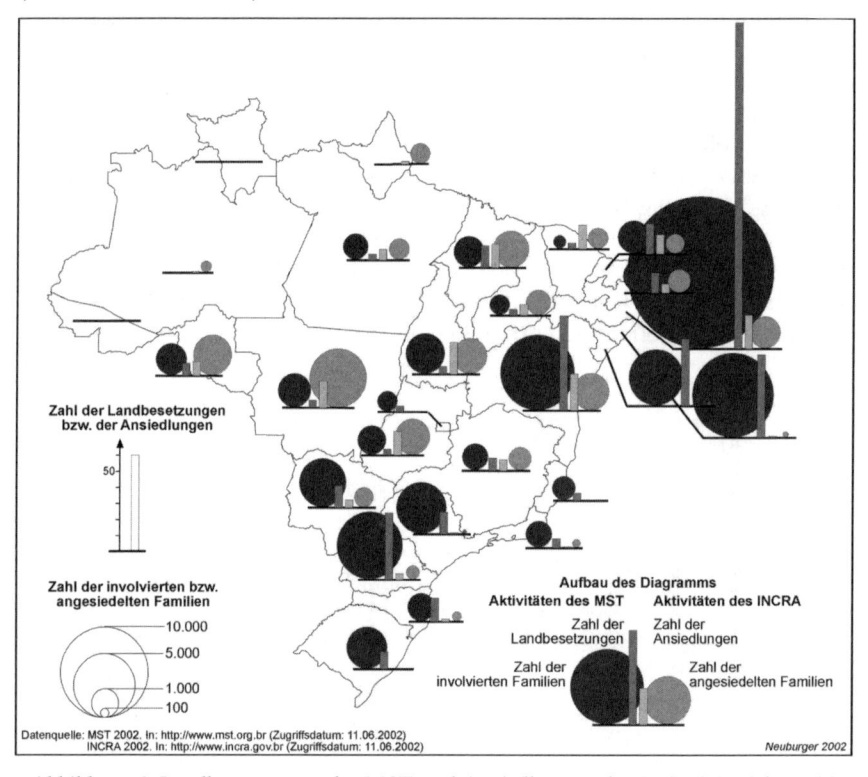

Abbildung 6: Landbesetzungen des MST und Ansiedlungen des INCRA im Jahr 2000

Obwohl das MST inzwischen eine der größten zivilgesellschaftlichen Organisationen in Brasilien darstellt, bleibt die Politik nach wie vor mit der tatsächlichen Ansiedlung von landlosen Familien weit hinter den Notwendigkeiten zurück (siehe Abb. 6). Im Jahr 2000 beteiligten sich rund 73.000 Familien an den Landbesetzungen des MST, um ihrer Forderung nach einem eigenen Stück Land Ausdruck zu verleihen. Die Landbehörde INCRA indessen siedelte lediglich rund 19.000 Familien an. Dabei wurden gerade in verkehrstechnisch und ökologisch ungünstigen Regionen überdurchschnittlich viele *assentamentos* durchgeführt. Dies entspricht einer Politik, die zwar gegen die wirtschaftlichen und politischen Eliten des Landes leichter durchzusetzen, den Forderungen des MST aber entgegengesetzt ist, weil sie riskiert, dass mit den Ansiedlungen keine langfristigen Perspektiven für die landlosen Familien geschaffen werden. Verarmung und Marginalisierung stellen damit immer noch – trotz der politischen Erfolge des MST – eine Gefährdung der kleinbäuerlichen Existenzgrundlage dar. Die Lösung des eigentlichen Problems – die Ausweitung, Förderung und Konsolidierung der kleinbäuerlichen Landwirtschaft – rückt damit in weite Ferne.

4. Ausblick

Die Globalisierung zeigt in Brasilien sehr unterschiedliche Folgewirkungen. Ressourcenarme Bevölkerungsgruppen werden zunehmend aus dem wirtschaftlichen, gesellschaftlichen und politischen Leben verdrängt. So wird in den letzten Jahren im Zuge der Deregulierung gerade die staatliche Unterstützung gestrichen, auf die marginalisierte Gruppen angewiesen sind, um ein menschenwürdiges Leben führen zu können. So zieht sich der Staat immer mehr aus Tätigkeitsfeldern wie beispielsweise Subventionen für die kleinbäuerliche Produktion, Schutz vor globaler Konkurrenz und Aufrechterhaltung bzw. Ausbau von Gesundheits- und Bildungsinfrastruktur zurück. Gleichzeitig leiden die Betroffenen unter dem direkten Zugriff globaler Akteure auf die lokale Ebene. Die wenigen Ressourcen, über die die ersteren noch verfügen, werden von letzteren je nach Bedarf abgezogen und in internationale Kreisläufe gewinnbringend integriert. Kleinbäuerliches Land wird beispielsweise durch die globalisierte Produktion okkupiert und Marktsegmente, die bislang von Kleinbauern beliefert wurden, werden von transnationalen Konzernen besetzt. Damit verlieren marginalisierte Gruppen nicht nur ihre letzten Ressourcen, sie werden darüber hinaus aus den wirtschaftlichen, gesellschaftlichen und politischen Zusammenhängen ausgegrenzt.

Gleichzeitig wehren sich diese ausgegrenzten Gruppen gegen die zunehmende Verarmung. Dabei sind neben den Organisationen der Kautschukzapfer die sichtbaren Erfolge der Landlosenbewegung MST vielleicht die erstaunlichste Entwicklungstendenz im ländlichen Raum während der letzten Jahre. Durch ihre Aktionen wurde die Agrarreform in Brasilien wieder auf die politische Agenda gesetzt und ihren Aktivitäten ist es zweifellos zu verdanken, dass sich verantwortliche Politiker, Planer und zivilgesellschaftliche Organisationen in letzter Zeit wieder stärker den Bedürfnissen der Kleinbauern zuwenden. Auch die neue Regierung unter Führung der

Arbeiterpartei steht unter verstärktem Druck, denn die Erwartungshaltung der ländlichen wie städtischen Unterschichten ist groß gegenüber einer politischen Führung aus "ihrer" Partei. Jedoch trotz des international viel beachteten Programms zur Bekämpfung des Hungers in Brasilien "Projeto Fome Zero" sieht sich auch die brasilianische Regierung gezwungen, den neuen Herausforderungen der globalisierten Welt Rechnung zu tragen, von ihren ehemals radikal linken Positionen abzurücken und ihre politischen Konzepte zu überdenken. Schon jetzt trägt ihr diese Strategie harsche Kritik auch aus den eigenen Reihen ein. Wie sie in Zukunft mit beiden häufig entgegengesetzten Anforderungen umgeht und welche Erfolge sie dabei erzielen kann, bleibt abzuwarten.

Literatur

ASSIS, W. (1997): Going nuts for the rainforest. Non-timber products, forest conservation and sustainability in Amazonia. – Amsterdam.

BARROS, R.P. DE ET AL. (2000): A estabilidade inaceitável. Desigualdade e pobreza no Brasil. Texto para Discussão 800. – Brasília (IPEA).

BLUMENSCHEIN, M. (2001): Landnutzungsveränderungen in der modernisierten Landwirtschaft in Mato Grosso, Brasilien. Tübinger Geographische Studien 133. – Tübingen.

COY, M. (2001): Globalisierung in Brasilien: Raumwirksamkeit und Reaktionen. Beispiele aus städtischen und ländlichen Regionen. – In: BORSDORF, A. ET AL. (Hrsg.): Lateinamerika im Umbruch. Geistige Strömungen im Globalisierungsstress. Innsbrucker Geographische Studien 32, S. 19–33, Innsbruck.

FATHEUER, T. (1997): Die Wiederkehr des Verdrängten. Agrarreform und soziale Bewegungen in Brasilien. – In: GABBERT, K. ET AL. (Hrsg.): Lateinamerika – Land und Freiheit. Analysen und Berichte 21, S. 66–80, Bad Honnef.

GOHN, M. DA GLÓRIA (1997): Os Sem-Terra, ONGs e cidadania. A sociedade civil brasileira na era da globalização. – São Paulo.

GOHN, M. DA GLÓRIA (1999): MST e mídia. – Cadernos do CEAS 179, S. 11–29.

HALL, A. (1997): Sustaining Amazonia. Grassroots action for productive conservation. – Manchester, New York.

HOMMA, A.K.O. (1993): Extrativismo vegetal na Amazônia. Limites e oportunidades. – Brasília (EMBRAPA-SPI).

IFAD (INTERNATIONAL FUND FOR AGRICULTURAL DEVELOPMENT) (2001): Rural Poverty Report 2001. The Challenge of Ending Rural Poverty. – New York.

INCRA (INSTITUTO NACIONAL DE COLONIZAÇÃO E REFORMA AGRÁRIA) (2001): Relatório de atividades INCRA 30 anos. In: http://www.incra.gov.br (Zugriffsdatum: 10.06.2002)

KOHLHEPP, G. (1995): The International Pilot Programme for Amazonia. An approach to sustainable regional development. – International Geographical Union – Bulletin, 45, S. 17–30.

KOHLHEPP, G. (1998): Das internationale Pilotprogramm zum Schutz der tropischen Regenwälder Brasiliens. Globale, nationale, regionale und lokale Akteure auf dem Weg zu einer Strategie der nachhaltigen Entwicklung? – In:

KOHLHEPP, G./COY, M. (Hrsg.): Mensch-Umwelt-Beziehungen und nachhaltige Entwicklung in der Dritten Welt. Tübinger Geographische Studien 119, S. 51–86, Tübingen.
LATEINAMERIKA. ANALYSEN – DATEN – DOKUMENTATION (1993): Themenheft "Armut und Armutsbekämpfung in Lateinamerika" 10 (23).
MARTINS, J. DE SOUZA (1990): Os camponeses e a política no Brasil. As lutas sociais no campo e seu lugar no processo político. 4. Aufl. – Petrópolis.
MARTINS, J. DE SOUZA (1994): O poder do atraso. Ensaios de sociologia da história lenta. – São Paulo.
NEUBURGER, M. (2000): Kleinbäuerliche Verwundbarkeit in degradierten Räumen. Überlegungen zur Politischen Ökologie der Pionierfrontentwicklung in Brasilien. – Geographische Zeitschrift 88 (1), S. 21–35.
NEUBURGER, M. (2002): Pionierfrontentwicklung im Hinterland von Cáceres (Mato Grosso, Brasilien). Ökologische Degradierung, Verwundbarkeit und kleinbäuerliche Überlebensstrategien. Tübinger Geographische Studien 135. – Tübingen.
NEUBURGER, M./COY, M. (2002): Aktuelle Entwicklungstendenzen im ländlichen Raum Brasiliens. – Petermanns Geographische Mitteilungen 146 (5), S. 74–83.
PALMEIRA, M. (1994): Burocracia, política e reforma agrária. – IN: MEDEIROS, L. ET AL. (HRSG.): Assentamentos rurais. Uma visão multidisciplinar, S. 49–65, São Paulo (UNESP).
PANDOLFO, C. (1994): Amazônia brasileira – Ocupação, desenvolvimento e perspectivas atuais e futuras. Coleção Amazoniana, 4. Belém.
SCHOLZ, F. (2000): Perspektiven des Südens im Zeitalter der Globalisierung. – Geographische Zeitschrift 88 (1), S. 1–20.
SCHOLZ, F. (2002): Die Theorie der "fragmentierenden Entwicklung". – Geographische Rundschau 54 (10), S. 6–11.
SILVA, J. GRAZIANO DA (1998): A globalização da agricultura. – In: SILVEIRA, M./ VILELA, S. (Hrsg.): Globalização e a sustentabilidade da agricultura, S. 29–38, Jaguariuna.
STÉDILE, J.P. (1997): A luta pela reforma agrária e o MST. – In: DERS. (Hrsg.): A reforma agrária e a luta do MST, S. 95–110, Petrópolis.
THÉRY, H. (2000): Le Brésil. 4. Aufl. – Paris.
THORP, R. (1998): Progress, poverty and exclusion. An economic history of Latin America in the 20th century. – New York, Washington.
VOTH, A. (2002): Innovative Entwicklungen in der Erzeugung und Vermarktung von Sonderkulturprodukten. Dargestellt an Fallstudien aus Deutschland, Spanien und Brasilien. Vechtaer Studien zur Angewandten Geographie und Regionalwissenschaft 24. – Vechta.
WEHRHAHN, R. (2002): Brasiliens Wirtschaftsräume unter dem Einfluss der Globalisierung. – Geographische Rundschau 54 (11), S. 4–11.
WOORTMANN, E.F./WOORTMANN, K. (1997): O trabalho da terra. A lógica e a simbólica da lavoura camponesa. – Brasília.

Wolfgang J. Junk

Ökologische Grundlagen zur Bewertung der Nutzungsmöglichkeiten zentralamazonischer Ökosysteme – eine Bestandsaufnahme

1. Einleitung

Die in den letzten Jahren zunehmende Diskussion um den Schutz tropischer Ökosysteme läuft immer mehr auf die Frage nach ökologisch verträglichen Nutzungsmöglichkeiten hinaus. Dies liegt daran, dass sich die Erkenntnis durchzusetzen beginnt, dass

- große Gebiete landwirtschaftlicher Nutzflächen jährlich aus der Bewirtschaftung genommen werden müssen, da sie mit den zur Zeit angewandten Landnutzungsmethoden nicht mehr ökonomisch bewirtschaftet werden können;
- die durch Degradierung entstehenden Flächenverluste mittels Neubewirtschaftung bisher ungestörter Flächen ausgeglichen werden, deren Verfügbarkeit begrenzt ist;
- der in Folge des Bevölkerungswachstums entstehende Mehrbedarf an landwirtschaftlichen Produkten nicht über Ertragssteigerung sondern überwiegend über Flächenausweitung erfolgt, welche zu Lasten ungestörter Systeme geht;
- Schutzmaßnahmen nur greifen, wenn die sozio-ökonomischen Rahmenbedingungen gegeben sind, um die Mindestanforderungen der lokalen Bevölkerung zur Deckung ihrer Lebensbedürfnisse zu gewährleisten.

Die Vielzahl und Heterogenität tropischer Ökosysteme, die sozio-ökonomischen und kulturellen Unterschiede zwischen den betroffenen Bevölkerungsgruppen, das verschiedenartige politische und ökonomische Umfeld, sowie internationale Interessensverflechtungen machen eine pauschale Beantwortung der Fragen nach ökonomisch tragfähigen, sozial verantwortbaren, politisch durchsetzbaren und ökologisch verträglichen Nutzungsmöglichkeiten unmöglich, zumal auch auf wissenschaftlichem Sektor und im Anwendungsbereich noch erhebliche Wissensdefizite bestehen (DEUTSCHER BUNDESTAG 1990). Hinzu kommt ein erschreckender Wirrwarr an Vorstellungen über häufig verwendete, aber nicht eindeutig definierte oder falsch verstandene Begriffe, welcher Diskussionen oft in unergiebige Positionskämpfe zwischen Umweltschützern, Wissenschaftlern, Planern, Praktikern und Politikern ausarten lässt.

In Anbetracht dieser konfusen Ausgangslage kann das Ziel dieses Beitrags also nur sein, den Stand der Kenntnisse über tropische Ökosysteme kurz zu umreißen und am Beispiel des amazonischen Tieflandes Lösungsansätze zu kommentieren sowie aus ökologischer Sicht Empfehlungen für weitere Ansätze auszusprechen.

2. Ökologische und entwicklungspolitische Ausgangssituation

Es gehört mittlerweile zum allgemeinen Kenntnisstand, dass in den Tropen Licht und Temperatur, in den feuchten Tropen auch Wasser keine limitierenden Faktoren für die Produktivität der Vegetation darstellen, dass aber die Böden über große Flächen hin nährstoffarm sind (DEUTSCHER BUNDESTAG 1990). Dies gilt insbesondere für das Amazonasgebiet (SIOLI 1973; HERRERA ET AL. 1978, 1981; IRION 1978, 1984; WEISCHET 1990). WEISCHET (1980, 1984) kommt in seiner bis heute kontrovers diskutierten These von der "ökologischen Benachteiligung der südamerikanischen tropischen Tiefländer in der Wirtschafts- und Kulturentwicklung" wie SIOLI unter anderem zu dem Schluss, dass die schlechte Qualität des überwiegenden Teils der Böden Zentralamazoniens eine dauerhafte agrarwirtschaftliche Nutzung nur dann ermöglicht, wenn der Export von Nährstoffen möglichst gering gehalten wird, es sei denn, zusätzliche Nährstoffe würden dem System zugeführt. Nutzungsformen, die die großflächige Zerstörung des amazonischen Regenwaldes voraussetzen, werden zunehmend kritisch gesehen und Alternativen diskutiert (ANDERSON 1990).

Weiterhin ist in den allgemeinen Sprachgebrauch die Aussage übernommen worden, dass ein Nutzungssystem nur dann sinnvoll ist, wenn es langfristig (nachhaltig) tragfähig ist. Der Ausdruck "nachhaltige Entwicklung" (*sustainable development*) wird zuerst in dem Bericht der World Commission on Environment and Development (WCED), auch Brundtland Kommission genannt, verwendet mit dem Titel "Our Common Future", und definiert als "ökonomische Entwicklung, welche die Bedürfnisse der jetzigen Generation befriedigt, ohne die Möglichkeiten zukünftiger Generationen zu schmälern, deren eigene Bedürfnisse zu befriedigen"(WCED 1987). Damit werden die biologisch-physikalischen "Grenzen des Wachstums" (MEADOWS ET AL. 1972) für die ökonomische Entwicklung anerkannt und es wird der Versuch unternommen, Umweltschutz und ökonomisches Wachstum miteinander in Einklang zu bringen. Diese Auffassung kommt auch in der Definition der Consultative Group on International Agricultural Research (CGIAR) zum Ausdruck, die Nachhaltigkeit definiert als "erfolgreiches Management von Ressourcen für die Landwirtschaft, um die sich wandelnden Bedürfnisse der Menschheit zu befriedigen und gleichzeitig die Qualität der Umwelt zu erhalten oder zu verbessern und die natürlichen Ressourcen zu erhalten (TAC/CGIAR 1989).

Eine andere, von Nicht-Regierungsorganisationen (NGO's) vertretene Definition besagt, dass landwirtschaftliche Nutzung nachhaltig ist, wenn sie "ökologisch vernünftig, ökonomisch tragfähig, sozial gerecht und kulturell angepasst ist und auf einem holistischen wissenschaftlichen Ansatz beruht" (in BECKER 1997). Sie drückt das Bemühen aus, ökonomische Entwicklung, Ökologie und Ethik in einem holistischen Ansatz zusammenzufassen (SPENDJIAN 1991). Der räumlich-zeitlichen Komponente der nachhaltigen Entwicklung wird in neuerer Zeit dadurch Rechnung getragen, dass landschaftsökologische Konzepte und nachhaltige Landschaftsplanung die auf nachhaltiges Ressourcen-Management bezogenen Ansätze ergänzen (BOTEQUILHA LEITÃO/AHERN 2002). Alle Definitionen sind zwar sehr eingängig, haben aber den Nachteil, dass sie vage und schwer quantifizierbar sind, und im Detail scheiden sich letztlich die Geister. Eine zusammenfassende Diskussion des Problems der nachhaltigen Entwicklung findet sich bei BECKER (1997).

Als ökologische Grundlage für die Diskussion von Nutzungskonzepten können folgende Aussagen zur Charakterisierung des amazonischen Tieflandes als weitgehend gesichert gelten (KLINGE ET AL. 1987):

- Das Nährstoffpotenzial des überwiegenden Teils der Böden im amazonischen Tiefland ist extrem klein und überwiegend auf die Biomasse beschränkt.
- Die Ionenaustauschkapazität der Böden ist gering.
- Die natürliche Vegetation ist an diese Verhältnisse angepasst und gedeiht auf Grund einer sehr effizienten und schnellen Wiederverwertung der Nährstoffe.
- Auf Grund des niedrigen Nährstoffreservoirs ist die Tragfähigkeit des Systems gegenüber Konsumenten begrenzt, welche deshalb auch nur in geringer Biomasse vertreten sind.
- Die meisten tropischen Regenwälder beherbergen überwiegend K-selektierte Arten, d.h. Arten, die sich durch einen hohen Adaptationsgrad an die spezifischen, verhältnismäßig stabilen Bedingungen des Regenwaldes auszeichnen.
- Eine hohe Diversität an Pflanzen und Tieren ermöglicht eine maximale Ausnutzung der Ressourcen und reduziert gleichzeitig die Gefahr der Massenentwicklung von Konsumenten, Krankheiten und Parasiten, welche das System aus dem Gleichgewicht werfen könnten.
- Das natürliche System garantiert die unter den gegebenen Bedingungen langfristig optimale Verwertung der im System gebundenen und über die Photosynthese täglich neu gelieferten Energie.
- Auf Grund des geringen Nährstoffpotenzials, der hohen Artendiversität und des hohen Adaptationsgrades der Organismen ist das natürliche System von einem bestimmten Niveau der Veränderung an in überschaubaren Zeiträumen nicht mehr ohne zusätzlichen großen Einsatz an Energie rekuperierbar.

- Es gibt in Amazonien – wenn auch flächenmäßig begrenzt – Standorte, auf die die hier angeführten Aussagen nicht, oder nur mit Einschränkungen zutreffen.

3. Generelle Nutzungsaspekte

Die aus den ökologischen Rahmenbedingungen folgenden Konsequenzen für die Nutzung der Systeme liegen auf der Hand:

- Die Nachhaltigkeit der Nutzung hängt von der Substitution der entzogenen – oder verlorengegangenen – Nährstoffe ab.
- Die Leistungsfähigkeit der Nutzungssysteme entspricht dem Anpassungsgrad der Nutzpflanzen und -tiere an die Umweltbedingungen.
- Die Stabilität der Nutzungssysteme nimmt mit der Verarmung an Arten und ihrer genetischen Vielfalt sowie der Verringerung ihres Anpassungsgrades ab.
- Die für die Erhaltung der Nutzungssysteme notwendige Energie steigt nicht nur mit der Intensität der Nutzung, sondern hängt auch von der Art der Nutzung ab.

Energie kann in Kosten umgerechnet werden. Damit können theoretisch alle Nutzungssysteme auf einem Kosten-Nutzen-Gradienten angeordnet werden, welcher finanziell berechnet werden kann und besagt: Je intensiver ein System genutzt wird, und je weniger angepasst die Nutzungsform ist, desto mehr Kosten entstehen z.B. in Form von Dünger, Pestiziden, Arbeitsaufwand, Forschungsaufwand etc., um es langfristig stabil, d.h. funktionsfähig zu erhalten. Auch ein ökologisch sehr labiles Nutzungssystem kann theoretisch langfristig erhalten werden, jedoch unter einem Kostenaufwand, der es ökonomisch nicht tragfähig erscheinen lässt.

Da sowohl der Wert der von den Nutzungssystemen produzierten Güter als auch die Kosten zur Erhaltung dieser Systeme sich ständig ändern, ist die Position der Nutzungssysteme auf dem Kosten-Nutzen-Gradienten nicht fixiert, sondern muss immer wieder neu bestimmt werden. Offenkundig ist jedoch, dass Produktionssysteme, welche dicht an der Grenze zur Unrentabilität stehen, eher gefährdet sind als solche, deren Rentabilitätsmarge groß ist.

Bei der Frage nach der Kosten-Nutzen-Relation kommt automatisch die Frage nach der finanziellen Bewertung von Arten bzw. der Biodiversität generell, dem ökonomischen Nutzen der Erhaltung von Ökosystemen, z.B. auf Grund ihrer Bedeutung für den regionalen Wasserhaushalt oder für die Stabilisierung des Weltklimas als CO_2–Senke, sowie dem Problem der Kostenteilung zwischen Besitzer und Nutznießer auf (SIOLI 1984b; FEARNSIDE 1995a,b). Eine detaillierte Diskussion dieser Fragen würde den Rahmen dieser Arbeit sprengen und soll deshalb hier nicht erfolgen, zumal eine eindeutige Beantwortung vieler Aspekte zur Zeit nicht möglich erscheint.

Dennoch trägt auch eine vereinfachte Kosten-Nutzen-Analyse insofern zur Diskussion der politischen Aspekte der Problematik bei, als gesagt werden kann, dass einerseits der Aufwand zum Schutz von naturbelassenen Gebieten mindestens so hoch veranschlagt werden muss wie der wirtschaftliche Nutzen, den diese Gebiete bei anderweitiger Nutzung langfristig abwerfen würden, andererseits aber auch der Wert der naturbelassenen Systeme dem Schaden bei nicht-nachhaltiger Nutzung gegenübergestellt wird.

4. Konkrete Beispiele aus Amazonien

Bei der Diskussion konkreter Beispiele aus Amazonien werden sofort folgende Defizite klar:

- Es gibt für die zur Zeit verbreiteten land-, forst- und viehwirtschaftlichen sowie fischereilichen Nutzungssysteme kaum hinreichend detaillierte Kosten-Nutzen-Abschätzungen. Wenn sie im Falle von Großbetrieben vorhanden sind, sind sie nicht zugänglich, da es nicht im Interesse der Betreiber ist, steuerliche Begünstigungen offenzulegen.
- Nutzen wird in der Regel nur als "individueller Nutzen", also als Nutzen für den Besitzer definiert und dementsprechend bewertet. Aspekte des "volkswirtschaftlichen Nutzens", die denen des "individuellen Nutzens" häufig diametral entgegenstehen, werden nicht oder nur unzureichend bei der Kosten-Nutzen-Abschätzung in Betracht gezogen.
- Der Beweis für die nachhaltige Tragfähigkeit der Nutzungssysteme ist mit wenigen Ausnahmen nicht erbracht, sondern wird lediglich postuliert, eine Tatsache, über die allerdings häufig ein erheblicher publizistischer Aufwand hinwegtäuschen soll.

4.1 Nutzungssysteme der indianischen Urbevölkerung

Die Rekonstruktion der naturnahen und komplexen Nutzungsmethoden, die die indianische Urbevölkerung über die Jahrtausende entwickelte, zeigt, dass sie langfristig tragfähig sind. Sie erhalten die Komplexität des Systems, entziehen ihm durch Wanderfeldbau nur kleinflächig und zeitlich begrenzt Nährstoffe und nutzen die hochadaptierte heimische Flora und Fauna. Die menschliche Populationsdichte war gering (RIBEIRO 1983) und wurde durch eine geringe durchschnittliche Lebenserwartung sowie aktive Geburtenkontrolle auf einem niedrigen Niveau erhalten, welches der Tragfähigkeit der jeweiligen Ökosysteme entsprach. DENEVAN (1976) gibt für die Terra firme, das nicht überschwemmbare Gebiet, eine durchschnittliche Dichte der indianischen Urbevölkerung von 1,2 Bewohnern pro km^2 an. Eine seminomadische Lebensweise verhinderte nicht nur die lokale Überbeanspruchung des Systems, sondern auch die Massenentwicklung von auf den Menschen spezialisierten Parasiten und Krankheitserregern.

Neuere Untersuchungen der Ethnobotaniker zeigen weiterhin, dass die über Generationen verlaufenden anthropogenen Eingriffe zu einer allmählichen Anreicherung der Wälder mit heimischen Nutzpflanzen führten (TREACY 1982; POSEY 1985, 1986; ROOSEVELT 1999). Dadurch wurde die Tragfähigkeit des natürlichen Systems für den Menschen sicherlich erhöht. Auf Kosten welcher Organismen das geschah, kann bisher nicht gesagt werden. Die Anpassung der indianischen Urbevölkerung an die Tragfähigkeit der verschiedenen Ökosysteme zeigt sich in der unterschiedlichen Besiedlungsdichte. Im nährstoffreichen Überschwemmungsgebiet des Amazonas (*Várzea*) lag die Besiedlungsdichte bei bis zu 28 Personen pro km^2 (Durchschnitt 14,6 Personen pro km^2) (DENEVAN 1976).

4.2 Die *Reservas extrativistas*

Reservas extrativistas oder *Florestas extrativistas* sind "Gebiete in Staatsbesitz, welche von sozialen Gruppen bewohnt werden, die zur Bestreitung ihres Lebensunterhaltes von Waldprodukten abhängig sind und die, unter Land-Nutzungs Konzession, nachhaltige Nutzung der natürlichen Ressourcen gemäß einem vorgelegten Management-Plan betreiben" (SEMA 1998).

Die Wurzeln dieser Nutzungsform sind auf etwa 500.000 Einwanderer aus dem Nordosten Brasiliens zurückzuführen, die zum Ende des 19. und zum Beginn des 20. Jahrhunderts nach Amazonien kamen, als Amazonien noch das Monopol an Kautschuk hielt. Eine zweite, wesentlich kleinere Einwanderungswelle zur Zeit des Zweiten Weltkriegs beruhte auf einem Abkommen zwischen Brasilien und den USA zur Sicherung der Wirtschaft mit kriegswichtigen Gütern. Das traditionelle Sammlersystem beruht auf der wirtschaftlichen Abhängigkeit des Kautschuksammlers von seinem Patron, der ihn im Austausch gegen die Naturprodukte mit Waren versorgt. Da der Patron die Preise für den Kautschuk und die Waren festsetzt, bleibt der Gummisammler sein Leben lang verschuldet. Dieses System begann in den letzten Jahrzehnten in der Nähe von Handelszentren einem System zu weichen, in dem die Gummisammler unabhängig sind und ihre Produkte frei vermarkten können. Dadurch wurde die ökonomische Situation der Familien und ihre Lebensqualität deutlich verbessert.

Da die Gummisammler keine Landrechte hatten, kam es mit dem Vorrücken der Agrarfront in zunehmendem Maße zur gewaltsamen Vertreibung der im Wald lebenden Familien und der Zerstörung ihrer Lebensgrundlage. Die Selbstorganisation der Gummisammler führte 1985 zur Gründung des Nationalrats der Gummisammler. Die Landkonflikte führten zu mehreren Morden an Gummisammlern, unter ihnen die Führer Wilson Pinheiro, erschossen 1979, und Francisco ("Chico") Mendes Filho, ermordet 1988. Im Jahre 1987 wurden vom Nationalen Institut für Kolonisation und Landreform (INCRA) Richtlinien zur Demarkation von Sammlerreservaten erlassen. Diese Richtlinien sehen langfristige Nutzungsverträge über mindestens 30 Jahre vor, sowie Selbstverwaltung und Selbstorganisation der Bewohner der Reservate (ALLEGRETTI 1990).

Laut Zensus des IBGE lebten 1980 etwa 68.000 Familien (340.000 Personen) auf etwa 4–7 % des brasilianischen Amazonasgebietes. Die Vereinigung der Gummizapfer schätzt die Angabe des IBGE allerdings als zu niedrig ein. Jede Familie bewirtschaftete eine Fläche von 300–500 ha. Etwa 5 ha pro Familie (1–2 % der Fläche) wurden zur Subsistenz-Landwirtschaft gerodet (FEARNSIDE 1989). Im Jahre 2000 gab es 15 *Reservas extrativistas*.

Ökologisch gesehen ist die Bewirtschaftung der *Reservas extrativistas* durch Kautschuk- und Paranusssammler ähnlich einzuschätzen wie die indianische Bewirtschaftung. In Fall der *Reservas extrativistas* ist allerdings die seminomadische Lebensweise bereits aufgegeben, eine Einschränkung, die durch einen höheren Kostenaufwand an Medikamenten bzw. Schädlingsbekämpfungsmitteln im häuslichen Bereich ausgeglichen werden muss. Weiterhin hat sich das Nutzungsspektrum der heimischen Flora und Fauna verändert, indem verschiedene Produkte weggefallen (z.B. Insekten als Nahrungsbestandteil), andere dafür hinzugekommen sind (z.B. Latex). Die *Reserva extrativista* Chico Mendes im Bundesstaat Acre erwirtschaftet 70 % des Einkommens aus der Sammelwirtschaft und 30 % aus Landwirtschaft und Viehhaltung. Innerhalb der Sammelwirtschaft entfallen 73 % auf Latex, 25 % auf Paranüsse und 2 % auf andere Produkte, z.B. Früchte, Öle, Harze und Palmitos (MING/AMARAL JUNIOR 2002). In geringem Maße erfolgt auch selektiver Holzeinschlag (Mahagoni) (NEPSTAD ET AL. 1992).

Inwieweit das Spektrum der heimischen Nutzpflanzen und -tiere (im weitesten Sinne des Wortes) bereits genutzt ist, und inwieweit es durch allmähliche Anreicherung quantitativ erweitert werden kann, ist noch offen. Auch das Potenzial an bisher unbekannten Nutzpflanzen und -tieren z.B. zur Gewinnung von Arzneimitteln oder als Objekte biotechnologischer Forschung ist nicht abschätzbar. Hier besteht zweifelsohne noch ein nicht ausgeschöpftes Potenzial an "sanften" Nutzungsmöglichkeiten, welche mit einem geringen Einsatz an Energie die Systeme langfristig in einem naturnahen Zustand erhalten können, und welche, bei Aufgabe der Nutzung gewährleisten, dass sich die Systeme langsam und gleitend wieder ihrem natürlichen Zustand annähern.

Es kann allerdings ausgeschlossen werden, dass dieses Nutzungssystem langfristig eine hohe Bevölkerungsdichte trägt. Zur Zeit beträgt diese in den *Reservas extrativistas* etwa 1,0–1,7 Personen pro km^2 und entspricht damit in etwa derjenigen zu Beginn der europäischen Besiedlung (DENEVAN 1976). Das Nutzungssystem wird auch bei seiner optimalen Weiterentwicklung nicht einmal mittelfristig in der Lage sein, den bei etwa 3 % liegenden Geburtenüberschuss der jetzigen Bewohner aufzufangen. Damit ist es unter diesem Aspekt bereits nicht mehr tragfähig, sondern hängt davon ab, dass andere, tragfähigere Systeme den Geburtenüberschuss übernehmen.

Eigene Beobachtungen bei dem Besuch einer *Reserva extrativista* in Acre im Jahre 1997 zeigen, dass die Sammelwirtschaft wegen zu niedriger Marktpreise der Produkte und wegen des stark ausgeprägten saisonalen Charakters des Angebotes zu unsicher ist und der Bevölkerung keinen Mindestlebensstandard garantieren kann. Die Bewohner der *Reservas* tendieren daher zur verstärkten Entwicklung einer kleinbäuerlichen Landwirtschaft. Damit schwindet die Hoffnung von manchen Umweltverbänden und Politikern, die Verantwortung für den Schutz der Regenwälder auf die vor Ort lebende Waldbevölkerung für den Preis der Nutzung durch Sammelwirtschaft, also quasi zum Nulltarif, abzuschieben. Die in Zeiten des allgegenwärtigen Fernsehens und Radios steigenden Ansprüche der Waldbewohner an den Lebensstandard können allein durch die Sammelwirtschaft nicht befriedigt werden, es sei denn, die politischen Rahmenbedingungen würden derart geändert, dass die Preise für die Produkte diesen Ansprüchen gerecht werden. Trotz staatlicher Subvention für Naturkautschuk rechnet sich das Gummizapfen für viele *Seringueiros* kaum. Die Empfehlungen der Behörden gehen zur Zeit dahin, die Menge der durch den Extraktivismus gewonnenen Güter zu erhöhen, die Vermarktung zu verbessern, den Wert der Güter durch Verarbeitung vor Ort zu erhöhen, und die kleinbäuerliche Landwirtschaft auf schon gerodeten Flächen zu verstärken.

Eine höhere Tragfähigkeit hat die *Reserva de Manejo Sustentável* von Mamirauá, die in der Nähe von Tefé in der *Várzea* liegt und deren Bewohner Zugriff auf fruchtbare Alluvialböden und reiche Fischbestände haben (MAMIRAUÁ 1996; siehe auch Absatz 4.9 über Gunsträume).

4.3 Die selektive Holznutzung

Wohl keine Nutzungsform hat so viele kontroverse und fachlich wenig fundierte Diskussionen entfacht, wie die selektive Holznutzung als Möglichkeit der nachhaltigen Nutzung tropischer Wälder (BRUENIG 1989a,b; WEIDELT 1991). Hier konzentrieren sich theoretische und praktische Defizite, regionale und überregionale politische und ökonomische Interessenkonflikte, sowie infrastrukturelle Probleme in einer Art, die es zweifelhaft erscheinen lässt, ob diese Nutzungsform in großem Stil tatsächlich jemals langfristig in den Tropen praktikabel sein wird. Es seien hier nur stichwortartig die wichtigsten Fragen bzw. Problemkreise angeführt:

- Die Wachstumsgeschwindigkeit tropischer Nutzhölzer innerhalb der natürlichen Bestände ist nicht hinreichend bekannt. Damit ist keine gesicherte Angabe von Einschlagszyklen möglich, welche zur Berechnung der Wirtschaftlichkeit dieses Nutzungssystems unumgänglich ist. Auch die praktische Erfahrung hilft hier nicht weiter: Mir ist bisher kein Konzessionär in Deutschland bekannt, der nach den häufig zitierten 30 Jahren Ruhephase zum zweiten Mal eine Fläche erfolgreich selektiv eingeschlagen hat.
- Die mechanischen Auswirkungen des selektiven Einschlags auf die verbleibende Vegetation sind nur unzureichend geklärt und werden deshalb – je nach Interessenslage des Betrachters – als unbedeutend bis katastrophal eingeschätzt.

- Ebenso wenig kennt man die biologischen Auswirkungen des selektiven Einschlages auf die übrigen Glieder des Ökosystems. Hier gehen die Einschätzungen noch weiter auseinander und reichen von "positiv" seitens der Konzessionäre und mancher Forstleute (Jungwuchs wird gefördert, Habitatdiversität wird erhöht) bis "negativ" seitens der Umweltschützer und mancher Ökologen ("biologische Leistungsträger" werden gezielt eliminiert, Biozönosen werden langfristig verändert). Nachgewiesen ist z.b., dass verschiedene Nutzholzarten, z.B. Mahagoni (*Swietenia macrophylla*) der *Terra firme* und der Kapok Baum (*Sumauma, Ceiba pentandra*) der Weißwasserüberschwemmungsgebiete zur Gruppe der langlebigen Pioniere gehören, also Arten sind, die als Keimlinge und Jungpflanzen gestörte Flächen mit hoher Lichteinstrahlung und geringer Konkurrenz durch andere Arten benötigen. Langlebige Pioniere sind als Jungpflanzen im schattigen Unterstand nicht zu finden, haben geringe Chancen, sich im Wettbewerb mit anderen Arten auf den durch selektiven Holzeinschlag entstehenden Lichtungen zu etablieren, und können deshalb leicht in ihrem Bestand gefährdet werden.
- Der Straßenbau als Zugang zu den Parzellen sowie die Öffnung der Bestände durch Waldwege zur Holzentnahme müssen nach den bisherigen Erfahrungen als größte sekundäre Schwachpunkte dieser Art der Waldnutzung gelten, da sie als mittelfristig unkontrollierbare Einfallspforten für Migranten dienen, die eine Degradation des Waldes mittels zweckfremder Aktivitäten beschleunigen.
- Waldfragmentierung geht mit dem Verlust an Artenvielfalt und genetischer Variabilität einher und behindert den Genfluss.
- Überregionale ökonomische und politische Interessen sowie internationale Geschäftsverbindungen führen häufig dazu, dass die selektive Holznutzung notfalls auch gegen die langfristigen Interessen der lokalen Bevölkerung über die tatsächliche Tragfähigkeit der Systeme hinaus betrieben oder als Einstieg für weiterreichende, destruktivere Nutzungsformen missbraucht wird.

Die immer wieder angeführten Beispiele der Forstwirtschaftler, die die Tragfähigkeit der selektiven Holznutzung als Exploitationsmethode beweisen sollen, stammen häufig von Gunststandorten aus Südostasien, die für den überwiegenden Teil der tropischen Böden nicht repräsentativ sind. Untersuchungen von MARTINELLI ET AL. (2000) zeigen, dass durch selektiven Holzeinschlag dem amazonischen Regenwald ein erheblicher Teil der vorhandenen Nährstoffe entzogen wird. Nach einer Studie von VERÍSSIMO ET AL. (1995) über den selektiven Einschlag von Mahagoni können die Schäden an der umgebenden Vegetation sehr groß sein. Pro geschlagenem Mahagoni Stamm wurden im Durchschnitt 31 Bäume mit einem Durchmesser in Brusthöhe von >10 cm und 1.100 m^2 Fläche Waldboden beim Abtransport schwer geschädigt. Die Auswirkungen der Fragmentierung des Regenwaldes lassen sich im Einzelfalle schwer abschätzen, da die damit verbundenen

Prozesse über Jahrzehnte verlaufen. Reduzierung der Artenvielfalt, aber auch der Biomasse sind nur einige der Folgen (FERREIRA/LAURANCE 1997; HENLE ET AL. in press; LAURANCE ET AL. 1997).

Die aus Amazonien zitierten Beispiele (z.B. HARTSHORN 1990) laufen in der Regel bei weitem noch nicht lange genug, um empirisch die Tragfähigkeit der selektiven Holznutzung unter Beweis zu stellen. Im übrigen werden die oben aufgeworfenen ökologischen Fragen immer nur durch Analogschlüsse aus einigen wenigen Studien beantwortet, die in anderen Gebieten oder gar Kontinenten durchgeführt wurden und die deshalb nur unter großen Vorbehalten verwendet werden sollten.

Für Surinam ergaben Untersuchungen von GRAAF (1982) und JONKERS/ SCHMIDT (1984) bei intensiven Kulturmaßnahmen eine Holzproduktion von etwa 20 m³ alle 20 Jahre. Nach GRAAF/POELS (1990) wurden sehr schonende Extraktionsmethoden angewandt, die sich kaum schädigend auf die verbleibende Vegetation auswirkten. Allerdings legen die Autoren keine praxisnahe, detaillierte Kosten-Nutzen-Rechnung vor. Eine Kosten-Nutzen Rechnung, bei der geplante und ungeplante selektive Holznutzung im östlichen Amazonasgebiet miteinander verglichen werden (35–40 m³/ha Holzentnahme) zeigt, dass bei geplantem Holzeinschlag US-$ 1,80–2,05/m³ für kartographische Arbeiten, Abschlagen von Lianen, und die Planung der Maßnahmen zum Fällen und Abtransport der Stämme aufgewendet werden müssen. Diese Kosten werden aber durch einen zusätzlichen Gewinn von US-$ 3,7/m³ mehr als wettgemacht. Außerdem wird der zusätzliche Nutzholzzuwachs durch den geplanten selektiven Holzeinschlag für die nächsten 30 Jahre auf 68 % geschätzt (BARRETO ET AL. 1998).

Dennoch wird der schonende geplante Holzeinschlag nur selten praktiziert, da die Holzfirmen und Waldbesitzer die Methoden nicht kennen oder nicht in der Lage sind sie anzuwenden Des Weiteren wird die Einhaltung gesetzlicher Vorgaben durch die Umweltbehörde nicht in dem erforderlichen Maße durchgesetzt, und das Interesse an nachhaltiger Waldnutzung ist auch wegen ungesicherter Besitzverhältnisse gering. Versuche zur nachhaltigen Nutzung von Primärwäldern laufen zur Zeit in einem Betrieb in der Nähe von Itacoatiara, etwa 100 km östlich von Manaus. Über die Nachhaltigkeit dieses Ansatzes kann noch kein abschließendes Urteil gefällt werden.

Zur Zeit werden pro Jahr 10.000–15.000 km² Regenwald, die nicht in der offiziellen Statistik über die Abholzung des Amazonaswaldes enthalten sind, von Holzfirmen selektiv genutzt. Die angewandten Methoden führen zu erheblichen Schäden im verbleibenden Wald und erhöhen durch die große Menge an Totholz die Brandgefahr, insbesondere während El Niño-Jahren, in denen die Niederschläge regional deutlich reduziert sind. Nach selektivem Holzeinschlag steigt die Menge an brennbarem Material von 30–60 t ha^{-1} in ungestörten Beständen auf 180 t ha^{-1}. Anthropogene Veränderungen des Mikroklimas führen dazu, dass während der 6-monatigen Trockenzeit Weiden bereits 24 Stunden nach einem Regenfall feuergefährdet sind, Lichtungen im selektiv genutzten Wald nach 5–6 regenfreien Tagen, und der

Sekundärwald nach 8–10 regenfreien Tagen, während der Primärwald auch nach einem regenfreien Monat noch nicht feuergefährdet ist (UHL/KAUFFMAN 1990; HOLDSWORTH/UHL 1997). Eine Bilanzierung des Wasserhaushaltes zeigt, dass im Jahre 1998, einem sehr ausgeprägten El Niño-Jahr, 270.000 km² amazonischen Regenwaldes durch Feuer gefährdet waren (NEPSTAD ET AL. 1999).

Das *Avança Brasil*-Mega-Programm der brasilianischen Regierung sieht bis zum Jahr 2008 Investitionen in Höhe von 40 $-Milliarden in Amazonien vor, um durch den Bau von Straßen, Stauseen zur Hydroenergiegewinnung, Bahnlinien, Gaspipelines und den Ausbau der Wasserwege Industrie, Landwirtschaft, Forstwirtschaft und die Nutzung von Bodenschätzen zu fördern. Eine Hochrechnung, die auf der Basis von Daten über Umweltschäden durch bereits durchgeführte Projekte dieser Art in Amazonien beruht, kommt zu dem Ergebnis, dass in den nächsten 20 Jahren mit einer dramatischen Regenwaldzerstörung zu rechnen ist. An vorderster Front stehen die Holzfirmen, die über selektiven Holzeinschlag die Wälder entlang der neuen Straßen schädigen und die Brandgefahr erhöhen, sowie das Gebiet für nachfolgende unkontrollierte Besiedlung zugänglich machen (LAURANCE ET AL. 2001). Untersuchungen von UHL/BUSCHBACHER (1985) zeigen, dass in 8 von 15 Rinderbetrieben, die selektive Holznutzung genehmigt hatten, der Wald anschließend gebrannt hatte.

4.4 Die kleinbäuerlichen Betriebe

Die kleinbäuerlichen Betriebe können als Weiterentwicklung des Wanderfeldbaus angesehen werden, wobei "Weiterentwicklung" hier nicht immer im Sinne von "Verbesserung" zu sehen ist. Auf kleinen Parzellen werden Landwirtschaft und Viehhaltung betrieben, welche zuweilen lediglich zur Deckung des Eigenbedarfs reichen. Wenn genügend Land verfügbar ist, werden von Zeit zu Zeit neue Parzellen gerodet, eine Methode, die dem Wanderfeldbau entlehnt und durchaus erfolgversprechend ist, wenn die Bevölkerungsdichte so niedrig ist, dass hinreichend lange Bracheperioden eingelegt werden können. Wenn das nicht der Fall ist, was bei der rasch wachsenden Bevölkerung in Amazonien zunehmend zutrifft, werden die Bracheperioden immer kürzer oder es wird sogar versucht, die Parzellen dauerhaft zu bewirtschaften.

In der Zona Bragantina südöstlich von Belém ist diese Art der Bewirtschaftung am längsten und intensivsten fortgeschritten und das Gebiet trägt mit 30 Bewohnern pro km² die größte ländliche Bevölkerungsdichte in Amazonien (BURGER 1986). Nach SIOLI (1957, 1973, 1984a) ist dieses Gebiet aber auch das am meisten zerstörte in ganz Amazonien. Die zu kurzen Brachezeiten führen auf längere Sicht zu einer ökologischen und ökonomischen Verarmung der Region (BURGER/KITAMURA 1987).

Dennoch ist die kleinbäuerliche Landwirtschaft der wichtigste Produktionsfaktor in Amazonien. Nach BURGER & FLOHRSCHÜTZ (1986) und

FLOHRSCHÜTZ & KITAMURA (1986) erwirtschafteten in Amazonia Oriental Betriebe unter 100 ha 68 % des landwirtschaftlichen Gesamtwertes und 80 % der Grundnahrungsmittel und beschäftigten 82 % der Arbeitskräfte, obgleich ihr Anteil lediglich 20 % der landwirtschaftlich genutzten Fläche betrug.

Auch hier muss wieder die Frage gestellt werden, bis zu welcher Bevölkerungsdichte diese Art der landwirtschaftlichen Bewirtschaftung nachhaltig tragfähig ist. Nach DENICH (1989, 1991) kann sich bei kurzen Anbauphasen mit einem Minimum an Bodenbearbeitung und Mindestbrachezeiten von etwa 4 Jahren eine stark anthropogen beeinflusste, buschartige Sekundärvegetation erhalten, wenn durch eine das Wurzelwerk der Büsche und Bäume schonende Rodungsweise deren vegetative Regeneration langfristig gesichert wird. Dies würde eine nachhaltige Nutzung bei allerdings sehr geringen Erträgen ermöglichen.

Untersuchungen im Rahmen des deutsch-brasilianischen ökologischen Forschungsprogramms "Studies on Human Impact on Forests and Floodplains in the Tropics (SHIFT), das seit 1990 vom Bundesministerium für Bildung und Forschung (BMBF) und dem Brasilianischen Forschungsrat (CNPq) finanziert und von der Universität Göttingen und brasilianischen Partnerinstituten in der Zona Bragantina bei Belém durchgeführt wird, zeigen, dass sich durch eine verbesserte Brache und Schreddern statt Brennen der Sekundärvegetation die Fruchtbarkeit der Böden nach Nutzung schneller erholt und damit die Erträge verbessert werden können (DENICH ET AL. in press). Die Anreicherung mit Leguminosen führte bereits nach zwei Jahren zu einer zwei- bis dreimal höheren Biomasse und entsprach damit der Biomasse einer siebenjährigen Brachevegetation (BRIENZA 1999).

Des Weiteren sind die Nährstoffverluste bei der traditionellen Brandrodung erheblich. Mit dem Brennen einer siebenjährigen Brache wurden über 93 % der oberirdischen Vorräte an Kohlenstoff und Stickstoff in Form von Gasen sowie 45–70 % der weniger flüchtigen Elemente Kalium, Calcium, Magnesium und Phosphor zumeist in Form von Rußpartikeln ausgetragen (HOELSCHER ET AL. 1997; VLEK ET AL. 1997; SOMMER ET AL. in press). Diese Verluste wurden durch den Einsatz eines speziell entwickelten Buschhäckslers vermieden (BLOCK ET AL. 2000). Dieser zerkleinert das organische Material der Brachevegetation und verteilt es auf dem Feld. Dadurch wird der Anteil von organischem Kohlenstoff im Boden langfristig erhöht, die Bodenoberfläche vor Erosion geschützt, die Verdunstung verringert, das Wachstum von Unkräutern reduziert und die Versickerung von Nährstoffen in tiefere Bodenschichten verringert (THURSTON 1997). Die veränderte Bodenbiologie erfordert jedoch eine zusätzliche Düngung mit Stickstoff und Phosphor.

Die bei dieser Art der intensiven Bodenbearbeitung anfallenden erhöhten Kosten werden durch eine Verdoppelung der Erträge mehr als wett gemacht (KATO ET AL. 1999). Außerdem sind die Bauern bei der Bearbeitung der Brache nicht mehr auf die Trockenzeit angewiesen und können über einen längeren Zeitraum produzieren und sich damit besser auf die Marktlage einstellen. Wichtige positive Nebeneffekte dieser Methode sind die Verringerung des Ausstoßes des Treibhausgases CO_2, eine Reduzierung der Belästigung mit Rauch sowie eine Verringerung von außer Kontrolle geratenen Bränden, die alljährlich riesige Schäden in benachbarten landwirtschaftlichen Nutzflächen, Weidegebieten und ungestörten Wald- und Savannenflächen bis hin zu Schutzgebieten hervorrufen. Ob es gelingt, dafür zu sorgen, dass diese Art der Bodenbearbeitung von den Kleinbauern auch flächendeckend angewandt wird, bleibt abzuwarten.

4.5 Agroforstliche Produktionssysteme

Agroforstliche Produktionssysteme stellen den Versuch dar, das natürliche System gemischter Pflanzenbestände mit Nutzpflanzen nachzuahmen und eine permanente Bodenbedeckung zu erhalten, um der Erosion und Nährstoffauswaschung zu begegnen. Annuelle Kulturen sollen dazu dienen, die Übergangszeit bis zur Produktion der perennierenden Kulturen zu überbrücken. Die von den perennierenden Kulturen produzierten Produkte sollen möglichst hochwertig sein, um mit einem Mindestmaß an Nährstoffexport ein Maximum an Wertschöpfung zu erzeugen (SCHROTH ET AL. 2001).

Diese Systeme stellen zweifelsohne erfolgversprechende Ansätze dar, da sie neben der Berücksichtigung der ökologischen Gegebenheiten auch der kleinbäuerlichen Landwirtschaft mit ihrem hohen Bedarf an Arbeitskraft und der damit verbundenen Fixierung der Bevölkerung im ländlichen Bereich Rechnung tragen. Es existieren in Amazonien eine Reihe von einheimischen Fruchtbäumen, welche in solchen Systemen eingesetzt werden können, z.B. Pupunha, Cupuaçú, Papaya, Cajú, Maracujá und Goiaba (HECHT 1982; BISHOP 1982; FLOHRSCHÜTZ/CONTO 1986). Jedoch muss auch hier gesagt werden, dass Kosten-Nutzen-Analysen, die die Leistungsfähigkeit dieser Anbaumethode abschätzen könnten, nicht in dem notwendigen Maße existieren. In der Regel werden die Untersuchungen nicht über hinreichend lange Zeiträume durchgeführt, und es fehlt häufig eine Analyse, welche Auskunft über die Aufnahmefähigkeit des Marktes für die Produkte geben kann.

Im freien Wettbewerb werden agroforstliche, aber auch andere kleinbäuerliche Betriebe häufig von Weidebetrieben verdrängt, da diese den kapitalkräftigen Besitzern trotz geringer Pro-Hektar-Erträge wegen der Größe der Flächen ein gutes Einkommen ermöglichen. Deshalb ist eine Verbesserung der politischen Rahmenbedingungen zu Gunsten agroforstlicher Betriebe erforderlich (FEARNSIDE 1995c).

Über ein offensichtlich erfolgreiches, intensiv betriebenes agroforstliches Nutzungssystem japanischer Immigranten in Tomé-Açu im Staate Pará berichten SUBLER & UHL (1990). Mit hohem Einsatz von Kunstdünger, Technologie und Arbeitskräften wird auf kleinen Flächen seit etwa 60 Jahren eine Vielzahl von Nutzpflanzen angebaut, ohne dass der Boden Ermüdungserscheinungen zeigt. Allerdings ist das System sehr kapitalaufwendig und erfordert profunde agrarwirtschaftliche Kenntnisse, so dass es von den meisten Kleinbauern der Region nicht übernommen werden kann. Gerade auf diesem Sektor sind weitere interdisziplinär und langfristig angelegte Untersuchungen und Experimente erforderlich. Sie wurden im Rahmen des deutsch-brasilianischen SHIFT-Programms von Wissenschaftlern der Universitäten Hamburg und Bayreuth, dem Weltforstinstitut Hamburg und brasilianischen Partnerinstituten in der Nähe von Manaus durchgeführt (LIEBEREI ET AL. 1997; SCHROTH ET AL. in press).

4.6 Weidewirtschaft

In den sechziger Jahren wurde das amazonische Regenwaldgebiet zum Zentrum der Rindfleischproduktion hochstilisiert und die Anlage von Weiden steuerlich begünstigt. Diese Art der Bewirtschaftung stellt einen rigorosen Eingriff in das System dar, da es mit dem großflächigen Roden und Brennen des Regenwaldes verbunden ist.

- Die im System gespeicherte Energie wird weitgehend nutzlos verschwendet.
- Die Diversität eines nicht an Feuer angepassten Systems wird katastrophenartig großflächig dramatisch reduziert.
- Die vorhandenen Nährstoffreserven werden schlagartig freigesetzt und ungeschützt der Auswaschung durch den Regen preisgegeben.
- Wenig angepasste Gräser werden eingeführt und mit einem Minimum an Energieaufwand zu erhalten versucht.
- Die Fragmentierung der verbleibenden Waldbestände wird beschleunigt.

Mittlerweile hat sich die Ineffizienz dieses Systems empirisch bestätigt, desgleichen die Tatsache, dass Weidewirtschaft im Bereich des amazonischen Feuchtwaldes langfristig nicht tragfähig ist. Zu Beginn beträgt die Tragfähigkeit von Kunstweiden bis zu 1,5 Großvieheinheiten pro ha. Spätestens nach 15 Jahren sind die Weiden degradiert und die Tragfähigkeit ist auf unter 0,3 Großvieheinheiten pro ha gesunken. Die Etablierung stabiler Weiden bedarf intensiver Pflegemaßnahmen und periodischer Düngung, welche in Amazonien nur auf einem geringen Prozentsatz der Weidefläche durchgeführt werden. Mindestens 50 % der bis dahin angelegten 10 Millionen Hektar Weiden befand sich 1990 im fortgeschrittenen Stadium der Degradation (SERRÃO/TOLEDO 1990; TOLEDO/SERRÃO 1984; SERRÃO 1986; NORGAARD ET AL. 1986). Die Anlage weiterer Weideflächen ist also lediglich über Subventionsmechanismen und eine kurzfristige Gewinnabschöpfung bei Zerstörung des Gesamtpotenzials des natürlichen Systems erklärbar (HECHT 1983; FEARNSIDE 1990). 1991 wurden lediglich 30 % der 11.100 km² großen neu gerodeten Waldfläche von Kleinbauern (<100 ha) gerodet. 70 % gingen auf das Konto von Mittel- und Großbetrieben vorwiegend zur Weidegewinnung. Das oft vorgebrachte Argument, die Armut der Bevölkerung sei die Ursache für die Zerstörung des amazonischen Regenwaldes, ist damit nicht haltbar (FEARNSIDE 1993). Ganz im Gegenteil: Die Konzentration riesiger Gebiete in der Hand weniger Großgrundbesitzer und die extensive Bewirtschaftung dieser Gebiete als Viehweide mit Unterstützung weniger Helfer führt zu einem großen Verbrauch an ungestörten Ökosystemen und der Vertreibung und Verelendung der dort lebenden Waldbevölkerung (siehe auch Absatz über *Reservas extrativistas*).

SERRÃO & TOLEDO (1990) weisen mit Recht darauf hin, dass die Rinder-Weidewirtschaft inzwischen Teil der amazonischen Realität ist, und dass Mittel gefunden werden müssen, um ihre negativen Auswirkungen auf ein Minimum zu reduzieren. Ganz wesentlich ist die Reduzierung der Neuanlage von Weideflächen durch Rekuperierung degradierter Flächen, z.B. durch Düngung und Anpflanzung von neuen Weidegräsern und Leguminosen zur Ertragserhöhung über Intensivierung der Viehhaltung oder die Anwendung von agrosilvopastorilen Produktionssystemen. Bei allen diesen Ansätzen besteht noch erheblicher Forschungsbedarf sowie die Prüfung der ökonomischen Nachhaltigkeit.

Eine natürliche Rekuperierung aufgelassener, extensiv genutzter Weideflächen über Sekundärvegetation erfolgt nach BUSCHBACHER ET AL. (1986) relativ schnell, wenn die Rodung des Regenwaldes extensiv erfolgte, und bereits Sekundärwaldarten über Stock- und Wurzelausschlag vorhanden sind. Wie lange es allerdings dauert, bis wieder ein primärwaldähnlicher Zustand erreicht ist, ist offen (UHL ET AL. 1988). Diese Zeitspanne dürfte gerade bei ausgedehnten Weideflächen wegen der Nährstoffverarmung des Systems und der Verarmung der Samenbank im Boden viele Jahrzehnte oder sogar Jahrhunderte betragen, es sei denn, in großem Umfang würde zusätzliche Energie in geeigneter Form (z.B. durch Einbringen von Samen) zur Beschleunigung dieses Prozesses eingesetzt. Die erste Investition muss hier allerdings auf dem Forschungssektor erfolgen, da über den Erfolg derartiger Maßnahmen noch weitgehend Unklarheit besteht (NEPSTAD ET AL. 1990).

4.7 Monokulturen

Der Eingriff zur großflächigen Anlage von Monokulturen ist ebenso negativ zu bewerten wie die Anlage von Viehweiden. Der Energieaufwand in Form von Pflegemaßnahmen, Dünger- und Pestizideinsatz zur Erhaltung der Kulturen ist erheblich höher. Es hat sich jedoch gezeigt, dass bei der geringen natürlichen Tragfähigkeit der Böden das Kosten-Nutzen-Verhältnis häufig so eng wird, dass aus ökonomischen Gründen der Betrieb fragwürdig wird.

Das Pro-Alcool-Projekt der brasilianischen Regierung wurde ökonomisch zum Subventionsfall, als die Erdölpreise sich nicht wie prognostiziert nach oben entwickelten, und dies, obgleich viele Plantagen auf guten Roterdeböden im Raume São Paulo angelegt wurden (NITSCH 1991). Auch der politisch forcierte, großflächige Soja-Anbau auf den nährstoffarmen, hochgradig erosionsgefährdeten Böden des Cerrado Nordostbrasiliens bewegt sich an der Rentabilitätsgrenze. Die durch Erosion hervorgerufenen Umweltschäden wachsen von Jahr zu Jahr und Erosionsbekämpfung dürfte in den nächsten Jahren zu einer der großen Herausforderungen der brasilianischen Umweltbehörde werden. Ein weiteres, schwer abzuschätzendes ökologisches Problem stellt die Einfuhr gentechnisch veränderten Sojasaatgutes dar, welche zur Zeit diskutiert wird.

Die Grenzen der Nutzung amazonischer Böden durch Baumplantagen wurden schon 1940 durch die Gummibaumplantagen von Fordlandia aufgezeigt (SIOLI 1984a). Bis heute ist, trotz hohem Forschungsaufwand, der plantagenmäßige Anbau von *Hevea brasiliensis* in Amazonien ökonomisch nicht durchführbar. Auch der Versuch des Amerikaners Ludwig, am Rio Jari Baumplantagen zur Gewinnung von Zellulose anzulegen, scheiterte trotz großem technischem Einsatz kläglich, da die Nährstoffreserven der Böden unzureichend waren (RUSSEL 1983). Untersuchungen des Nährstoffhaushaltes von Eukalyptus-Plantagen, die im Rahmen des SHIFT-Programms von der Universität Göttingen in Zusammenarbeit mit brasilianischen Partnern in der Nähe von Belém durchgeführt wurden, zeigen, dass die nach dem Brennen der Primärvegetation im Boden verbliebenen Nährstoffe in wenigen Jahren bzw. Jahrzehnten aufgebraucht sind und dann Nachdüngung erforderlich ist, um die zum Minimum tendierenden Elemente aufzustocken und ein zufriedenstellendes Wachstum der Bäume zu gewährleisten (SPANGENBERG ET AL. 1996).

Die Rückgewinnung degradierter, ehemals landwirtschaftlich genutzter Monokulturflächen (einschließlich Kunstweiden) dürfte wesentlich schwieriger sein als diejenige degradierter Naturweideflächen. In solchen Gebieten sind die natürliche Bodenflora und -fauna stark verarmt bzw. modifiziert. Außerdem ist nicht nur der für die Wiederbesiedlung mit Holzpflanzen wichtige Stock- oder Wurzelausschlag durch maschinelle Bodenbearbeitung weitgehend unterbunden (DENICH 1991), sondern auch die im Boden vorhandene Samenbank stark reduziert. Eine Untersuchung zur Rehabilitierung von durch Bauxitabbau hochgradig gestörten Standorten zeigt, dass Spontanbesiedlung auf dem weitgehend sterilen Unterboden nur extrem langsam stattfindet, während die Aufbringung von Waldboden mit den darin enthaltenen Samen die Wiederbesiedlung durch Spontanvegetation entscheidend begünstigt. Auch gepflanzte Bäume entwickelten sich wegen der besseren Bodenbeschaffenheit (Nährstoffe, Wasserhaltekapazität, bodenbiologische Parameter) in den durch Aufbringung von Waldboden vorbehandelten Parzellen weitaus besser als in den nicht behandelten Parzellen (LOHMANN 1998). Solche Verfahren sind natürlich sehr aufwendig und großflächig ökonomisch nicht durchführbar.

4.8 Unkonventionelle Ansätze

Zur Zeit werden überall in den feuchten Tropen auch unkonventionelle Ansätze erprobt, wie am folgenden Beispiel gezeigt werden soll. Wenn gemäß den ökologischen Theorien die amazonischen Böden nur eine geringe Bedeutung als Nährstoffreservoir besitzen, erscheint es folgerichtig, sie lediglich als mechanisches Substrat zu nutzen, und ein völlig artifizielles, äußerst intensives Produktionssystem zu entwickeln, welches die standortbedingte Gunst gleichbleibend hoher Temperaturen und hoher Lichteinstrahlung nutzt.

Ein solches System wurde von der Agrarschule der Adventisten bei Manaus über mehrere Jahre erprobt. Zum Zweck des intensiven Gemüseanbaus wurden an den Seiten offene Gewächshäuser errichtet, um Nährstoffauswaschung durch Starkregen zu verhindern. Boden wurde in Holzkästen gefüllt und sterilisiert, um Parasiten und Krankheitskeime abzutöten. Durch regelmäßige Düngergaben, Pestizideinsatz und Bewässerung wurden über mehrere Jahre hin qualitätsmäßig und mengenmäßig hohe Erträge an Tomaten, Gurken, Paprika und Auberginen erzielt, die in den Hotels in Manaus guten Absatz fanden.

Dieses System, das als zukunftsweisend galt, wurde nach einiger Zeit aufgegeben. Eine Kosten-Nutzen-Analyse wurde von den Leitern des Projektes nicht veröffentlicht. Jedoch könnte eine Abschätzung im nachhinein mögliche Schwachstellen dieses Produktionssystems aufzeigen:

- es war sehr kostenaufwendig bei der Installation (Gewächshäuser, Pflanzkästen, Wasserleitungen, etc.);
- es war sehr arbeitsintensiv in der Bewirtschaftung (ein- bis zweimal tägliche Bewässerung, regelmäßige Dünger- und Pestizidgaben, Bodensterilisation),
- es benötigte ein hohes Maß an agrartechnischen Kenntnissen und einen permanenten Zufluss von Informationen aus der Wissenschaft, um neu auftretende Probleme (insbes. Krankheiten, Nährstoffdefizite, Saatgutprobleme) zu beheben.

Diese Schwachstellen waren nur zu überwinden, da die Schule die Schüler als kostenlose, religiös hoch motivierte und fachlich interessierte Arbeitskräfte einsetzen konnte. Sie besaß weiterhin mit den Leitern fachlich versierte Lehrkräfte und konnte bei auftretenden Problemen schnell und kostenlos Rat und Hilfe von Spezialisten in den USA einholen. Außerdem garantierte die konkurrenzlos hohe Qualität einen guten Preis und einen sicheren Abnehmerkreis.

Sobald wegen steigender Nachfrage qualitätsmäßig gutes Gemüse verstärkt aus dem Süden eingeflogen wurde, sanken die Preise. Als dann die Schulleitung wechselte und damit die Erfahrung weitgehend verloren ging, war das System trotz der billigen und überdurchschnittlich motivierten Arbeitskräfte nicht mehr tragfähig und musste aufgegeben werden.

Das Scheitern dieses Projektes sollte allerdings nicht als Beweis für die Nichtrealisierbarkeit dieses Produktionssystems angesehen werden. Der erfolgreiche Intensivanbau von Gemüse in Hydroponkulturen in Südostasien beweist das Gegenteil. Das Beispiel zeigt lediglich, dass ein hoher finanzieller und technologischer Aufwand in Verbindung mit einem entsprechenden wirtschaftspolitischen Umfeld sowie umfangreiche praktische Erfahrung und zusätzliche Forschung erforderlich sind, um zum Erfolg zu gelangen. Diese Voraussetzungen wurden auch bei dem bereits erwähnten, von SUBLER & UHL (1990) beschriebenen agroforstwirtschaftlichen Projekt in Tomé Açu, Pará, als ausschlaggebend für den Erfolg genannt.

Neueste Untersuchungen zeigen, dass die Einbringung von Kohlenstoff in Form von gemahlener Holzkohle die Bodenfruchtbarkeit langfristig erhöhen kann, ein Effekt, der offensichtlich auch zur Fruchtbarkeit der indianischen Schwarzerdeböden beiträgt. Dieser Kohlenstoff wird biologisch nur sehr langsam abgebaut und besitzt eine hohe Ionenaustauschkapazität, die dazu führt, dass Nährstoffe in pflanzenverfügbarer Form im Boden fixiert und nicht ausgewaschen werden (MANN 2002). Inwieweit sich dieser Ansatz großflächig auf die landwirtschaftliche Nutzung Amazoniens auswirken kann, bleibt abzuwarten.

4.9 Die adäquate Nutzung von Gunsträumen

Wie eingangs gesagt wurde, existieren in den feuchten Tropen mehr oder minder große Gunsträume, in denen die die Nutzung limitierenden Faktoren nicht so stark ausgeprägt oder außer Kraft gesetzt sind. Dazu gehören in Amazonien vereinzelte Gebiete mit Roterden über verwitterten, ehemals vulkanischen Gesteinen, Gebiete im Karbonstreifen, verstreute, kleinflächige Schwarzerdegebiete, die auf indianische Siedlungsaktivität zurückgeführt werden, sowie die Überschwemmungsgebiete der Weißwasserflüsse, die sogenannten *Várzeas*.

Wegen ihrer flächenmäßigen Ausdehnung von etwa 200.000 km² im amazonischen Tiefland soll hier auf die *Várzeas* eingegangen werden. Die *Várzeas* gehören zu den puls-stabilen Systemen, welche durch einen wiederkehrenden starken Störfaktor, den Flutpuls, dominiert werden (JUNK ET AL. 1989; JUNK 1997). Folgende ökologische Faktoren unterscheiden diese Gebiete von allen übrigen Ökosystemen Amazoniens und machen sie zu produktionsbiologischen Gunsträumen (JUNK 1989, 1998):

- Das Nährstoffpotenzial wird während der jährlichen Überflutungen durch den Eintrag gelöster Nährstoffe sowie fruchtbarer Sedimente aus dem Andenraum permanent ergänzt.
- Die Überflutungen sind sehr regelmäßig und damit vorhersehbar.
- Es existiert eine große Zahl flutadaptierter Pflanzen- und Tierarten, die genutzt werden können.

- Das natürliche System ist an dauernde Störungen angepasst. Die Arten sind in ihrer Mehrzahl r-selektiert, d.h., sie verfügen über ein großes Reproduktionspotenzial, schnelles Wachstum, schnelle Geschlechtsreife und häufig kurze Lebenszyklen. Damit ist das System in der Lage, sich auch nach schweren Eingriffen schnell zu regenerieren, solange sein spezifischer Charakter nicht verändert wird.
- Das System wird durch den Flutpuls auf einem frühen seralen Stadium und damit von Natur aus auf einem permanent hohen Produktionsniveau gehalten.

Folgende Fakten beweisen die hohe Produktivität des Gebietes:

- Die Siedlungsdichte der indianischen Urbevölkerung in der *Várzea* lag mit bis zu 28 Personen pro km^2 wesentlich höher als in der *Terra firme*, wo sie nur 1,2 Personen pro km^2 betrug (DENEVAN 1976).
- Einheimische flutadaptierte Grasarten produzieren in der *Várzea* pro Jahr bis zu 100 t ha^{-1} Trockenmasse (PIEDADE ET AL. 1991).
- Die Bäume des *Várzea*-Überschwemmungswaldes produzieren trotz des Flutstresses mehr Biomasse als die des nicht der Überflutung ausgesetzten Waldes der *Terra firme* (WORBES 1997 und unpubl. Daten).
- Das fischereiliche Potenzial wird auf etwa 900.000 t pro Jahr geschätzt, von denen zur Zeit etwa 420.000 t genutzt werden (BAYLEY 1989, 1998; BAYLEY/PETERE Jr. 1989).
- Die Biomasse der Konsumenten ist weitaus höher als im nicht-überschwemmbaren Regenwald.

Es erhebt sich natürlich sofort die Frage, warum die *Várzeas* nicht intensiver genutzt werden. Dafür gibt es mehrere Gründe, von denen die wichtigsten folgende sind:

- Die bisher eingesetzten Nutzungsmethoden sind nicht optimal, da es in Amazonien keine Tradition in der Bewirtschaftung von Überschwemmungsgebieten gibt. Die von der indianischen Bevölkerung verwendeten Nutzungsmethoden wurden von den europäischen Eroberern und ihren Nachkommen nur zu einem geringen Teil übernommen, zum Beispiel die artenreichen und vielschichtigen Hausgärten. Der überwiegende Teil der Kenntnisse ging verloren.
- Die bisher verwendeten Nutzpflanzen und Nutztiere sind nicht hinreichend an die Bedingungen der *Várzea* angepasst.
- Das natürliche System ist nicht nur in Bezug auf Nutzpflanzen und Nutztiere produktiv, sondern auch in Bezug auf Schädlinge und Unkräuter. Kontrollmethoden sind bisher nur unzureichend entwickelt und beschränken sich in erster Linie auf den häufigen Einsatz von Pestiziden.
- Die landwirtschaftliche Produktivität des Gebietes ist in Folge der periodischen Überflutung saisonal und deswegen für die durchgehende Versorgung der Bevölkerung mit leicht verderblichen Produkten wie Obst,

Gemüse, Milch und Käse nur begrenzt geeignet. Auch die Rinder- und Wasserbüffelhaltung leidet unter den periodischen Überflutungen.
- Die staatliche Agrarforschung und Agrarförderung konzentrieren sich auf das nicht-überschwemmbare Gebiet, da es flächenmäßig viel größer ist, und vernachlässigen die *Várzea*.
- Es gibt keine adäquate, den spezifischen Bedingungen der *Várzea* angepasste Infrastruktur.
- Die Konsumgewohnheiten der lokalen Bevölkerung schließen bisher einen Teil der möglichen Produkte des Gebietes aus.

Im Rahmen des SHIFT Programms wurden die aktuellen Nutzungsformen der *Várzea* untersucht und ihre Auswirkungen auf das Ökosystem abgeschätzt. Dabei ergab sich, dass der Binnenfischerei die größte Bedeutung zugemessen werden muss, da sie in erheblichem Maße zur Versorgung der lokalen Bevölkerung mit tierischem Eiweiß beiträgt, viele Arbeitskräfte beschäftigt und das Ökosystem nur in geringem Maße negativ beeinflusst. Weiterhin ist die nachhaltige Nutzung der Überschwemmungswälder empfehlenswert, da der Nährstoffeintrag über den Amazonas den Austrag in Form von Holz kompensiert, und die Holzproduktion vieler flutadaptierter heimischer Baumarten trotz des Flutstresses erheblich ist. Außerdem kann der Transport der Stämme bei Hochwasser durch Flößen sehr schonend erfolgen. Allerdings gibt es bisher keine angepassten Nutzungskonzepte, so dass die Holznutzung zu einer weitgehenden Degradation der Waldbestände der *Várzea* geführt hat.

Des Weiteren ist kleinbäuerliche Landwirtschaft in der Nähe von Städten sinnvoll zur Versorgung der Stadtbevölkerung mit Gemüse, Früchten, Milch und Käse. Allerdings beträgt das für diese Art der Bewirtschaftung geeignete Gebiet nur 3–5 % der Überschwemmungsfläche, da die Bauern nur auf hochgelegenen Flächen mit ganzjähriger Anbindung an den Fluss arbeiten können, um ihre Produkte zum Markt bringen zu können.

Viehhaltung zur Fleischgewinnung ist empfehlenswert auf Flächen, die abseits der Städte liegen, um Konkurrenz zur kleinbäuerlichen Landwirtschaft zu vermeiden. Die negativen Auswirkungen auf das Überschwemmungsgebiet sind groß, da die Überschwemmungswälder auf den hochgelegenen Flächen zur Anlage von Weiden gerodet werden. Damit wird auch eine wichtige Nahrungsquelle für die Fische zerstört und die Fischerei geschädigt. Wasserbüffel üben wegen ihres breiteren Nahrungsspektrums einen größeren Druck auf das Ökosystem aus als Rinder. Des weiteren tragen sie mit ihrem Verhalten, sich zu suhlen, zur Verlandung permanenter Seen während der Niedrigwasserphase und damit zur Zerstörung wichtiger aquatischer Habitate bei. Extensive Viehwirtschaft bindet nur wenige Arbeitskräfte im Überschwemmungsgebiet und fördert damit die Verstädterung. Ganz ungeeignet sind Ansätze zur Einführung agro-industrieller Anbaumethoden, da sie nicht der natürlichen kleinflächigen Oberflächenstruktur der *Várzea* angepasst sind, dem Rhythmus der Überflutung zuwider laufen und durch den großflächigen Einsatz von Schädlingsbekämpfungsmitteln die Fischerei schädigen (JUNK ET AL. 2000).

5. Schlussfolgerungen

Zusammenfassend ergeben sich aus diesen Überlegungen folgende Schlüsse:

- Der heutige Stand der Kenntnis über Anbaumethoden eröffnet keine realen Möglichkeiten, eine große Zahl von Menschen im Amazonasbecken über die Land-, Vieh- und Forstwirtschaft auf der *Terra firme* zu versorgen.
- Für eine realistische Abschätzung der tatsächlichen Tragfähigkeit der bisher angewandten Produktionssysteme fehlen vielfach die Daten.
- Aus ökologischer Sicht ist die von der FAO (1982 in WEISCHET 1984) mit mehr als 100 Bewohnern pro km² bei niedrigem Niveau agrarwirtschaftlicher Intensität und mehr als 1.000 Personen bei Anwendung modernster Agrartechniken angegebene Tragfähigkeit der regenfeuchten inneren Tropen für Amazonien nicht haltbar. Eine solche Auffassung, die auf Grund von Analogschlüssen aus Südostasien auch heute noch von manchen Wissenschaftlern vertreten wird, ist nicht nur unrealistisch, sondern sogar gefährlich, da sie politisches Wunschdenken fördert und damit Prozesse in Gang setzen kann, deren Scheitern wegen der ökologischen Grundkonstellation vorprogrammiert ist.
- In Kosten-Nutzen Analysen dürfen nicht nur wie bisher land- und forstwirtschaftliche Parameter eingehen, sondern auch andere, zum Teil ökonomisch noch schwer quantifizierbare ökologische Parameter, z.B. die Bedeutung der Wälder für den Wasserhaushalt, den Erosionsschutz, das regionale und globale Klima, die Erhaltung der Biodiversität etc..
- Ein höheres Nutzungspotenzial liegt in produktionsbiologischen Gunsträumen, z.B. in den *Várzea*-Flächen der Weißwasserflüsse, welche auf Grund der jährlichen Überschwemmungen regelmäßig mit neuen Nährstoffen versorgt werden.
- Die für die *Várzea* geeigneten Nutzungskonzepte ergeben sich aus einer Kombination von Fischerei, kleinbäuerlicher Landwirtschaft, Viehwirtschaft und Forstwirtschaft, wobei extensive Viehhaltung durch die Zerstörung des Überschwemmungswaldes zu erheblichen Umweltschäden führt. Agro-industrielle Anbauformen sind wegen zu hoher Umweltzerstörung abzulehnen und auch ökonomisch nicht rentabel.
- Zusätzliche Forschung ist erforderlich, um Nutzungskonzepte in der Praxis zu testen und weiter zu entwickeln.

Literatur

ANDERSON, A.B. (1990): Alternatives to deforestation: Steps toward sustainable use of the Amazon rain forest. New York.
ALLEGRETTI, M.H. (1990): Extractive reserves: An alternative for reconciling development and environmental conservation in Amazonia. – In: ANDERSON, A. B. (HRSG.): Alternatives to deforestation: Steps toward sustainable use of the Amazon rain forest, S. 252–264. New York.
BARRETO, P./AMARAL, P./VIDAL, E./UHL, C. (1998): Costs and benefits of forest management for timber production in eastern Amazonia. – Forest Ecology and Management 108, S. 9–26.
BAYLEY, P.B. (1989): Aquatic environments in the Amazon basin, with an analysis of carbon sources, fish production, and yield. – In: DODGE, P.D. (Hrsg.): Proc. of the Int. Large River Symp..Can. Spec. Publ. Fish. Aquat. Sci. 106, S. 399–408.
BAYLEY, P.B. (1998): Amazon region. Fisheries and aquantic biodiversity management in the Amazon. – Desk Study. FAO report N° 98/055-Cp-RLC.
BAYLEY, P.B./PETERE JR., M. (1989): Amazon fisheries assessment methods, current status and management options. – In: DODGE, C.P. (ed.): Proceedings of the international Large River Symposium (LARS). – Canadian Special Publication of Fisheries and Aquatic Sciences 106, S. 385–398.
BECKER, B. (1997): Sustainability assessment: A review of values, concepts, and methodological Approaches. – The World Bank, Issues in Agriculture 10, S. 1–63.
BISHOP, J.P. (1982): Agroforestry systems for the humid tropics east of the Andes. – In: HECHT, S.B. (Hrsg.): Agriculture and land use research, S. 403–416. Stuttgart.
BLOCK, A./BEHN, W./LÜCKE, W./DENICH, M. (2000): Einsatz eines Buschhäckslers zur Sekundärwaldnutzung in tropischen Brachesystemen. – Landtechnik 55 (3), S. 214–215.
BOTEQUILHA LEITÃO, A./AHERN, J. (2002): Applying landscape ecological concepts and metrics in sustainable landscape planning.- Landscape and Urban Planning 59, S. 65–93.
BRIENZA JR., S. (1999): Biomass dynamics of fallow vegetation enriches with leguminous trees in the eastern Amazon of Brazil. – Göttinger Beiträge zur Land- und Forstwirtschaft in den Tropen und Subtropen 134, S. 1–133.
BRUENIG, E.F. (1989a): Use and misuse of tropical rain forests. – In: LIETH, H./WERGER, M.J.A. (HRSG.): Tropical Rainforest Ecosystems, S. 611–636, Amsterdam.
BRUENIG, E.F. (1989b): Internationaler Tropenholzhandel und Waldvernichtung in den Tropen. Kieler Geographische Schriften 73, S. 47–62.
BURGER, D.M. (1986): O uso da terra na Amazônia Oriental. – In: BURGER, D.M./KITAMURA, P.C./MOTA, M.G. DA/CONTO, A.J. DE (Hrsg.): Pesquisas sobre utilização e conservação do solo na Amazônia Oriental. Relatório final do convênio EMBRAPA-CPATU-GTZ, S. 71–97, Belém.
BURGER, D.M./FLOHRSCHÜTZ, G.H.H. (1986): A estrutura do setor agrário da Amazônia Oriental: subsídios estatísticos para planos de desenvolvimento e de pesquisa. Anais do 1. Simpósio do Trópico /Umido, EMBRAPA-CPATU Vol. VI, S. 333–350, Belém.

BURGER, D.M./KITAMURA, P.C. (1987): Importância e viabilidade de uma pequena agricultura sustentada na Amazônia Oriental. – In: KOHLHEPP, G./SCHRADER, A. (Hrsg.): Homem e natureza na Amazônia. Tübinger Geographische Studien 95, S. 447–461, Tübingen.

BUSCHBACHER, R./UHL, C./SERRÃO, E.A.S. (1986): Forest development following pasture use in the North of Pará. Anais do 1. Simpósio do Trópico /Umido, EMBRAPA-CPATU Vol.VI, S. 113–120, Belém.

DENEVAN, W.M. (1976): The native population of the Americas in 1492. – Wisconsin.

DENICH, M. (1989): Untersuchungen zur Bedeutung junger Sekundärvegetation für die Nutzungssystemproduktivität im östlichen Amazonasgebiet, Brasilien. Göttinger Beiträge zur Land- und Forstwirtschaft in den Tropen und Subtropen 46, S. 265 ff., Göttingen.

DENICH, M. (1991): Die Sekundärvegetation nach flächenhafter Entwaldung. Ein Beispiel aus dem östlichen Amazonasgebiet Brasiliens. – In: SEIFERT, H.S.H./VLEK, P.L.G./WEIDELT H.-J. (Hrsg.): Landnutzung und Umwelt in den Tropen. Göttinger Beiträge zur Land- und Forstwirtschaft in den Tropen und Subtropen 60, S. 31–46, Göttingen.

DENICH, M./VLEK, P.L.G./SÁ, T.D.D.A./VILEHAUER, K./LÜCKE, W. (in press): Assessment of evapotranspiration of a secondary vegetation in the Eastern Amazon applying the bowen ratio energy balance, Penman-Monteith and Penman method. – Agriculture, Ecosystems and Environment.

DEUTSCHER BUNDESTAG (1990): Schutz der tropischen Wälder – Zweiter Bericht der Enquete-Kommission Vorsorge zum Schutz der Erdatmosphäre. – Bonn.

FEARNSIDE, P.M. (1989): Extractive reserves in Brazilian Amazonia. – BioScience 39 (6), S. 387–393.

FEARNSIDE, P.M. (1990): Predominant land uses in Brazilian Amazonia. – In: ANDERSON, A.B. (Hrsg.): Alternatives to deforestation: Steps toward sustainable use of the Amazon rain forest, S. 231–251, New York.

FEARNSIDE, P.M. (1993): Deforestation in Brazilian Amazonia: the effect of population and land tenure. – Ambio 22, S. 537–545.

FEARNSIDE, P.M. (1995a): Sustainable development in Amazonia. – In: KOSINSKI, L.A. (Hrsg.): Global change, the discourse, the progression, the awareness, S. 207–224, Paris/Rio de Janeiro.

FEARNSIDE, P.M. (1995b): Global warming response options in Brazil's forest sector: comparison of project-level costs and benefits. – Biomass and Bioenergy 8 (5), S. 309–322.

FEARNSIDE, P.M. (1995c): Agroforestry in Brazil's Amazonian development policy: The role and limits of a potential use for degraded lands. – In: CLUSENER-GODT, M./SACHS, I. (Hrsg.): Brasilian perspectives on sustainable development of the Amazon Region, S. 125–148, Oxford.

FERREIRA, L.V./LAURANCE, W.F. (1997): Effect of forest fragmentation on mortality and damage of selected trees in central Amazonia. – Conservation biology 11(3), S. 797–801.

FLOHRSCHÜTZ, G.H.H./CONTO, A.J. DE (1986): Planejamento e monitoramento de pequenas propriedades. – In: BURGER, D.M./KITAMURA, P.C./MOTA, M.G. DA/CONTO, A.J. DE (Hrsg.): Pesquisas sobre utilização e conservação do solo

na Amazônia Oriental. Relatório final do convênio EMBRAPA-CPATU-GTZ, S. 273-291, Belém.
FLOHRSCHÜTZ, G.H.H./KITAMURA, P.C. (1986): A pequena agricultura na Amazônia Oriental. - In: BURGER, D.M./KITAMURA, P.C./MOTA, M.G. DA/CONTO, A.J. DE (Hrsg.): Pesquisas sobre utilização e conservação do solo na Amazônia Oriental. Relatório final do convênio EMBRAPA-CPATU-GTZ, S. 99-117, Belém.
GRAAF, N.R. DE (1982): Sustained production in the tropical rain forest of Suriname. - In: WIENK, J.F./WITT, H.A. DE (Hrsg.): Management of low fertility acid soils in the American humid tropics, S. 175-189, San Jose.
GRAAF, N.R. DE/POELS, R.L.H. (1990): The Celos management system: A polycyclic method for sustained timber production in South American rain forest. - In: ANDERSON, A.B. (Hrsg.): Alternatives to deforestation: Steps toward sustainable use of the Amazon rain forest, S. 116-127, New York.
HARTSHORN, G.S. (1990): Natural forest management by the Yanesha Forestry Corporation in Peruvian Amazonia. - In: ANDERSON, A.B. (Hrsg.): Alternatives to deforestation: Steps toward sustainable use of the Amazon rain forest, S. 128-138, New York.
HECHT, S.B. (1982): Agroforestry in the Amazon Basin: Practice, theory and limits of promising land use. - In: HECHT, S.B. (Hrsg.): Amazonia: Agriculture and land use research, S. 331-371, Stuttgart.
HECHT, S.B. (1983): Cattle ranching in the Eastern Amazon: environmental and social implications. - In: MORAN, E. (Hrsg.): The dilemma of Amazonian development, S. 155-188, Boulder, Westview.
HENLE, K./DAVIES, K.F./LKEYER, M./MARGULES, C./SETTELE, J. (in press): Predictors of Species sensitivity to fragmentation. - Biodiversity & Conservation.
HERRERA, R./JORDAN, C.F./KLINGE, H./MEDINA, E. (1978): Amazon ecosystems, their structure and functioning with particular emphasis on nutrients. - Interciencia 3 (4), S. 223-232.
HERRERA, R./JORDAN, C.F./MEDINA, E./KLINGE, H (1981): How human activities disturb the nutrient cycles of a tropical rainforest in Amazonia. - Ambio 10 (2/3), S. 109-114.
HOELSCHER, G./LUDWIG, B./MOELLER, M.R.F./FOELSTER, H. (1997): Dynamic of soil chemical parameters in shifting agriculture in the Eastern Amazon. - Agric. Ecosystems Environ. 66(2), S. 153-163.
HOLDSWORTH, A.R./UHL, C. (1997): Fire in Amazonian selectively logged rain forest and the potential for fire reduction. - Ecological Applications 7(2), S. 713-725.
IRION, G. (1978): Soil infertility in the Amazon rain forest. - Naturwissenschaften 65, S. 515-519.
IRION, G. (1984): Clay minerals of Amazonian soils. - In: SIOLI, H. (Hrsg.): The Amazon: Limnology and landscape ecology of a mighty tropical river and its basin, S. 537-579, Dordrecht/Boston/Lancaster.
JONKERS, W.B.J./SCHMIDT, P. (1984): Ecology and timber production in tropical rain forest in Suriname. - Interciencia 9 (5), S. 290-297.
JUNK, W.J. (1989): The use of amazonian floodplains under ecological perspective. - Interciencia 14 (6), S. 317-322.

JUNK, W.J. (1997): The central Amazon floodplain: Ecology of a pulsing system. – Ecological Studies 126, Berlin.
JUNK, W.J. (1998): A várzea do Rio Solimões-Amazonas: Conceitos para o aproveitamento sustentável dos seus recursos. – Anais do IV Simpósio de Ecossistemas Brasileiros (5), Águas de Lindóia, S. 1–24.
JUNK, W.J./BAYLEY, P.B./SPARKS, R.E. (1989): The flood pulse concept in river-floodplain systems. – In: DODGE, D.P. (Hrsg.): Proc. of the Intern. Large River Symposium.Can. Spec. Publ. Fish. Aquat. Sci. 106, S. 110–127.
JUNK, W.J./OHLY, J./PIEDADE, M.T.F./SOARES, M.G. (2000): The central Amazon floodplain: Actual use and options for a sustainable management., Leiden.
KATO, M.S.A./KATO, O.R./DENICH, M./VLEK, P.L.G. (1999): Fire-free alternatives to slash and burn for shifting cultivation in the Eastern Amazon region. The role of fertilizers. – Field Crops Res. 62, S. 225–237.
KLINGE, H./ADIS, J./FURCH, K./JUNK, W.J. (1987): Algunos elementos básicos del ecosistema amazónico. – In: KOHLHEPP, G./SCHRADER, A. (Hrsg.): Homem e natureza na Amazônia. Tübinger Geographische Studien 95, S. 31–43, Tübingen.
LAURANCE, W.F./LAURANCE, S./FERREIRA, L.V./RANKIN DE MERONA, J.M./GASCON, C./LOVEJOY, T.E. (1997): Biomass colapse in Amazonian forest fragments. – Science 278, S. 1117–1118.
LAURANCE, W.F./COCHRANE, M.A./BERGEN, S./FEARNSIDE, P.M./DELAMÔNICA, P./BARBER, C./D'ANGELO, S./FERNANDES, T. (2001): The Future of the Brazilian Amazon. – Science 291, S. 438–439.
LIEBEREI, R./SCHMIDT, P./VOSS, K./GASPAROTTO, L. (1997): Polykultursysteme in Zentralamazonien – ein Beispiel aus dem bilateralen Tropenökologieprogramm des BMBF. – Giessener Beiträge zur Entwicklungsforschung 24, S. 1–19.
LOHMANN, M. (1998): Bodenfruchtbarkeit – Pflanzensukzession auf unterschiedlich rehabilitierten Flächen in Zentralamazonasgebiet, Brasilien, S. 36ff. GTZ, Eschborn.
MAMIRAUÁ (1996): Mamirauá management plan. – Sociedade Civil Mamirauá (SCM), National Council for Scientific & Technological Development (CNPq), Environmental Protection Institute of the State of Amazonas (IPAAM), Brazil.
MANN, C.C. (2002): The real dirt on rainforest fertility. – Science 297, S. 920–923.
MARTINELLI, L.A./ALMEIDA, S./BROWN, I.F./MOREIRA, M.Z./VICTORIA, R.L./FILOSO, S./FERREIRA, C.A.C./THOMAS, W.W. (2000): Variation in nutrient distribution and potential nutrient losses by selective logging in a humid tropical forest of Rondonia, Brazil – Biotropica 31(4), S 597–613.
MEADOWS, D.H./MEADOWS, D.L./RANDERS, J./BEHRENS III, W.W. (1972): The limits to growth. – New York.
MING, L.C./AMARAL JUNIOR, A. (2002): Aspectos etnobotanicos de plantas medicinas na Reserva Extrativista "Chico Mendes". – In: DALY, D.C./SILVEIRA, M. (Hrsg.): Florística e botânica Econômic do Acre, Brasil. URL: http://www.nybg.org/bsci/acre/title.html
NEPSTAD, D.C./FOSTER BROWN, I./LUZ, L./ALECHANDRE, A./VIANA, V. (1992): Biotic improverishment of Amazonian forests by rubber tappers, loggers, and cattle ranchers.- Advanced in Economic Botany 9, S. 1–14.

NEPSTAD, D./UHL, C./SERRÃO, E.A. (1990): Surmounting barriers to forest regeneration in abandoned, highly degraded pastures: A case study from Paragominas, Pará, Brazil. – In: ANDERSON, A.B. (Hrsg.): Alternatives to deforestation: Steps toward sustainable use of the Amazon rain forest, S. 215–229, New York.
NEPSTAD, D.C./VERÍSSIMO, A./ALENCAR, A./NOBRE, C./LIMA, E./LEFEBVRE, P./SCHLESINGER, P./POTTER, C./MOUTINHO, P./MENDOZA, E./COCHRANE, M./BROOKS, V. (1999): Large-scale impoverishment of Amazonian forests by logging and fire. – Nature 398, S. 505–508.
NITSCH, M. (1991): O programa de biocombustíveis Proalcool no contexto da estratégia energética brasileira. – Revista de Economia política 11, 2/42, S. 123–138.
NORGAARD, R.B./POSSIO, G./HECHT, S.B. (1986): The economics of cattle ranching in Eastern Amazonia. Anais do 1. Simpósio do Trópico /Umido, EMBRAPA-CPATU Vol.VI, S. 443–450, Belém.
PIEDADE, M.T.F./JUNK, W.J./MELLO, J.A.N. DE (1991): A floodplain grassland of the central Amazon. – In: LONG, S.P./JONES, M.B./ROBERTS, M.J. (Hrsg.): Primary productivity of grass ecosystems of the tropics and sub-tropics, S. 127–158, London/New York/Tokyo/Melbourne/Madras.
POSEY, D.A. (1985): Indigenous management of tropical forest ecosystems: The case of the Kayapó indians of the Brazilian Amazon. – Agroforestry Systems 3 (2), S. 139–158.
POSEY, D.A. (1986): Ethnoecology and the investigation of resource management by the Kayapó indians of Gorotire, Brazil. Anais do 1. Simpósio do Trópico /Umido, EMBRAPA-CPATU Vol.VI, S. 63–70, Belém.
RIBEIRO, B.G. (1983): Quantos seriam os indios das Américas? – Ciencia hoje 1 (6), S. 54–60.
ROOSEVELT, A.C. (1999): Twelve thousand years of human-environment interaction in the Amazon floodplain. – In: PADOCH, C./AYRES, J.M./VASQUEZ, M.P./HENDERSON, A. (Hrsg.): Várzea: diversity, development, and conservation of Amazonia's whitewater floodplains, S. 371–392, Bronx, New York.
RUSSEL, C.E. (1983): Nutrient cycling and productivity of native and plantation forests at Jari Florestal, Para, Brasil. – Ph.D. Thesis, Athens, Univ. of Georgia.
SCHROTH, G./D'ANGELO, S.A./TEIXEIRA, W.G./HAAG, D./LIEBEREI, R. (in press): Conversion of secondary forest into agroforestry and monoculture plantations in Amazônia: consequences for biomasss, litter and soil carbon stocks after seven years. – Forest Ecology and Management.
SCHROTH, G./LEHMANN, J./RODRIGUES, M.R.L./BARROS, E./MACEDO, J.L.V. (2001): Plant-soil interactions in multistrata agroforestry in the humid tropics. – Agroforestry Systems 53, S. 85–102.
SEMA (1998): Plano nacional de Meio Ambiente. Brasília.
SERRÃO, E.A.S. (1986): Pastagem em área de floresta no trópico úmido brasileiro: Conhecimentos atuais. Anais do 1. Simpósio do Trópico /Umido, EMBRAPA-CPATU Vol.V, S. 147–174, Belém.
SERRÃO, E.A.S./TOLEDO, J.M. (1990): The search for sustainability in Amazonian pastures. – In: ANDERSON, A.B. (Hrsg.): Alternatives to deforestation: Steps toward sustainable use of the Amazon rain forest, S. 195–214, New York.

SIOLI, H. (1957): Beiträge zur regionalen Limnologie des Amazonasgebietes IV: Limnologische Untersuchungen in der Region der Eisenbahnlinie Belém – Braganca ("Zona Bragantina") im Staate Pará, Brasilien. – Arch. Hydrobiol. 53 (2), S. 161–222.

SIOLI, H. (1973): Recent human activities in the Brazilian Amazon region and their ecological effects. – In: MEGGERS, B.J./AYENSU, E.S./DUCKWORTH, W.D. (Hrsg.): Tropical forest ecosystems, in Africa and South America: A comparative review, S. 321–334, Washington.

SIOLI, H. (1984a): Former and recent utilizations of Amazonia and their impact on the environment. – In: DERS. (Hrsg.): The Amazon: Limnology and landscape ecology of a mighty tropical river and its basin, S. 675–706, Dordrecht/Boston/Lancaster.

SIOLI, H. (1984b): Present "development" of Amazonia in the light of the ecological aspect of life, and alternative concepts. – In: DERS. (Hrsg.): The Amazon: Limnology and landscape ecology of a mighty tropical river and its basin, S. 737–747, Dordrecht/Boston/Lancaster.

SOMMER, R./VLEK, P.L.G./VIELHAUER, K./SERRÃO, E.A.D.S. (in press): The carbon and nutrient balance under slash and burn agriculture and its alternatives in the Amazon. – Agric. Ecosystems Environ.

SPANGENBERG, A./GRIMM, U./SEPEDA DA SILVA, J./FÖLSTER, H. (1996): Nutrient store and export rates of Eucalyptus urograndis plantations in eastern Amazonia (Jarí). Forest Ecology and Management 80, S. 225–234.

SPENDJIAN, G. (1991): Economic, social, and policy aspects of sustainable land use. – In: IBSRAM – INTERNATIONAL BOARD FOR SOIL RESEARCH AND MANAGEMENT (Hrsg.): Evaluation for sustainable land management in the developing world, vol 2., Technical Papers, S. 415–436. Bangkok.

SUBLER, S./UHL, C. (1990): Japanese agroforestry in Amazonia: a case study in Tomé-Açu, Brazil. – In: ANDERSON, A.B. (Hrsg.): Alternatives to deforestation: Steps toward sustainable use of the Amazon rain forest, S. 152–166, New York.

TAC/CGIAR (1989): Sustainable agricultural production: Implications for international Agricultural Research. – Research and Development Paper No. 4, Rome.

TOLEDO, J.M./SERRÃO, E.A.S. (1984): Pasture and animal production in Amazonia. – In: HECHT, S.B. (Hrsg.): Amazonia: Agriculture and land use research, S. 281–309.

THURSTON, H.D. (1997): Slash/Mulch Systems – Sustainable methods for tropical agriculture. Westview Press, Boulder.

TREACY, J. (1982): Bora indian agroforestry: An alternative to deforestation. – Cultural Survival 6 (2), S. 15–16.

UHL, C./BUSCHBACHER, R. (1985): A disturbing synergism between cattle ranch burning practices and selective tree harvesting in the Eastern Amazon. – Biotropica 17(4), S. 265–268.

UHL, C./KAUFFMAN, J.B. (1990): Deforestation, fire susceptibility, and potential tree responses to fire in the Eastern Amazon. – Ecology 71(2), S. 437–449.

UHL, C./BUSCHBACHER, R./SERRÃO, E.A.S. (1988): Abandoned pastures in eastern Amazônia. I. Patterns of plant succession. – Journal of Ecology 76, S. 663–681.

VERÍSSIMO, A./BARRETO, P./TARIFA, R./UHL, C. (1995): Extration of a high-value natural resource in Amazonia: the case of mahogany.– Forest Ecology and Management 72, S. 39–60.

VLEK, P.L.G./KÜHNE, R.F./DENICH, M. (1997): Nutrient resources for crop production in the tropics. – Phil. Trans. R. Soc. Lond. B 352, S. 975–985.

WCED – WORLD COMMISSION ON ENVIRONMENT AND DEVELOPMENT (1987): Our common future. The Brundtland Report, Oxford.

WEIDELT, H.-J. (1991): Ökologische Wirkungen selektiver Holznutzung im tropischen Feuchtwald. – In: SEIFERT, H.S.H./VLEK, P.L.G./WEIDELT, H.-J. (Hrsg.): Landnutzung und Umwelt in den Tropen. Göttinger Beiträge zur Land- und Forstwirtschaft in den Tropen und Subtropen 60, S. 59–73, Göttingen.

WEISCHET, W. (1980): Die ökologische Benachteiligung der Tropen. – Stuttgart.

WEISCHET, W. (1984): Die ökologische Benachteiligung der südamerikanischen tropischen Tiefländer in der Wirtschafts- und Kulturentwicklung. – Leopoldina (R.3) 30, S. 119–123.

WEISCHET, W. (1990): Das Klima Amazoniens und seine geoökologischen Konsequenzen. – Ber. Naturf. Ges. Freiburg i. Br. 80, S. 59–91.

WORBES, M. (1997): The forest ecosystem of the floodplains. – In: JUNK, W.J. (Hrsg.): The Central Amazon floodplain: Ecology of a Pulsing System. Ecological Studies 126, S. 223–265, Berlin.

Martin Coy

Regionalentwicklung im südwestlichen Amazonien

Sozial- und wirtschaftsräumlicher Wandel an der brasilianischen Peripherie zwischen Globalisierung und Nachhaltigkeit

1. Das Spannungsverhältnis zwischen Globalisierung und Nachhaltigkeit und seine Auswirkungen auf Brasilien

Die politischen und wirtschaftlichen Strukturbrüche der letzten Jahre unter dem Vorzeichen der Globalisierung haben paradoxerweise dazu geführt, dass die Probleme der Dritten Welt an den Rand der öffentlichen Diskussion verdrängt wurden. Alarmierende Nachrichten von Finanzkrisen, gewaltsamen Konflikten oder Brandkatastrophen in Regenwaldgebieten erinnern jedoch daran, dass sich innerhalb der Dritten Welt ein enormes sozioökonomisches und ökologisches Konfliktpotenzial aufgestaut hat. Neben den Metropolen sind es vor allem periphere Gebiete, sozusagen die Peripherien der Peripherie, die hiervon zunehmend betroffen sind. Gerade diese Räume haben aber in vielen Fällen die Funktion von Rückzugsgebieten traditioneller Bevölkerung und verdrängter Gruppen. Gleichzeitig geraten sie als Ergänzungsräume unter den Druck der modernisierten, oftmals weltmarktorientierten Wirtschaft. Auch im südwestlichen Amazonien spiegeln sich diese Widersprüchlichkeiten in den aktuellen Prozessen der Regionalentwicklung wider. Eine wirtschafts- und sozialgeographisch ausgerichtete Analyse regionaler Strukturen und Prozesse muss vor diesem Hintergrund das Spannungsverhältnis zwischen externen Einflüssen und regionsinternen Faktoren in besonderer Weise berücksichtigen.

Dabei ist generell zu konstatieren, dass die raumrelevanten Folgen der Globalisierung in den vergangenen Jahren zu wichtigen Untersuchungsfeldern auch der modernen Wirtschafts- und Sozialgeographie geworden sind (NUHN 1997; MÜLLER-MAHN 2002 sowie SCHOLZ 2002). Thematisiert wird in der geographischen Diskussion vor allem das sogenannte *global-local-interplay*, also das Wechselspiel zwischen Globalisierung und Regionalisierung (vgl. KRÄTKE 1995; DANIELZYK/OSSENBRÜGGE 1996). Denn Ereignisse und Entscheidungen an vermeintlich weit entfernten Orten haben zunehmend lokale Folgen, und insofern stellt sich die Frage, inwieweit einzelne Akteure (oder konkrete Regionen) in der Lage sind, adäquate Antworten auf die Herausforderungen der Globalisierung zu finden. Globalisierung ist also keineswegs ein abstraktes Phänomen, sondern sie ist für den Einzelnen – nicht nur in den Industrie-, sondern auch in den Entwicklungsländern – beispielsweise in Veränderungen der Arbeitswelt und des Alltagslebens erlebbar. Dabei haben einzelne Regionen – sowohl im Weltmaßstab als auch innerhalb einzelner Länder – aufgrund ihrer Strukturen und Potenziale unterschiedlichen Anteil an der Globalisierung, denn sie ruft wirtschafts- und sozialräumliche Fragmentierungen zwischen Gewinnern und Verlierern auf unterschiedlichen Maßstabsebenen hervor (vgl. hierzu SCHOLZ 2002).

Dies trifft auch für das heutige Brasilien zu, wo politische Entscheidungen, wirtschaftlich-gesellschaftlicher Wandel und räumliche Prozesse zunehmend durch die Einbeziehung des Landes in den Globalisierungsprozess beeinflusst werden. Hierfür ist die Veränderung der politischen Rahmenbedingungen in den 90er Jahren zu großen Teilen mitverantwortlich. Nachdem in den 80er Jahren das Land immer mehr in die sogenannte Verschuldungsfalle geraten war und exorbitante Inflationsraten die ökonomische Basis und die Lebensbedingungen über Jahre hinweg grundlegend erschüttert hatten, resultierte der Gang zum Internationalen Währungsfonds ähnlich wie in anderen Drittweltregionen auch in Brasilien in weitreichenden Strukturanpassungsmaßnahmen nach neoliberalen Prinzipien. Entsprechend waren Abbau des staatlichen Haushaltsdefizits, Deregulierung, Abbau von Protektionismus und Privatisierung die neuen Schlagworte des offiziellen brasilianischen Politikdiskurses in den letzten Jahren. Zwar ist wirtschaftliches Wachstum seit jeher in Brasilien von Konzentration und nicht von Verteilung begleitet, jedoch hat die Rücknahme staatlicher Sozial- und Regionalpolitik während der letzten Jahre zu einer zusätzlichen Verschärfung der Disparitäten, zu einem enormen Anstieg informeller Beschäftigung und zur Verstärkung sozialräumlicher Fragmentierung geführt. Inwieweit die neue Regierung unter Präsident Luis Inácio Lula da Silva, die seit Anfang 2003 im Amt ist, ihre expliziten Ziele der Armutsbekämpfung, der Beseitigung des Hungers und des Abbaus gesellschaftlicher Disparitäten ohne grundlegende strukturelle Veränderungen tatsächlich realisieren kann, bleibt abzuwarten.

Auch der ländliche Raum Brasiliens bleibt vor dem Hintergrund dieser übergeordneten Rahmenbedingungen nicht von der Globalisierung ausgespart (vgl. zu den jüngeren Entwicklungstendenzen des ländlichen Raumes in Brasilien eingehender COY/NEUBURGER 2002a). Angesichts der schon seit den 60er Jahren vom Staat geförderten Außenorientierung der Landwirtschaft unterliegen vor allem die ländlichen Modernisierungsräume des Agrobusiness einer – unter anderem globalisierungsbedingten – zunehmenden ökonomischen Verwundbarkeit. Dagegen werden die ländlichen Armutsgruppen der Kleinbauern und Landlosen immer mehr von der Entwicklung abgekoppelt. Der Rückgang staatlicher Agrarkredite und der Rückzug des Staates aus der Agrarvermarktung gingen während der letzten Jahrzehnte vor allem zu ihren Lasten. Inzwischen wird allerdings die Bedeutung der bäuerlichen Familienlandwirtschaft in Brasilien in einem neuen Licht gesehen und in staatlichen Entwicklungsprogrammen wieder stärker gefördert (z.B. im sogenannten PRONAF-Programm der letzten Regierung). Auch sind in den ländlichen Regionen, insbesondere in den peripheren Gebieten Amazoniens und des Mittelwestens, die ökologischen Folgen der immer stärkeren Weltmarkteinbindung Brasiliens klar festzustellen (vgl. beispielsweise ALTVATER 1987).

Weltweit und konkret in Brasilien ist man angesichts dieser komplexen Problemlage mit der Frage konfrontiert, welche Leitbilder der zukünftigen Entwicklung von Wirtschaft und Gesellschaft im *global-local-interplay* zugrunde gelegt werden können. Spätestens seit der Weltumweltkonferenz in Rio de Janeiro 1992 und dem dort beschlossenen Weltaktionsplan Agenda 21 gilt nachhaltige Entwicklung für Politiker und Planer in aller Welt – so auch in Brasilien – als Leitbild für einen zukunftsfähigen Ausgleich zwischen Ökonomie, sozialen Bedürfnissen und ökologischen Notwendigkeiten. Auf einen Minimalkonsens gebracht, soll nachhaltige Entwicklung dem Ziel dienen, einen ressourcenschonenden und sozial ausgewogenen, gleichzeitig aber wirtschaftliches Wachstum nicht ausschließenden Entwicklungsstil zu verfolgen. Er soll gegenwärtigen Generationen die Befriedigung ihrer Grundbedürfnisse gewährleisten, ohne dadurch die Bedürfnisbefriedigung künftiger Generationen zu gefährden (vgl. zum Konzept der nachhaltigen Entwicklung allgemein HARBORTH 1993; KASTENHOLZ/ERDMANN/WOLFF 1996; aus geographischer Perspektive COY 1998).

Die räumlichen Maßstabsebenen nachhaltiger Entwicklung und ihre Verknüpfungen sind aus geographischer Sicht zweifellos besonders relevant. So ist trotz der Globalisierung die regional/lokale Maßstabsebene für die alltäglichen Lebenszusammenhänge der Menschen entscheidend (vgl. hierzu COY 1998). Strategien einer nachhaltigen Entwicklung müssen deshalb insbesondere hier ansetzen (vgl. auch Abb. 1). Dabei bilden sich regionale Milieus aus den regionsexternen sowie regionsinternen Interdependenzen zwischen wirtschaftlichen Strukturen und Abhängigkeiten, sozialen Beziehungen und Konflikten sowie politischen Machtverhältnissen und wirken sich auf die Ressourcenbasis aus. Aus diesen jeweils regionsspezifischen Verflechtungen resultiert, dass konkrete Strategien nachhaltiger Entwicklung nicht als universell übertragbare, technokratische Maßnahmenbündel zu verstehen sind, sondern durch Aussagen zu endogenen Potenzialen, zur Bedeutung sozialer und wirtschaftlicher Netzwerke, zur Relevanz von Grenzen, zur Tragfähigkeit sowie zur Verwundbarkeit der regionalen Gruppen auf die jeweiligen regionalen Konstellationen angepasst werden müssen. Gleichzeitig muss sich die Nachhaltigkeit regionaler Entwicklungsstrategien langfristig in sehr unterschiedlichen Bereichen erweisen. Im wirtschaftsräumlichen Zusammenhang geht es beispielsweise um die sozial- und umweltverträgliche Stabilisierung regionaler Produktionsstrukturen, die zunehmend durch das Ausmaß der funktionalen Abhängigkeiten beeinflusst beziehungsweise konterkariert werden. Soziales Ziel muss die langfristige Sicherung der Grundbedürfnisse der Bevölkerung unter Erhaltung der ökologischen Tragfähigkeit sein. Kleinräumige Wirtschaftskreisläufe können hierbei eine besondere Bedeutung erhalten.

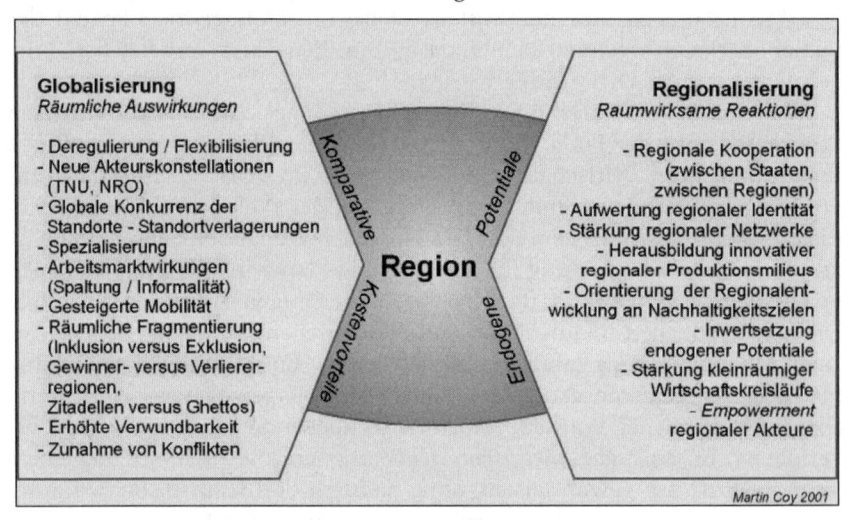

Globalisierung Räumliche Auswirkungen	Regionalisierung Raumwirksame Reaktionen
- Deregulierung / Flexibilisierung - Neue Akteurskonstellationen (TNU, NRO) - Globale Konkurrenz der Standorte - Standortverlagerungen - Spezialisierung - Arbeitsmarktwirkungen (Spaltung / Informalität) - Gesteigerte Mobilität - Räumliche Fragmentierung (Inklusion versus Exklusion, Gewinner- versus Verliererregionen, Zitadellen versus Ghettos) - Erhöhte Verwundbarkeit - Zunahme von Konflikten	- Regionale Kooperation (zwischen Staaten, zwischen Regionen) - Aufwertung regionaler Identität - Stärkung regionaler Netzwerke - Herausbildung innovativer regionaler Produktionsmilieus - Orientierung der Regionalentwicklung an Nachhaltigkeitszielen - Inwertsetzung endogener Potentiale - Stärkung kleinräumiger Wirtschaftskreisläufe - *Empowerment* regionaler Akteure

(Region in der Mitte; Komparative Kostenvorteile / Endogene Potentiale)

Martin Coy 2001

Abbildung 1: Regionalentwicklung im Spannungsfeld zwischen Globalisierung und Regionalisierung

Insgesamt erfordert nachhaltige Entwicklung also neue Formen der Regulation auf den unterschiedlichsten Maßstabsebenen, die angesichts der Globalisierung einer Konkretisierung des vielzitierten Anspruchs, global zu denken und lokal zu handeln, dienen müssen – im Zeichen der durch Deregulierung und Flexibilisierung gekennzeichneten Realität zweifellos eine nur schwer zu realisierende Utopie. Auf Brasilien bezogen lassen jedoch ein zumindest in Teilen der brasilianischen Öffentlichkeit allmählich eintretender Bewusstseinswandel und konkrete positive Beispiele einer alternativen Entwicklung (vgl. z.B. die ökologisch orientierte Stadtentwicklung in Curitiba, der Ansatz des *orçamento participativo* in Porto Alegre – hierzu eingehender COY/ZIRKL 2001 – oder unterschiedliche Initiativen von Nichtregierungsorganisationen im städtischen und ländlichen Raum) hoffen, dass nicht nur im politischen Diskurs, sondern auch in der Entwicklungspraxis allmähliche Veränderungen einsetzen.

2. Die brasilianische Peripherie zwischen Globalisierung und Marginalisierung

Nicht nur die Zentrumsregionen Brasiliens, sondern gerade auch die peripheren Gebiete erleben derzeit die wirtschaftlichen und sozialen Folgen der Globalisierung in aller Schärfe. So kennzeichnen inzwischen eklatante Gegensätze zwischen Inklusion und Exklusion die aktuelle Regionalentwicklung im südwestlichen Amazonien und beeinflussen die Umsetzbarkeit alternativer Entwicklungskonzepte (als südwestliches Amazonien werden im Folgenden die drei Bundesstaaten Mato Grosso, Rondônia und Acre verstanden, wobei in diesem Beitrag vor allem auf Entwicklungen in Mato Grosso während der 90er Jahre eingegangen werden soll – vgl. zu Amazonien insgesamt COY/NEUBURGER 2002b).

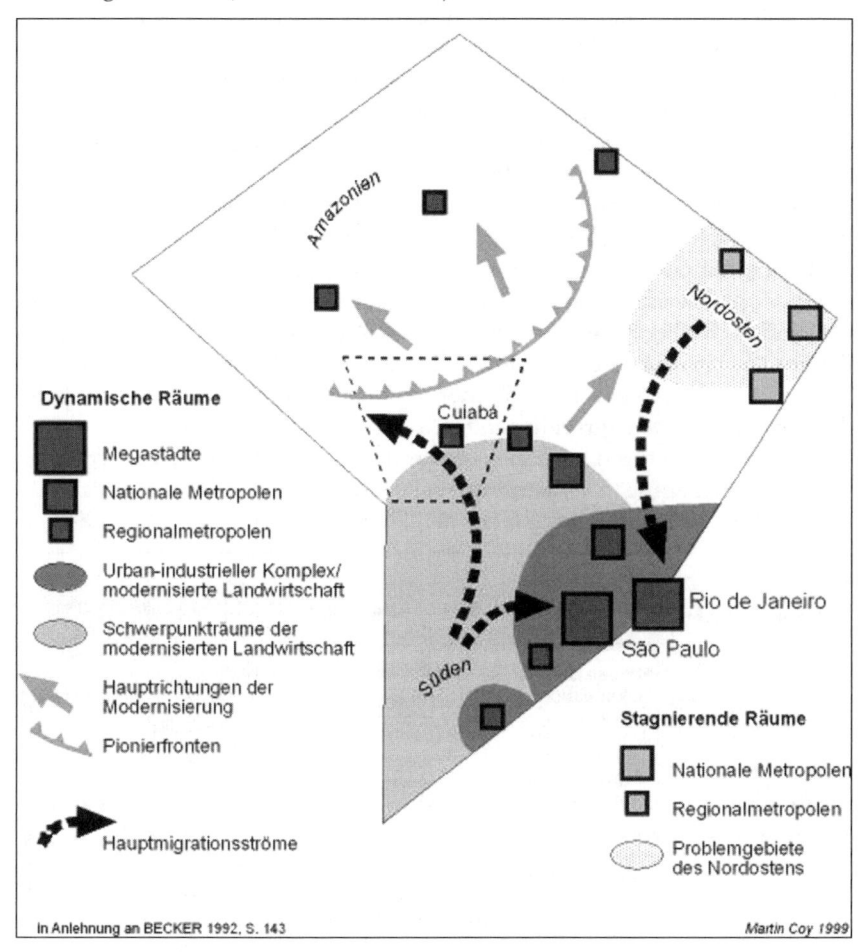

Abbildung 2: Raumstruktur Brasiliens

Brasilien ist seit jeher durch tiefgreifende sozioökonomische und regionale Disparitäten gekennzeichnet (vgl. beispielsweise BECKER/EGLER 1992), was sich in den großräumigen Strukturen und Gegensätzen nachvollziehen lässt (vgl. Abb. 2). Die wichtigsten Aktivräume des Landes liegen mit der Megalopolis São Paulo/Rio de Janeiro und einem Gürtel dynamischer urban-industrieller Zentren sowie moderner Agrarregionen im Südosten und Süden. Diesen höchst dynamischen Räumen stehen die weitgehend stagnierenden Krisenregionen des semi-ariden Nordostens gegenüber. Der Nordosten sowie der durch agrarsoziale Konzentrations- und Verdrängungsprozesse gekennzeichnete Süden sind bis heute die wichtigsten Abwanderungsregionen Brasiliens. Dabei absorbieren die großen Metropolen und in den letzten Jahren zunehmend die rasch wachsenden Mittelstädte des Südostens (vgl. DINIZ 1994) das Gros der Migranten. Ein Teil der Migrationsströme ist jedoch seit den 70er Jahren auf die peripheren Regionen des Mittelwestens und Amazoniens gerichtet. Hier haben sich in den letzten 30 Jahren auf landwirtschaftlicher, teilweise auch extraktionswirtschaftlicher Basis ausgesprochen dynamische Pionierfronten herausgebildet (vgl. KOHLHEPP 1987a; COY 1988; COY/LÜCKER 1993 sowie COY/NEUBURGER 2002b), die im Zentrum der nachfolgenden Ausführungen stehen.

Allerdings befanden sich bis in die 60er Jahre Amazonien und der Mittelwesten, nicht zuletzt aufgrund der räumlichen Isolation, noch weitgehend im Windschatten der brasilianischen Entwicklung. Zyklenartige Boom-Phasen – beispielsweise die Kautschukextraktion, verbunden mit Zuwanderungen und zeitweiligen Blüteperioden weniger Städte – wurden von langandauernden Baisse-Phasen abgelöst. Mitte der 60er Jahre – und vor allem seit 1970 – setzte jedoch ein tiefgreifender regionaler Umbruch ein (vgl. Abb. 3), der sowohl mit dem grundlegenden Wandel der wirtschafts- und sozialräumlichen Strukturen als auch bekanntermaßen mit schwerwiegenden Umweltveränderungen einherging (vgl. zum Stand der Regenwaldzerstörung in Amazonien und ihren Ursachen FEARNSIDE 1993; KOHLHEPP 1998a).

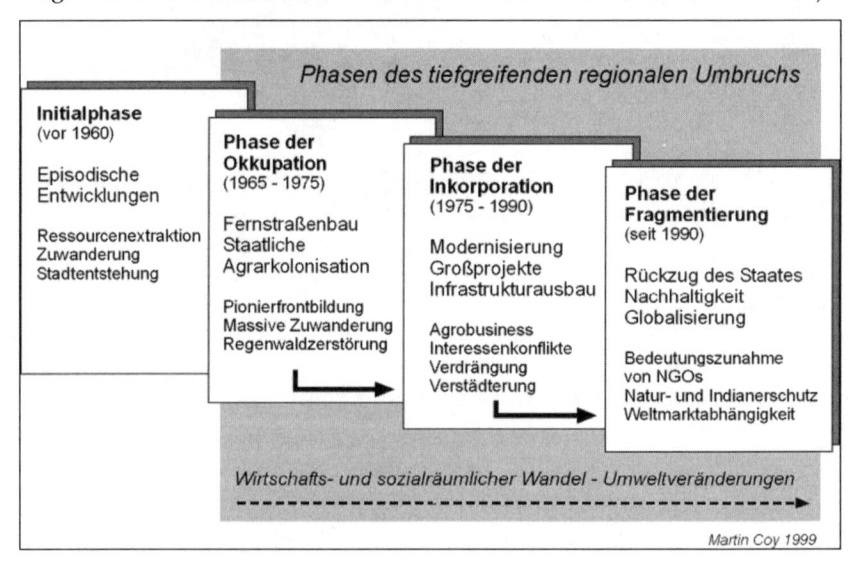

Abbildung 3: Die brasilianische Peripherie im Umbruch -
Entwicklungsphasen in Amazonien und im Mittelwesten

Auslöser des Umbruchs war in erster Linie raumwirksame Staatstätigkeit. Der Bau von Fernstraßen und die Einrichtung kleinbäuerlicher Siedlungsprojekte waren die Hauptinstrumente der Erschließung und Kontrolle der Peripherie. Im Hintergrund standen einerseits geostrategische Motive und andererseits der Versuch der Ablenkung agrarsozialer Spannungen unter dem Motto "Land ohne Menschen für Menschen ohne Land". Es bildeten sich – ähnlich wie zu früherer Zeit in verschiedenen Teilen Südbrasiliens – typische Pionierfronten. Zunächst waren aus anderen Landesteilen verdrängte Migrantengruppen die wichtigsten Akteure. Der Staat verlor allerdings aufgrund der äußerst dynamischen spontanen Prozesse schon rasch die Kontrolle über die Regionalentwicklung.

Ab Mitte der 70er Jahre änderten sich die Prioritäten. Nun stand die Modernisierung der regionalen Wirtschaft und Gesellschaft im Vordergrund verbunden mit Steuervergünstigungen, von denen vor allem das Agrobusiness (z.B. extensiv wirtschaftende und großenteils spekulationsorientierte Rinderweidewirtschaftsbetriebe) profitierte. Des Weiteren wurden Großprojekte der Energiegewinnung und Rohstoffausbeutung sowie der Ausbau der Infrastrukturen vorangetrieben (vgl. am Beispiel des Grande-Carajás-Programms KOHLHEPP 1987b). Die Förderung privatwirtschaftlicher Erschließung führte allerdings auch zu einer Verstärkung von Interessenkonflikten, zu neuerlicher Verdrängung und zu einer Beschleunigung der regionalen Verstädterung. So hat bis 2000 der Verstädterungsgrad in allen zum brasilianischen Amazonien sowie zum Mittelwesten gehörenden Bundesstaaten die 50 %-Marke überschritten und teilweise sogar Werte von 75 % und mehr erreicht.

Die 90er Jahre sind noch stärker als die früheren Phasen durch widersprüchliche Entwicklungstendenzen gekennzeichnet. Von der ehemals ubiquitären Präsenz des Zentralstaates ist heute infolge von Deregulierung und Flexibilisierung in den peripheren Regionen nur noch wenig zu spüren. Ehemals so mächtige zentralstaatliche Institutionen wie die Kolonisationsbehörde INCRA *(Instituto Nacional de Colonização e Reforma Agrária)* oder die staatlichen Agrarberatungsinstitutionen haben ihren Einfluss weitgehend eingebüßt. Lokale und regionale Instanzen stoßen in das entstehende Vakuum ebenso vor wie nationale und internationale Nichtregierungsorganisationen oder die unterschiedlichsten privaten Interessengruppen. Auch sind neue Ambivalenzen hinsichtlich der regionalen Entwicklungsziele nicht zu übersehen. Einerseits orientiert sich zumindest der Diskurs des Staates und der NGOs an Nachhaltigkeitszielen. Dies zeigt sich konkret in einer stärkeren Betonung des Schutzes indigener Gruppen und der Erhaltung der Umwelt sowie in der Propagierung angepasster Nutzungsformen (vgl. am Beispiel des Pilotprogramms zum Schutz der Regenwälder Brasiliens KOHLHEPP 1998b). Andererseits machen sich auch in den peripheren Regionen die Folgen der Globalisierung bemerkbar. Die unterschiedlichsten *global players* treten als neue Akteure auf, und der Weltmarkt spielt als Orientierungsrahmen eine zunehmende Rolle, was sowohl mit Chancen als auch mit neuen Risiken verbunden ist.

So können die Einflüsse der Globalisierung auf den peripheren ländlichen Raum insbesondere am Beispiel des Sojakomplexes gezeigt werden (vgl. hierzu ausführlicher COY, NEUBURGER 2002a). Innerhalb nur weniger Jahre hat sich Brasilien eine führende Stellung auf dem Sojaweltmarkt gesichert. Der Sojaboom setzte in den 60er und 70er Jahren in den drei Bundesstaaten des Südens ein. In den letzten 30 Jahren hat er vom südlichen Mittelwesten und während der 80er und 90er Jahre von den größten Teilen der Baumsavannenregion der *Campos cerrados* Besitz ergriffen (vgl. Abb. 4). Inzwischen sind die vormals peripheren Binnenräume des brasilianischen Mittelwesten im Übergangsbereich zu Amazonien in die Spitzengruppe der Sojaproduktionsregionen aufgestiegen.

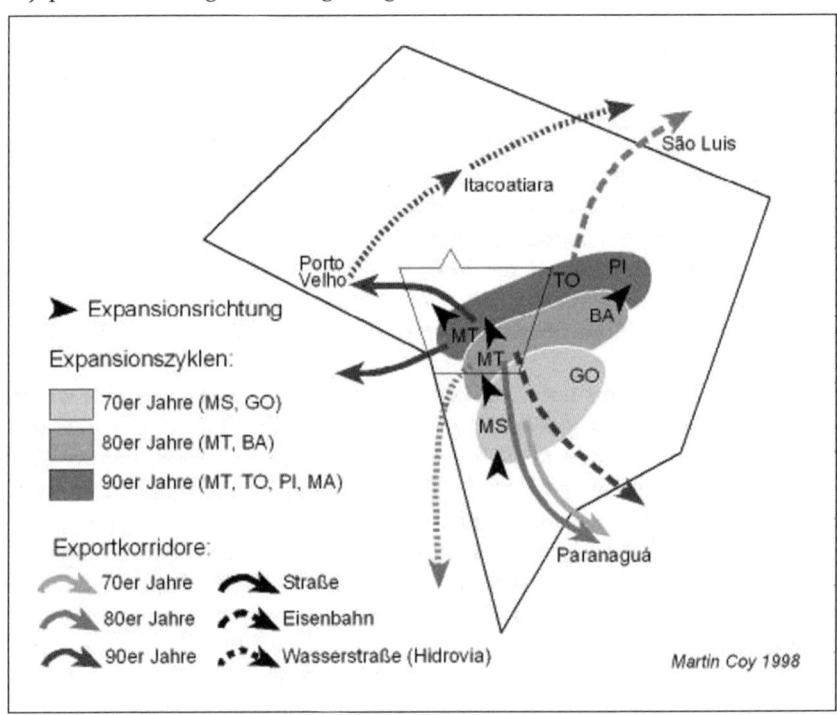

Abbildung 4: Die Globalisierung der Peripherie –
Expansion des Soja-Komplexes im brasilianischen Mittelwesten

Diese zyklenartig ablaufende Expansion des Sojaanbaus in die Cerrado-Region hängt mit den folgenden Standortfaktoren zusammen:

- der Verfügbarkeit großer Landreserven,
- im Vergleich zu Südbrasilien sehr viel geringeren Bodenpreisen,
- günstigen Ausgangsbedingungen für Rodung und Mechanisierung auf den Hochebenen der sogenannten *chapadões,*
- der Züchtung neuer, an die klimatischen Gegebenheiten angepasster Sorten und vor allem

- der Zuwanderung südbrasilianischer Farmer, die mit dem Verkauf ihrer Ländereien ein Vielfaches an Land in den Cerrado-Gebieten erwerben konnten.

Ausrichtung der Peripherie auf den Globalisierungsprozess unter Rahmenbedingungen der Deregulierung: So könnte man die allerjüngsten Entwicklungen in den Modernisierungsenklaven des Cerrado überschreiben. Nach anfänglich starkem Engagement des Staates übernimmt inzwischen privates Kapital nationaler und internationaler Herkunft die Initiative. Multinationale Konzerne aus dem Agrobusiness engagieren sich in der Saatgutherstellung und in der Biotechnologie. Die Verbesserung der Kommunikationsinfrastrukturen – z.B. Funktelefon, Anschluss an das Internet, Einrichtung eigener Satelliten-Fernsehkanäle für den "enträumlichten" grenzenlosen Agrarhandel – soll dabei helfen, die Standortnachteile der Produzenten an der Peripherie im globalen Wettbewerb auszugleichen.

Die hohen Kosten des Straßentransports zu den Agroindustrien und Exporthäfen des Südens waren von Anfang an ein Standortnachteil der Cerrado-Gebiete. Deshalb wird von den regionalen *pressure groups* die Schaffung neuer Exportkorridore gefordert, um im nationalen und globalen Wettbewerb bestehen zu können (vgl. Abb. 4). Seit den späten 80er Jahren werden – neben anderen Wasserstraßenprojekten in Amazonien – der Ausbau des Rio Paraguai zur internationalen Wasserstraße im Rahmen des MERCOSUL (vgl. FRIEDRICH 1995) sowie der Bau einer Fernstraße über Bolivien zum Pazifik *(Saída para o Pacífico)* propagiert, um die Anbindung der Peripherie an den Weltmarkt zu verbessern. Als weiteres Großprojekt wurde der Bau einer Ost-West-Eisenbahnverbindung *(Ferrovia Leste-Oeste)* in Angriff genommen. Parallel hierzu ist ein weiterer Exportkorridor per Straße und Flusstransport nach Norden entstanden (siehe hierzu PASCA, FRIEDRICH 1998). Neu ist bei den beiden letztgenannten Projekten, dass sie weitgehend aus der Privatschatulle der bedeutendsten Sojaproduzenten finanziert werden. Privatinitiative übernimmt also zusehends die Lenkungsfunktion des Staates und betreibt die Ausrichtung der Peripherie auf die Globalisierung.

Allerdings nehmen private Kapitalinteressen wenig Rücksicht auf ökologische Gefahren, auf indigene Gruppen oder auf die Überlebensstrategien der Kleinbauern. Dabei schlägt sich sozioökonomische Marginalisierung im ländlichen Raum seit jeher in Landkonflikten zwischen Großgrundbesitzern und Landlosen (den sogenannten *posseiros*) und Kleinbauern nieder. Brasilien gehört bis heute zu den Ländern der Erde mit der extremsten Landeigentumskonzentration (vgl. OLIVEIRA 1995). Sie hat infolge der weltmarktorientierten Modernisierung der Landwirtschaft und des Ausbleibens einer Agrarreform sogar noch deutlich zugenommen. Dies gilt auch für die sozialen Konflikte um den dauerhaften Zugang zu Land als der entscheidenden Überlebensressource im ländlichen Raum. So waren allein im Jahr 1996 von den ca. 750 landesweit registrierten Landkonflikten insgesamt über 900.000 Familien betroffen (vgl. hierzu DAVID/WANIEZ/BRUSTLEIN 1997). Schwerpunktregionen sind dabei unter anderem die Expansionsgebiete der weltmarktorientierten modernisierten Landwirtschaft und der großbetrieblichen Rinderweidewirtschaft im Mittelwesten und in Amazonien.

Die von den Konflikten Betroffenen haben sich in den vergangenen Jahren auf beiden Seiten organisiert, um ihre Interessen effektiver durchsetzen zu können. So hat sich die brasilianische Landlosenbewegung, das *Movimento dos Trabalhadores Rurais Sem Terra* (MST), zu einer der größten sozialen Bewegungen des Landes entwickelt, die mit großangelegten Landbesetzungen und Protestaktionen die Bedeutung der Agrarfrage im Bewusstsein von Öffentlichkeit und Politikern halten (vgl. beispielsweise STÉDILE 1997; FERNANDES 1996 sowie zusammenfassend COY/NEUBURGER 2002a). Einigen Beobachtern gilt die Landlosenbewegung längst als eines der wenigen zivilgesellschaftlichen Bollwerke gegen die Allmacht des Neoliberalismus. Inzwischen widmet sich das MST verstärkt der wirtschaftlichen Verbesserung kleinbäuerlicher Produktionsbedingungen, z.B. durch Förderung gemeinschaftlicher Produktion und Vermarktung sowie durch Schaffung von Kooperativen. Dabei geht es nicht mehr allein um reine Überlebenssicherung, sondern ebenso um eine stärkere Heranführung der Kleinbauern an den Markt. So sind heute selbst in den Landbesetzungen Mechanisierung, Sojaanbau, Kontrakte mit der Agroindustrie oder auch eigene agroindustrielle Projekte anzutreffen. Die hier nur kurz angedeuteten vielfältigen Aktivitäten des MST könnten im Sinne der Nutzung endogener Potenziale und bestehender sozialer Netzwerke Ansatzpunkte für die Suche nach alternativen, regional und partizipativ ausgerichteten Pfaden nachhaltiger Entwicklung bieten.

3. Regionalentwicklung im südwestlichen Amazonien: Das Fallbeispiel Mato Grosso

Am Beispiel des ca. 900.000 km² großen, im Übergang zwischen Baumsavannen der *Campos cerrados* und den amazonischen Regenwäldern gelegenen Bundesstaates Mato Grosso wird die durch die Globalisierung verstärkte Fragmentierung der Gesellschafts- und Raumstrukturen peripherer Gebiete zwischen Inklusion und Exklusion besonders deutlich (vgl. Abb. 5). Hier fand seit den 70er Jahren eine boomartige Regionalentwicklung statt, die zum Anstieg der Bevölkerung von 700.000 1970 auf über 2,5 Millionen im Jahr 2000 führte und sowohl in ökologischer als auch in sozioökonomischer Hinsicht nicht-nachhaltige Milieus entstehen ließ (vgl. zur Entwicklung Mato Grossos COY/LÜCKER 1993 sowie KOHLHEPP 1995). Die folgenden Faktoren sind hierfür verantwortlich: Fernstraßenbau, niedrige Landpreise, die Kolonisationstätigkeit privater, ausschließlich aus Südbrasilien stammender Firmen und vor allem die sich rasch verstärkende Zuwanderung von Siedlerfamilien ebenfalls aus Südbrasilien. Regenwald- und Savannengebiete wurden durch den Erschließungsprozess großflächig gerodet. In den Pionierregionen überlagern sich inzwischen unterschiedliche Wirtschafts-

und Sozialräume der Inklusion beziehungsweise Exklusion, deren Akteure unterschiedlichen Handlungslogiken folgen und die miteinander in Konflikt geraten (vgl. Abb. 5).

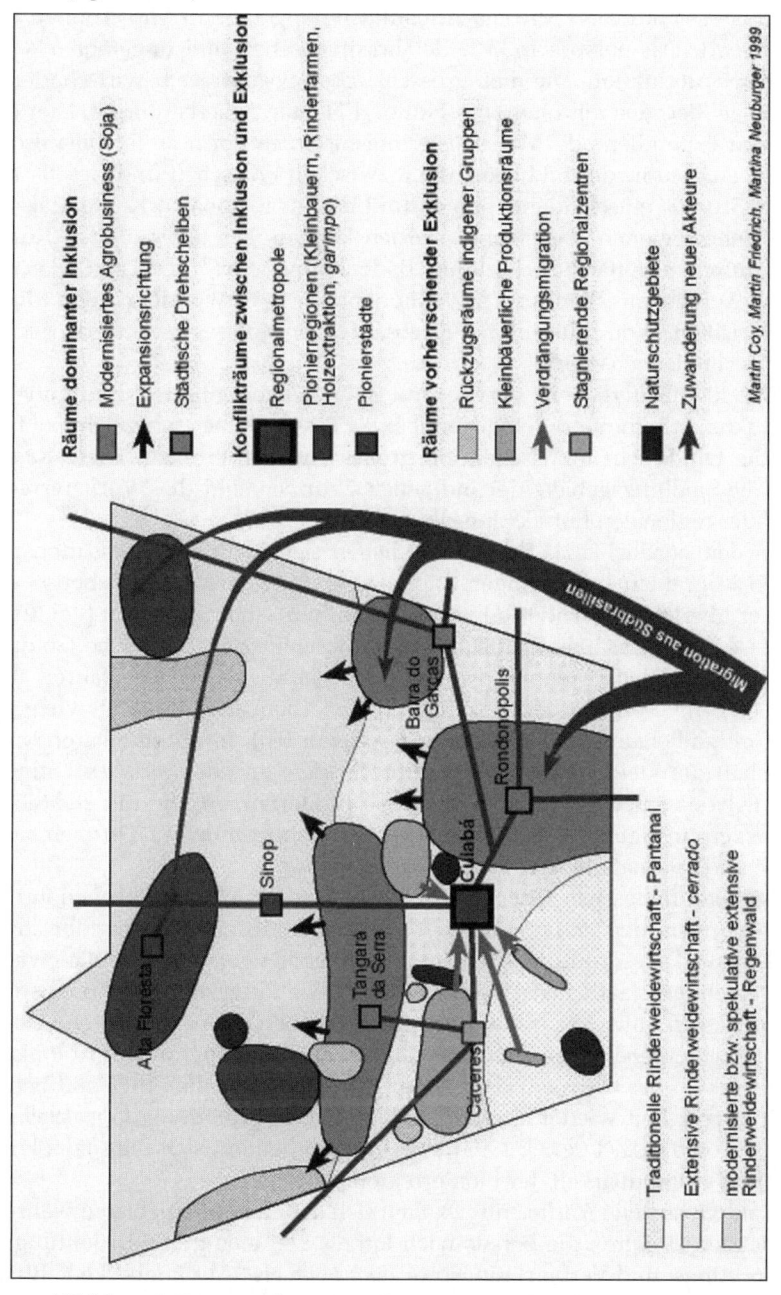

Abbildung 5: Raumstruktur Mato Grossos im Zeichen der Globalisierung

Im Cerrado-Bereich bildeten sich auf den Hochebenen die Gebiete des modernisierten Ackerbaus. Mato Grosso zählt heute zu den größten Sojaproduzenten Brasiliens und der Welt. So wurden im Wirtschaftsjahr 2000/01 in Mato Grosso auf ca. 3 Mio. ha Anbaufläche ungefähr 10 Mio. Tonnen Soja produziert. Das entsprach 33 % der brasilianischen und ungefähr 6 % der Welt-Sojaproduktion. Die matogrossensischen Sojafarmer bewirtschaften in der Regel Betriebe mit mehreren Hundert Hektar Ackerbaufläche. Hier entstanden expandierende Modernisierungsinseln in Form südbrasilianischer Enklaven, Räume der Inklusion, die inzwischen Wirtschaft und Gesellschaft Mato Grossos entscheidend prägen und die im regionalen Kontext als die "Gewinnerregionen" bezeichnet werden können. Die ökologischen Kosten (z.B. durch großflächige Rodung, Bodenabtrag oder Schadstoffbelastung durch Agrochemikalien) und sozioökonomischen Verwundbarkeiten (durch Marktrisiken, Verschuldung, Betriebsaufgaben) dieses außerordentlichen Booms sind jedoch enorm.

Die kleinbäuerlichen, vorwiegend subsistenzorientierten traditionellen Produktionsräume sind demgegenüber als Passivräume zu bezeichnen. Hier hat die Landflucht inzwischen ein großes Ausmaß erreicht. Diese Räume und die Siedlungsgebiete der indigenen Gruppen sind die "Verliererregionen" des regionalen Entwicklungsbooms.

In den nördlichen Waldgebieten ließen sich in Privatkolonisationsprojekten Migranten mit geringer Kapitalausstattung nieder, die ebenso eine stärker überlebensorientierte Form der Landwirtschaft betreiben (vgl. COY/ LÜCKER 1993). Zusätzlich entstanden in dieser Region zahlreiche Goldgräbercamps, in denen während einer Boomphase in den 80er Jahren über 100.000 *garimpeiros* ihr Glück suchten (inzwischen sind allerdings viele dieser Goldgräbercamps wieder aufgelassen worden). In unmittelbarer Nachbarschaft der kleinbäuerlichen Siedlungsgebiete und der *garimpos* befinden sich teilweise mehrere 100.000 ha große Rinderfarmen, die mit staatlichen Steuervergünstigungen zumeist aus Spekulationsgründen von großen nationalen und internationalen Firmen angelegt wurden.

Landkonflikte zwischen den wenigen in der Region verbliebenen indigenen Gruppen, den *garimpeiros*, den Siedlern und den Großgrundbesitzern sind an der Tagesordnung. Die bäuerlichen Siedler geraten zusätzlich wegen der fehlenden staatlichen Unterstützung sowie aufgrund von Konzentrationsprozessen unter Verdrängungsdruck. So haben eigene empirische Untersuchungen ergeben, dass oftmals mehr als 50 Prozent der in den Kolonisationsprojekten des südwestlichen Amazonien Angesiedelten ihr Land bereits nach kurzer Zeit wieder verkauft haben (vgl. für Rondônia COY 1988, für Mato Grosso COY/LÜCKER 1993). Hierin dokumentiert sich die sozioökonomische Verwundbarkeit der Pionierregionen.

Zahlreiche neue Städte entwickelten sich in den Pioniergebieten während der letzten 20 Jahre, die bereits nach kurzer Zeit eine große Bedeutung als Versorgungs- und Vermarktungsorte, aber auch als "Auffangbecken" für die vom Lande Verdrängten erhielten (vgl. COY 1990). Sie sind inzwischen beispielsweise mit zahlreichen Sägereien und Agroindustrien die eigentlichen Kristallisationspunkte der dynamischen Regionalentwicklung (ein gutes Beispiel hierfür ist das nordmatogrossensische Regionalzentrum Sinop an der Fernstraße Cuiabá-Santarém, siehe Abb. 5).

Die beschriebene interne Differenzierung der Pioniergebiete hat in den letzten Jahren zu einem grundlegenden Wandel der Wanderungsmuster geführt (vgl. Abb. 6). In den 70er und frühen 80er Jahren herrschte die interregionale Migration in die unterschiedlich strukturierten Pionierfrontgebiete vor. Die Migrantengruppen differenzierten sich nicht nur nach ihren Herkunftsregionen, sondern ebenso nach den Zielgebieten, nach ihrer Kapitalausstattung und nach ihren Überlebensstrategien.

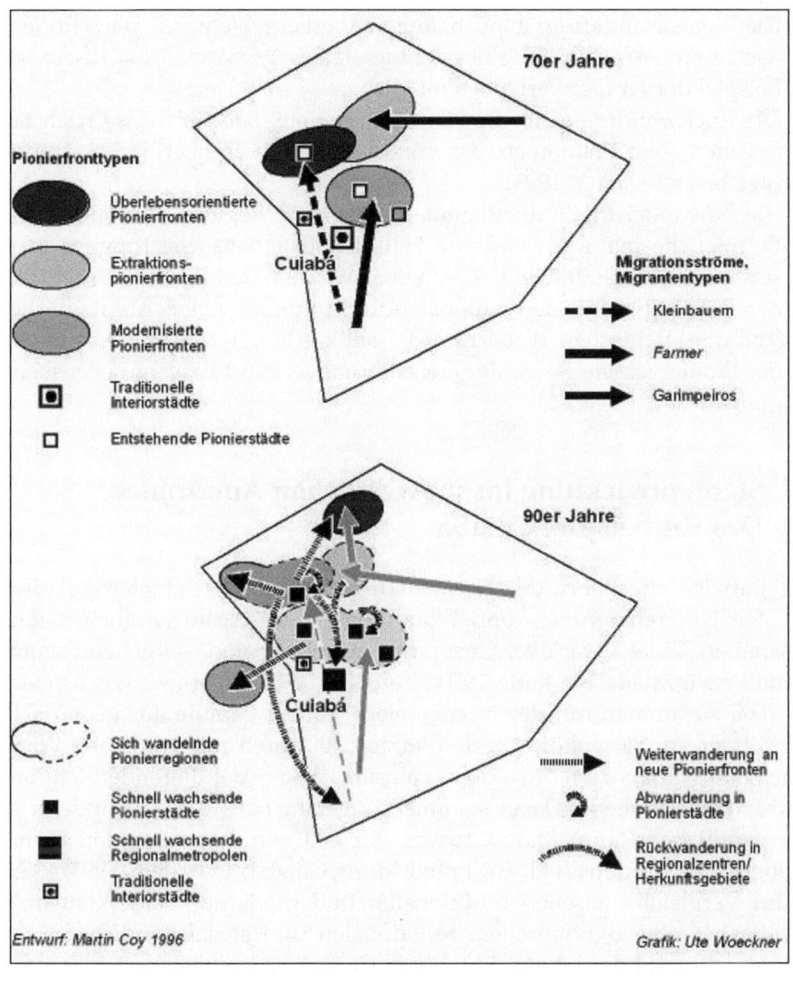

Abbildung 6: Wandel der Migrationsmuster in den Pionierregionen des südwestlichen Amazonien

Landkonzentrationsprozesse, schwierige Lebensbedingungen und wirtschaftlicher Misserfolg führen in den meisten Pioniergebieten bereits nach kurzer Zeit zu neuerlicher Migration. Dabei können vereinfachend vier Wanderungsalternativen festgestellt werden, die heute die Migrationsmuster im südwestlichen Amazonien kennzeichnen:

1. Die Abwanderung in die Pionierstädte, die eine boomhafte Entwicklung durchlaufen. Der Verstädterungsgrad Mato Grossos beläuft sich auch aufgrund ihres Wachstums inzwischen auf über 70 Prozent. Trotz ihrer wirtschaftlichen Dynamik sind gerade sie durch zunehmende Marginalisierungsprozesse infolge der Verdrängungsmigration aus den ländlichen Gebieten gekennzeichnet.
2. Die Weiterwanderung in noch jüngere Pioniergebiete (z.B. nach Roraima, nach Acre sowie in Teile des Bundesstaates Amazonas), in denen zum Beispiel der Landerwerb noch möglich ist.
3. Die Rückwanderung in die Herkunftsgebiete, beispielsweise nach Südbrasilien – ein Phänomen, das vor wenigen Jahren noch unbekannt war (vgl. hierzu SANTOS 1993).
4. Die Zuwanderung in die Regionalzentren und Regionalmetropolen, zum Beispiel die matogrossensische Hauptstadt Cuiabá. Sie fungiert inzwischen als wirtschaftliche Drehscheibe zwischen den Produktionsgebieten der Peripherie und den nationalen und internationalen Absatzmärkten. Von der städtischen Wachstumsdynamik erhoffen sich die Abwanderer der Pioniergebiete Beschäftigungsalternativen und bessere Lebensbedingungen.

4. Stadtentwicklung im südwestlichen Amazonien: Das Fallbeispiel Cuiabá

Der Entwicklungsboom der Hauptstadt Mato Grossos hängt somit direkt mit den Differenzierungs- und Wandlungsprozessen im ländlichen Raum zusammen. Cuiabá war über Generationen hinweg eine weitgehend stagnierende Provinzstadt. Sie hatte 1970 kaum 100.000 Einwohner, wuchs jedoch bis 2000 zusammen mit der Nachbarstadt Várzea Grande auf über 700.000 Einwohner an. Sie gehörte in den letzten 30 Jahren mit jährlichen Wachstumsraten von bis zu 8 % zu den explosionsartig expandierenden Regionalmetropolen Brasiliens. Dabei stammen ungefähr 60 % der Zuwanderer aus dem ländlichen Raum Mato Grossos, ein Teil von ihnen aus den Pionierregionen des Nordens (vgl. zur Entwicklung Cuiabás COY 1996, 1997, 1999).

Im Vergleich zwischen traditioneller und moderner Stadt können die wichtigsten physiognomischen, funktionalen und sozialräumlichen Faktoren des während der letzten 30 Jahre in Cuiabá zu beobachtenden Stadtumbaus folgendermaßen zusammengefasst werden (vgl. Abb. 7):

Regionalentwicklung im südwestlichen Amazonien 229

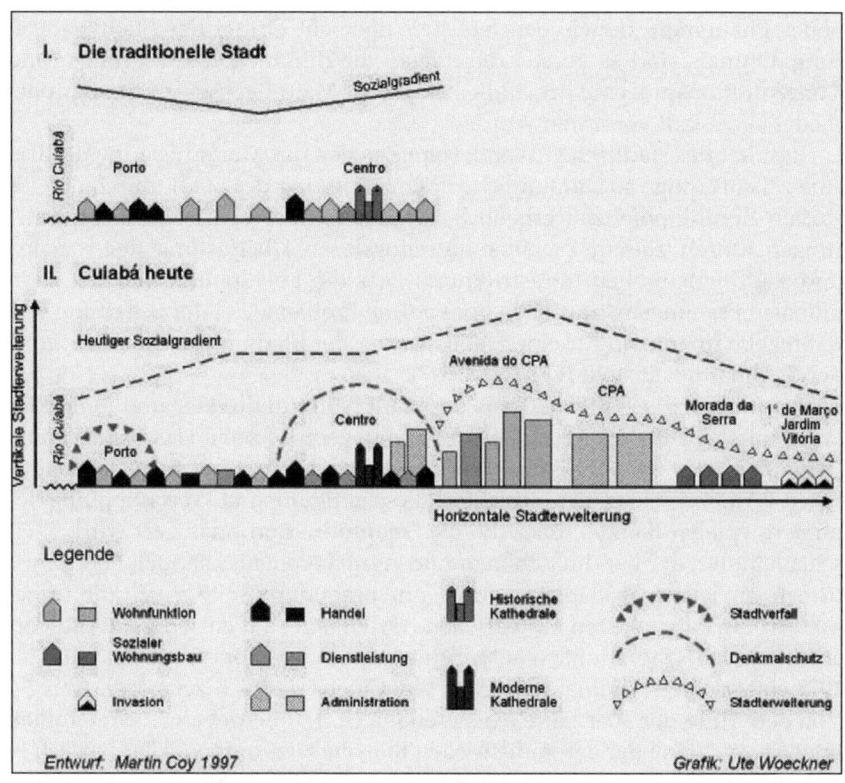

Abbildung 7: Modell des Strukturwandels in Cuiabá

Erstens durchlaufen die traditionellen Viertel (Hafenviertel und Altstadt) einen grundlegenden physiognomischen und sozialen Wandel. Dies bedeutet einerseits Stadtverfall durch soziale und bauliche Degradierung sowie Ausbreitung von Marginalisierung. Andererseits findet im Zentrum ein funktionaler Umbau durch die Verdichtung von Handel und Dienstleistungen sowie durch die Verdrängung der Wohnfunktion statt. Dadurch werden zentrale Ankerpunkte traditioneller lokaler Identität im Interesse eines unkritisch verfolgten Modernisierungsideals – teilweise bewusst – zerstört.

Zweitens wird die horizontale Stadterweiterung zellenartig von vertikaler Stadterweiterung begleitet. Neue, als modern wahrgenommene städtische Lebensstile setzen sich durch, physiognomisch in der raschen Verbreitung von Hochhausquartieren und abgeschotteten Villenvierteln der Mittel- und Oberschicht sowie Shopping Centers erkennbar.

Drittens entstehen Großprojekte des Sozialen Wohnungsbaus, ohne allerdings die wachsende Wohnraumnachfrage befriedigen zu können. Hier bilden sich neue Viertels- und Subzentrenstrukturen, die sich auf die soziale Fragmentierung der Aktionsräume der Stadtbewohner auswirken.

Viertens dehnen sich meist illegal entstandene Marginalviertel an den Stadträndern aus – ein in diesem Umfang für die Stadt an der Peripherie neues Phänomen. Inzwischen lebt hier über ein Drittel der Stadtbevölkerung. Oftmals sind es gerade diejenigen, die durch Modernisierungs- und Konzentrationsprozesse im ländlichen Raum Mato Grossos an die Peripherie der Großstadt verdrängt wurden.

Resultat des städtischen Wandels im Zeichen der Modernisierung ist also eine zellenförmige sozialräumliche Fragmentierung der Stadt, durch die das soziale Konfliktpotenzial erheblich zunimmt. Die beschriebenen Veränderungen führen zudem zu einer hoffnungslosen Überlastung der sozialen und stadthygienischen Infrastrukturen, was die Lokalpolitik und die kommunalen Planungsinstitutionen vor enorme Probleme bei der Schaffung von Rahmenbedingungen für eine Stabilisierung der Stadtentwicklung im Sinne der Nachhaltigkeit stellt (vgl. COY 1997).

Auch die wirtschaftliche Basis der Stadt hängt in direkter und indirekter Weise mit den Differenzierungs- und Wandlungsprozessen im ländlichen Raum (besonders mit der modernisierten Landwirtschaft) zusammen. Im städtischen Tertiären Sektor, der hinsichtlich Beschäftigung und Wertschöpfung dominiert, spielen Banken, über die die Sojaproduktion finanziert wird, Zwischenhändler, der Landmaschinen- und Agrochemikalienhandel, Beratungsfirmen sowie das Transportgewerbe eine besondere Rolle. Auch die insgesamt wenig entwickelten industriellen Aktivitäten sind einseitig auf die Verarbeitung der Sojaproduktion ausgerichtet, was sich am Branchenspektrum des 1978 eingerichteten Industriedistrikts von Cuiabá deutlich zeigt (vgl. Abb. 8). Von den Mitte der 90er Jahre existierenden ca. 120 Betrieben ist ein Großteil im weiteren Sinne der agroindustriellen Branche zuzuordnen. Hier hat sich in den letzten Jahren einer der größten Sojaverarbeitungs- und -umschlagplätze des brasilianischen Mittelwesten herausgebildet. Dabei sind vier Sojamühlen mit jeweils 300–400 Beschäftigten die mit Abstand größten und umsatzstärksten Betriebe. Sie sind allesamt Filialen südbrasilianischer Agroindustrien. Von einer Ausweitung der bisher als Engpassfaktor wirkenden Energieproduktion (beispielsweise durch Nutzung der bolivianischen Erdgasvorräte) und einer verbesserten Verkehrsanbindung erhofft man sich in Industriekreisen Cuiabás in Zukunft eine weitere Expansion des agroindustriellen Sektors. Dass dieser wenig konsolidierte Bereich jedoch in besonders starkem Maß von den Oszillationen der nationalen und internationalen Märkte abhängt, zeigen die zahlreichen zum Kartierungszeitpunkt im Industriedistrikt bereits wieder aufgegebenen agroindustriellen Betriebe (vgl. Abb. 8).

Das enge Branchenspektrum des Cuiabaner Industriedistrikts spiegelt die "Drehscheibenfunktion" der Stadt im Warenaustausch zwischen Zentrum und Peripherie wider. Der Schwerpunkt liegt dabei auf einfachen Verarbeitungsstufen der agrarischen Rohstoffe. Dabei spielen diese Produkte die entscheidende Rolle für den regionalen Export. Somit symbolisiert der Industriedistrikt in seiner Branchenstruktur den abhängigen, funktional nach außen gerichteten und wenig diversifizierten Entwicklungsstil Mato Grossos im Zuge der Inkorporation der Peripherie in den nationalen und globalen Wirtschaftsraum.

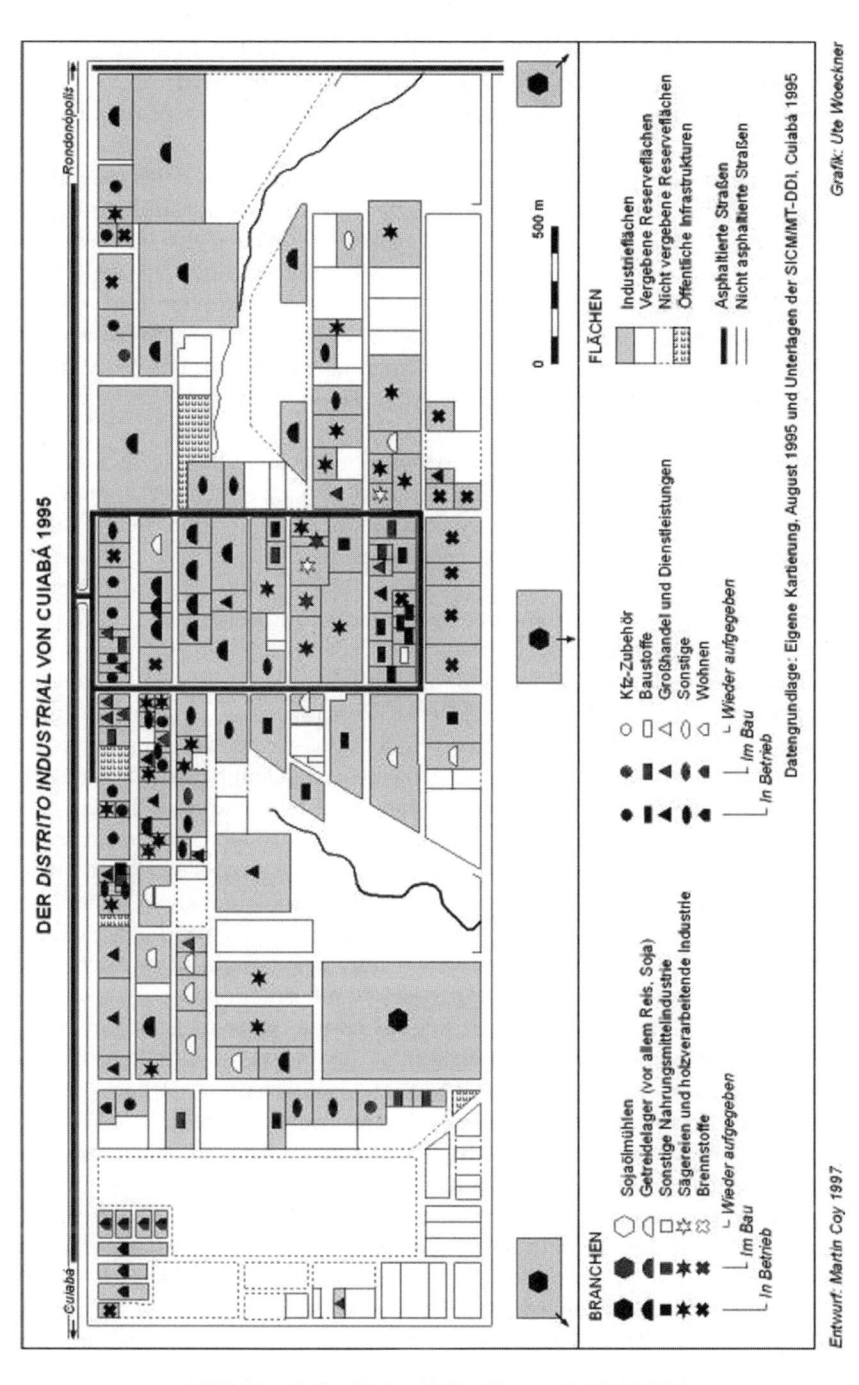

Abbildung 8: Der Industriedistrikt von Cuiabá 1995

5. Regionalentwicklung an der Peripherie im Spannungsfeld zwischen Globalisierung und Nachhaltigkeit: Ein Modell

Abschließend seien auf der Grundlage eines schematischen Raummodells die am Beispiel Mato Grossos geschilderten und für viele periphere Regionen in der Dritten Welt gültigen Entwicklungstendenzen den Anforderungen einer alternativen nachhaltigen Entwicklung gegenübergestellt (vgl. Abb. 9). Ausgangspunkt des Modells sind die Verflechtungen und Abhängigkeiten zwischen den unterschiedlichen räumlichen Maßstabsebenen, die sich sowohl in Kapital-, Waren- und Energieflüssen als auch in Migrationsströmen, Verdrängungsprozessen oder Ressourcennutzungskonkurrenzen manifestieren.

Das Ergebnis des regionalen Inkorporationsprozesses ist sozioökonomische und räumliche Fragmentierung. Funktional nach außen gerichtete Wirtschafts- und Sozialformationen beziehungsweise Teilräume stehen überlebensorientierten Gruppen und Teilräumen gegenüber und geraten mit diesen in Konflikt. Zu ersteren gehören insbesondere die "Modernisierungsinseln" des expandierenden exportorientierten Ackerbaus und die dynamischen städtischen Steuerungszentralen, die zusammen ein eigenes, eng verflochtenes regionales Milieu bilden. Hier wird die Peripherie als funktionaler Raum über Ressourcenentzug und Ressourcenzufuhr direkt in übergeordnete Abhängigkeitshierarchien eingebunden und den positiven wie negativen Folgen der Globalisierung ausgesetzt. Demgegenüber sind die überlebensorientierten Formationen, seien es Kleinbauern, Indianer oder städtische Marginalgruppen, vorrangig in kleinräumigen und oftmals informellen Milieus organisiert. Dabei übernehmen periphere Gebiete einerseits Funktionen eines Überlebensraumes für Verdrängungsmigranten aus den Zentrumsregionen. Andererseits reproduzieren sich auf der regionalen Ebene neuerliche Verdrängungsprozesse durch den Konflikt mit den Nutzungsansprüchen der funktional inkorporierten Formationen.

Das Modell einer nachhaltigen Region könnte angesichts der inkorporierten und fragmentierten Entwicklung, die bis heute die Realität der meisten Regionen in der Dritten Welt prägt, als alternatives Szenario dienen (vgl. Abb. 9). Seine Grundlage besteht in einer Stärkung regionaler Vernetzungen, Stoffkreisläufe und Austauschbeziehungen. Dies soll nicht im Sinne einer wirtschaftlichen "Abkoppelung" verstanden werden, setzt allerdings voraus, dass Außenbeziehungen weniger auf dem Prinzip der Abhängigkeit, als vielmehr auf dem Prinzip der Reziprozität basieren. Grundlegend ist es, das bisher durch Nutzungskonflikte und Verdrängung gekennzeichnete Verhältnis zwischen Modernisierungs- und Überlebensräumen auszugleichen, wozu vor allem Maßnahmen beitragen können, die die Stellung der überlebensorientierten Formationen stärken. Hierzu gehören die Sicherung der Landrechte, die Regelung von Arbeits- und Pachtverhältnissen, die För-

Abbildung 9: Modell der räumlichen Entwicklung Mato Grossos

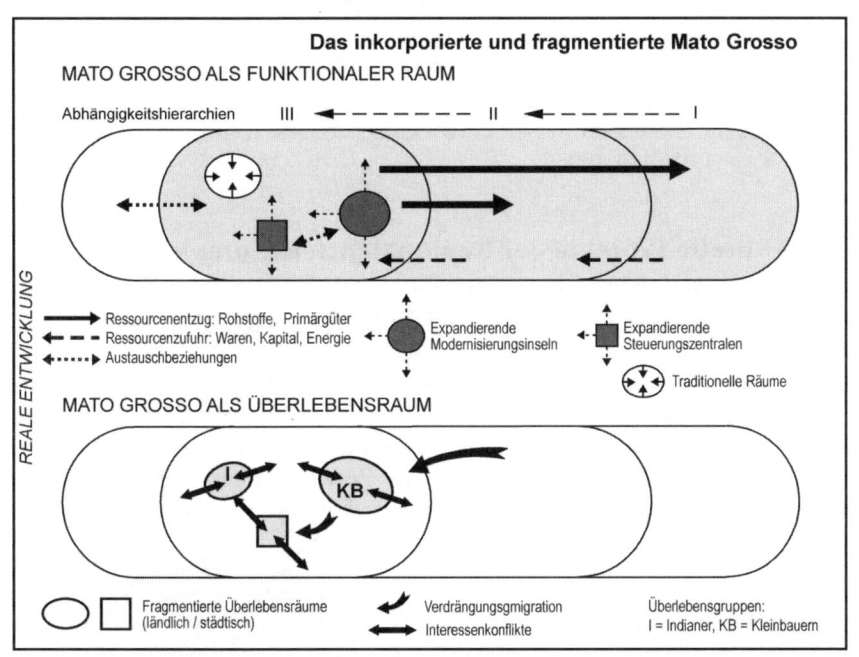

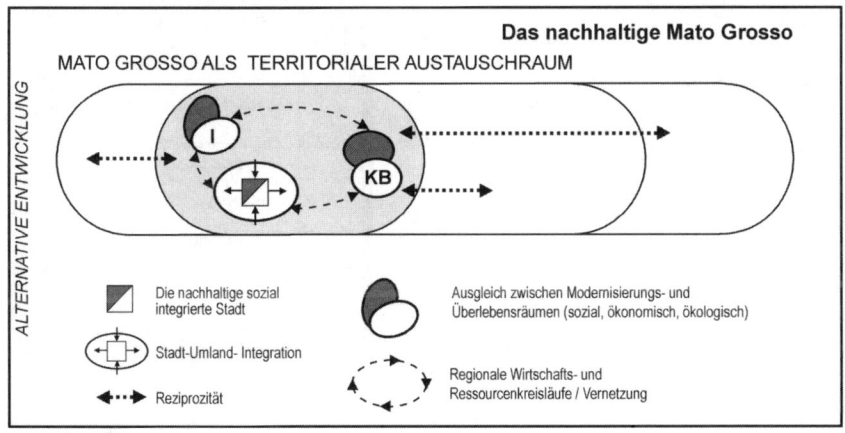

derung ökologisch angepasster, diversifizierter Nutzungssysteme, die Stärkung regional ausgerichteter Verarbeitungs- und Vermarktungsstrukturen und vor allem die Verbesserung der Basisinfrastrukturen in Stadt und Land. Kleinräumige sowie regionale Kreisläufe und Vernetzungen setzen in erster Linie eine stärkere Orientierung an den endogenen Potenzialen voraus. Zur Umsetzung nachhaltiger Regionalentwicklung ist die institutionelle, konzeptionelle und finanzielle Verbesserung lokaler und regionaler Governabilität dringend geboten. Jedoch können alternative Entwicklungsstile nicht allein "von oben" realisiert werden. Eine stärkere Beteiligung "von unten" ist mindestens ebenso wichtig, was Bewusstseinsbildung und Strategien des "empowerment" aller regionalen Akteure voraussetzt (vgl. zur Bedeutung partizipativer Strategien in der Entwicklungstheorie und Entwicklungspraxis KRÜGER/LOHNERT 1996).

6. Aktuelle Projekte der Regionalentwicklung im südwestlichen Amazonien – Ansätze einer nachhaltigen Entwicklung?

Seit einigen Jahren beginnt sich in der Region ein Bewusstsein für die zunehmenden Konflikte im Spannungsfeld zwischen den Folgen des außenorientierten Entwicklungsbooms und den Anforderungen regionaler Nachhaltigkeit herauszubilden, das sich in neuen Entwicklungskonzepten auf den unterschiedlichsten Ebenen niederschlägt (vgl. Abb. 10).

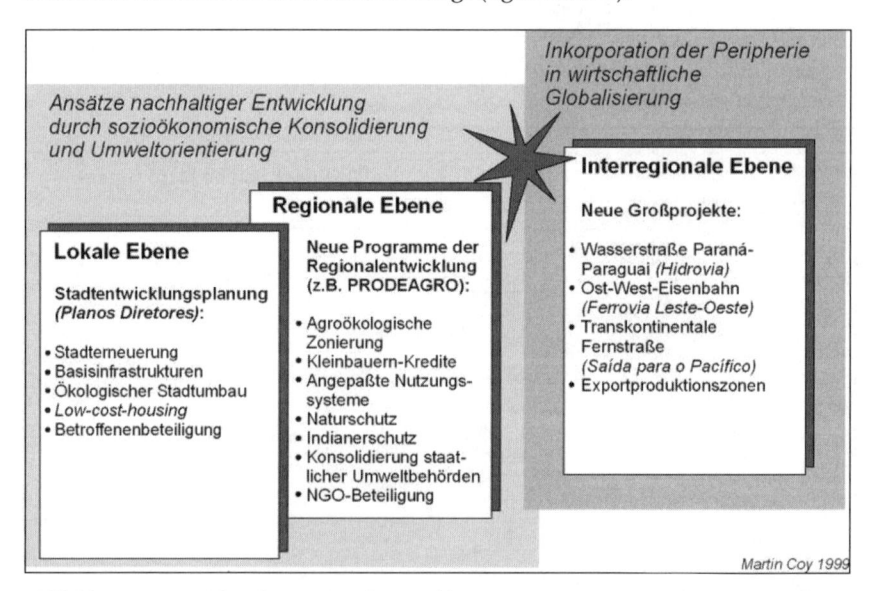

Abbildung 10: Projekte der Regionalentwicklung in Mato Grosso in den 1990er Jahren

So sind auf der lokalen Ebene verschiedene Stadtverwaltungen (vor allem die matogrossensische Hauptstadt Cuiabá) inzwischen bemüht, unter stärkerer Beteiligung der betroffenen Bevölkerung auf der Basis von Stadtentwicklungsplänen und konkreten Projekten der Stadterneuerung Maßnahmen zur Verbesserung der kollektiven Lebensqualität und zur Verringerung der Umweltgefährdung zu ergreifen (vgl. COY/FRIEDRICH 1998). Für Maßnahmen einer dringend erforderlichen Stabilisierung und Diversifizierung der ökonomischen Basis der Städte fehlen den Kommunalverwaltungen indessen die notwendigen Mittel und Handlungsspielräume. Insgesamt lassen es institutionelle und vor allem finanzielle Probleme fraglich erscheinen, ob man dem anzustrebenden Ziel einer nachhaltigen Stadtentwicklung überhaupt gerecht werden kann. Auf der regionalen Ebene wird in neuen Programmen (insbesondere im Rahmen des sogenannten PRODEAGRO-Programms), an deren Finanzierung sich die Weltbank beteiligt, ebenfalls der Versuch unternommen, Regionalentwicklung an den Prinzipien der Nachhaltigkeit zu orientieren (vgl. KLEIN 1998, zu entsprechenden Entwicklungen im übrigen Amazonien COY/NEUBURGER 2002b). Grundlage sind hier erstmalige agrarökologische und sozioökonomische Zonierungen, die die Basis für eine an Tragfähigkeit und Nutzungseignung orientierte Förderungspolitik schaffen sollen. Des Weiteren werden mit Hilfe von Kleinkrediten angepasste Formen der Nahrungsmittel- und *cash-crop*-Produktion im kleinbäuerlichen Umfeld gefördert, die hauptsächlich auf den regionalen Markt ausgerichtet sind. Ebenso erhalten der Naturschutz und der Schutz der indigenen Bevölkerung größere Bedeutung. Insgesamt stehen also die Verlierer des regionalen Entwicklungsbooms im Vordergrund aktueller Programme. Aber auch hier stellen sich die Umsetzungsprobleme als ausgesprochen schwierig dar. Gleichzeitig werden diese konzeptionell sinnvollen Versuche, sich in der öffentlichen Planung und Regionalpolitik stärker an den Prinzipien nachhaltiger Entwicklung zu orientieren, durch die übergeordneten ökonomischen Rahmenbedingungen und die bereits geschilderten jüngsten Großprojekte unter den Vorzeichen regionaler Integration konterkariert. Diese Projekte haben die stärkere Einbindung der Peripherie in die nationalen und globalen Märkte zum Ziel und können direkt oder indirekt die sozioökonomischen und ökologischen Probleme der Region noch verschärfen.

7. Fazit

Auch wenn in diesem Beitrag nur ein kleiner Ausschnitt der jüngeren Tendenzen, Akteurskonstellationen und Widersprüchlichkeiten der Regionalentwicklung an der brasilianischen Peripherie behandelt werden konnte und viele Aspekte (beispielsweise die Lebenssituation der indigenen Bevölkerung, die Ressourcenextraktion von Goldgräbern oder Holzexploiteuren, die Regenwaldzerstörung oder auch geopolitische Aspekte) nicht thematisiert wurden, so zeigt sich doch, dass die jungen Pionierregionen des südwestlichen Amazonien keineswegs dem neuen Eldorado entsprechen, als das sie lange Zeit in der Vorstellungswelt vieler Migranten existierten und vor allem vom Staat oder von privaten Siedlungsfirmen dargestellt wurden. Vielmehr ist die brasilianische Peripherie durch vielschichtige Fragmentierungsprozesse auf unterschiedlichen sozioökonomischen und räumlichen Maßstabsebenen gekennzeichnet. Regionale Prozesse der Inklusion beziehungsweise Exklusion werden durch übergeordnete Rahmenbedingungen der Strukturanpassung und Deregulierung verstärkt und vertiefen die Aufspaltung der regionalen Gesellschaft in Gewinner und Verlierer. Deshalb bleibt nach wie vor Skepsis hinsichtlich der dauerhaften Problemlösungsmöglichkeiten der jüngeren durchaus positiven Entwicklungsansätze im Sinne einer nachhaltigen Entwicklung auf der regionalen Ebene angebracht.

Die dargestellten Beispiele zeigen generell, dass Globalisierung und Nachhaltigkeit sowohl theorie- als auch anwendungsorientiert zu wichtigen Forschungsfragen auch für die Geographie der Entwicklungsländer geworden sind. Dabei findet die geographische Entwicklungsforschung in der Analyse aktueller gesellschaftlicher Konfliktfelder, ihrer globalen Vernetzung und ihrer sozioökonomischen und ökologischen Folgen vielfältige Ansatzpunkte. Geographische Analysen füllen das Spannungsverhältnis zwischen Globalisierung und Nachhaltigkeit mit konkreten empirischen Inhalten und können über den Vergleich regionaler Erfahrungen zur Erarbeitung angepasster umwelt- und sozialverträglicher Entwicklungspfade beitragen. Dabei sollte das Leitbild der nachhaltigen Entwicklung eine Aufforderung an die "engagierte Geographie" sein, auf der Basis wissenschaftlicher Erkenntnisse im Zeichen der Globalisierung klare Positionen zu den allgegenwärtigen Problemen des Ressourcenverbrauchs, der Armut, der Ungerechtigkeit und Ungleichheit der Lebenschancen zu beziehen.

Literatur

ALTVATER, E. (1987): Sachzwang Weltmarkt. Verschuldungskrise, blockierte Industrialisierung, ökologische Gefährdung – der Fall Brasilien. – Hamburg.

BECKER, B. K./EGLER, C. A. G. (1992): Brazil: a new regional power in the world-economy. – Cambridge.

COY, M. (1988): Regionalentwicklung und regionale Entwicklungsplanung an der Peripherie in Amazonien. Probleme und Interessenkonflikte bei der Erschließung einer jungen Pionierfront am Beispiel des brasilianischen Bundesstaates Rondônia. – Tübinger Geographische Studien, H. 97. Tübingen.

COY, M. (1990): Pionierfront und Stadtentwicklung. Sozial- und wirtschaftsräumliche Differenzierung der Pionierstädte in Nord-Mato Grosso. – In: Geographische Zeitschrift, 78, 2, S. 115–135.

COY, M. (1996): Periphere Stadtentwicklung und Planung zwischen Ökonomie und Ökologie – das Beispiel der Regionalmetropole Cuiabá. – In: GANS, P. (Hrsg.): Regionale Entwicklung in Lateinamerika. Erfurter Geographische Studien, H. 4, S. 297–315. Erfurt.

COY, M. (1997): Stadtentwicklung an der Peripherie Brasiliens. Wandel lokaler Lebenswelten und Möglichkeiten nachhaltiger Entwicklung in Cuiabá (Mato Grosso). – Habilitationsschrift, Geowissenschaftliche Fakultät der Universität Tübingen (501 S.), Tübingen.
COY, M. (1998): Sozialgeographische Analyse raumbezogener nachhaltiger Zukunftsplanung. – In: HEINRITZ, G./WIESSNER, R./WINIGER, M. (Hrsg.): Nachhaltigkeit als Leitbild der Umwelt- und Regionalentwicklung in Europa. 51. Deutscher Geographentag Bonn 1997. Band 2, S. 56–66. Stuttgart.
COY, M. (1999): Städtischer Strukturwandel und Planung an der brasilianischen Peripherie. Das Beispiel Cuiabá. – In: Trialog – Zeitschrift für das Planen und Bauen in der Dritten Welt 61, 2, S. 37–43.
COY, M./FRIEDRICH, M. (1998): Die Stadt an der brasilianischen Peripherie zwischen Fragmentierung und nachhaltiger Entwicklung. Zur Funktion von Stadtplanung in Städten Mato Grossos. – In: COY, M./KOHLHEPP, G. (Hrsg. 1998): Mensch-Umwelt-Beziehungen und nachhaltige Entwicklung in der Dritten Welt. Tübinger Geographische Studien, H. 119 (= Tübinger Beiträge zur Geographischen Lateinamerika-Forschung, H. 15), S. 379–400. Tübingen.
COY, M./LÜCKER, R. (1993): Der brasilianische Mittelwesten. Wirtschafts- und sozialgeographischer Wandel eines peripheren Agrarraumes. – Tübinger Geographische Studien, H. 108. Tübingen.
COY, M./NEUBURGER, M. (2002a): Aktuelle Entwicklungstendenzen im ländlichen Raum Brasiliens. – In: Petermanns Geographische Mitteilungen, 156, 5, S. 74–83.
COY, M./NEUBURGER, M. (2002b): Brasilianisches Amazonien. Chancen und Grenzen nachhaltiger Regionalentwicklung. – In: Geographische Rundschau, 54, 11, S. 12–20.
COY, M./ZIRKL, F. (2001): Handlungsfelder und Lösungsansätze nachhaltiger Stadtentwicklung in der Dritten Welt. Beispiele aus Brasilien. – In: Petermanns Geographische Mitteilungen, 145, 5, S. 74–83.
DANIELZYK, R./OSSENBRÜGGE, J. (1996): Globalisierung und lokale Handlungsspielräume. Raumentwicklung zwischen Globalisierung und Regionalisierung. – Zeitschrift für Wirtschaftsgeographie, 40, 1/2, S. 101–112.
DAVID, M. B. DE ALBUQUERQUE; WANIEZ, PH./BRUSTLEIN, V. (1997): Atlas dos beneficiários da reforma agrária. – In: Estudos Avançados, 11, 31, S. 51–68.
DINIZ, C. CAMPOLINA (1994): Polygonized development in Brazil: neither decentralization nor continued polarization. – International Journal of Urban and Regional Research, 18, 2, S. 293–314.
FEARNSIDE, PH. M. (1993): Deforestation in Brazilian Amazonia: The effect of population and land tenure. – Ambio, 22, 8, S. 537–545.
FERNANDES, B. MANÇANO (1996): MST – Formação e territorialização em São Paulo. – São Paulo.
FRIEDRICH, M. (1995): Hidrovia Paraná – Paraguai. Wirtschaftliche, soziale und ökologische Konsequenzen für das Pantanal und den Einzugsbereich des Oberen Rio Paraguai. – In: KOHLHEPP, G. (Hrsg.): Mensch-Umwelt-Beziehungen in der Pantanal-Region von Mato Grosso/Brasilien. Beiträge zur angewandten geographischen Umweltforschung. Tübinger Geographische Studien, H. 114, S. 125–156. Tübingen.

HARBORTH, H.-J. (1993): Dauerhafte Entwicklung statt globaler Selbstzerstörung. Eine Einführung in das Konzept des "Sustainable Development". – Berlin.
KASTENHOLZ, H. G./ERDMANN, K.-H./WOLFF, M. (Hrsg. 1996): Nachhaltige Entwicklung. Zukunftschancen für Mensch und Umwelt. – Heidelberg.
KLEIN, F. (1998): Concepts, possibilities and limitations of sustainable development planning in a peripheral region. The World Bank's PRODEAGRO project in Mato Grosso, Brazil. – Kleinere Arbeiten aus dem Geographischen Institut der Universität Tübingen, H. 19. Tübingen.
KOHLHEPP, G. (1987a): Amazonien. Regionalentwicklung im Spannungsfeld ökonomischer Interessen sowie sozialer und ökologischer Notwendigkeiten. – Problemräume der Welt, Bd. 8. Köln.
KOHLHEPP, G. (1987b): Wirtschafts- und sozialräumliche Auswirkungen der Weltmarktintegration Ost-Amazoniens. Zur Bewertung der regionalen Entwicklungsplanung im Grande Carajás-Programm in Pará und Maranhão. – In: DERS. (Hrsg.): Brasilien. Beiträge zur regionalen Struktur- und Entwicklungsforschung. Tübinger Geographische Studien, H. 93, S. 213–254. Tübingen.
KOHLHEPP, G. (Hrsg. 1995): Mensch-Umwelt-Beziehungen in der Pantanal-Region von Mato Grosso/Brasilien. Beiträge zur angewandten geographischen Umweltforschung. Tübinger Geographische Studien, H. 114. Tübingen.
KOHLHEPP, G. (1998a): Regenwaldzerstörung im Amazonasgebiet Brasiliens. Entwicklungen – Probleme – Lösungsansätze. – Geographie heute, 162, S. 38–42.
KOHLHEPP, G. (1998b): Das internationale Pilotprogramm zum Schutz der tropischen Regenwälder Brasiliens. Globale, nationale, regionale und lokale Akteure auf dem Weg zu einer Strategie der nachhaltigen Entwicklung?. – In: KOHLHEPP, G./COY, M. (Hrsg.): Mensch-Umwelt-Beziehungen und nachhaltige Entwicklung in der Dritten Welt. Tübinger Geographische Studien, H. 119, S. 51–86. Tübingen.
KRÄTKE, S. (1995): Globalisierung und Regionalisierung. – Geographische Zeitschrift, 83, 3/4, S. 207–221.
KRÜGER, F./LOHNERT, B. (1996): Der Partizipationsbegriff in der geographischen Entwicklungsforschung: Versuch einer Standortbestimmung. – Geographische Zeitschrift, 84, 1, S. 43–53.
MÜLLER-MAHN, D. (Hrsg. 2002): Themenheft "Globalisierung und Entwicklung". – In: Geographische Rundschau, 54, 10.
NUHN, H. (1997): Globalisierung und Regionalisierung im Weltwirtschaftsraum. – Geographische Rundschau, 49, 3, S. 136–143.
OLIVEIRA, A. U. de (1995): A agricultura brasileira: Desenvolvimento e contradições. – In: BECKER, B. K. ET AL. (Hrsg.): Geografia e meio ambiente no Brasil, S. 280–306. São Paulo.
PASCA, D./FRIEDRICH, M. (1998): Wasserstraßen gefährden indigenen Lebensraum. – Pogrom, 199, S. 41–43.
SANTOS, J. V. TAVARES DOS (1993): Matuchos: Exclusão e luta. Do Sul para a Amazônia. – Petrópolis.
SCHOLZ, F. (2002): Die Theorie der "fragmentierenden Entwicklung". – In: Geographische Rundschau, 54, 10, S. 6–11.
STÉDILE, J. P. (Hrsg. 1997): A reforma agrária e a luta do MST. – Petrópolis.

Wolf Engels

Araukarienwald

Forschungskooperation in der Mata Atlântica
von Rio Grande do Sul

1. Vorbemerkung

Die Universität Tübingen hat 1983 Kooperations-Abkommen mit der Universität von São Paulo sowie mit der PUCRS und der Zoologisch-Botanischen Stiftung in Porto Alegre, Rio Grande do Sul, abgeschlossen. Im Rahmen dieser vor allem von den Biologen getragenen Partnerschaften laufen Austausch-Programme für Studierende und deutsch-brasilianische Forschungsprojekte, in denen zwischen 1984 und 2003 insgesamt über 70 Mestrado-, Staatsexamens-, Diplom- und Doktorarbeiten abgeschlossen werden konnten. Schwerpunkt der zoologischen Themen war die Reproduktionsbiologie von Bienen, insbesondere der sozialen Stachellosen Bienen und der Afrikanisierten Honigbienen als Neubürger der Neotropis. Die Biodiversität von Bienen, Ameisen und Amphibien wurde in verschiedenen Ökosystemen untersucht. Bei Studien über Insekt-Pflanze-Beziehungen stand die Rolle von Wildbienen als Bestäuber von Bäumen im Vordergrund. Nach dem globalen Umwelt-Gipfeltreffen 1992 in Rio de Janeiro unterstützte die Universität Tübingen die Partnerhochschule PUCRS bei der Einrichtung des 5.000 ha umfassenden Waldschutzgebietes Pró-Mata in Höhenlagen um 1.000 m NN auf der Serra Geral in der Gemeinde São Francisco de Paula, Rio Grande do Sul. Dort konnte 1996 eine Feldstation gebaut werden, die als Basis für das interdisziplinäre Araukarienwald-Projekt dient. Im Biosphären-Reservat "Südliche Mata Atlântica" werden Möglichkeiten einer naturnahen Wiederbewaldung mit standorttypischem Regenwald untersucht. Dessen dominierende Baumart, die auch Brasilkiefer genannte *Araucaria angustifolia*, kommt nach umfangreichen Rodungen im 20. Jahrhundert nur noch in kleinen Restbeständen vor und wurde daher 1989 von der Brasilianischen Regierung unter strengen Schutz gestellt werden.

2. Einleitung: Waldland Brasilien

Brasilien war und ist noch immer das Land mit den größten Waldgebieten der Neotropis. Es sind dies Regenwälder (HUECK 1966), die einst im Norden das Tiefland Amazoniens und im Osten die atlantischen Küstengebirge großräumig bedeckten (Abb. 1). Während die Fläche der riesigen amazonischen Tropenwälder vor allem in den letzten 35 Jahren stark schrumpfte (FEARNSIDE 1993), wurden die vormals von Rio Grande do Norte bis Rio Grande do Sul reichenden Küstenregenwälder, die Mata Atlântica, teilweise schon seit der Kolonialzeit gerodet, um Platz für Plantagen zu schaffen. Auch der traditionell auf die Ostküste konzentrierten Besiedlung mussten die Wälder vielerorts weichen (KOHLHEPP 1994). Heute sind von der früher über mehr als 4.000 km Küste sich erstreckenden Mata Atlântica nur mehr Fragmente vorhanden. Neuere Schätzungen gehen davon aus, dass vom Primärwald lediglich 1–2 % übrig geblieben sind, hauptsächlich im Süden (POR 1992).

Abbildung 1: Die brasilianischen Regenwälder Amazoniens und der Mata Atlântica waren die größten zusammenhängenden Waldgebiete Südamerikas. Das Araukarienwald-Schutzgebiet Pró-Mata liegt ganz im Süden der Mata Atlântica im Bundesstaat Rio Grande do Sul.

3. Forschung im und für den Tropenwald

Die Tropen als Lebensraum sind auf allen Kontinenten einer noch immer fortschreitenden Zerstörung ausgesetzt (ENGELS 1987a), trotz vieler internationaler Schutz-Konferenzen. In den letzten Jahrzehnten wurde Amazonien zu einer Schwerpunktregion der weltweit angelaufenen Tropenwaldforschung. Unsere wissenschaftlichen Vorstellungen von der hohen Biodiversität der Regenwälder wurden weitgehend dort erarbeitet (FITTKAU 1973). In Zentral-Amazonien und ebenso in Mittelamerika wird heute propagiert, die wertvollen Holzbestände nicht weiterhin durch Brandrodungen zu vernichten. Auch wenn noch kein flächendeckendes forstliches Management für die brasilianischen Tropenwälder existiert, sind inzwischen immerhin Bemühungen angelaufen, Konzepte für eine nachhaltige Nutzung dieser riesigen natürlichen Ressourcen zu entwickeln (ENGELHARDT 1984; KOHLHEPP 1994).

Im Vergleich zu den intensiven Forschungsprogrammen in der Region Amazonien (SIOLI 1983) steckt die wissenschaftliche Bearbeitung der Mata Atlântica noch in den Kinderschuhen. Alten und neueren Berichten zufolge (STADEN 1557; DARWIN 1875; POR 1992) soll der brasilianische Küstenregenwald sich durch eine beeindruckende Vielfalt der Flora und Fauna ausgezeichnet haben, was angesichts seiner Erstreckung über mehr als 25 Breitengrade mit einer Fülle angrenzender Biome unterschiedlicher Ausprägung nicht überrascht: Benachbarte Mangroven, Restingas und Küstendünen an der dem Meer zugewandten Seite, Cerrados, Caatingas und die tropisch bis subtropischen Wälder der Hochflächen und Berge im Landesinneren haben mit Sicherheit viele Elemente zur extrem hohen Biodiversität der Fauna und Flora der Mata Atlântica beigesteuert (POR 1992; KRIEGER ET AL. 2002). Ihre Untersuchung ist heute nur noch an wenigen Stellen in wirklich ursprünglichen Wäldern möglich. Die 1999 erfolgte Festlegung der brasilianischen Bundesregierung, neben Amazonien künftig gleichberechtigt die Mata Atlântica als zweite Tropenwaldregion unter besonderen Schutz zu stellen und dort intensive Forschung zu initiieren, ist sehr zu begrüßen, sie muss wohl als Aktion in letzter Minute bezeichnet werden. Da sich die Mata Atlântica durch viele endemische Arten auszeichnet, ihre Fauna und Flora insgesamt als stark bedroht einzustufen ist, wird sie in der weltweiten Liste der 18 *hot spots* an 6. Stelle angeführt (CONSERVATION INTERNATIONAL 1997).

Unsere Tübinger Zusammenarbeit mit den brasilianischen Partner-Hochschulen betraf seit den 70er Jahren in der Forschung vor allem bienenwissenschaftliche Probleme. Reproduktionsbiologische Fragen wurden an den Afrikanisierten Honigbienen analysiert (ZILLIKENS ET AL. 1998), deren Ausbreitung ab 1957 ihren Ausgangspunkt im Bundesstaat São Paulo hatte (KERR 1967). Vor allem aber haben wir die in der Neotropis artenreich vertretenen Stachellosen Bienen untersucht, besonders *Scaptotrigona postica*, eine im Südosten Brasiliens häufige, kleine schwarze Biene der Regenwälder (ENGELS 1987b; HARTFELDER/ENGELS 1992). In Rio Grande do Sul wurde eine

Bestandsaufnahme der Wildbienen begonnen (WITTMANN/HOFFMANN 1990). In blütenbiologischen Studien wurden spezifische Beziehungen zwischen Bienen als Bestäubern und den von ihnen besuchten Blütenpflanzen (Angiospermen) aufgedeckt (ALVES DOS SANTOS 1997; SCHLINDWEIN 1998; HARTER 1999; KÖHLER 2001). In den letzten Jahren standen dabei die Biene-Baum-Assoziationen in tropischen und subtropischen Küstenregenwäldern im Mittelpunkt. Entsprechende Freilanduntersuchungen wurden im Schutzgebiet Boracéia (WILMS ET AL. 1996), das bei São Paulo liegt und vom Zoologischen Museum der USP verwaltet wird, und auch auf der Serra Gaúcha bei Porto Alegre durchgeführt (WILMS ET AL. 1997). Die gefundene Abhängigkeit der meisten Baumarten von einer Bestäubung durch soziale Bienen als Voraussetzung für den Samenansatz hat wichtige und grundlegende Einsichten über das Reproduktionsnetz der südamerikanischen Regenwälder erbracht (WILMS ET AL. 1996, 1997). Für den Wald ist die Aufrechterhaltung seiner Regenerationskapazität von essentieller Bedeutung, und die Blütenbestäubung ist hierbei ein unersetzlicher erster Schritt.

4. Der südbrasilianische Araukarienwald, einst und jetzt

In Südbrasilien waren die Höhenlagen der Mata Atlântica zwischen dem 18. und 30. Breitengrad vielerorts von Araukarienwald (Abb. 1) bedeckt. Araukarien sind die ältesten Bäume der Erde, es gibt sie seit fast 200 Mio. Jahren (DERNBACH 1992). Sie wuchsen früher auf allen Kontinenten, kommen heute jedoch nur noch im Raum Australien/Neuseeland/Neu-Kaledonien sowie in der Neotropis vor. Von den ca. 19 rezenten Arten von Araukarienbäumen (GOLTE 1993) bilden lediglich die beiden südamerikanischen Spezies, die sogenannte chilenische Bergtanne (*Araucaria araucana*) und die Brasilkiefer (*Araucaria angustifolia,* Abb. 2) ausgedehnte Wälder, in denen sie vorherrschen und die daher Araukarienwälder genannt werden.

In Brasilien setzte die Exploitation der Araukarienwälder schon um die Mitte des 19. Jahrhunderts ein, nachdem im Süden auch die Bergregionen langsam von Kolonisten besiedelt wurden. Zu Beginn des 20. Jahrhunderts waren sie in den Staaten Paraná, Santa Catarina und Rio Grande do Sul noch auf über 250.000 km² vorhanden. Dies entspricht einer Fläche von der Größe Süddeutschlands. Weiter nördlich sind Araukarienbestände bis heute vor allem in höheren Lagen der Küstengebirge von São Paulo, Minas Gerais und Rio de Janeiro zu finden (HUECK 1966; POR 1992). Inselartige Vorkommen sind bis nach Espirito Santo und sogar Pernambuco zu verzeichnen. Sie weisen als Floren-Relikte auf die in den Glazialperioden weitaus größere Ausdehnung der Araukarienwälder in Südamerika hin (BEHLING 1997). Außerhalb Brasiliens kommen Wälder mit *Araucaria angustifolia* noch in der westlich benachbarten Provinz Misiones in Argentinien sowie in kleinen Beständen in Südost-Paraguay vor (GOLTE 1993).

Abbildung 2: Die sog. Brasilkiefer, Araucaria angustifolia, *ein alter Baum mit der typischen Schirmkrone, in Pró-Mata an der Hangkante der Serra Geral mit Blick auf das Küstenvorland und den Atlantischen Ozean.*

Araukarienwald bestockte im subtropischen Südbrasilien ursprünglich die Höhenlagen von 500–1.300 m. Im tropischen Bereich, z. B. in Campos de Jordão in der Serra de Mantiqueira an den Grenzen von São Paulo, Minas Gerais und Rio den Janeiro, ist Araukarienwald dagegen erst auf Hochflächen von 1.500–1.800 m zu finden. Der Hangwald zum Atlantik hin war stets frei von Araukarien, denn "sie mögen das Meer nicht sehen", war die Interpretation der Indianer. Als Regenwald benötigt der Araukarienwald hohe Niederschlagsmengen, mindestens ein Jahresmittel von 1.400 mm (SEIBERT 1996). Für viele Araukarien-Standorte in Küstennähe wurden auch

2.500-3.000 mm ermittelt, jedenfalls garantiert der Südost-Passat dort wie überall im Bereich der Mata Atlântica reiche Niederschläge. Vor allem im Süden sind die Araukarienwälder auch winterlichen Frostnächten ausgesetzt, und es kann durchaus Schnee fallen, der allerdings nie lange liegen bleibt.

Obwohl alte Baumriesen von *Araucaria angustifolia* gut 50 m Höhe erreichen können, werden die Araukarien in Rio Grande so Sul meist nur 25 m hoch, weiter im Norden bis ca. 35-40 m (HUECK 1966). Das Kronendach ihrer Wälder wird so gut wie ausschließlich von den Schirmkronen alter Araukarienbäume gebildet. Im Naturwald wurden pro ha etwa 100 Araukarien mit einem Stammdurchmesser von 20 cm oder mehr in Höhe von 1,50 m über dem Erdboden gefunden (WACHTEL 1990).

Araukarienwälder sind lichte Wälder mit einer reichhaltigen Begleitflora mittelhoher Bäume und vieler Sträucher (Abb. 3), die von Epiphyten in großer Vielfalt besetzt sind. Außerdem sind Baumfarne häufig, vor allem *Dicksonia sellowiana* (REITZ/KLEIN 1966). Diese Wälder beherbergen sowohl in der Unterholzflora als auch unter ihren Epiphyten zahlreiche Endemiten. Sie belegen das hohe Alter dieses Regenwald-Ökosystems und sind gleichermaßen ein Beweis dafür, dass Araukarienwälder eine primäre Waldformation darstellen und nicht etwa von einer Koniferenart unterwanderte Laubwälder sind. Die im südbrasilianischen Araukarienwald vertretenen Elemente des subantarktisch-patagonischen Florenkreises bezeugen, dass dieser Wald eigentlich eher gemäßigt-subtropischen als tropischen Standortbedingungen zuzuordnen ist (SEIBERT 1996).

5. Die kritische Situation der Araukarienwälder: Über ein Jahrhundert intensive Nutzung von Brasilkieferholz

Während in Amazonien die Regenwälder vor allem der Brandrodung zum Opfer fielen und noch immer fallen, war dies bei den Araukarienwälder des Südens in der Regel nicht der Fall. Zwar wurden in manchen Regionen Paranás in den Nachkriegsjahren auch Wälder mit großen Araukarienbäumen abgebrannt, um Platz für die aus Minas Gerais und vor allem aus São Paulo nach Süden drängenden Kaffee-Fazendas zu schaffen. Ganz überwiegend wurden Brasilkiefern jedoch geschlagen, um das wertvolle Nutzholz für Baukonstruktionen, Möbel und auch für Musikinstrumente zu verwenden. Mit dem ab 1960 rasch zunehmenden Einsatz moderner Maschinentechnik konnten die Araukarienwälder effektiv und großflächig "geerntet" werden. Bis Anfang der 80er Jahre wurde Brasilkieferholz in großen Mengen bis nach Europa exportiert. Auf Araukarien entfielen in den 60er und 70er Jahren über 90 % der brasilianischen Holzausfuhr (HUECK 1966). Vor allem in Paraná und Rio Grande do Sul brachte das den Araukarienwald-Regionen vorübergehend einen beträchtlichen wirtschaftlichen Aufschwung.

Abbildung 3: Lichter Araukarien-Mischwald, rechts im Bild blühende Bäume (Tibouchina sellowiana).

Anhand von Satellitenaufnahmen wurden Ende der 70er Jahre noch 1.200 km^2 Araukarienwälder in Brasilien ermittelt (FUPEF 1978). Der letzte größere Araukarien-Naturwald von ca. 20 ha Fläche im Munizip Campo Belo do Sul bei Lages im Süden von Santa Catarina wurde 1986/87 geschlagen (WACHTEL 1990). Das Ende des Brasilkiefer-Booms war gekommen. Wenn in Brasilien jetzt noch Araukarienholz auf den Markt kommt, ist es Importware, meistens aus Argentinien, also nicht mehr *pinheiro brasileiro*. Heute existieren in Brasilien keine geschlossenen Araukarienwälder mehr. In Nationalparks und schwer zugänglichem Gelände sind lediglich kleine Restbestände vorhanden. Das IBAMA verfügte daher im Jahre 1989 ein striktes Verbot, Araukarien zu fällen. Dies kam allerdings zu spät, die Araukarienwälder waren nicht mehr zu retten. "In keinem Teil Brasiliens hat die Entwaldung so gründlich stattgefunden, wie im Bereich des ... Araukarienwaldes", musste SEIBERT (1996) feststellen.

Nicht überall konnten die ehemaligen Araukarienwaldgebiete einer profitablen oder zumindest dauerhaften Folgenutzung zugeführt werden. Wenn Holzplantagen angelegt wurden, dann überwiegend mit exotischen Baumarten wie mexikanischen Kiefern und australischem Eukalyptus. Oftmals entstanden auf den Rodungen große Weiden für extensive Rinderzucht, in manchen Regionen liegen bis heute riesige Flächen praktisch brach. Viele ehemalige Waldbauern verarmten, als keine Araukarien mehr geschlagen und daher auch kein Stammholz mehr verkauft werden konnte. Vor allem auf der Serra Geral von Rio Grande do Sul löste der Zusammenbruch der Holzwirtschaft Ende der 80er Jahre eine bemerkenswerte Binnenwanderung aus, die nicht nur den Großraum Porto Alegre füllte, sondern bis Mato Grosso und Amazonien reichte (KOHLHEPP 1994).

Eine Wiederaufforstung mit dem standortgerechten Araukarienwald erfolgte trotz mancher Ansätze bislang nicht in nennenswertem Umfang. Hierfür können mancherlei Gründe angeführt werden. Schon die lange Wartezeit bis zum Aufwachsen wieder schlagreifer Araukarienbäume von 30 Jahren und mehr mag abschreckend wirken. Hier ist anzumerken, dass besonders in Südbrasilien die meisten Wälder in Privatbesitz sind, eine langfristig disponierende staatliche Forstwirtschaft existiert nicht. Versuche, *Araucaria angustifolia* als Plantage in Monokultur zu pflanzen, schlugen oftmals fehl, weil Blattschneiderameisen der Gattungen *Atta* und *Acromyrmex* die Jungbäume vernichteten (SCHÖNHERR/PEDROSA-MACEDO 1979). Nur mit großem Insektizid-Aufwand lassen sich Araukarien-Plantagen betreiben. Eine systematische Bestandsaufnahme der araukariophagen Insekten und speziell der in Rio Grande do Sul an Araukarien vorkommenden potenziellen Schadinsekten (MECKE ET AL. 2000; MECKE 2002) fehlte bis vor kurzem ebenfalls. Auch darin kommt zum Ausdruck, dass dieser tropisch-subtropische Waldtyp als noch weitgehend unerforscht einzustufen ist. Die wesentlichen Voraussetzungen für eine erfolgreiche Wiederaufforstung, nämlich grundlegende Kenntnisse über das spezielle Ökosystem Araukarienwald, fehlen bis heute fast vollständig. Sie sind für ein integriertes Management-Konzept und eine nachhaltige Forstwirtschaft jedoch unverzichtbar.

6. Die "Einzigartigkeit" des brasilianischen Araukarienwaldes

Unter allen tropischen Regenwäldern nimmt der brasilianische Araukarienwald tatsächlich eine in vieler Hinsicht bemerkenswerte Sonderstellung ein. Er kann beinahe im Wortsinn als einzig-artig bezeichnet werden: Im Araukarienwald ist die Art *Araucaria angustifolia* der höchste und absolut vorherrschende Baum. Und dieser dominante, daher zu Recht namengebende Baum ist außerdem eine Konifere. Eigentlich sind Nadelbaumwälder für die gemäßigten Breiten charakteristisch. Im Unterholz des brasilianischen Araukarienwaldes kommt in geringer Zahl noch eine weitere Konifere vor, *Podocarpus lambertii* (HUECK/SEIBERT 1981). Die Streuschicht auf dem Boden eines Araukarienwaldes enthält daher einen hohen Anteil an Nadeln. Sie liefert viel Humus mit einer leicht sauren Reaktion. Ihr pH-Wert liegt meist bei 6,0 (SEIBERT 1996). Da die Araukarie im Alter von 25 oder mehr Jahren und einer Höhe von dann ca. 15–20 m spontan alle unteren Äste abwirft (HUECK 1966) und so die typische Schirmkrone entsteht (Abb. 2), ist für den Boden weiterhin eine dicke Lage Aststreu charakteristisch. Wie rasch und von welchen Organismen diese in anderen tropischen Wäldern in ähnlicher Zusammensetzung und Mächtigkeit nicht vorkommende Holz-Nadel-Streu abgebaut wird, ist gänzlich unbekannt, da noch keine bodenbiologischen Untersuchungen zum Recycling dieser Biomasse durchgeführt wurden. Diese Frage ist Gegenstand einer bei uns laufenden Doktorarbeit (SCHROMM, in Vorbereitung).

Zur Begleitflora eines Araukarienwaldes gehören, je nach geographischer Lage, etwa 30–60 weitere Baumarten (Abb. 3) sowie mindestens eben so viele Sträucher und Lianen (HUECK 1966; WACHTEL 1990; SEIBERT 1996; HARTER 1999; KÖHLER 2001). Trotz dieser vielfältigen Konkurrenten herrscht in Naturwäldern aber stets die Araukarie vor. Bis heute ist ungeklärt, wieso Araukarienbäume in der Lage sind, im Mischwald eine so hoch-dominante Position zu behaupten. Diese bemerkenswerte Vorherrschaft der Araukarie ist sicher auch eine Voraussetzung dafür, dass sie die Reproduktionsstrategie der Windbestäubung beibehalten konnte. In tropischen Regenwäldern mit ihrer extrem hohen α-Biodiversität sind einzelne Baumarten typischerweise nur mit sehr geringen Abundanzen vertreten. Wenn z. B. in einem amazonischen Tieflandwald nebeneinander etwa 500 Baumspezies vorkommen (KLINGE 1973), können konspezifische Baumindividuen durchaus kilometerweit auseinander stehen, so dass nur ein gerichteter zoogamer Pollentransport die Bestäubung und damit auch den Samenansatz überhaupt garantieren kann. Der Araukarienwald entspricht in vieler Hinsicht also eher einem lockeren Nadelwald, wie er in Tundra-Regionen der Nordhemisphäre zu finden ist, als einem tropischen Regenwald.

Windbestäubung ist für Koniferen generell kennzeichnend. Bei *Araucaria angustifolia* ist die Mehrzahl der Bäume zweihäusig und produziert daher entweder männliche oder weibliche Blütenstände. Es kommen lokal aber auch Bestände von einhäusigen, also zwittrigen Bäumen vor. Die übrigen Bäume und Sträucher der Araukarienwald-Begleitflora sind jedoch, wie die Mehrzahl aller tropischen Angiospermen, auf Tierbestäubung angewiesen. Vom Frühjahr bis zum Herbst bietet diese Begleitflora ein reiches Blütenangebot (Abb. 3), mit dem die als Bestäuber dominierenden Insekten angelockt werden. Als solche spielen Bienen eine herausragende Rolle (WILMS ET AL. 1997).

7. Das Waldschutz-Projekt Pró-Mata in Rio Grande do Sul

Im südlichsten brasilianischen Bundesstaat Rio Grande do Sul hat die Universität Tübingen ab 1992, gemeinsam mit der Partneruniversität PUCRS in Porto Alegre als Träger, das Waldschutzprojekt *Pró-Mata* (Abb. 1, 4) eingerichtet, in dem eine naturnahe Wiederaufforstung des Araukarien-Mischwaldes versucht und Möglichkeiten einer nachhaltigen Nutzung (SEITZ 1986) untersucht werden. Generell müssen Regenwälder bis heute als weitgehend "unbekannte und unverstandene natürliche Wald-Ökosysteme" eingestuft werden (LAMPRECHT 1986). An dem Vorhaben ist von deutscher Seite die benachbarte Fachhochschule für Forstwirtschaft in Rottenburg beteiligt, in Brasilien sind es die Federalen Universitäten in Porto Alegre (UFRGS) und Santa Maria (UFSM), letztere vor allem mit ihrer Forstfakultät. Außerdem wird eng mit der benachbarten staatlichen forstlichen Versuchsstation FLONA des IBAMA zusammengearbeitet. An der PUCRS wird das Schutzgebiet Pró-Mata von dem eigens gegründeten Umwelt-Institut (IMA) verwaltet, dessen Direktor Prof. Dr. Jorge A. Villwock und seine Stellvertreterin Profa. Dra. Betina Blochtein auch unsere Partner in den binational finanzierten Forschungsprojekten sind.

Abbildung 4: Einer unserer LPB-VW-Busse hält am Wegweiser nach Pró-Mata.

Auf dem PUCRS-Campus in Porto Alegre unterhält die Universität Tübingen bereits seit 1988 mit dem *Laboratório de Pesquisas Biológicas* (LPB) eine biologische Forschungsstation, deren fünf Labors und Kursraum ebenso wie der kleine Fuhrpark für das Araukarienwald-Projekt mit genutzt werden können. Wir verfügen über mehrere VW-Kleinbusse (Abb. 4, 6) und einige VW-Iltis-Geländewagen (Abb. 5), die uns von der Bundeswehr überlassen wurden; bei ihrer Überführung unterstützte uns die Daimler Benz AG.

Ziel des Waldschutz-Projektes ist zunächst eine Analyse grundlegender Funktionen und interorganismischer Vernetzungen im Ökosystem Araukarienwald. Für die hierzu notwendigen Langzeit-Untersuchungen steht das in der Gemeinde São Francisco de Paula gelegene *"Zentrum für Forschung und Naturschutz Pró-Mata"* mit einem Areal von 5.000 ha zur Verfügung (Abb. 4, 5). Den Grunderwerb ermöglichte insbesondere eine bedeutende Spende der Firma A. Stihl (Abb. 8). Diese als Waldschutzgebiet ausgewiesene Fläche

Abbildung 5: Einer unserer VW-Iltis-Geländewagen passiert gerade die Einfahrt ins Schutzgebiet Pró-Mata.

liegt im Südosten des sog. Araukarien-Plateaus der Serra Geral in einer Höhe von 600–1.100 Meter, nur 20–30 km vom Atlantischen Ozean entfernt (Abb. 2). In dem Reservat sind vor allem im schwer zugänglichen Bereich oberhalb der steil abfallenden Hangkanten noch größere Reste von allerdings meist teilweise exploitiertem Araukarienwald vorhanden (Abb. 6). Außerdem schließt es in den Hanglagen zur Küste hin subtropischen Laubwald ein. Auf den früher jährlich abgebrannten Rinderweiden hat sich bereits Sekundärwald entwickelt, auch in Resten von Kiefernplantagen. In den letzten 10 Jahren hat die Pioniervegetation als Vorwald-Stadium stellenweise bereits einige Meter Höhe erreicht (Abb. 6). Außerdem gehören größere Grasfluren zum Reservat, die als Kamp oder *campo* bezeichnet werden.

Im Oktober 1994 wurde mitten im Areal neben einem ehemaligen Gehöft der Grundstein zum Neubau einer Waldstation mit rd. 700 qm Nutzfläche gelegt (Abb. 7), die im April 1996 in Betrieb genommen werden konnte (Abb. 8). Dort stehen nun einfache Labors und Unterrichtsräume zur Verfügung, außerdem Unterkunft für bis zu 65 Personen, die dort auch verpflegt werden. Die Geräteausstattung der Labors und einen erheblichen Teil der Baukosten steuerte der Tübinger Universitätsbund bei, weiterhin konnte eine namhafte Spende der Hamburger GEO-Stiftung eingesetzt werden. Die Waldstation liegt mitten im Schutzgebiet zwischen großen Naturwaldbeständen. Neben den laufenden Forschungsvorhaben dient sie auch als Stützpunkt für Exkursionen der am Projekt beteiligten Hochschulen.

Abbildung 6: Kahlschlag in Pró-Mata mit wenigen übrig gebliebenen Araukarien, etwa 15 Jahre nach der Rodung im Stadium der spontanen Regeneration des Waldes.

Abbildung 7: Neubau der Waldstation im Schutzgebiet Pró-Mata, direkt am Waldrand und vor der Hangkante auf 900 m NN gelegen. Vorn im Bild eine junge Araukarie.

Araukarienwald 251

Abbildung 8: Eine Plakette weist auf die Einweihung der Waldstation im April 1996 hin.

8. Pró-Araucária, ein interdisziplinär angelegtes und internationales Forschungsprojekt

Unter der Bezeichnung "Pró-Araucária" werden die interdisziplinären Forschungsvorhaben zusammengefasst, die seit 1992 auf dem Araukarien-Plateau der Serra Geral und speziell im Reservat Pró-Mata von zahlreichen Arbeitsgruppen Tübinger Wissenschaftler aus fünf Fakultäten sowie der Forstfachhochschule Rottenburg durchgeführt werden. Hierbei wird eng mit den brasilianischen Partnerhochschulen PUCRS, UFSM, UNISC und UFRGS sowie der FZB zusammen gearbeitet (RUGE/VILLWOCK 2002). Mit vielfachen Querverbindungen werden botanische, zoologische, forstliche, ökologische, hydrogeologische, paläontologische, chemische, geographische, parasitologische, tropenmedizinische, soziologische, anthropogeographische und wirtschaftswissenschaftliche Fragestellungen untersucht. Die Anschubfinanzierung wurde vor allem vom Ministerium für Wissenschaft, Forschung und Kunst Baden-Württemberg bereitgestellt. Der Tübinger Universitätsbund half in vielen Einzelfällen. Inzwischen werden einige Vorhaben durch die DFG gefördert, andere im PROBRAL-Programm durch den DAAD und CAPES. Ein größeres Projekt wurde von 1997 bis 2001 aus Bundesmitteln (SHIFT: BMBF-DLR) finanziert. Es umfasste in drei Teilprojekten 1. die Strukturen, Funktionen und Vernetzungen im Ökosystem Araukarienwald, darunter neben einer Reihe von entomologischen Ansätzen zur Rolle von Bienen, Ameisen, Termiten und Raubwanzen auch eine Bestandsaufnahme der auf und von Araukarien lebenden Milben und Insekten als potenziellen Schädlingen bei den Wiederaufforstungen, 2. die genetische Variabilität, Mykorrhizierung und Ökophysiologie von *Araucaria angustifolia* und 3. Versuche zur naturnahen Wiederbewaldung von Kahlflächen mit standortgerechtem Araukarien-Mischwald, mit vorgeschalteten Flächenbonitierungen hinsichtlich Bodenqualität und Wasserführung, dazu die Entwicklung von Konzepten zu einer möglichst vielseitigen, nachhaltigen agroforstwirtschaftlichen Nutzung und deren Erprobung, noch bevor die Ernte von Stammholz wieder möglich sein wird. In weiteren brasilianisch-deutschen Forschungsprojekten, ab 2000 von der FAPERGS in Porto Alegre und dem IB-DRL finanziert, wird der gegenwärtige Zustand der Naturräume in der südlichsten Region des Biospären-Reservats Mata Atlântica untersucht. Ziel eines angelaufenen Forschungsvorhabens ist die Ermittlung der Biodiversität von Flora und Fauna und der Dynamik ihrer natürlichen und vom Menschen verursachten Veränderungen. In paläobotanischen Studien soll die Geschichte der postglazialen Vegetationsdecke auf dem Araukarien-Plateau und damit auch des regionalen Klimas rekonstruiert werden, verbunden mit der Frage, wann und wo Araukarienwälder standen (RAMBO 1957).

Einige zoologische Teilprojekte sollen kurz geschildert werden. Untersucht wurde, welche Insekten und speziell welche Bienen für die Bestäubung der Sträucher und Bäume der Pioniervegetation verantwortlich sind (WILMS ET AL. 1997; HARTER 1999; KÖHLER 2001). Nur wenn sie ausreichende Mengen von Samen ansetzen und diese verbreitet werden, kann der Vorwald in die Rodungsflächen vordringen und sie wieder besiedeln. Auf Araukarien leben, wie auf allen Bäumen, auch zahlreiche Tiere. Das Spektrum der mit ihnen assoziierten Insekten war bislang unbekannt (MECKE ET AL. 2002). Auf Pró-Mata konnten bisher über 100 Arten auf Araukarien nachgewiesen werden (MECKE ET AL. 2000), darunter auch einige, die als potenzielle Schädlinge eingestuft werden müssen (MECKE 2002). Die im Araukarienwald häufigsten Insekten sind Ameisen, wie in allen Tropenwäldern. Im Waldschutzgebiet konnten bereits über 150 Spezies festgestellt werden (KETTERL ET AL. 2004), von denen fast 50 auch auf großen Araukarienbäumen leben (KETTERL ET AL. 2003). Als Insekten-Vertilger spielen in Regenwäldern die Amphibien eine entscheidende Rolle. Im und um das Forschungsareal wurden bislang insgesamt Froschlurche von 40 Arten gefunden, für ein relativ kleines Gebiet eine bemerkenswerte Biodiversität (KWET/DI-BERNARDO 1999; KWET 2001). Wovon sie sich ernähren, ist Gegenstand laufender Untersuchungen mittels Magenspülungen, bei denen keine Tiere abgetötet werden müssen (SOLÉ ET AL. 2003).

Bei den bisher auf Pró-Mata durchgeführten Pflanzungen von Araukarien-Sämlingen in vorhandene Sekundärvegetation traten im Gegensatz zu den Erfahrungen bei der Anlage von Plantagen noch keine gravierenden Schädlings-Probleme auf. Obwohl im Areal mehrere Arten von Blattschneiderameisen der Gattung *Acromyrmex* vorkommen, wurden nur selten Jungbäume entnadelt. Tatsächlich ergaben Biotests, dass Ameisen die Nadeln von Araukarien nur dann ernten, wenn im Habitat kein anderes Blattmaterial zur Verfügung steht (KLINGENBERG ET AL. 2000). Angelaufen ist eine populationsgenetische Charakterisierung der Araukarien-Restbestände (MERTZ ET AL. 2002). Erstmals konnte bei Araukarien eine Pilz-Wurzel-Symbiose, also Mykorrhiza, nachgewiesen werden (BREUNINGER at al. 2002). Diese Ergebnisse der forstlichen Analysen und der erfolgreichen Experimente zur naturnahen Wiederbewaldung (IHRIG ET AL. 2002) mit Araukarien (Abb. 9–13) wurden kürzlich in einem Schwerpunkt-Heft der AFZ Der Wald zusammen gefasst (*Araukarienwälder in Brasilien*, Heft Nr. 22, 28. Oktober 2002, auch in www.pro-araucaria-online.com 2003)

Künftig sollen Fragen der Biomasse-Produktion und der Nährstoffkreisläufe im Ökosystem Araukarienwald verstärkt untersucht werden. Dazu gehören auch die im Waldboden am Abbau von Biomolekülen beteiligten Organismen, von denen Pilze und Termiten die noch unbekannten Holzinhaltsstoffe von Araukarien verwerten dürften. In die Untersuchung von Insekt-Pflanze-Beziehungen sollen chemoökologische Analysen einbezogen werden. Natürlich müssen auch die ökophysiologischen Voraussetzungen für eine optimale Wiederbewaldung und die Rolle von Tieren bei der Waldregeneration weiter studiert werden. Hier ist geplant, die Entwicklung von Araukarien auf den Wiederaufforstungsflächen mit der Naturverjüngung in benachbarten Restwäldern zu vergleichen. Derzeit läuft ein Versuch, aus einer Kiefernplantage unter Entnahme von Einzelstämmen und Nachpflanzen standorttypischer Waldflora schrittweise wieder einen Araukarienwald werden zu lassen. Da die auf der Serra Geral verbreiteten *Pinus*-Pflanzungen oft nur wenig Profit abwerfen, könnte bei Verfügbarkeit von Fördermaßnahmen auch dies ein Weg in die erwünschte Richtung der Forstwirtschaft sein.

Erstmals wurde in unserem Forschungsprojekt für das Pró-Mata-Areal eine exakte Vegetations-Kartierung durchgeführt. Als doppelte Grundlage dienten nämlich aktuelle Luftbilder einer eigens erfolgten Befliegung in Verbindung mit terrestrischen Erhebungen (BAASKE ET AL. 2002). Die erhaltenen Karten können mit geologisch-bodenkundlichen Kartierungen im Rahmen einer ökologischen Standortsinventur (BURGERT ET AL. 2002) verglichen werden. Alles ist im GIS-Format erstellt (BALDAUF/WAGELAAR 2002) und als Teil unseres Schlussberichtes über das SHIFT-Projekt im Internet zugänglich (HEINLE 2002).

Abbildung 9: Naturverjüngung: eine spontan im Unterholz ausgesamte Jung-Araukarie, etwa 4–5 Jahre alt.

9. Regionale Perspektiven

Im Bereich der östlichen Serra Gaúcha ist die Entwicklung benachbarter Munizipien höchst unterschiedlich verlaufen. In der sogenannten Hortensien-Region mit Gramado als Hauptort ist Tourismus seit langem zum wichtigsten Wirtschaftsfaktor geworden, es dominieren dort Hotels und Gaststätten der oberen Kategorien. Außerdem gibt es zahlreiche Ferienhaus-Anlagen. Die mit einer Fläche von ca. 3.500 km² große Gemeinde São Francisco de Paula hat dagegen weitgehend eine ländliche Struktur bewahrt. Hier dominierten einst Waldbauernwirtschaft und Araukarienholz-Verwertung. Vor 25 Jahren gab es etwa 500 Sägewerke, heute arbeiten weniger als

10. Aus den alten Sommerfrischen für den Großraum Porto Alegre sind bislang nur wenige moderne Hotels hervorgegangen, und es fehlt noch weitgehend die Infrastruktur für den anlaufenden Ökotourismus.

Abbildung 10: Zwei im Mini-Container angezogene Araukarien-Sämlinge, fertig zum Auspflanzen.

An dessen umsichtiger Förderung hat die Gemeinde São Francisco de Paula großes Interesse. Tatsächlich ist die weitgehend noch nicht durch befestigte Straßen erschlossene, überaus schöne Landschaft des Araukarien-Plateaus mit ihren vielfältigen Naturschätzen bislang kaum bekannt. Mit einer Reihe von Naturführern wollen wir auf Besonderheiten dieser Region aufmerksam machen. Sie werden vom Verlag EDIPUCRS in Porto Alegre und der Attempto Service GmbH der Universität Tübingen gemeinsam herausgegeben. Die Feldführer im Taschenformat enthalten zahlreiche Farbphotos der häufigsten Tiere und Pflanzen, für wissenschaftlich interessierte Benutzer außerdem Bestimmungsschlüssel. Bisher sind zwei Bände über Amphibien (KWET/DI-BERNARDO 1999) und über Araukarien-Insekten (MECKE 2002) erschienen. Die kurzen Texte sind dreisprachig in Portugiesisch, Deutsch und Englisch abgefasst, damit können sie auch für Exkursionen und Naturreisen von Nicht-Brasilianern als Informationsmaterial dienen.

Abbildung 11: Anzucht einer Serie von einjährigen Jung-Araukarien durch die benachbarte Baumschule FLONA des IBAMA Rio Grande do Sul.

Abbildung 12: Araukarien-Sämling, vor einem Jahr in die Pionier-Vegetation gepflanzt, bereits mit frischen Trieben.

Die Erforschung der Flora und Fauna des Araukarienwaldes, einer Bestandsaufnahme ihrer Biodiversität und Maßnahmen zu ihrer Erhaltung werden auch von den regionalen Repräsentanten gefordert (RICHTER 1998). Langfristig sollen die Projektarbeiten auf Pró-Mata Pilotfunktionen für eine bislang nicht praktizierte naturnahe Wiederbewaldung erfüllen. Nach erst 10 Jahren Laufzeit kann hier lediglich über Anfangserfolge berichtet werden. Die von den Mitarbeitern der Fachhochschule für Forstwirtschaft Rottenburg angelegten knapp 15 ha Pflanzflächen sollen weiter beobachtet und müssen auch in gewissem Umfang gepflegt werden. Die Versuche zur Wiederaufforstung sind insgesamt jedoch durchaus vielversprechend. Unser Prinzip der Nutzung von Sekundär-Vegetation und der Verzicht auf Pestizideinsatz haben sich bewährt (ENGELS 2002).

Abbildung 13: Gut gewachsene junge Araukarie mit 6 Astquirlen, vor 5 Jahren als 2-jähriger Sämling auf einer Versuchsfläche in die Pioniervegetation gepflanzt.

Im Projekt wird nicht ausschließlich das forstliche Ziel einer Gewinnung von wertvollem Araukarien-Stammholz angestrebt, dies ist natürlich nur langfristig erreichbar. Es sollen auch Möglichkeiten einer kurzfristig erzielbaren, agroforstlichen Nutzung entwickelt werden, beispielsweise durch Polykultur von Jungaraukarien und Feldfrüchten wie Mais und Bohnen. Hier kann auch die Zupflanzung von jungen Mate-Büschen (*Ilex paraguayensis*) genannt werden, die bereits nach wenigen Jahren eine Ernte von hochwertigem Wald-Mate-Tee erlaubt. Die Möglichkeiten und Perspektiven einer Gewinnung von Waldhonig durch Imkerei mit Honigbienen sowie den einheimischen sozialen Stachellosen Bienen werden untersucht. Aus den Restwäldern werden bis heute bescheidene Einkünfte durch Verkauf der schmackhaften Araukarien-Samen (*pinhões*) erzielt (Abb. 14).

Abbildung 14: Auf der Serra Gaúcha bieten am Straßenrand die Kinder von Waldbauern große Araukarien-Zapfen und kiloweise Araukarien-Samen an.

10. Eine Zwischenbilanz

In unserer internationalen Kooperation mit Arbeitsgruppen der brasilianischen Partner-Universitäten soll Grundlagenwissen über das bislang noch weithin unerforschte Ökosystem Araukarienwald auch deshalb erarbeitet werden, damit die Voraussetzungen für eine spontane Regeneration und die Bedingungen für ein stabiles Fortbestehen dieses einmaligen Regenwaldes besser abgeschätzt werden können.

Im Verbundvorhaben Pró-Araucária arbeiten Wissenschaftler und Studierende einer ganzen Reihe brasilianischer und deutscher Hochschulen zusammen. Das Konzept ging aus der langjährigen Kooperation der PUCRS und der Universität Tübingen hervor, die nur eins der Beispiele für die in Rio Grande do Sul auf vielen Ebenen erfolgreich praktizierte brasilianisch-deutsche Zusammenarbeit ist (VOLKMER ET AL. 1999).

In Südbrasilien ist bislang kein Umweltprojekt mit einem ähnlichen Anspruch und in vergleichbarer Größenordnung in Angriff genommen worden. Um die Ergebnisse leicht zugänglich zu machen, haben wir das virtuelle Journal www.pro-araucaria-online.com gegründet, in dem die bisher abgeschlossenen Diplom-, Mestrado- und Doktorarbeiten dokumentiert sind, alle einschlägigen Veröffentlichungen aufgelistet werden und vor allem ausführliche Berichte nachzulesen sind, darunter auch der Schlussbericht des BMBF-Projektes Araukarienwald (HEINLE 2002). Die Erfolge unseres Verbundvorhabens beruhen auf dem persönlichen Engagement aller Mitwirkenden, wobei den Studierenden, die den Großteil der Freilandarbeiten bewältigt haben, besonderer Dank gebührt.[1]

Literatur

ALVES DOS SANTOS, I. (1997): Melittophilous plants, their pollen and flower visiting bees in Southern Brazil: 3. Pontederiaceae. Biociências 5: 3–18.

BAASKE, R./NOACK, W./RUGE, S./SEITZ, R.A. (2002): Pflanzensoziologische Untersuchungen im Pró-Mata-Gebiet. AFZ Der Wald 57: 1163–1165.

BAASKE, R./TZSCHUPKE, W./TEIXEIRA, M. (2002): Fernerkundung zur Kartierung der Vegetation im Araukarienwaldprojekt. AFZ Der Wald 57: 1176–1178.

BALDAUF, T, WAGELAAR, R. (2002): Das Informationssystem Pró-Mata. AFZ Der Wald 57: 1179–1180.

BEHLING, H. (1997): Late Quaternary vegetation, climate and fire history of the *Araucaria* forest and campos region from Serra Campos Gerais, Parana State (South Brazil). Rev. Palaeobot. Palynol. 97: 109–121.

BREUNINGER, M./HAMPP, R./CARDOSO, E. (2002): Pilz-/Wurzel-Symbiose bei *Araucaria angustifolia*. AFZ Der Wald 57: 1168–1170.

---

[1] **Dank:** Sabine Heinle erstellte die Karte der Abb. 1 und bearbeitete sämtliche Fotos, ihr und Rainer Radtke danke ich auch für die kritische Durchsicht des Manuskriptes. **Fotos:** Engels, Heinle, Ketterl.

BURGERT, E./GRIESHABER, M./IRSLINGER, R./PECHO, A./REMMELE, S./RÜHL, W./ SCHUMACHER, M.V. (2002): Entwicklung einer ökologischen Standortsinventur in Pró-Mata. AFZ Der Wald 57: 1158–1161.
CONSERVATION INTERNATIONAL (1997): Annual Report, Washington D.C., 421 S.
DARWIN, C. (1899): Reise eines Naturforschers um die Welt. Übersetzt von V. Carus. Verlag Schweizerbart, Stuttgart (2003), 568 S.
DERNBACH, U. (1992): *Araucaria*: die versteinerten Araukarien vom Cerro Cuadrado, Argentinien. D'Oro Verlag, Heppenheim, 160 S.
EINIG, W./MERTZ, A./HAMPP, R. (1999): Growth rate, photosynthetic activity, and leaf development of Brazil pine seedlings (*Araucaria angustifolia* [Bert.] O.Ktze.) Plant Ecology 143: 23–28.
ENGELHARDT, W. (1984): Tropische Regenwälder – eine globale Herausforderung. Spixiana Supplement 10: 159–160.
ENGELS, W. Hrsg. (1987a): Die Tropen als Lebensraum. Attempto Verlag, Tübingen, 182 S.
ENGELS, W. (1987b): Pheromones and reproduction in Brazilian stingless bees. Memorias do Instituto Oswaldo Cruz (Rio de Janeiro) 82 Supplement III: 35–45.
ENGELS, W. (2002): Biodiversität / Forschungsprojekt Araukarienwald in Südbrasilien. Biologen heute 462/4: 24–26.
FEARNSIDE, P.M. (1993): Deforestation in Brazilian Amazonia: the effect of population and land tenure. Ambio 22: 537–545.
FITTKAU, E.J. (1973): Artenmannigfaltigkeit amazonischer Lebensräume aus ökologischer Sicht. Amazoniana 4: 321–340.
FUPEF (Hrsg. 1978): Inventário florestal do pinheiro no sul do Brasil. Curitiba, 327 S.
GOLTE, W. (1993): *Araucaria* – Verbreitung und Standortansprüche einer Coniferengattung in vergleichender Sicht. Franz Steiner Verlag, Stuttgart, 167 S.
HARTER, B. (1999): Bienen und ihre Trachtpflanzen im Araukarien-Hochland von Rio Grande do Sul, mit Fallstudien zur Bestäubung von Pionierpflanzen. Dissertation, Fakultät für Biologie, Universität Tübingen, 185 S.
HARTFELDER, K./ENGELS, W. (1992): Allometric and multivariate analysis of sex and caste polymorphism in the neotropical stingless bee, *Scaptotrigona postica*. Insectes sociaux 39: 251–266.
HEINLE, S. (Hrsg. 2002): Schlussbericht über die 1. Phase des Forschungsprojektes Araukarienwald. www.pro-araucaria-online.com
HUECK, K. (1966): Die Wälder Südamerikas. Gustav Fischer Verlag, Stuttgart, 422 S.
HUECK, K./SEIBERT, P. (1981): Vegetationskarte von Südamerika. Gustav Fischer Verlag, Stuttgart, 90 S.
IHRIG, B./MAIER, M./RUGE, S./SEITZ, R.A. (2002): Naturnahe Wiederbewaldung und Entwicklung von agroforstlichen Konzepten im Pró-Mata-Gebiet. AFZ Der Wald 57: 1173–1175.
KERR, W. E. (1967): The history of introduction of African bees in Brazil. South African Bee Journal 39: 3–5.
KETTERL, J./ENGELS, W./BRANDÃO, C.R.F./VERHAAGH, M. (2004): Ant diversity (Hymenoptera: Formicidae) in the *Araucaria* forest reserve Pró-Mata, Rio Grando do Sul, Brazil. Iheringia (eingereicht).

KETTERL, J./VERHAAGH, M./BIHN, J.H./BRANDÃO, C.R.F./ENGELS, W. (2003): Spectrum of ants associated with *Araucaria angustifolia* trees and their relations to hemipteran trophobionts. Studies on Neotropical Fauna and Environment 38: im Druck.

KLINGE, H. (1973): Struktur und Artenreichtum des zentralamazonischen Regenwaldes. Amazoniana 4: 283-292.

KLINGENBERG, C./FORTI, L. C./ENGELS, W. (2000): Leafcutting ants as pests in *Araucaria* cultures: diet preference bio-assay under laboratory conditions. In: International Congress of Entomology, Abstracts. Foz do Iguaçu, Brasil. p. 886.

KÖHLER, A. (2001): Blütenbesuch an Gehölzen im Araukarienwald: Fallstudie Pró-Mata, Rio Grande do Sul, Brasilien. Dissertation, Fakultät für Biologie, Universität Tübingen, 253 S.

KOHLHEPP, G. (1994): Raum und Bevölkerung. In: BRIESEMEISTER, D./KOHLHEPP, G./MERTIN, R.-G./SANGMEISTER, H./SCHRADER, A. (Hrsg.): Brasilien heute. Vervuert Verlag, Frankfurt, 664 S.

KRIEGER, H./BEIGUELMAN, B./PLESSMANN DE CAMARGO, E./KRIEGER, M./VANIN, S.A. (2002): Area of Biological Sciences. In: CAMPOS DE CARVALHO, A. C./DE ALMEIDA CAMPOS, D./BEVILACQUA, L. (Hrsg.): Science in Brazil. Academia Brasileira de Ciências, Rio de Janeiro, p. 77-96.

KWET, A. (2001): Frösche im brasilianischen Araukarienwald. Natur-und-Tier-Verlag, Münster, 192 S.

KWET, A./DI-BERNARDO, M. (1999): Anfíbios - Amphibien - Amphibians. Edipucrs, Porto Alegre, 107 S.

LAMPRECHT, H. (1986): Waldbau in den Tropen: Die tropischen Waldökosysteme und ihre Baumarten - Möglichkeiten und Methoden zu ihrer nachhaltigen Nutzung. Parey Verlag, Hamburg, 318 S.

MECKE, R. (2002): Insetos do Pinheiro Brasileiro - Insekten der brasilianischen Araukarie - Insects of the Brazilian Pine. Attempto Service GmbH, Universität Tübingen, 79 S.

MECKE, R./GALILEO, M.H.M (2002): Insekten an Araukarien. AFZ Der Wald 57: 1171-1172.

MECKE, R./GALILEO, M.H.M./ENGELS, W. (2000): Insetos e ácaros associados á *Araucaria angustifolia* (Araucariaceae, Coniferae) no sul do Brasil. Iheringia, Séria Zoologia 88: 165-172.

MERTZ, A./KARIDAKI, V./NEHLS, U./HAMPP, R. (1992): Genetische Variabilität der Brasilianischen Araukarie. AFZ Der Wald 57: 1166-1167.

POR, F.D. (1992): Sooretama, the Atlantic rain forest of Brazil. SPB Academic Publishing, Den Haag, 130 S.

RAMBO, B. (1957): Regenwald und Kamp in Rio Grande do Sul. Sellowia 9: 257-298.

REITZ, R./KLEIN, R.M. (1966): Flora ilustrada Catarinense: Araucariáceas. Herbário Barbosa Rodrigues, Itajai, 62 S.

RICHTER, M. (1998): Conservação da biodiversidade & desenvolvimento sustentável de São Francisco de Paula. Edipucrs, Porto Alegre, 106 S.

RUGE, S./VILLWOCK, J. A. (2002): Pro-Araucaria - Waldforschung in Süd-Brasilien. AFZ Der Wald 57: 1156-1157.

SCHLINDWEIN, C. (1998): Frequent oligolecty characterizing a diverse bee-plant community in a xerophytic bushland of subtropical Brazil. Studies on Neotropical Fauna and Environment 33: 46–59.

SCHÖNHERR, J./PEDROSA-MACEDO, J.H. (1979): Tierische Schädlinge in forstlichen Monokulturen im Süden Brasiliens. Allgemeine Forstzeitung 34: 788–790

SCHROMM, S. (2004) Langsames Bio-recycling von Nadelstreu und Holz der brasilianischen Araukarie. Dissertation, Fakultät für Biologie, Universität Tübingen, in Vorbereitung.

SEIBERT, P. (1996): Farbatlas Südamerika, Landschaften und Vegetation. Ulmer Verlag, Stuttgart, 288 S.

SEITZ, R. (1986): Erste Hinweise für die waldbauliche Behandlung von Araukarienwäldern. Annales des Sciences Forestieres 43: 327–338.

SIOLI, H. (1983): Amazonien. Grundlagen der Ökologie des größten tropischen Waldlandes. Verlag Naturwissenschaftliche Rundschau, Stuttgart, 120 S.

SOLÉ, M./BECKMANN, O./DI-BERNARDO, M./KWET, A. (2003): Diet of *Physalaemus lisei* (Amphibia: Leptodactylidae) in an Araucaria forest in Rio Grande do Sul, Brazil, with comments on the stomach flushing methodology. Abstracts JMIH Meeting, Manaus, Brazil, at ASIH website.

STADEN, H. (1557): Brasilien. Die wahrhaftige Historia. Marburg. Neuausgabe (1982) Edition Erdmann Verlag, Tübingen, 294 S.

VOLKMER, J. A./ROCHA, M. A. DA, GERTZ, R. E./ROHDEN, V. (1999): Retratos de cooperação científica e cultural. Edipucrs, Porto Alegre, 339 S.

WACHTEL, G. (1990): Untersuchung zur Struktur und Dynamik eines Araukarien-Naturwaldes in Südbrasilien. Dissertation, Forstwissenschaftliche Fakultät, Universität Freiburg, 180 S.

WILMS, W./IMPERATRIZ-FONSECA, V.L./ENGELS, W. (1996): Resource partitioning between highly eusocial bees and possible impact of the introduced Africanized honey bee on native stingless bees in the Brazilian Atlantic rainforest. Studies on Neotropical Fauna and Environment 31:137–151.

WILMS, W./WENDEL, L./ZILLIKENS, A./BLOCHTEIN, B./ENGELS, W. (1997): Bees and other insects recorded on flowering trees in a subtropical *Araucaria* forest in southern Brazil. Studies on Neotropical Fauna and Environment 32: 220–226.

WITTMANN, D./HOFFMANN, M. (1990): Bees of Rio Grande do Sul, Southern Brazil (Insecta, Hymenoptera, Apoidea). Iheringia 70: 17–43.

ZILLIKENS, A./SIMÕES, Z.L.P./ENGELS, W. (1998): Higher fertility of queenless workers in the Africanized honey bee. Insectes sociaux 45: 473–476.

Zu den Autorinnen und Autoren

Prof. Dr. Elmar Altvater, geb. 1938, Studium der Volkswirtschaftslehre und Soziologie in München, Promotion 1968 über gesellschaftliche Produktion und ökonomische Rationalität – Externe Effekte im Plansystem des Sozialismus. Wissenschaftlicher Assistent in Nürnberg-Erlangen. Seit 1970 Universitätsprofessor für Politische Ökonomie an der Freien Universität Berlin. Gastprofessuren u.a. in São Paulo und Belém do Pará. Forschungen über regionale Entwicklung in Amazonien. Veröffentlichungen zu Fragen der Globalisierung (mit Birgit Mahnkopf "Grenzen der Globalisierung" und "Globalisierung der Unsicherheit"). Von 1999 bis 2002 Mitglied der Enquete-Kommission des Deutschen Bundestages "Globalisierung der Weltwirtschaft"; Redaktionsmitglied des Periodikums "PROKLA-Zeitschrift für kritische Sozialwissenschaft".
e-mail: altvater@zedat.fu-berlin.de

Prof. Dr. Andreas Boeckh, geb. 1944, von 1975–1989 Professor für Politikwissenschaft an der Universität-Gesamthochschule Essen, seit 1989 Professor für Politikwissenschaft mit Schwerpunkt Lateinamerika an der Universität Tübingen. Seitdem Lehr- und Forschungsschwerpunkte auf den Gebieten der Systemtransformationen, der Fiskalpolitik und Außenpolitik einzelner lateinamerikanischer Länder, der Globalisierungsprozesse in Lateinamerika, sowie auf dem Gebiet der Entwicklungstheorie.
Adresse: Institut für Politikwissenschaft der Universität Tübingen, Melanchthonstraße 36, D-72074 Tübingen, Tel.: 0049-7071-29 75907/78367;
e-mail: andreas.boeckh@uni-tuebingen.de,
Homepage: http://www.uni-tuebingen. de/uni/spi/latino.html

Prof. Dr. Martin Coy, geb. 1954, Studium der Geographie an der Universität Frankfurt am Main; Aufbaustudium in Sozialanthropologie an der EHESS in Paris; Promotion und Habilitation in Geographie an der Geowissenschaftlichen Fakultät der Universität Tübingen; lange Jahre wiss. Mitarbeiter, Assistent und Oberassistent am Geographischen Institut der Universität Tübingen; derzeit Professor am Institut für Geographie der Universität Innsbruck. Zahlreiche Forschungsaufenthalte in Lateinamerika, vor allem in Bra-

silien und Argentinien. Forschungsgebiete: Regionalentwicklung in Amazonien und im brasilianischen Mittelwesten, Fragen der Megastadtentwicklung (São Paulo und Buenos Aires), Mensch-Umwelt-Beziehungen, nachhaltige Entwicklung, Stadterneuerung.
Adresse: Institut für Geographie, Universität Innsbruck, Innrain 52, A-6020 Innsbruck, Tel.: 0043-512-507 5420;
e-mail: Martin.Coy@uibk.ac.at

Prof. Dr. Wolf Engels, em. o. Prof. der Zoologie/Entwicklungsphysiologie der Universität Tübingen (seit 1975); vorher Professuren an der Universität Münster und an der USP in Ribeirão Preto. Prof. h.c. der Faculdade de Biociências der PUCRS in Porto Alegre; Mitglied der Academia Brasileira de Ciências.

Kooperations-Abkommen seit 1983 mit der Fundação Zoobotânica und der PUCRS in Porto Alegre, 1988 Gründung der Tübinger Biologischen Forschungsstation (LPB, Laboratório de Pesquisas Biológicas), Mitwirkung bei der Einrichtung des Waldschutzgebietes Pró-Mata, dort Bau einer Feldstation 1996, Koordinator des interdisziplinären SHIFT-Projektes 1997–2001 über naturnahe Wiederaufforstung von Araukarienwald; Leiter des Baden-Württembergischen Brasilien-Zentrums an der Universität Tübingen.

Forschungsschwerpunkte: Reproduktionsbiologie sozialer Bienen, Rolle von Bienen in brasilianischen Regenwäldern, Biodiversität und inter-organismische Beziehungen im Ökosystem Araukarienwald.
Adresse: Zoologisches Institut der Universität Tübingen, Auf der Morgenstelle 28, D-72076 Tübingen;
e-mail: wolf.engels@uni-tuebingen.de

Prof. Dr. Wolfgang J. Junk, geb. 1942, ist seit 1967 in Amazonien tätig, leitet seit 1980 die Arbeitsgruppe Tropenökologie am Max-Planck-Institut für Limnologie in Plön und lehrt an der Universität Hamburg. Seine Arbeitsgruppe betreibt eine intensive wissenschaftliche Zusammenarbeit mit dem brasilianischen Amazonasforschungsinstitut INPA in Manaus zur Untersuchung amazonischer Überschwemmungsgebiete und seit 1990 mit der Universität von Mato Grosso zur Untersuchung des Pantanal. Er hat bisher 170 wissenschaftliche Arbeiten veröffentlicht, und ist Herausgeber bzw. Mitherausgeber mehrerer Bücher über sein Fachgebiet. 1998 wurde er für seine Verdienste um die deutsch-brasilianische wissenschaftliche Zusammenarbeit mit dem Grã-Cruz, der höchsten brasilianischen Auszeichnung, geehrt.
Adresse: Max-Planck-Institut für Limnologie, Postfach 165, D-24302 Plön, Tel.: 0049-4522-763 235;
e-mail: wjj@mpil-ploen.mpg.de

Prof. Dr. Gerd Kohlhepp, geb. 1940, M.A. (1962), Promotion (1967) und Habilitation (1972) an der Geowissenschaftlichen Fakultät der Universität Heidelberg; 1972–78 Lehrstuhl für Kulturgeographie an der Universität Frankfurt am Main; seit 1978 Lehrstuhl für Wirtschafts- und Sozialgeographie an der Universität Tübingen; Aufbau des Forschungsschwerpunkts Lateinamerika und der Studienrichtung "Geographie der Entwicklungsländer" am Geographischen Institut; zahlreiche Kooperationen und Forschungsprojekte in Lateinamerika, v.a. in Brasilien, u.a. das SHIFT-Projekt in Mato Grosso; Mitglied nationaler und internationaler Gutachtergremien für Tropen- und Lateinamerikaforschung; Verleihung des "Großkreuzes des nationalen Ordens für Verdienste um die Wissenschaft" in Brasilien (2000); Berufung in die Academia Brasileira de Ciências (2001). Forschungsschwerpunkte: Regionale Struktur- und Entwicklungsforschung, Raumplanungs- und Raumordnungsprobleme; Mensch-Umwelt-Beziehungen, Regenwald-Problematik; Tropische Entwicklungsländer; Lateinamerika, vor allem Brasilien, Amazonien, Paraguay.

Adresse: Geographisches Institut der Universität Tübingen, Hölderlinstraße 12, D-72074 Tübingen; Tel.: 0049-7071-29 74372/78942;
e-mail: gerd.kohlhepp@uni-tuebingen.de,
Homepage: http://www.uni-tuebingen.de/geography/fla

Dr. Jörg Meyer-Stamer, geb. 1958, 1988–1998 Wiss. Mitarbeiter im Deutschen Institut für Entwicklungspolitik, Arbeitsschwerpunkt industrielle Entwicklung, Wettbewerbsfähigkeit, Brasilien; Koautor der Arbeiten zu systemischer Wettbewerbsfähigkeit und technologischer Kompetenz; 1998–2001 Projektleiter am Institut für Entwicklung und Frieden, Universität Duisburg, Forschungsprojekt zu Regionalpolitik in Nordrhein-Westfalen aus der Perspektive fortgeschrittener Entwicklungsländer; seit 2002 Partner in der Beratungsfirma mesopartner (www.mesopartner.com), Schwerpunkt lokale Wirtschaftsförderung und Verbreitung der PACA-Methode (Participatory Appraisal of Competitive Advantage).

Adresse: e-mail: jms@mesopartner.com

Dr. Martina Neuburger, geb. 1967, 1995–2001 Wiss. Angestellte in Forschungsprojekten zu Amazonien und zum Pantanal des Lehrstuhls Wirtschafts- und Sozialgeographie am Geographischen Institut der Universität Tübingen; seit 2001 Wiss. Assistentin am Lehrstuhl Wirtschafts- und Sozialgeographie; Dissertationspreis des Verbandes der Geographen an Deutschen Hochschulen (2003). Forschungsschwerpunkte: Politische Ökologie, ländliche Entwicklung, peasant-Forschung, gender-Forschung; Lateinamerika, vor allem Brasilien, Amazonien, Bolivien.

Adresse: Geographisches Institut der Universität Tübingen, Hölderlinstraße 12, D-72074 Tübingen; Tel.: 0049-7071-29 4053.
e-mail: martina.neuburger@uni-tuebingen.de

Prof. Dr. Ing. Eckhart Ribbeck, Studium der Architektur und Stadtplanung in Aachen und Stuttgart. Mitarbeit in Stadtplanung und Forschung. 1976–80: Experte für Stadt- und Regionalplanung c/o UNDP in Georgetown, Guyana. 1980–82: Berater für Wohnungsbau und Infrastruktur c/o GTZ in Brasilia, Brasilien. 1988–90: Gastdozent c/o UNAM (Universidad Nacional Autónoma de México) in Mexiko-Stadt. Seit 1991: Professor am Fachgebiet SIAAL (Städtebau in Asien, Afrika, Lateinamerika) der Universität Stuttgart; Stadtforschung in Mexiko, Brasilien, Algerien, Oman, Usbekistan, China.
    e-mail: ribbeck@si.uni-stuttgart.de

Kultur – Herrschaft – Differenz

Archäologie einer „Gründerzeit"

Alexander Honold /
Oliver Simons (Hrsg.)

Kolonialismus als Kultur

Literatur, Medien, Wissenschaft in der deutschen Gründerzeit des Fremden

Kultur – Herrschaft – Differenz 2, 2002,
291 Seiten, € 39,–/SFr 64,50
ISBN 3-7720-3211-7

Die Einschätzung, dass Deutschland nur über nachholende koloniale Erfahrungen verfügte, bedarf der Korrektur. Neben dem politisch-militärischen Kolonialismus ist auch das diskursive Feld seiner Vorbereitung, Nebenwirkungen und Resonanzen zu besichtigen. Dabei zeigen sich Wechselbeziehungen zwischen den kulturellen Gründungsaktivitäten des Deutschen Reiches und seinen kolonial-extravertierten Interessen. Berlin als ‚Gründer-Zentrum' des nationalen Gedächtnisses bildete zugleich das Sprungbrett für Forschungsreisen und ethnographische Unternehmungen. Der Band rekonstruiert die Verflechtungen zwischen kolonialen, wissenschaftlichen und kulturellen Diskursen in ihren konstituierenden Grundzügen. Als Archäologie einer „Gründerzeit" leistet der Band damit einen Beitrag zur Erhellung der kulturellen Nachwirkungen und Folgen des deutschen Kolonialismus in Wissenschaft, Literatur und Medien.

A. Francke Verlag · Tübingen und Basel
Postfach 2560 · D-72015 Tübingen · Fax (07071) 7 52 88
Internet: http://www.francke.de · E-Mail: info@francke.de